The Pursuit of Prosperity:
The Paradigm of Modern Chinese Thoughts

寻求富强

——中国近代的思想范式

王人博 / 著

图书在版编目(CIP)数据

寻求富强:中国近代的思想范式/王人博著.—北京:商务印书馆,2020
ISBN 978-7-100-19119-7

Ⅰ.①寻… Ⅱ.①王… Ⅲ.①思想史—研究—中国—近代 Ⅳ.①B250.5

中国版本图书馆 CIP 数据核字(2020)第 182492 号

权利保留,侵权必究。

寻求富强
——中国近代的思想范式
王人博 著

商 务 印 书 馆 出 版
(北京王府井大街36号 邮政编码100710)
商 务 印 书 馆 发 行
北京冠中印刷厂印刷
ISBN 978-7-100-19119-7

2020年10月第1版　　　开本 880×1230 1/32
2020年10月北京第1次印刷　印张 15
定价:68.00元

寻求富强之道(代序)

史华兹教授的名著《寻求富强：严复与西方》于上个世纪90年代被引入中国,迄今已有二十余载。二十多年前,我撰写这本书的时候,主要是受它的启发,并且把研究严复的范式扩展到对整个中国近代主要思想人物的思考与书写。时至今日,我仍然认为这个研究范式还是有效的,故而在这个"序"中,选用了"寻求富强"一语,其本意不是强调这种有效性,而是向二十多年前的这部经典致敬。

除此之外,也想利用这个机会对自己二十多年前写的这本书再说几句,算是对过去的一种补正。

中国近代的思想人物(包括作为行动者的政治家),在思考如何把一个传统的中国转型为一个现代国家时,他们具有一个共同特质:即试图"从政治上根本解决问题"。他们大都从进化主义去认识中国的历史与现实,并把进化主义转化为一种思维方式,内化于骨髓。"进化主义"是近代以来中国人真正接纳西方思想少有的成果,而且由它催生的中国"革命"与"发展"成了近现代中国的主业。这之前,虽然中国的开明人物看到了西方在军事方面的优越,而且也发现了这种优越背后的科学力量,然而这种认识主要还是基于儒家提供的"本末""道器"范畴,认为中国器物再不济,其政教礼仪还是高人一等。而进化主义提供的进步观则使中国人认识到中国居处这个世界的真正位置:"落后"不只是"己不如人",而是觉悟到这种差距是所处的不同时空所致。这种全新认知方式的获得要归功于严复和他的《天演论》。由此开始,中国人解决问题的方案便超脱出了自己传统"整饬人心"的老路,在如何构建一个现代国家的方案里寻找出路。现代国家的最高价值是"富强",这是由西方提供的范例。"富强"的寻求也越出传统法家在君主主义的原则下所提出的"富国强兵"。在"西方先进—中国落后"的二元结构压力之下,"富强"已不能再从中国传统里生发,它必须与一个现代国家的建构勾连在一起,并内嵌于现代国家之中。而一个现代国家的建构,首先是从政治入手。或者说,一个现代国家首先是政治性的。

从政治上根本解决问题的思维主要集中于两个路向,表现为既联系又相区别的两种方案:

一种是"政制主义",另一种是"新民主义"。

前者热衷于国家政制的改革和革命,其正当性是基于"富强必来自于新制度"这一思想逻辑的预设。中国人敢于这样思考问题,主要得之于对西方经验的观察,也是对这一经验的学习和模仿。一个成功经验总是离不开主体的历史性,包括精神、心理、情感和经历,而学习就是把经验中那些无法复制的东西剔除,把剩下有关"教诲"的部分植入另一个过程之中,在新的语境下变成自己的东西。成功的经验总是带有示范效应。这其中虽然有西方在法律、制度方面施压中国的一面,但更多的情形下改革与革命是中国人自己积极主动的选择。戊戌变法、辛亥革命以及后来的建国革命都是这一路向的展演。改革与革命虽有差异,但指向政制层面的建构则是共同的。改革与革命的差别其实并没有人们想象的那样大。小打小闹、修修补补不能称作改革,"调整"才是它更恰当的名称。事实上,所有的改革都带有创生性质,在价值上与革命具有类似性。戊戌变法不同于中国历史上任何一次变动,它超出了中国对"变法"一词的使用。戊戌变法是在条件不成熟的情形下由年轻的皇帝贸然发动的一次激进的政治改革,是对西方和日本的成功经验一次失败的挪用。它试图通过这种激进的方式效法西方和日本的新制度:开议院,行宪法,定国是。哪一样都是全新的,就连失败也是:锻造现代国家的一次不成功的尝试。而接下来的辛亥革命也不是"汤武革命"式的改朝换代,而是朝向现代国家的奋力一跃。这里要补充说明的是孙中山。要准确把握他,应将其放在中国三千年来的现代转型之中。孙中山是中国历史上第一个全新的人物。因为他的新,其他人物就显得旧。中国真正有现代政治信念的政治家不多,因此他就越发显得宝贵。他一生的努力是想给百姓权利,实现真正的民权。即便提出的那个深具争议的"训政"之说,也并非是他所设的圈套或阴谋,而是一种真诚的误用。孙中山的共和革命不是争天下,他所要的是一个新国家。他是中国历史上第一个彻底扔弃了帝王思想的人,其毕生致力于共和主义信念并献身于这个信念,中国的历史也由此越出了帝制王朝的循环,真正开始了"新纪元":"以吾人数十年必死之生命,立国家亿万年之根基,其价值之重可知。"他所开创的"共和国"便是中国万年的始基,无论是谁都撼动不了的。有人说,中国的文化传统决定了中国不能没有皇帝,而孙中山的品格和事业证明了这个说法是错的。袁世凯可以做事实上的强人,但做皇帝不行。在一个盛产皇权的国度再也不需要皇帝,这是共和主义在中国的奇迹。共和主义彻底消解了中国传统的"天命观",从此以后凡是以天命为幌子的春秋大梦都断了去路,再独断的权力也必须在共和主义的框架内才是被默许的。

　　孙中山具有无私、真诚的品质和坚忍不拔的意志。一次次起义,一次次失败,却从不言放弃。他不懂权谋,有着一种近乎于天真的性格,把临时大总统让位于袁世凯便是一例。固然说,"让"是环境所迫,但这并不是最重要的。他的性格里天生具有明知不可为而为之的执拗。"让"是他主动的妥协,妥协不是怯懦。妥协是为了共和原则所做的退让。在中国历史上,他是第一个自愿交出最高权力成为一介平民的人。他选择的是妥协,奉献的是真诚。他也不是传统意义上的政治家,既缺乏谋略,也不老练,但他却是现代政治的新人。拥袁的是他,反袁的也是他。他一旦认清真相,就义无反顾,继续他的事业。这种近乎于天真的性格犹如一个长不大的孩子,为了玩具不顾一切。反过来讲,现代国家的政治人物恰恰需要这种天真:如果现代国家非得靠谋略权术运作,那么帝王政治才是最值得效仿的。

"新民主义"是与改革、革命解决富强问题相区别的另一种选择。持这种理念的人大多带有现实主义倾向,与孙中山的乐观主义形成对照。他们的出发点与政制主义者不同:现实的中国百姓还不能胜任一个现代国家的角色。在缺乏新型国民的条件下,中国进行什么样的改革或革命都无济于事。只有通过"新民"培育出现代意义上的国民,改革或革命才是有效的。其逻辑顺序是:新民→新政府→新国家→富强。顺序的任何一种颠倒都意味着混乱而不是进步。于是,"民"的问题便成了富强的关键项。这种温和的主张既不冒犯现有的国家秩序,也得到了"重民"传统的支持。在近代,最先系统提出"重民"问题的是王韬,其思想集中体现在《弢园文录外编》。王韬对"重民"的论述并不是单纯的复述中国传统,而是在新的语境下结合西方的代议制经验提出的新方案,但这个方案还离一个现代国家的目标很远。王韬所关注的是统治者对"民"的态度,而不是民的主体性。在他那里,"民"只是作为统治的一个对象受到重视,而"民"作为一个具有人格化的独立概念在其文本里并未形成。他对一个现代国家所需要的国民资格问题缺乏关心,一个现代政治共同体所要求的公民间的权利关系也在他的思考之外。国民——作为一个现代国家的建构者——的重要性的提出,还要等到下一代人。

这里着重谈两个人:严复和梁启超。严复是近代以来中国当之无愧的西方学智者。他因翻译《天演论》而闻名,也因进化主义而坎陷于一种执拗,在悲苦绝望中了却了一生。进化主义既可以催人往前走,也可能使人原地不动。严复是把进化主义运用于中国社会、国家的第一个中国人；他为中国所确立的近代国家观、历史观至今仍是中国官方某种变形的意识形态。严复的思考并不停留在西方的思想和制度，而是深入到更内在的层面去发现其思想与制度所依据的思维方式，这是他坚定地译介西方著作所具有的深刻洞见。在他看来，西方的科学民主以及宪法政治是西方的结果，而不是西方强大繁荣的原因，其深因是隐匿在西方的思维方式之中。因而，中国学习西方的不是现成的思想和制度，而首先必须掌握西方的逻辑思维，改变自己的传统思维习惯。与此相联系，中国的当务之急不是进行制度层面的改革，而是依据进化主义的规程，开民智、兴民德、鼓民力，锻造出西方意义上的心灵健全、智性完备的国民，然后才能建构现代的政治共同体即现代国家。这个信念他一直固守到生命的最后。也正因为如此，他特别厌恶打乱了进化规程的辛亥革命所速成的"中华民国"。他把民国的混乱看作是不遵从进化的某种报应，是孽障而不是缺陷。他一生都怨恨这个"早产的"民国。这与后面要讲的梁启超的态度不同，后者的性格像是高空飞行的飞机机翼，它可根据不同风向随时调整自己。梁启超虽然也不喜欢这个民国，但还是投入了极大热情：既然民国是个"早产儿"，就应更加呵护地将其养大成人。严复则认为，这个早产儿是个孽种，本是不该出生的。这两种态度也决定了二人最终命运的不同：严复在绝望中死去，民国的官员们连个挽联都省了。根据他生前的意愿，其墓碑上只刻了"惟适之安"四个字。那本是韩愈的话，却应验了这位倔强的智者的宿命。而梁启超为人题写的"无负今日"，说中的是他自己。

与严复不同，梁启超是一个生性乐观的人，二十几岁便踌躇满志，参与了中国最上层的政治改革——戊戌变法，并在舆论和组织方面担当了一个实际领导者的角色。他对制度变革的热心胜过对民众的启蒙。戊戌变法失败后，他流亡日本。带着心灰意冷的情绪，梁启超有空闲对自己的思想进行整理。亲历戊戌变法对他而言,是一次不可多得的人生历练,他不但熟悉了中国的官场,也亲见了官场里的嘴脸。由官僚们推进的改革以及改革失败带来的沮丧感,使他对自上而下的改革失去信心。他走入了人生最重要的一个拐点,开始把目光转向了与政府好坏直接相关的民众的品质问题。《新民说》是其思想中最重要的文字,也是他创制现代国家的主要方案。国民质量决定国家的好坏,这是《新民说》的主题。他的一个基本观点是,锻造现代国家的前提必须首先要改造国民,他把这种改造的任务称作"新民"。也就是说,中国要想以现代国家显身于世,中国的平民百姓首先必须具备国民的资质与条件,其中包括:公共德性,国家思想,权利义务思想,自由进步观念,冒险精神,自治能力,自尊,合群,有毅力,等等。《新民说》的逻辑与严复的极为类似,不同的是严复对这个方案的书写方式用的是渊雅的古文。这说明,严复对他的思考始终抱着一种谨慎态度,他所希望的阅读对象不是普通民众,而是优异人士阶层。而梁启超选取的是"笔端常带感情"的书写方式,以求更多的阅读者。然而,近代中国的普遍焦虑使得青年们等不得"新民主义"这种慢悠悠的未来,他们更热衷于爱国激情的现实释放,而革命便是这种激情的最佳释放方式。中国近代历史也因此由革命把控,由革命谱写。

  这里,有两个问题值得一说。中国近代先进人物通过建构现代国家而实现富强的思想虽然千差万别,但他们都奉献了有价值的智识和真诚。梁启超一生善变,但始终未变的是他的"强国主义"情怀,一生都努力通过融会中西寻找中国的富强之路。严复目睹近代中国一系列挫折,晚年深陷绝望,并说过回到孔孟这样的话,但他从未否定自己为寻求富强之道所从事的译介西方著作的事业。他最终是以"伟大的启蒙思想家"彪炳于世。让人遗憾的是,这些先进人物的思想和智识一旦转化为军人政客在实践层面的具体作为,又显得那样丑陋。譬如,他们虽然把宪法政治看作是现代国家的基本构造和象征并加以追求,然而近代中国却没有一次像样的立宪活动。制宪者要么把宪法看作自己谋得大位的一道程序,要么通过立宪使权力的专横有个正当的外衣。他们打着立宪的旗号干着攥住最高权力的勾当,所以恐吓、暗杀、收买、贿赂就成了立宪活动中的家常便饭,有的连立宪的基本常识都无所顾忌。按照常理,现代国家都是先成立制宪会议制定宪法然后再行选举,而近代中国的制宪连这个基本程序都维持不了,而奉行的是先选总统再制定宪法的恶规。这样一来,制宪就变成了操纵,宪法的价值是为权力垫脚。思想是美好的,而行动却很下作,这是近代中国政治的一个写照。原因多种多样,思想者是新的,干事的人却是旧的,这是两种力量对峙思想输给行动的结果。

由此也提出了另一个问题:中国近代的思想者热心于现代国家的构建,而什么样的现代国家能实现富强?宪法政治与富强之间是一种什么关系?历史往往超出思想者之外。事实上,那些后发而又实现了富强的国家,在短时间内并不是因为宪法政治,而是因为组织起来的国家自身。德国和日本就是例证。就拿日本来说,1889年的"大日本帝国宪法"算不上西方意义上的宪法,这个宪法的名称就包含着反宪法的东西。明治维新后的日本实行的也不是西方意义上的宪法政治,而是天皇集权制。而近代中国的思想者把明治日本看作是宪法政治的国家算是一种误读。近代的中国人对日本始终有一种复杂心理:既艳羡它取得的成就,又把这种成就归结为与中国不同的"宪法政治";日本既被看作中国的最大威胁,又被视作中国最好的老师。一个"日本帝国主义"的称呼让中国人既愤恨又嫉妒——一个曾经的小国,通过效法西方现在变成了"大日本帝国"。而"大日本帝国"的变身则是由野蛮扩张而完成的。日本人知道,一场甲午战争就让日本从中国攫取了二亿三千万两白银,约合四亿日元,而当时日本政府的财政收入每年也只有八千万日元左右。也就是说,光是甲午一役,日本就从中国拿走了相当于其年财政收入五倍的巨额款项。这种通过战争实现的富强也只能通过进一步的扩张来维持,这叫"路径依赖"。近代日本的帝国主义本性最终也只能在美国那里结束。二战的结局,说明了靠军国主义实现的富强必须担负着失掉国家的代价。二战之后日本在美国宰制之下,通过立宪主义的改造成为名副其实的宪法政治国家,并得之于此,实现了国家的腾飞,成为二战后仅次于美国的真正富强发达国家。

日本的富强之路既让日本人自己困惑不解,也让同属东方国家的中国人唏嘘不已:歪门邪道的富强不会长久,只有宪法政治之下的富强才是长久之道。

言以至此,算是一个正文前的必要啰嗦,"是为序"。

目　　录

引　言 …………………………………………………………… 1
第一章　由中到西的思想变迁 ………………………………… 8
　一、龚自珍与经世致用学风的勃兴 …………………………… 9
　二、"师夷长技以制夷"的文化容量 ………………………… 18
　三、洋务思潮对"师夷制夷"方略的回应 …………………… 22
　四、"君民共主"：制度层西化的最初设计 ………………… 32
　五、宪制文化范式的培育 ……………………………………… 42
第二章　航程的开启 …………………………………………… 47
　一、民族觉醒与专制主义的批判 ……………………………… 47
　二、议院、民权的价值和功用 ………………………………… 55
　三、在"民本"与民主之间 …………………………………… 64
　四、"人"与"民"：中西宪制观的不同视点 ……………… 71
第三章　理想与现实之间 ……………………………………… 76
　一、康有为的"平等乌托邦" ………………………………… 76
　二、儒学传统的"西化诠释" ………………………………… 87
　三、《大同书》：道德救赎与宪制理念的冲突 ……………… 94
　四、是堕落还是执着？ ………………………………………… 104
第四章　寻求综合 ……………………………………………… 113
　一、梁启超的群概念的价值指向 ……………………………… 113
　二、"新民"不是宪制里的"公民" ………………………… 121

三、自由、权利中的达尔文主义 …………………………… 127
　　四、从"个人"回到"国家" ……………………………………… 135
　　五、法治思考的得失 …………………………………………… 149
第五章　以自由为体 …………………………………………………… 154
　　一、进化论中的自由发现 ……………………………………… 154
　　二、自由与力本论 ……………………………………………… 162
　　三、"国群自由"与"小己自由"：两个无法协调的概念 …… 174
　　四、严复的范式："以富强为体，以自由宪制为用" ………… 184
第六章　初步试验 ……………………………………………………… 191
　　一、国势交逼与清廷自救 ……………………………………… 192
　　二、"预备立宪"的两难境地 …………………………………… 199
　　三、营造宪制的社会氛围 ……………………………………… 212
　　四、"立宪"需不需要"预备"？ ………………………………… 217
第七章　革命选择 ……………………………………………………… 224
　　一、论战：是民主形式的论辩还是富强之路的争吵？ …… 224
　　二、共和革命中的隐患 ………………………………………… 239
　　三、《中华民国临时约法》是一个用心很苦的文件 ………… 249
第八章　探索中的方案 ………………………………………………… 260
　　一、为民族复兴寻找近路：孙中山的共和制方案 ………… 260
　　二、疏离西方民主 ……………………………………………… 270
　　三、合群取代自由：无法排遣的民族主义情结 …………… 278
　　四、"五权宪法"的混乱与矛盾 ………………………………… 291
第九章　宪殇 …………………………………………………………… 306
　　一、军阀政治权力控制的非制度性 ………………………… 306
　　二、刺刀下的宪制救助方案 …………………………………… 314
　　三、军阀政治的社会文化根源与忠诚纽带 ………………… 324

第十章　伦理革命 ……………………………………………… 333
一、"五四"的反传统与传统的转化 ………………………… 333
二、发现"青年"的符号意义 ………………………………… 346
三、民主的工具性质 …………………………………………… 352
四、新文化中的民族主义潜流 ………………………………… 366

第十一章　惟民主义的情结 …………………………………… 372
一、民族的最高关切：陈独秀的工具宪政观 ………………… 372
二、民主：服从民族主义的个人主义 ………………………… 379
三、从否定走向肯定：资产阶级宪制民主的重新体认 ……… 391

第十二章　苦味烈的药方 ……………………………………… 401
一、胡适的"造因工程" ……………………………………… 402
二、洞见宪制的内核 …………………………………………… 413
三、中国式的个人主义 ………………………………………… 428
四、自由主义与宪制价值 ……………………………………… 437

第十三章　宪制之累 …………………………………………… 447
一、文化的实用主义 …………………………………………… 447
二、在宪制与富强之间 ………………………………………… 454
三、宪制文化与政治激进主义 ………………………………… 458

后　记 …………………………………………………………… 463

引　言

我们基本上同意这样一种看法：西方的宪制是基于西方的文化传统所内生的一种现象，是西方社会、文化自然演进的结果。它可称为Unintended Consequence，即没有预期到的，没有想到的结果。[①] 人们通常说，宪制作为现代社会一种合理的制度，是近代西方资产阶级革命的产物。但无可否认，这种制度是深植于西方文化土壤中的，它本身又是西方历史长期演生的一种复杂的文化形态。它体现着西方基本的价值准则和观念，蕴含着他们对人与社会、人与国家关系的理解，对诸如自由、民主、平等、法治等价值的体认，也包容着人们对宪制本身的感知、了悟、信念和忠诚。西方宪制文化自始至终都是类似于中国文化中属于"道"的那种东西，不是预期而设的用来解决国家和民族生存发展的一种工具。在分析中国近代有关宪制问题之前，首先强调这一点是重要的。

中国人对宪制问题的思考是由西方的侵略而引发的。自鸦片战争西方用坚船利炮撞开了国门以后，中国再也无法按自己的规程在治乱相循的套路里生活了。不管愿意与否，中国不得不面对铁甲火炮胜过我们大刀长矛的西方。先进的中国人首先感知的就是西方军事装备的分量，它不仅对中华民族的生存构成了威胁，而且也使我们的传统生活

[①] 参见杜维明：《儒家人文主义与民主》，载《儒家传统的现代转化》，中国广播电视出版社1992年版，第378页。

方式失去了安全。为了自救自强，中国便带着"敌人与老师"这个矛盾交织的心结开始了学习西方的历程。在这个历史过程中，中国经历了从取法西方的兵器、声光化电之技到师学西方宪制之术的重大转折，于是在价值层面便有了中国社会的真正转型。实际上，当一个有五千年文明而未曾中断的文化大国要取法一种异质文明时，它首先要解决的是"怎样学"这个带有原则性的问题，其中也含有"为什么学"的文化情结。

由于近世中国面临的主要问题是救亡图存，是对国家与民族生死存亡的焦虑，中国人对西方宪制的学习就做不到发其端竟其绪，只能用"截取"的方法，首先从最易和最大功用处下手。同时，要把这种完全异质于传统的东西移入本土，自觉或不自觉中首先要打破它原来的文化联系，建立起一种符合中国需要的新关系。这原本也不与我们重实用的文化传统相忤逆。从很早的时候起，我们就形成了"实用理性"。在我们的传统中，刻意追求可有可无的巧一直被认为是贻害大事，心智过巧是君子之道的大障，即便对一时还看不出害处的"巧"，也要时时提防。孔子说："虽小道，必有可观者焉，致远恐泥，是君子不为也。"[①]道家则说得更吓人："绝巧弃利，盗贼无有"；"民多利器，国家滋昏，人多技巧，奇物滋起"。墨家在这方面虽与儒道二家有些不同，但一样讲究功用而反对失度之巧。[②]"奇技淫巧"这个词最能表现对巧的贬抑了。淫本来就指多余、过分、失当之意，淫巧当然是指多余而过分的东西。而过分与否的标准则是深藏于传统文化体系中的，是一种价值观上的判断。这种重实用、轻智巧的传统在近代展现的结果便首先有了魏源学

---

① 《论语·子张》。

② "墨子谓公输子曰：'子之为鹊也，不如匠之为车辖，须臾刘三寸之木，而任五十石之重。故所谓巧，利之于人谓之巧，不利于人谓之拙'。"（孙诒让：《墨子间诂》，卷十三，"鲁问"）

习西方的"师夷制夷"这个方便实用的口号,之后则涌出了一连串的说法:冯桂芬的"以中国之伦常名教为原本,辅以诸国富强之术";①薛福成的"取西人器数之学,以卫吾尧、舜、禹、汤、文、武、周孔之道";②郑观应的"中学其本也,西学其末也;主以中学,辅以西学";③邵作舟的"以中国之道,用泰西之器,臣知纲纪法度之美,为泰西所怀畏而师资者必中国也";④孙家鼐的"中学为体,西学为用;中学有未备者,以西学补之;中学有失传者,以西学还之;以中学包罗西学,不能以西学凌驾中学";⑤张之洞的"旧学为体,新学为用"。无论是中西文化的主辅之分,还是道器、体用之别,取法西学离不开实用的原则。"中体西用"作为近代中国文化的一个范式规约着对西方宪制文化移入的范度。

事实上,由生存危机所引发的对国家富强、民族复兴的关切,是先进的知识分子能够越出器物一端实用地接受西方宪制最为重要的思想资源。西方的强大富足蕴藏在西方的宪制及其文化之中,这是他们体察西方所得到的最为牢固的信念。以此为动源,他们便把西方宪制文化的研究转换成在宪制与富强之间探寻因果关系的实用性思考。王韬、郑观应、钟天纬、薛福成、陈炽等人开启了这一思想历程的始端。他们看到西方立国与中国的不同在于前者有议院,议院能集合众议,消除君民间的隔阂,达到"君民共主"的新型关系。有了这种新型关系,君民就能彼此协调一致共同向国家富强的目标使劲。正是在此种意义上,他们坚信议院是西方各国能强兵富国、纵横四海的根本原因。美国学者柯文在论述王韬时曾写道:"由于王韬这一代一只脚还站在革命前的

---

① 见《校邠庐抗议》。
② 见《筹洋刍议·变法》。
③ 见《盛世危言·西学》。
④ 见《邵氏危言·纲纪》。
⑤ 中国近代史资料丛刊:《戊戌变法》,第2册,第426页。

中国,其更新的程度就比孙中山更大。……虽然孙中山代表了革命进程的稍晚阶段,在这种意义上他比王韬要新。但若就他们个人一生所包括的文化变化容量而言,从代际变化的相对观点(而非累积或展望的观点)来看,王韬却比孙中山要新。"①王韬那一代人所包括的近代宪制文化变化的容量也恰在于此。他们提出的"君民共主"还算不上是后来中国人所理解的民主,所推崇的议院也并非是西方的代议制,但他们在国家富强与宪制之间所建立的那种利害关系则是近世中国对宪制思考、探究的基本特性。

戊戌是中国近世最为激荡的时期之一,康有为、梁启超等人在政制层面的变法主张比王韬那一代人的"君民共主"设计要激进得多。他们不但主张要设议院,张民权,而且要行立宪。然而,仔细辨察,他们对宪制价值的体认仍遵循着上一代人创造的范式。这个范式不在于康有为、梁启超等人仍将议院看作一个舆情机构,而是他们始终把专制主义看作是阻隔中国不能像西方那样强大的障碍物,希望用君宪制、民权打破专制主义,清洗堵塞国家富强的通道。他们主张设议院不只是希望在政治生活里能听到人民的声音,而是坚信议院是达到国家富强不可替代的工具;他们张扬民权不仅仅是追求"人民主权"的民主价值,而是在另一个目标上把国家的富强看作是大众的事业,这与西方文化中的民主原生价值是完全不同的。在此间,严复是一位较为不同的思想者,他不着眼于制度,而是真诚而深切地皈依了进化论,并从进化论的架构里找到了西方文化中蕴藏着的个人自由所释放出来的能量与西方强大的关系。个人自由是西方强大的第一动源,其宪制制度则是能把导源于个人自由的每一种能量整合为一种决定国家富强的"公共力量"。在严复的理论中,宪制制度与个人自由的关系、宪制制度与富强的关系虽

---

① 柯文:《在传统与现代性之间》,江苏人民出版社1995年版,第8页。

然并非处于同一个层次,但国家富强始终是严复最为深切的关怀对象。正是严复把王韬那一代人对西方议院的理念直接发展为一种"富强为体,宪制为用"的文化范式。

稍后一个时期,以孙中山为代表的革命党人在国家富强与民主宪制的关系问题上比康、梁等人体味得更切、更深。在孙中山的民权主义体系中,民主在一定程度上是一个目的,对人民权利的保护、国家权力的划分与规制以及自治、联邦等问题,他都给予了极大关注。然而,孙中山之所以如此珍视民主制更多的是由于它能与国家的强盛联系起来。正像立宪党人所看到的最强大的国家是君宪制的英国一样,孙中山注意到最强大的国家是民主共和的国家,美国就是很快暴发起来的最典型例子。"取法乎上",这是孙中山借民主共和欲达国家富强目标始终未变的一个视点。革命党人甚至说出了杀尽满人国家自然富强的话。他们与立宪党人围绕是兴共和革命还是走君宪制之路展开了延宕几年的大论战。值得注意的是,论战并非是对两种民主形式自身优劣的论辩,而是哪种政体更能把中国导向富强之路的争吵。对富强的关切,导致论战并未使双方在宪制实证研究上向前多走一步。

"五四"是一个开启了中国宪制思想历程转轨的时代。西方宪制文化所内含的民主、自由、人权、法治以及作为其底盘的个人主义都被"五四人"掏挖了出来。他们自觉地树起了科学与民主的两面旗帜,并把民主升华为一种信仰。在民主主义旗帜之下,中国文化传统受到了最严厉的声讨,西方的个人主义价值观念在中国受到前所未有的欢迎。在这民主的和个人主义的思想凯歌声中,中国人对宪制的思考进入了一个新阶段:宪制不再仅仅被看作是能把政治弄上正轨,开通通向国家富强之路的一种工具,而是它自身就应以尊重个人自由与权利为基础。然而,"五四人"在把宪制与个人概念建立起新关系的同时,也把民主作为探索民族出路的入口处,他们把科学与民主看作是请来疗治中国沉疴的"德(民主)赛(科学)二先生","德赛两菩萨",希望个人与民族国家一块儿得到拯救。在很多情形下,"五四人"对民族的拯救给予了比个人更多的关注。张灏先生认为,康、梁一代知识分子与"五四人"虽然有重大区别,但两者也有着某种共同的东西:他们有着相同的人格理想和社会理想,都在不同程度上坚持集体主义和民族主义。①

近世中国知识分子的思想路线似乎是:为了民族的复兴,中国必须选择宪制,但作为救亡之民族主义运动的手段,中国的宪制运动又需借激发民族热情和强化民族意识来获得动力,而民族主义精神的动员又必然强化民族文化,这是宪制在中国遇到的无法克服的两难境地。与此联系,宪制移入中国也就必然地从"道"变为"器",从"体"变为"用",由一个母胎文化中的形上问题变成了中国的形下的功利问题。"富强为体,宪制为用"成了中国有关宪制问题思考、探求的最为执拗的一种文化性格。近世以来的宪制探索和实践中的成败得失都与它有着干系,今天的中国仍拜领着它的感召和驱动,这也是本书洋洋数万言欲说清而未必能道明了的一个主题。

"实用理性"使我们逃脱了西方天堂与地狱的宗教煎熬和折磨,但也使我们在许多问题上付出了代价。事实上,近代的中国从未形成一种为求知而知的科学精神,对西方宪制文化的方便省事的"截取",与对自己的文化传统一样的轻率。从"中学为体,西学为用"的文化传统的消极固守到"富强为体,宪制为用"的文化范式的形成与发展,文化传统要么被看得百般的玄妙,要么被说得一文不值。只想得到西方宪制的果实,而不愿在两种文化上下苦功夫,这是实用理性在近代展现出来的一个恶果,中国宪制文化的无根与浅薄也大抵与此相关。

---

①　参见〔美〕张灏:《梁启超与中国思想的过渡》,崔志海、葛夫平译,江苏人民出版社1995年版,第301页。

本书真诚尊奉"错误难免论"的原则,正如《论民主》的作者所言,人总难免出错,即使是在那些对他们来说最密切、最重要的问题上也不免出错。任何信念,不论主观上如何肯定,也难以避免批判者的评论。"错误难免论"这一原则可适用于一切脑力劳动的成果,研究思想、文化时更是主要的原则。

第一章　由中到西的思想变迁

1840年,"普天之下,莫非王土;率土之滨,莫非王臣"的一个泱泱中华帝国,竟受到了一个小小西方"蛮夷"的交逼。只有二十几艘炮舰总计不过万名士兵的英国人,居然万里远来逼犯这个东方大国。十余年后,英国与法国再度以大约两万军队联合对这个拥有4亿以上人口和1000万平方公里面积,仍然有些桀骜不驯的国度进行了成功的武力讨伐。这场战争,自西方人1514年到中国起,是他们积325年窥探之后的一逞。利炮震撼了中国,坚船开始动摇中国的古老传统。对于中国来说,这场战争是一个界碑,它铭刻了中世远古社会在炮口逼迫下走入近代的最初一步。一个西方人这样说道:"在我们新大陆,我们帮助产生了近代世界;而近代世界却是被强加给中国人的,中国人不得不咽下去。"① 但是谁都知道,这一点绝非是自恃坚船利炮的客人们的初衷,毋宁是他们始料不及的。中国近代的这一步,既伴生着由经世致用传统思想的流行到"师夷之长技以制夷"应变方略思想层面的痛苦蜕变,也伴生有某些操作层面的近代化初步试验。应变外来变故的思想准备以及操作层面的近代化初步试验构成了近代宪制思潮生成的文化之场。

---

① 费正清:《中国:人民的中央王国与美国》,剑桥,1967年版,第104页。转引自柯文:《在传统与现代性之间》,第131页。

一、龚自珍与经世致用学风的勃兴

龚自珍(1792—1841)和魏源(1794—1857)是近代中国早出的两位学者,是晚清学术思想上"开一代新风"的人物。龚、魏都生活于晚清"康乾盛世"的红漆招牌已剥脱下来的时代,都生活于变乱与转型的时期。不同的是,龚早在鸦片战争的第二年就抱恨归天,他不可能卜知身后的"夷人"枪炮给中国带来的巨变,而魏则经历了那个历史的痛苦转型,因而他对世道艰辛的体悟就比龚更切、更巨、更深。而龚自珍的思想是那个即将转型的社会新思想的代表,反映出他"一只脚站在了新时代门槛,另一只脚还留在旧时代里边"的矛盾心境。他预见了中国封建社会衰败、动乱的趋势。他呼号着、吟咏着,半是对旧制度行将败亡的挽歌,也不乏对新的社会力量的召唤、寄意,同时也存有"出路难寻"的困顿与不解。

现实的社会批判思想在龚自珍整个思想中是最为耀眼的部分。他是这样描述当时那个社会的:"自京师始,概乎四方,大抵富户变贫户,贫户变饿者,四民之首,奔走下贱,各省大局,岌岌乎皆不可以支月日,奚暇问年岁?"[1]专制社会的统治不仅陷入了困境末途,而且岌岌可危,这样的残败景象就如同"将萎之华,惨于槁木"[2],"日之将夕,悲风骤至"。[3] 社会的衰败、民生的凋敝,使他愤然地写道:"不论盐铁不筹河,独倚东南涕泪多。国赋三升民一斗,屠牛那不胜栽禾?"[4]连东南富庶之地都已是啼饥号寒,涕泪满裳,而那些穷乡僻壤又是怎样的一副模样

---

[1] 《西域置行省议》,见《龚自珍全集》,上册,中华书局1959年版,第106页。
[2] 《乙丙之际著议第九》,见《龚自珍全集》,上册,第7页。
[3] 《尊隐》,见《龚自珍全集》,上册,第87页。
[4] 《乙亥杂诗》,见《龚自珍全集》,下册,中华书局1959年版,第521页。

是可想而知的。这只是问题的一面,而另一面的专制制度本身似乎也出了毛病:"昔日霸天之氏,称祖之庙,其力强,其志武,其聪明上,其财产多,未尝不仇天下之士,去人之廉,以快号令,去人之耻,以嵩高其身,一入为刚万夫为柔……大都积百年之力,以震荡摧锄天下之廉耻……"。①"一夫为刚,万夫为柔"这确乎是专制制度的小痛处,龚自珍不仅触戮了它,而且通过对封建官僚们寡廉鲜耻、荒淫奢侈的鞭挞和揭露,抒发了他对社会不公、不平的哀怨,对人格尊严遭受屈辱的慨叹和愤懑。在龚自珍看来,作为这个貌似盛世实则衰世的社会,其维系纲绳的名教实质上是摧残人才的软刀子。"戮之非刀、非锯、非水火;文亦戮之,声音笑貌亦戮之。……徒戮其心,戮其能忧心、能愤心、能思虑心、能作为心、能有廉耻心、能无渣滓心。"②在这样的一个社会,人的真实情感被放逐一边,思想的创造之力、道德的能动意识被绞杀殆尽;能忧能思,敢作敢为之"心",也即真实的"本我"于中受尽了折残。他认为,这样的社会,既不能产生有作为的官吏将帅,也不能产生才士、才民。他由社会的批判进而制度弊端指陈直至伦理名教的剖白,表达了他作为那个时代一个思想家、诗人愤世伤生的情怀。龚自珍生当衰世,社会的沉落与行将移易,促使他不即旧思想的藩篱,而转向新的路径的探求;由于封建制度的生机落尽,产生了他对世事的隐忧,三代京官的家世,使他了知官场的黑暗,他本人在仕途坎坷不振,内心里充满了对世间的不平,他狂傲放浪而忤俗,他那诗人的禀性和同情下层的良知使他哀乐过人,歌哭无端,这些都令他成为后来维新思想家某一个方面的"源头活水"。他本身便是一个旧道的异端,新路的前者。

龚自珍由对社会的批判走向倡扬改革、鼓吹"心力"的新路,这是逻

---

① 《古史钩沉论一》。
② 《乙丙之际著议第九》。

辑上的承接,也是时事的必然。他写道:"如是则豪杰轻量京师;轻量京师,则山中之势重矣。……朝士寡助失亲,则山中之民,一啸百吟,一呻百问疾矣。……俄焉寂然,灯烛无光,不闻余言,但闻鼾声,夜之漫漫,鹍旦不鸣,则山中之民,有大声音起,天地为之钟鼓,神人为之波涛矣。"①既然一切都在无声无息地腐烂,一切都是走向无可救药的崩毁,那么一切"大变局"也必然富于其中。这需要以"风雷之文"打破这死寂的空气,让各种豪杰之士得以降生。他以此自许,"怨去吹箫,狂来舞剑",给晚清沉闷的思想界砸开了一个缺口,注入了一股清新的空气,尤其他推尊"自我",更为中国开了近代人文主义的新路。

《易经》说:"穷则变,变则通,通则久"。龚自珍认为这是一条普遍的法则。"万物一而立,再而反,三而如初"。②"祖之法无不敝,千夫之议无不靡",只有改革才能推动社会的发展,只有发展才能使理论富有活力。如果说变易即是历史上的改革者共通观念的话,那么龚自珍则是以公羊三世说为社会改革提供理论的。他把源于今文经学的"三世"之说重新解释,将"三世"赋予了新的含义。在他看来,历史表现为各种不同层次上的循环,都是"一而立,再而反,三如初",但总的趋势是不断地变易。他十分强调变易,但没有认识到"变"是进化而不是循环,如果再向前走一步,把"三世"看成是一个前进运动,那便是后来的维新思想家康有为的历史进化论了。

这种循环往复的社会历史是由什么创造的呢?是天命还是其他什么东西?龚自珍对它做出了这样的回答:"天地,人所造,众人自造,非圣人所造。圣人也者,与众人对立,与众人为无尽。众人之宰,非道非

---

① 《尊隐》。
② 《壬癸之际胎观第五》,见《龚自珍全集》,上册,第16页。

极,自名曰我。我光造日月,我力造山川,我变造毛羽肖翘,我理造文字言语,我气造天地,我天地又造人,我分别造伦纪"。① 这是最值得注意的:其一,他宣告世界是人造出来的,所以历史的主体是人而不是天命;其二,把"众人"与"圣人"对立起来,这是对天命授予圣人观的否定;其三,人人都有一个"本我",缤纷的世界就是由这无数的"本我"创造出来,众人的"我"决定了人的各种活动和存在。在这里,龚自珍把"我"与程朱理学的天理、太极、道之类形而上的法则对立起来。根据程朱理学"理一分殊"的理论,是第一原理的太极派生出万物,所以万事万物都遵循着一理,这是严重扼杀个性的理论。龚自珍则抗争道,天地日月、山川人物、文字语言、人伦制度,无例外地都出于"我"的创造,而不是出于理的派生。这里有两个富于时代意蕴、并被尔后的思想家们反复强调的观念:自我和创造。自我的核心是独立的人格,自由意志;创造作为一种实践活动,也是由意志推动的。而且,在龚自珍看来,人的主观精神是万能的创造力量,它并不需要按照外在法则行为;相反是它创造了对象与法则。他说:"民我性能记,立强记之法,是书之始。……民我性能测,立测之法,是数之始。……民我性能分辩,立分辩之法有四:名之曰东西南北。……民我性能类,故以书书其所生"。② 于是有了姓氏、宗族、政治、伦理、善恶的区别。总之,根据纯乎本性中的"能"即自由创造的能力,既可为自然界立法,也为社会立法。这样高度地张扬主体的意志力量,使他的思想具备了鲜明的时代特点。

"众人之宰,自名曰我"的表达,包含有一种近乎要求个人解放的人生理想。龚自珍认为,人们的气质不同,性情各异,因而也只有顺其自然,才能是成各色各样人才。所以,要造就人才,最重要的是给人们解

---

① 《壬癸之际胎观第一》,见《龚自珍全集》,上册,第12—13页。
② 《壬癸之际胎观第二》,见《龚自珍全集》,上册,第14页。

除束缚,去掉"一切锁屑奇制之术",①即必须去掉专制制度强加于人的种种"约束"和"羁縻"。为此,他写了《病梅馆记》这篇脍炙人口的散文,以梅为喻,言挣脱枷锁,在自由天地中发挥个性之意。

挣脱枷锁固然重要,但要造就人才、成就大业,非靠心力不可。"心无力者,谓之庸人。报大仇,医大病,解大难,谋大事,学大道,皆以心之力"。②"心力"一词在中国近代成为流行概念,其源实出于龚自珍的大力提倡。

心力的鼓吹是对人的主体性的张扬,是对专制制度压抑个性、摧残人性的抗争。龚自珍在中国传统心学的老路里看到了"自我"的成长与自觉意识的觉醒对未来社会的意义。其实,弘扬自我、张扬个性并不是中国社会变革的入口,而是社会进步的趋向。一个张扬个性、放大人性的社会必定是与专制制度不相容的,它是以否定专制制度本身为其存在前提。龚自珍颠倒了这种关系,对改革的物质手段的匮乏,只好靠吹胀精神了事。这反映了他既力倡改革,又找不到出路的矛盾心境。仅此而言,他留给后人的多是为旧时代的挽歌和对未来的欢欣和寄寓。他的批判精神和对社会历史的变易所抱的乐观而浪漫的态度为维新派直接受益。

早在青年时代,龚自珍就有改革社会的怀想和志向。当清王朝遭到天理教暴动的沉重打击后,针对统治者要求达官权贵"守法奉职",否则"天理难容"时,龚自珍诘问道:"天下无巨细,一束之于不可破之例,则虽以总督之尊,而实不能行一谋,专一事"。如何更法可以"救今日束

---

① 他说:"庖丁之解牛,伯牙之操琴,羿之发羽,僚之弄丸,古之所谓神技也。戒庖丁之刀曰:多一割亦笞汝,少一割亦笞汝;韧伯牙之弦曰:汝今日必志于山,而勿水之思也;矫羿之弓,捩僚之丸曰:东顾勿西逐,西顾勿东逐;则四子者皆病。"见《明良论四》。

② 《壬癸之际胎观第四》,见《龚自珍全集》,上册,第 15—16 页。

缚之病,矫之而不过,且无病,奈之何不思更法?"①他坚决反对"拘一祖之法",认为"一祖之法无不敝"。变更法度是势所必然的。1828年,他在京参加殿试,写下了贯穿改革精神的《对策》一文,不为朝廷采纳,他颇为伤怀地写了《乙丑殿试,大指祖王荆公上仁宗皇帝书》。诗中写道:"霸毫掷罢倚天塞,任作淋漓淡墨看。何敢自矜医国手,药方只贩古时丹。"抒发了他以王安石的《上仁宗皇帝书》为范本,寻找救国济世的丹方灵药,以"医国"为己任的政治抱负。

他以极大的政治勇气呼吁朝廷改变民族歧视、压迫的种种"家法"。《乙丙之际著议》论天理教暴动,认为祸乱之源是"吏不能理五行使之和",其结果是士气不申,国势不振,又极其严重地损害了君主的利益。怎样"谨持其源而善导之气"呢?他认为必须实行"宾宾"之法。"宾"指"异姓之圣智魁杰寿考"之辈,他们应当谨遵道家"知足不辱,知止不殆"的遗训,奉职安分。在君主则以"宾"与"骨肉齿"。能否做到这一点,乃是国家兴亡的关键。

龚自珍主张修订礼仪,变通以资格考官,加重内外大臣的威权。在修礼仪、变科考、重臣威三项主张中,重心是把皇室集权分移于官吏,对君权作某些限制,提高行政效力和改善用人的办法。他指出,"至于内外大臣之权,殆亦不可以不重,权不重则气不振,气不振则偷,偷则敝"。他指责专制统治,带来了大小官士气不振,苟且偷安,敷衍塞责,吏治敝坏。不加改革,无法改变国运衰微的局面。这里应说明,龚自珍的"重权"主张,更多的是为了使民畏、防民变。"权不重则民不畏,不畏则狎,狎则变"。②正是考虑到这点,他劝告统治者:"与其赠来者以强改革,孰若自改革"。③他以为这样就可以挽救吏治、挽回制度腐朽的败局,

---

① 《明良论四》,见《龚自珍全集》,上册,第35页。
② 同上。
③ 《乙丙之际著议第七》,见《龚自珍全集》,上册,第6页。

达到医治病国的目的。

龚自珍注意到,在经济领域严重的贫富不均深深影响了社会政治上的安定。认为:"贫富不相齐",土地过分集中,是造成社会动乱、甚或引起王朝覆亡的根源。"大略计之,浮不足之数相去愈远,则亡愈速;去稍近,治亦稍速。千万载治乱兴亡之数,直以是券矣。""小不相齐,渐至大不相齐,大不相齐即至丧天下",①于是,他要求君主"操其本源,与随其时而调剂之"。他也意识到"平均"事实上不能完全实现,因而主张贫富等差限制在一定范围之内。这可以说是"齐贫富"思想的核心。他的土地改革方案,重点是"养民"。对平民,要使他们的财富占有水平"贫不至于盗",对贵族地主,使之"富不至于骄"。他设想把农村成员分为大宗、小宗、群宗和闲民,其占地各有等差。大宗占地虽多,随着世代更替、子孙繁衍,占地数量逐步减少。考其意是效西汉推恩削藩的故智,解决土地兼并问题。与此同时,他也提出了有利于发展富农经济的"役于圃"和发展商品生产的"役于市"的主张。他赞同重农主义,张扬"天下之大富必任土",支持土地自由经营,实行农业雇佣劳动,发展城乡商品生产,大力提倡蚕丝、棉花生产,反对鸦片、奢侈品进口,以使"中国实"。②

另外,龚自珍对司法改革也相当重视,他痛感执法官吏上下勾结,谋私利、保职位,使执法过程丧失了准确性、严肃性,然而在提出了问题之后,他未能找到有效对策。

龚自珍作为一个要"报大仇,医大病,解大难"的人,自然不会像道学家那样讲"忘情""无欲"。惟其他的睿智,使他"善入善出",尽在这对社会的笑骂、讥讽、揭露、批判中洞见他的深刻;惟其他的诗才,使他的

---

① 《平均篇》,见《龚自珍全集》,上册,第 78 页。
② 《送钦差大臣侯官林公序》,见《龚自珍全集》,上册,第 169 页。

文章慷慨、怅惘、悲愤、凄婉,既有"剑气"的豪侠之气,也有"箫心"的缠绵之情。然而,一旦触及到现实的主张,他的触角便回缩到"整饬官吏""均田"之类的治乱老路,"药方只贩古时丹"与他的怀想与批判存在着矛盾和冲突。在现实的主张这一面,文章没有了瑰丽,思想褪去了光泽。这是一个情感丰富、怀想远大的"我"对残酷无情的现实的退让,是一个梦幻中的"我"与现实中的"我"的无力抗争。从中我们能感觉到诗人的痛苦与折磨。为了挣脱人生的苦痛,他去求"出离之乐",到佛学中去找"无往""无寄"的境界。事实上,他并没有因为皈依天台宗而能得到"出离之乐":

佛言劫史遇皆销,何物千年怒若潮?
经济文章磨白昼,幽光狂慧复中宵。
来何汹涌须挥剑,去尚缠绵可付箫。
心药心灵总心病,寓言决欲就灯烧。

心灵的苦痛与折磨就这样相伴诗人的一生。

每一个时代都产生自己的思想家,龚自珍无疑是那个时代最出色的思想家之一。综观他的思想,其最大特点是:"一只脚踏在了新时代的门槛,另一只脚还留在旧时代的里边"。他虽然对黑暗社会进行了辛辣的批判,对专制制度进行了无情的嘲讽和揭露,透出了一丝新时代的气息,然而,他的批判精神并没有使他找到变革社会的正确路口,只能在"只贩古时丹"的旧药箱里打转转。即便把儒家的"三世"说改变为一个循环变易的公式,即便把"心力"高扬为变革社会的主要动力,龚自珍也决不可能从这个套路里开出近代民主宪制的新药方来。用"立宪"的理论医治国病那是龚自珍身后还要等好多年的康有为一代人所做的事情。时代给了他理论创业的灵感和条件,同时也强加给他无法逾越的限制。龚自珍未竟的事业,直接留给了他的朋友魏源,确切地说是留给了康有为。

龚自珍的思想在中国近代宪制文化上的意义在于它的后启传递作用。具体讲有两点:其一,他的现实批判精神、崇尚"心力"、弘扬个性的态度影响了几代人,经过了戊戌激荡后的梁启超这样评价说:"定庵……思想盖甚复杂,然其于'春秋'盖有心得,能以恢诡渊眇之理想,证衍古谊,其于专制政体,疾之滋甚,集中屡叹恨焉①,……当嘉道间,举国醉梦于承平,而定庵忧之,俨然若不可终日,其察微之识,举世莫能及也。生网密之世,风议隐约,不能尽言,……语近世思想自由之向导,必数定庵。吾见并世诸贤,其能为现今思想解放光明者,彼最初率崇拜定庵,当其始读定庵文集,其脑识未有不受其激刺者也"。②

"龚自珍……喜为安眇之思……讥切时政,诋诽专制……晚清思想之解放,自珍确有功焉。光绪间所谓新学家者,大率人人皆经过崇拜龚氏之一时期,初读《定庵文集》,若受电然"。③

其二,他的经世致用的务实态度和他的开明循环变易观为康有为、梁启超的社会历史进化观提供了模本,并与他们所吸收的西学相结合,形成一种"不中不西,即中即西"的"新学",宣告了传统的经世致用之学向中国近代新文化嬗变的开始。当然,由于两者所处历史条件的差异,康有为的思想理论与龚自珍相比显然愈加深刻、丰富,且更具自成体系的性质。历史发展到光绪年间,清王朝的政治危机暴露得更为充分,西学东渐之风也更为强劲。康有为的思想,不仅有中国传统文化的成分,又包含了西方人文科学的因子。康有为的立宪改革思想是对中西文化

---

① 集中如《古史钩沉论》《乙丙之际著议》《京师乐籍说》《尊任》《尊隐》《撰四等十仪》《壬癸之际胎观》等篇,皆颇明民权大义,其余东鳞西爪,全集往往见。
② 《论中国学术思想变迁之大势》。
③ 《清代学术概论》。

加以整合的结果。与龚自珍相比,康有为一代思想家的政治视野更为开阔,学术基础更为渊博。可以这样说,龚自珍在思想的田园里耕耘了土地,等待着后来者播撒新的种子。

二、"师夷长技以制夷"的文化容量

这个人首先便是魏源。"魏源和龚自珍并称今文名家,一同相信为政根本在'先平人心之积患'。不同的是,魏源得享天年,看到了鸦片战争的败局,这便使他能在不着边际且遭'媚虏'之讥的《圣武记》告成的同时,写成了另一部堪称洋务运动思想纲领的《海国图志》,从而把自己从经世致用的今文家,转变为富国强兵的洋务新人,成为跨时代、开风气的可敬人物"。①

1840年英国发动的侵略中国的鸦片战争,结果以清政府的惨败而告终。战争的惨败,彻底暴露了清朝统治者的腐朽无能,同时也在士子学人中间引起了极大的思想震动。如何应付"中国三千年来之第一大变故",必然成为中华民族的头等任务。以道光皇帝为首的统治层人士,开始则虚骄昏聩,战败后,则又被侵略者的船坚炮利吓得魂飞胆裂。他们虽然也为战争的失败而感到懊丧,但是他们又认为只要割地赔款,开放通商口岸,把国门敞开,就可以满足入侵者的贪欲,从而与之保持相安无事。这就是清朝统治者所奉行的所谓"羁縻"或"抚夷"即"以国土权利换和平"的策略。一部分开明的士子学人则不然,他们在战争失败后,痛定思痛,感到中华民族的危险处境,对英国这个"外夷"不可等闲视之,于是议论纷纷,寻求新的"善后之策""御夷之方"。在这些士子

---

① 庞朴:《文化结构与近代中国》,见《传统文化与现代化》,中国人民大学出版社1987年版,第65页。

学人中间，对当时的世界形势比较了解，观察问题比较深刻，态度坚决，提出的"制夷"方案比较切实的，就是魏源。他在这一时期的主要著述有：因"海警飙忽，军间沓至，忾然触其中之所积"发愤而著的《圣武记》；有"为师夷长技以制夷"而作的《海国图志》。在这些著述中，他虽然还希望清朝统治者能够振刷精神，像他们的祖宗那样，建立"一喜四海春，一怒四海秋，五官强，五兵昌，禁止令行，四夷来王"的盛德"功业"，希望他们在战争失败之后，能够知晓"天时人事，倚伏相乘"的道理，"过时而悔"，改弦更张。但严酷的事实，却使他不能不把主要的注意力转移到如何对待外国侵略者这个主要的问题上去了。

魏源亲历了鸦片战争的全过程。他有机会从前线抗敌斗争中看到或听到真实的情况或事实。在严酷的事实面前，魏源在战争前的那些经世致用的思想和主张就显得苍白无力了。古经书中的"微言大义"，对于用坚船利炮武装起来的西方敌人丝毫不起作用；他苦口婆心地对清朝统治者提出的那些忠告，其结果也是"言之者谆谆，而听之者藐藐"。他为清廷开出的"培养人才，登用贤俊"的药方，到头来便是林则徐那样的"人才"，最后落了个革职查办，充军边疆的下场。而像穆彰阿、伊里布、耆英、奕山、奕经之流的蠢才鄙夫，却依然身居高位、作威作福，他热诚地希望封建皇帝能够"忧天下之忧而无天下之乐"，结果清廷皇帝却是甘心丧权辱国地把国家的土地权利看成是自己的私财而拱手送人。事实迫使魏源对鸦片战争失败的原因作谨慎的思索。

魏源认为，鸦片战争的败局是清廷昏聩腐败的必然结果，他说，若不是"养痈于数十年之前，溃痈于设巡船之后"，[①]鸦片流毒是不会那样猖獗，英国侵略者是不敢那样放肆的，而战争也不会那样地惨败。

对战争败局的总结，魏源从"内""外"两个方面提出了自己的救国

---

① 《筹海篇》，四。

济世的应变方略。

就"内"而言,他认为,当务之急,是在政治上改革弊政。他指出,中国在对外反侵略的失利与失败的根本原因在于:国内政治不上轨道,官吏庸碌无能,政令虚设,人心积患。他希望清廷统治者能够从失败中吸取教训,"过时而悔,悔而能改,亦可补过于来时",①再不要浑浑噩噩,麻木不仁了。应该下决心励精图治,整军经武。他说,"凡是有血气的人,凡是有耳目心知的人",在国家危难存亡的关口,都应发愤图强,抵抗侵略。全国上下,若能振刷精神,抗抵侵略,社会"物耻足以振之","国耻足以兴之"。果能如此,那又"何患攘剔之无期,何患奋武之不会?"②

在培养人才、实施政令、平定人心这三点中,魏源特别强调平定人心的重要性。他认为,中国的积患可谓多矣,然而,主要的积患就是"人心"与"人才"。解决的办法有二:其一,要去人心之"寐患",就要做到"五去"③。其二,要去掉人才之"虚患",办事就要从实际出发,讲求功效。④ 做到这两点,政治就可以改观,国家的强盛就有了希望。

就"外"而言,魏源不像颟顸官僚那样,要么把西方侵略者看成是"化外之民",对外面世界的情况茫然无知,认为"天朝无所不有";要么就把外国侵略者看成天神,乞降求饶。他一方面看到侵略者的本性是"惟利是图,惟威是畏",因而就须使其"有可畏怀,而后俯首从命"。⑤ 另一方面,他也看到了侵略者确有中国所不及的"长技",他们就自恃着"一战舰,二火器,三养兵练兵之法"⑥之"长技"来欺侮中国的。因此,

---

① 《道光洋艘征抚记》,下。
② 《海国图志叙》。
③ "去伪,去饰,去畏难,去养痈,去营窟。"见《海国图志叙》。
④ "以实事程实功,以实功程实事,艾三年而蓄之,网临渊而结之,毋冯河,毋画饼,则人才之虚患祛其二。寐患去而天日昌,虚患去而风雷行。"见《海国图志叙》。
⑤ 《筹海篇》,四。
⑥ 《筹海篇》,三、五。

他认为一定要把抵抗侵略的立脚点放在"严修武备"①之上。他一再警告清廷统治者,不要以为订了所谓"和协",就可宴安昏睡,不要沉迷于饮鸩止渴的"羁縻"政策。②

在魏源身上,最具有新鲜观念、最具近代文化意味的思想主张是他提出的"师夷长技以制夷"原则。魏源把林则徐编辑的《四洲志》扩充为《海国图志》,把林则徐在战争期间提出的"师敌之长技以制敌"的口号发展为"师夷长技以制夷"的主张,并从多方面作了阐述和证论。魏源认为,欲要制服外来侵略者,首先要了解身外的世界,这是御敌卫国的重要条件。他说:"欲制外夷者,必先悉夷情始;欲悉夷情者,必先立译馆翻夷书始;欲造就边才者,必先用留心边事之督抚始";③他驳斥食固守旧人士把西方的机器生产技术说成是"奇技淫巧"、学习使用会"坏我人心"的妄言,严正地指出:"有用之物,即奇技而非淫巧";④他力主破格选拔人才,效法"外夷"培养和提高制造军械兵器的技术;他建议在福建广东增加水师考试,"有能造西洋战舰、火轮舟,造飞炮、火箭、水雷奇器者,为科甲出身"。⑤凡是水师将官,必须是船厂火器局出身,否则是航工水手出身。这是魏源"师夷长技"的具体主张。

在发展军械火器业的同时,魏源还提倡学习"外夷"发展民用工业。"西洋器械借风力水力火力,夺造化,通神明,无非竭耳目心思之力。"⑥他赞扬"外夷"轮船火车,其速如飞,"昼夜千里",用机器纺纱织布,"巧

---

① "严修武备,彼有趸船,则我能攻之,彼有夹私,应停贸易,则立停之,使我无畏于彼,彼无可挟于我。"见《筹海篇》,四。
② "武备之当振,不系乎夷之款与不款。既款以后,夷瞰我虚实,觇我废弛,其所以严武备、绝狡启者,尤当倍急于未款之时。"见《筹海篇》,三。
③ 《筹海篇》,三。
④ 同上。
⑤ 《筹海篇·议战》。
⑥ 同上。

夺天工"。这些有用之物，都可大力仿造。他主张兵械工厂可以生产民用产品；沿海商民允许自办工厂，凡属有益于民用者，皆可在工厂制造。这是中国近代学习西方发展新式工业的最早设想，是中国近代工业发展的先导。

  总括上述，魏源不同于龚自珍之处，在于他把鸦片战争前后出现的经世致用之学变换为向西方学习的思潮，且因注入了新的经世内容而更加富于时代特色。就此而言，鸦片战争作为中国近代思想历史的"临界点"就是由传统经世之学走向近代思想历程的"转型"。在这个"转型"过程中，魏源将开眼看世界的新风及其未竟的事业，继承下来，并发扬光大。魏源是鸦片战争后中华民族先进分子开眼看世界中"眼量"极高的一个。他把向西方学习和中国的改革联系起来并且将其推向了一个关键位置。他提出的"师夷长技以制夷"的原则，是近代中国第一个应世方略。它包含了向西方学习军事工业和民用工业，从西方引进先进技术、人才以及培养本国技术人才的设想，它包含了后起的"洋务运动"的大部分思想。"师夷长技以制夷"的提出，是魏源把中国置于近代世界的坐标上并从世界的联系中重新认识和体察"国情世风"所得的结果，是中国所面对的西方强敌能够做出的合理的应变方略。它是一个界标，是鸦片战争前后中国思潮开始转型的标志：以开眼看世界思潮为中介，实现了从经世致用思潮到向西方学习思潮的历史飞跃，它为以后中国引入西方宪制文化在思想心路方面作了铺垫。

三、洋务思潮对"师夷制夷"方略的回应

  魏源是洋务运动的导师。他的"师夷长技以制夷"作为一个带有文化意味的原则在洋务人士那里成为一个以引进西方船炮器具、声光化

电的物质文明为主要内容的低层次西化运动。这一运动既是对"师夷制夷"原则的具体实践,也是具有悠久深厚儒学传统的中国在19世纪下半叶对西学东渐的挑战做出的进一步反应。

洋务运动作为一种试验或实践,在操作层面上首先要解决"'师夷'什么",以及"怎样'师夷'"这两个问题,而其中任何一个问题的解决都必然直接关涉另一个问题。洋务人士在"怎样'师夷'"问题上始终有一个主导性的文化选择即以什么作标尺来衡量容纳西学的问题。只有它得以落实以后才能解决"'师夷'什么"的问题。而中国的儒学传统文化是洋务人士能够选择的唯一价值标尺,它构成了洋务运动的底色。他们正是以儒家文化传统作为纲领来统摄西学,以决定"'师夷'什么"问题的。这其中,固然有为抗争冥顽守旧人士采取的策略问题,但更为根本的是洋务领导者自身的儒学素养以及他们对儒学文化传统的真诚信仰。洋务运动的领导者大都是尊奉儒学为正统的当权派人物,它的不少参加者也都是深受儒家思想熏陶、以儒学为立身处世原则的士子学人。他们举办洋务,对西学的输入所作的积极努力,大都是从儒家经世致用的精神出发的,他们上承龚自珍、林则徐、魏源,下启康有为、梁启超,表现出中国传统士人对国事的忧患对民瘼的关切。龚自珍出于经世的责任感发出了对风雷人物的呼喊;魏源编辑《皇朝经历文编》为的是揭示"时务莫切于当代,道贵存乎实用"的经世目的。他从主张水利、漕运盐政"传统型"改革发展为"夷务",得出"师夷长技以制夷"的结论,也是从经世致用的精神出发的。洋务运动的当权者虽不像龚、魏那样对社会的批判大胆而泼辣,但他们在以"修己治人"为宗旨、以"内圣外王"为理想的儒学传统教育下,不能不对现实政治寄予密切的关注,以维护现存的统治秩序作为自己的最高职责。清廷中枢主持洋务运动的奕䜣,自幼治经读史,受过严格的儒家传统教育,1855年遭忌被黜,引退家居,以"涵泳饶情趣,披吟养性真"自娱,却仍以"励志勤无怠,程功密莫疏"自勉,未尝忘怀于儒家修齐治平的政治理想。① 曾国藩"亦旧教育中之特产人物",②他鼓吹礼学,以概括儒家的经世学。"自内焉者言之,舍礼无所谓道德;自外焉者言之,舍礼无所谓政事"。③ 曾国藩心目中的礼学不仅指孔孟规范的道德修养,而且是治国亦即维持等级严格的统治秩序的指针,具有鲜明的经世目的。他特别指出经济"在孔门为政事之科",与义理、词章、考据并列,认为"此四者缺一不可",而且将它置于义理之上,为四科之首。④ 左宗棠早年即不专重制艺帖括,而极注意"有用之学","谈天下形势,了如指掌",⑤他以"读书当为经世之学"勉人并自勉⑥,说明经世精神对他的深刻影响。李鸿章早年受过严格的儒学熏陶,由举人而进士而入翰林院成为词臣。他少时着意经史,从师"读经以研寻义理为本,考据名物为末",40年代中在北京更与曾国藩"朝夕过从,求义理经世之学"。⑦ 洋务运动后期的领导人物张之洞"生长在兵间……慨然有经世志",⑧他将"通晓经术,明于大义""明悉当时事势,为切实经济",提到国家养士根本要求的高度加以认识。⑨ 盛怀宣也"慨然以匡时济世自期"。⑩ 和这些洋务运动的当权者一样,郭嵩焘、薛福成等著名的洋务运动宣传者和参加者,也都受过系统的传统教育。郑观应、王韬和马建忠虽然没有得过科举功名,但是他们的著作说明他们也都具有深厚程度不同的儒学素养和经世

---

① 奕䜣:《乐道堂诗钞》,广四时读书乐诗试帖;读书之乐乐何如。
② 容闳:《西学东渐记》,第十三章。
③ 曾国藩:《曾文正公全集》,杂著,卷二,笔记二十七则·礼。
④ 曾国藩:《曾文正公全集》,杂著,卷四,劝学篇示直隶士子;日记,卷上,辛亥七月。
⑤ 贺熙龄:《寒香馆诗钞》,卷四,舟中怀左香高,注。
⑥ 左宗棠:《左文襄公全集》,诗集,燕台杂感。
⑦ 李鸿章:《禀母》,见周推立校:《清代四名人家书》,第一四五页。
⑧ 许同莘:《张文襄公年谱》,卷一。
⑨ 张之洞:《张文襄公全集》,卷二○四。
⑩ 盛国颐:《盛宫保引述》。

要求。① 正是这种丰富的儒学素养、开明的经世致用的理想情怀,以及对儒家文化传统的真诚尊奉,决定了他们举办洋务的文化尺度或界线,同时也决定了把这些"才大心细,劲气内敛"的开明人物推向了"借法自强"潮流的前端。

以儒学文化传统为基线,"借法自强"的洋务运动主要在两线上作战——一方面要与冥顽守旧的顽固派抗争,坚持师学西方;另一方面又要坚持把学习西方厘定于传统文化基线以内,对"走得太远",敢于"菲薄名教""不知本"的维新派人士的急进做法进行批评。这种"两线作战"虽在时间上有前有后,但在空间里却都是以儒学文化传统作为其判断裁决的尺度。正是这一文化基线决定了把"师学西方"活动限制在"炮船器具,声光化电"的最浅层的范围以内。

和洋务派人士一样,在清廷统治日深危机的局势下,许多顽固守旧人士也都在鼓吹自强。但是他们心目中自强的根本途径,只有传统的治平之道。他们从维护儒学道统正宗出发,认为立国的根本,"尚礼义不尚权谋","在人心不在技艺";"欲求制胜,必求之忠信之人;欲谋自强,必谋之礼义之士"。② 他们认为,自强的唯一途径全在朝廷用人行政,如有圣贤体要者,既已切实讲求,自强之道,不能逾此。③ 倭仁列举的"用人行政",包括:正学术、养人才、求直言、化畛域、裁冗食、警游惰、重本黜末、崇实黜华,④都是儒家励行内治的内容。王家璧认为,"国家之自强,正在用人行政"。⑤ 方浚颐强调,"中国之强弱,视乎政事之得

---

① 参见陈绛:《洋务运动与儒学传统》,见《复旦学报》1996 年第 4 期。
② 《筹办夷务始末》,同治期,卷四七、四八。
③ 参见倭仁:《倭文端公遗书补》,密陈事宜疏。
④ 参见倭仁:《倭文端公遗书》,卷四·日记。
⑤ 《洋务运动》,见《中国近代史资料丛刊》,第 1 册,第 13 页,王家璧奏折附片。

失,而不关乎货财之多寡;而世运之安危,根乎治理之纯驳,而不在乎兵力之盛衰"。①

洋务派人士针对顽固守旧人士的妄言反驳说,对付外来侵略,必须"借法自强",既要"修明礼义,以忠义之气为根本",又须"将外洋各种机利火器,实力讲求,以其尽窥其中之秘"。它同"用人行政之常经,其有关圣贤体要者",并不冲突。②曾国藩认为修政事、求贤才为自强急务,但同时须在以学作炸炮、轮船等具为下手功夫。③左宗棠认为,"中国自强之策,除修明政事、精练兵勇外,必应仿造轮船,以夺彼族之所恃。"④李鸿章于1880年议购铁甲船奏折中称,"若机会一失,中国永无购铁甲之日,即永无自强之日"。⑤ 张之洞也主张"以师西法致富强为事"。⑥ 由此可见,洋务人士与顽固守旧人士的论争,并不在于是否要自强,而是自强要不要学习西方的问题。是否"师法西方"是开明与守旧的抗争,是中国走近代还是留在中世纪的抉择。它关乎于中国是否变通成法在器物层面补给中国文化的问题。顽固守旧人士坚持以中国为中心,将西学斥为异端,用"夷夏之防"作为拒斥西学的防线,这是顽固派人士自强观的特征,也是它区别于洋务派人士的根本。

洋务运动兴起后,一大批守旧人士以"夷夏之辩""重义轻利""重本抑末""强干弱枝"等传统观念为武器,向洋务事业发起了猛烈进攻。而以倡兴洋务、力言"变法"为己任的李鸿章更成为众矢之的。通政使于凌辰说:"李鸿章、丁日昌直欲不用夷变夏不止","李鸿章、丁日昌讲求

---

① 方浚颐:《二知轩文存》,卷二,议复赫威两使臣论说,参见陈绛:《洋务运动与儒学传统》,载《复旦学报(社会科学版)》1986年第4期。
② 《筹办夷务始末》,同治期,卷四八,五二。
③ 曾国藩:《曾文正公手书日记》,同治元年五月初七日,家书卷一。
④ 左宗棠:《古文襄公全集》,书牍,卷七,上总理衙门。
⑤ 李鸿章:《李文忠公全集》,奏稿,卷三六,议购铁甲船折。
⑥ 沃丘仲子(费行简):《近代名人小传》,张之洞传。

洋学,实逾加败坏'人材'"。① 1881年初,李鸿章支持刘铭传的"暂借洋债"修筑铁路的倡议。大理寺少卿王家壁痛抵李、刘的奏议是"变法改制",并诬奏李鸿章"跋扈不臣,俨然帝制……假外援以窥神器",②欲置之死地。翰林院侍周德润也要求将李、刘"严行申饬,置予议处,以为邪说蠹民者戒"。③ 事实上,在洋务运动中,几乎洋务人士每倡一议,行一事,都遭到顽固势力的反对。1880年,李鸿章感慨地说:"天下事无一不误于互相牵掣,遂致一事无成。良用喟叹"。④ 津区铁路停建后,他又深沉地说:"鸿章生平不解空言高论,只知以实心办实事,三十年来,日在谣诼之中,而祸福得失久置之度外"。⑤ "鸿章老矣,报国之日短矣。即使事事顺手,亦复何补涓埃。所愿当路诸大君子,务引君父以洞悉天下中外真情,勿徒务虚名而忘实际,狃常而忽远图"。⑥ 从这种近乎哀求的言词中,可见顽固势力的强大。即使像奕訢这样的人物也不敢再持异议,只得"公余涵养学逃禅"。⑦ 曾纪泽办洋务却要"拼却声名",为了坐小轮船回长沙这件小事,"官绅起而大哗,数年不息";⑧郭嵩焘成为"一世之的","仰天歔欷,发奋呕血,志气为之销靡,才智聪明亦为之遏塞",⑨带着"一生怀抱几曾开"的悲怆心情,赍志以终,守旧势力与舆论强大到使朝廷不得不考虑"物议",而不准给他立传赐谥。⑩

---

① 《洋务运动》,第1册,第121、129页。
② 《复黎莼斋》,见《李文忠公全集·尺牍》,第7册。
③ 《洋务运动》,第6册,第154页。
④ 《复王壬秋》,见《李文忠公全集·朋僚函稿》,第19卷。
⑤ 《洋陈创修铁路本末》,见《李文忠公全集·海军函稿》,第3卷。
⑥ 《议驳京僚谏阻铁路各奏》,见《李文忠公全集·海军函稿》,第3卷。
⑦ 奕訢:《乐道堂古近体诗续钞》,卷一,辛未季春自题小照。
⑧ 曾纪泽:《使西日记》,光绪三年八月二十八日。又见郭嵩焘:《养知书屋文集》,卷一一,伦敦致李相柏。
⑨ 李榕:《十三峰书屋全集》,书札,卷五,致郭筠仙前辈。又见郭嵩焘:《养知书屋文集》,卷一三,致黎纯斋。
⑩ 《德宗实录》,卷二九九。参见陈绛:《洋务运动与儒学传统》。

鲁迅先生有言,"一个猴子要直立起来行走,别的猴子上来把它咬死,过了些年日又有立起来的;于是又被咬死。这样由猿到人的历史就不幸地迁延了千万斯年"。① 当近代中国蹒跚地站立起来走向世界时,处处都可以听到这种"撕咬"的声响。这说明了中国近代化的不易,也表征了西方文化移入、落实的艰难。儒学文化传统是抵拒西方文化的最后、也是最坚固的防线,它决定着西学输入的范围和层次,甚或也决定了以后西方文化(包括宪制文化)在中国多舛的命运,它构成了中国近代宪制文化最大的"场",使其在中国文化边缘地带游离,并加以一点一点的消磨,直至要擦掉它的本色。

不管洋务派人士是否还有气力,它在与顽固派作战的同时,还必须同维新派作战,以便把"师学西方"限制在儒学文化传统允许的范围之内。从19世纪70年代起,早年支持并积极参与洋务的许多更为开明的人士——早期维新派在经过了一段观察的思索以后,普遍认为中国的病根不在于炮不利、船不坚,而在于政治上的"上下之情不能相通",提出了师学西方的"君民共主""上下一心"的比洋务派人士更为急进的主张。19世纪70年代中后期,王韬、郑观应先后发出了实行"君民共主"的呼吁,要求仿行泰西各国"类皆君民一心,无论政治之大小,悉经议院妥酌,然后举行"的良法。② 这是近代中国宪制思想的萌发。到1880、1881年间,游历欧洲归来的钟天纬更明确地认为,欧洲各国日臻富强的本源在于"通民情、参民政"。③ 他们批评洋务派人士师法西方

---

① 《坟》。
② 王韬:《弢园文录外编·重民下》;郑观应:《易言·论议政》。
③ 他说:"盖泰西通例,国之律法最尊,而君次之,君亦受辖于律法之下。但能奉法而行,不能威权自恣"。"乃中国事事与之相反……国势安得不弱?""而欲矫其弊,振其衰,固非大有更张不可"。"君者,民之所拥戴,而非天之所授权……是以亿兆民议定律法授君遵办,所以限制君权使之受辖于律法也。如有非法自恣者,兆民拒之,不得谓之叛逆"。见钟天纬:《刖足集·综论时势、与程禧其书》。

的"船坚利炮"是"袭其皮毛""遗其体而效其用"。① 王韬更明确地指出:"所谓末者,徒袭其皮毛;所谓本者,绝未见其有所整顿"。而"由本以治末,洋务之纲领也,欲明洋务,必自此始"。② 针对早期维新人士的主张和批评以及后起的康梁维新思潮,洋务派人士则坚守儒家文化的纲常名教,认为"中学为内学,西学为外学,中学治身心,西学应世事",③鼓吹"三纲为中国神圣相传之至教","圣人所以为圣人,中国所以为中国,恰在于此。故知君臣之纲,则民权之说不可行也;知父子之纲,则父子同罪,免丧废祀之说不可行也。"④认为,儒家正统文化中有"深仁厚德""良法善政","何必袭议院之名哉!"⑤洋务派人士在这"左右"两方面夹击的情势下,其间难免消磨掉许多气力,使原本就没有什么根基的洋务事业自然又多了几分历程上的艰难和苦痛。

儒学传统的保守性质,是顽固派反对洋务运动的思想根源。然而洋务派人士自己也是由传统文化所孕育,他们同样是儒学的守卫者,而不是叛逆者。洋务派是在坚持儒学文化传统这一基线下开展师法西方活动的。他们一方面是依附传统而倡扬西学,利用西学以维护传统;另一方面,他们又力图将各项洋务措施纳入传统的模式,"以西补中""以中为体,以西为用"作为洋务运动最高准则。这其中固然证明,洋务派根据因时变通的原理,承认客观形势的变化,必须采用西学作为应变对策的坚决态度;但另一方面,洋务派人士之所以师法西方,根本上又是以维护旧有的统治秩序为鹄的。他们一方面把儒家的经世精神发扬光大,表现为一种不胜忧时的心情和急迫的改革意向,发出"今各国一变

---

① 郑观应:《感世危言·议院上》。
② 王韬:《弢园文录外编·洋务下》。
③ 张之洞:《劝学篇·会通》。
④ 张之洞:《劝学篇·明纲》。
⑤ 张之洞:《劝学篇·教忠》。

再变而蒸蒸日上,独中土以家法为兢兢,即败亡灭绝而不悔。天耶?人耶?恶得而知其故耶?"①这样的感呼;另一方面,又一再强调:"中国文物制度迥异于外洋獉狉之俗,所以郅治保国邦、固丕基于勿坏者,固自有在","中国文武制度事事远出西人之上,独火器不及",②表现出对旧秩序的依依之情。他们虽然对倡西学、变科举作过不少慷慨的陈词,甚至说过"未见圣人留下几件好算器艺来"(李鸿章语)这样动情的话,但在思想深处却别抱传统文化的情怀。在洋务派人士那里,中学与西学间隔有两个层次,在浅层即器物层,他们奏唱着"师夷之长技"的时代新曲,但在深层即制度、观念层却仍眷弹着"歌咏皇仁"和"中国文物制度"的老调。洋务派的当权者大都兼作"文臣"和"武帅"双重角色,在长期的戎马生涯和所谓"御外""靖内"的需要,陶养了他们的"强兵治国"的政治观,他们的洋务也好,"变法"也好,始终是萦绕"强兵"这个主旋律进行的。即使从19世纪70年代起,许多民间企业的创办,以及他们发表的"求富"言论,在很大程度上还是从军事需要和解决"饷源"着眼的。③

洋务运动的缺失,不在于它的"卫旧",而在于它在"卫旧"的同时"布新"。即企图在不触动中国儒学文化传统的旧机体上移植西学新因子,这难免发生"排异"性的冲突或变异。问题在于:中学与西学本属于两个社会背景迥异,价值标准不同的文化,洋务派对西学的理解与他们自身的儒学素养决不能相提并论。事实上,他们是在并不真正认识西方

---

① 《复王壬秋山长》,见《李文忠公全集·朋僚函稿》,第19卷。
② 李鸿章:《置办外国铁厂机器折》,见《李文忠公全集·奏稿》,卷九;《筹办夷务始末》,同治朝,卷二五。
③ 李鸿章说:"欲自强,必先理财""欲自强,必先裕饷,欲浚饷源,莫如振兴商务……,微臣创设招商局之初意本如此。""外洋以商贾为重,中国以耕读为重。是固夫人皆知,然而不重商贾可也,军事亦可不重乎?……臣等创兴铁路本意,不在效外洋到处皆设,而专主利于兵。"(《妥议铁路事宜折》,见《李文忠公全集·奏稿》,卷三九;《议复梅启照条陈折》,见同上;《海军衙门会奏底稿》,见同上;《海军函稿》,见《李文忠公全集·奏稿》,卷三)

生产技术所代表的文化价值符号的情况下同意采纳这些生产技术的。①

这就出现一种尴尬的情势：要真正掌握西方先进技术就不能不触动儒学文化传统这个"体"，而欲要不触动这个"体"就难免使本来先进的西方技术走样、变形。② 儒学文化传统与西学的矛盾和冲突是洋务运动失败的内在根源。

洋务运动的意义在于洋务派人士不曾预想而实际带来的社会文化结果。即便在洋务派内部，尽管他们主观上意图把西学限制在一个固定不变的范围，但实际上，"西学"内容和范围在不断扩充加厚，从"求强"的军事工业到"求富"的民用工业，从机器技术到格致算学，虽属浅层的西学内容，但它也是一个渐次演进由浅渐深的过程。随着洋务运动的发展，一些西方的政法知识被陆续传至中国，这虽有违洋务派人士的初衷，但他们不能不加以正视。到了张之洞辈认为西学包括"西政、西艺、西史"，甚至提出了"择西学之可以补吾阙者用之，西政之可以起吾疾者取之"。③ 随着西学的涌入而来的维新思潮已远远超出洋务派所设定的范围，即便出了张之洞的《劝学篇》，也无法守住他们钟情的那个"体"了。

---

① 1861年曾国藩在《复陈购买外洋船炮折》中，天真地认为只要有人演习试造，"不过一二年，火轮船必为中外官民通行之物"。（参见曾国藩：《曾文正公全集》，奏稿，卷三六）洋务派人士不可能认识到西方的先进技术所具有的能动力量。毋庸置疑，技术本身是不断进化的，欲要掌握这日新月异的技术，首先必须培养能掌握先进技术法门的人才，要造就这方面的人才就必须改革与之不相适应的教育体制；教育体制的根本变革必将触动整个旧有的政治制度。所谓的"中体"在西方先进的技术面前也就很难岿然不动了。

② 李鸿章曾颇有远见地建议以西方科学技术知识为内容，"专设一科取士"，"使士终身悬以为富贵功名之鹄。"（《筹办夷务始末》，同治朝，卷二五）为了提高西学的地位，他仍然未能摆脱以科举功名为诱饵的传统做法。洋务派创办的近代军事工业，其性质仍是继续中国历史上军火生产的官办传统，不可避免地带来官营的种种弊害。洋务运动时期，民用工业的主要部分被纳入"官督商办"的形式，本质上也是脱胎于官府垄断的传统纲法，它因缺乏近代西方企业经营的竞争观念和进取精神，阻碍了中国新型工业的形成。

③ 张之洞：《劝学篇·设学》。

洋务派人士办"洋务",原来只是意图用浅层的西学以挽救日益颓废的政情、国情,达到维护"皇恩永固"的传统秩序。其结果却是相反,他们用"西学"这个武器将旧有的制度戳了一个窟窿,使古老的中国透进了一丝近代的清新空气。他们不但在行动上对魏源"师夷长技以制夷"的主张作了初步试验,而且为中国的近代化造就了像王韬、薛福成、郑观应、钟天纬等一大批新型知识分子,这就为西学更深层的知识传播打开了通道。既然"西学"的闸门由洋务派人士打开,涌进来的就不可能全是他们喜欢的东西。事实上,他们也不可能把"船坚炮利"的西方技术拿进来以后,而又阻碍得了他人将"君民共主""上下不隔"的西方宪制的观念和知识留在码头上。当脱胎于"洋务"阵营的王韬、薛福成、郑观应高举着"君民共主"的政治大旗继续向西学迈进的时候,洋务派人士的主张和举措已经被抛在了历史的脑后。

洋务运动的遭际,说明了中国传统势力的强大,也预示了宪制文化在中国落地生根的艰难。洋务运动所坚持的那个原则——"中体西用",不管是一个策略还是一个文化上的公式,虽在以后的中国历史上千变万化,但作为一个中西文化上的情结一直困扰着中国人——哪怕是最开明的中国人,它构成了中国近代宪制文化的一个基本范式。

四、"君民共主":制度层西化的最初设计

洋务运动的一个直接结果就是造就了像王韬、郑观应等这样一代更开明的知识群体。他们中的许多人曾是洋务运动的支持者或直接参加者,但他们大都不是洋务运动的领导者或决策者,因而他们也就少了一分成功与失败的现实压力,多了一分思想上的自由和怀想。也由于他们个人的坎坷经历以及他们活动的范围大都处在近代中西文化冲突交融的前沿——沿海,有的曾游历西方诸国,这就使其对西学的观察、

体认比他们的前者多了一分全面和深刻,能够超越"洋务",提出更新的"借法自强"方案。

如上文所言,这一代知识群体大都厌"洋务"官僚对西学理解的浅薄,批评其"只袭其皮毛"而不"吸之精髓"。他们在尊重洋务派人士"中体西用"这一公式的前提下,提出中西文化的新看法。他们认为,中学特别是宋明以来的理学,是空谈性理、不切实用的虚玄之学,西学则是讲究实证、实验,于国计民生具有实用的"实学"。他们用"虚""实"来区分中西文化的不同,推崇实学,批判空谈性理的虚玄之学。郑观应说,中国文化"莫窥制作之原,循空文而高谈性理,于是我堕于虚,彼证诸实";①陈炽也批评中国士大夫"好为高论""自蹈虚无""闲之于见性明之内",而西人讲究的是"宜民而利用"的学问,"而固非索之虚无也,其事至实"。② 用"虚""实"为范畴来区分中西文化未必确当,但王韬、郑观应等那一代知识分子是不会去仔细体味的。因为时代的使命是要他们继续去寻求西方的"药方"使自己贫弱的祖国站起来。"借法图强",这是一只看不见的手,一支悬在空中的剑,近代中国的爱国知识分子所做的一切都必须受它支配,围绕着它转动,不允许他们闲坐书斋对中西文化去做科学上的演绎。

既便如此,中西文化的"虚实"之分也是惊世骇俗的。在这之前,洋务派人士虽打着"中体西用"的旗帜,师法西学,但他们仍不敢直言中学的缺失。从文化上总结中国落后挨打的原因恐怕在中国历史上这还是第一次。以往被尊奉为我们命根子的儒学文化中的"义理"价值观在这个带有"技艺""功利"化的"实"字面前已经开始发生摇动了。

当然,这一批开明的知识分子以"虚""实"来区分中西文化,批评中

---

① 《盛世危言·道器》。
② 陈炽:《庸书·格致》。

学"堕于虚",肯定西学"征诸实",意不在否定中学,也不是全盘接受西学,他们所注重的是西学的实用价值。就理性价值而言,他们仍认为中学优于西学。郑观应说:"虚中有实,实者,道也;实中有虚,虚者,器也"。① 即是说,无论中学、西学都有虚有实。但就中西文化相比较而言,中学中的"实"仍然是道,西学的"虚"也还是器。"我务其本,彼逐其末,我晰其精,彼得其粗"。② 这个思想在他的《西学》篇中表达得更为明确,他说,"故善学者必先明本末,更明所谓大本末而后可"。前一个"本末"是就中学、西学各自而言,各有本末,可以称作"小本末"。后一个"本末"是就中学、西学相比较而言的,"合而言之,则中学其本也,西学其末也",所以称为"大本末"。这种本末观从根本上说来,还是"中体西用"观的翻版。在那个时代,"本末观"是开明的知识分子学习西学不能离开的合法性根据,但只要承认中学这个"本"有虚而不实的成分,那么这个"本"就必须用"末学"即西学的"实"加以填充和弥补。他们或许并不知道,用"末学"之"实"不断填充和弥补"本学"之"虚",那个"本"也会走样,被"实"所撑破。

他们在批评中国文化的基础上,自觉地超越了洋务派人士的"船坚炮利"的西学之"用",从更深层面上探索学习西方,以求中国自强的新路径。他们深厚的中学素养与较为丰富的西学知识使他们能从制度层面上观察到西方政治上的新型君民关系与中国传统的"三代之治"的民本思想间的逻辑联系,他们意图用"重民说"作为中西文化的契合点改革中国的专制政治。"重民说"是这一代知识分子探索中国自强新路的一个不可忽略的前点,它在文化意义上对戊戌维新人士产生了无可估量的影响。由重民、治民到民权、民治这是中国宪制文化的逻辑传递,

---

① 《盛世危言·道器》。
② 同上。

甚至可以说，它决定了近代中国宪制文化的基本品格。①

王韬说："天下之治，以民为先。所谓民为邦本，本固邦宁也"。②"国之所立者，而君听命于民者也"。③ 陈炽也说，"天生民而立君，君者，群也，所以为民也"。④ 何启、胡礼垣认为，"政者，民之事而君办之者，非君之事而民办之者。事既属乎民，则主亦属乎民"。⑤ 如何"重民"呢？他们认为，除了"与民共利"而"允许民间自立公司"，发展工矿、商务、铁路航行等新式工商业而外，重要的是要在政治上消除"君民相隔"的专制弊端。这样，"重民"说就把他们引向了对专制主义的批判：

"三代以上，君与民近而世治；三代以下，君与民日远而治道，遂不古若。至于尊君卑臣，则自秦制始。于是堂帘高深，舆情隔阂，民之视君如仰天然，九阍之远，谁得而叩之！虽疾痛惨怛，不得而知也；虽哀号呼吁，不得而闻也。灾歉频仍，赈施诏下，或蠲免租税，或拨帑抚恤，官府徒视为具文，吏胥又从而侵蚀……

君既端拱于朝，尊无二上，而趋承之百执事出而莅民，亦无不尊，辄自以朝廷之命官尔曹当奉令承教，一或不遵，即可置之死地，尔其奈我何！惟知耗民财，殚民力，敲膏吸髓，无所不至，囊橐既饱，飞而飏去；其能实心为民者无有也。夫设官本以治民，今则徒

---

① 由此开始中经戊戌维新直到辛亥革命的孙中山，先进的知识分子都是以"民"作为建构中国宪制的原点。戊戌维新人士张扬民权，是以"君权"作为逻辑上的对应；孙中山倡导民治、民权是以"政权"作为逻辑上的对应。相反，近代西方宪制是以"人"为原点，用个人对应国家，用人权对应国家权力，即是一个个人与国家、个人权利（人权）与国家权力、法律与权力关系构成的文化问题。近代中国宪制则是把在西方本属于文化问题的宪制转化为具有中国文化意味的政治问题。这是中国近代宪制不同于西方最关乎要紧之处（下列章节有论述）。
② 《弢园文录外编·重民上》。
③ 《格致书院课艺》，癸巳冬季陈翼为、许象枢课艺。
④ 《报馆》，见《庸书》外篇，卷上。
⑤ 何启、胡礼垣：《新政论议》，见《新政真诠》，二编。

以殃民;不知立官以卫民,徒知剥民以奉官。其能心乎为民,而使之各得其所,各顺其情者,千百中或一二而已。呜呼!彼不知民虽至卑而不可犯也,民虽至愚而不可诳也!"[1]

"今之为官者,于利民之事决不为,于害民之事决不肯阻"[2]"豺狼之噬人也犹有饱时,而官府之私囊无时可饱也,盗之劫人也犹有法治,而官府之剥民无法可治也"。[3] 除此而外,宋育仁的《时务论》、陈炽的《庸书》、汤震的《危言》、陈虬的《经世博议》等篇目都把目光投向了专制主义。他们对官僚与吏胥的勾结,贪赃枉法,逼贫为匪等专制弊端进行了深刻的揭露和鞭挞。他们称当时为"吏胥之天下",甚至说皇帝虽在名义上是"独断于上","实则以天子之尊,下公胥吏役"。[4] 他们认为,由于官吏的横征暴敛,"驱天下强悍之贫而入于匪"[5]"盗贼充斥,民疾无所诉",[6]由此造成了严重的社会危机。这种弊病造成了君民隔阂的局面,使得君恩难以下逮,民间疾苦无从上闻,其结果是"政失于上面不知,乱成于下面不悟"。[7] 因此,在政治上"去塞求通"就成了"重民"的基本内容。求强求富要在得民心,要得民心必须通上下之情,调整好君、官、民三者的关系。

如何调整君、官、民三者关系呢?他们都看好了西方的新型君民关系对医治中国之病的实用价值。在"本末"观的套路里他们确实是从"功利"——"实"着眼于西方议会政治的。王韬说:"试观泰西各国,……类

---

[1] 王韬:《弢园文录外编·重民下》。
[2] 何启、胡礼垣:《新政论议》,见《新政真诠》,二编。
[3] 何启、胡礼垣:《曾论书后》,见《新政真诠》,初编。
[4] 邵作舟:《危言·穷敝(上)》。
[5] 宋育仁:《时务论》。
[6] 邵作舟:《危言·忧内》。
[7] 邵作舟:《危言·陈忌讳》。

皆君民一心，无论政治大小，悉经议院妥酌，然后举行。……中国则不然，民之所欲，上未必知之而与之也；民之所恶，上未必察之而勿之施也"。① 泰西诸国，"因民之利而导之，顺民之志而通之""民以为不便者不必行，民以为不可者不得强"。② 泰西的良政之美就在于"上下相通，民隐得以上达，君惠亦得以下逮""有君民上下互相联络之效"。③ 因此，他们也要求中国朝廷"撤堂帘之高远，忘殿陛之尊严，除无谓之忌讳，行非常之拔擢"④"联络众情……合四万万之众如一人"，做到"上下一心，君民一体"。⑤ 他们对一点深信不疑：西方的议院（会）政治就是西方强大的原因。"西洋各邦，立国规模，以议院为最良"⑥"泰西议院之法，……英美各邦所以强兵富国，纵横四海之根源也。"⑦其必然的逻辑关系便是：中国要富强就必须像西方那样，造就"君民一体，上下一心"的良政。问题是：中国能否效法西方实行议院政治呢？对这个具有挑战性的问题，他们当中有些人则有些迟疑了，大致有三种情况：第一类是对西方议院政治抱赞赏的态度，但并不明确主张仿行。薛福成就属这一类。他对西方的议会政治的赞叹一再溢于言表，与中国历史也多处比较，但对中国要否设立议院却不置一词。第二类是主张实行西方"君民不隔"的"君民共主制"，但没有提出具体的议院方案。王韬和郑观应属这类情况。如上文所言，王韬对中国专制政治有许多尖锐的批评，主张革除专制政治的"尊君卑臣""殃民""剥民"等弊病，做到"君主于上，而民主于下"，使"上下之交固，君民之分享"，像"英国政治"那

---

① 王韬：《弢园文录外编·达民情》。
② 王韬：《弢园文录外编·上当路论时务书》；郑观应：《盛世危言·议院》。
③ 王韬：《弢园文录外编·重民下》。
④ 王韬：《弢园尺牍·与方铭山观察》。
⑤ 郑观应：《盛世危言·议院》。
⑥ 薛福成：《出使日记》，光绪十六年七月二十一日。
⑦ 陈炽：《庸书·议院》。

样,"合一国之人心以共为治",以求复三代之古风。① 应该说,他是希望在中国实行"君民共主"制的。但是,他着重强调的是"重民",既未要求在中国设立议院,也未明确提出通向"君民共主"的其他途径。郑观应与王韬略有不同,他是直接主张设立"君民共主"的议院的。他认为,中国若要"富国强兵"就是"必自设立议院始矣",并强调指出:"君民共主"之国"普天下十居其六,……今日本行之,亦勃然兴起,……而犹谓议院不可行哉!而犹谓中国尚可不亟行哉?"②但他感觉到在中国立即实行这种制度的困难,主张先从整顿吏制和官制等方面着手。③ 以何启为代表的第三类情况是,他们不但主张设立,而且提出了各自的议院方案。这些方案是以他们对西方议会的观察、了解、体认,根据中国实际情况"斟酌变通"后提出来的。"变通"的结果,是把他们理解的西方议会——"君民共主"与中国"传统"的民本文化相结合,形成一个"不中不西""即中即西"的"开明政治"模式。这些方案总括起来大致有四点:

其一,把中国"乡举里选"之法和他们理解的西方议院制相变通的政治模式。陈炽所设想的议院是由百姓推举士绅,组成一级既议事又办事的"议会",然后逐级推举,"县送之达于府,府举之达于省,省保之达于朝",朝廷"设院以处之,给俸以善之,有大利弊,会议从速"。这是所谓下议院。上议院则"仍因阁部会议"。事经两院议定之后,"行否仍由在上者主之"。④

其二,把西方的"议院制"和中国的科举制相结合的模式。像何启在《新政真诠》中提出的办法:县议员在秀才中选出,府议员在举人中选

---

① 参见王韬:《弢园文录外编·重民下》。
② 郑观应:《盛世危言·议院》。
③ 参见郑观应:《盛世危言·吏治上》。
④ 陈炽:《庸书·乡官、议院》。

出,省议员在进士中选出。省议员每年一次集中于京都"开院议事"。议员在"度支转饷"等方面有参政议事、制订法令的职责,但无权干预"君国大政"。①

其三,把西方的"议院制"与中国的官僚机构相混合的模式。汤震设计的"议院"属这种形式:上议院由所有的王公和四品以上京官组成,军机处主持之;下议院由所有四品以下的京官组成,都察院主持之。两院讨论大政方针之利害得失,互陈所见,然后"由宰相敷其同异之多寡,上之天子,清如所议行"。②

其四,把西方的"议院制"与中国的幕僚制相混杂的模式。陈虬主张:京师另置都察院衙门,设议员三十六人,六部每部六人,由任官"公举练达公正者"担任。在大臣主持下,"国有大事,议定始行,试办有效,视大小加恩赏赉"。州县则"就所有书院或寺观归并改设,大榜其座,国家地方遇有兴革事宜,任官依事出题,限五日议缴,但陈利害,不取文理。"③

这四种方案虽有差异,但其共同之处是明显的:他们所设计的中国式"议院"只是一个传达舆情的机构而不是权利义务聚集的场所;设计的用心是服务于他们的大目标:拓宽言路,通上下之情,消除君、臣、民间的隔阂,以改革专制政治。

那一代知识分子也和后来的戊戌维新志士一样,既是怀有救国济世远大理想的思想家,也是脚踏实地、革故鼎新的实干家。

作为思想家,他们愤世嫉俗,关心民疾,关切国家、民族的命运。现实政治的糜烂,使他们对君民相亲具有"三代"之世风充满人情味的理

---

① 参见何启、胡礼垣:《新政真诠》,二编。
② 汤震:《危言·议院》。
③ 陈虬:《治平通议》,"变法一","开议院"。

想社会怀有向往之情；作为革新家，他们脚踏实地，从实际出发，把洋务派人士的目光从坚船利炮上面移开，投向更为深远的政治层面。他们毫不怀疑自己在西方文化中发现的真理，他们认定西方的议会政治就是他们所传达的那样，它不但是西方能够"纵横四海"的本源，而且也是中国"借法自强"的药方。

事实上，他们对西方文化是隔膜的，对西学的议会知识也是粗浅的。他们大多数人止于这种水平："泰西各有议院，以通上下之情，……顾其制繁重。"[1]就连在欧洲转了三个国家的王韬也只能看到："朝廷有兵刑礼乐赏罚诸大政，必集众于上议院，君可而民否，不能行，民可而君否，亦不能行也，必君民意见相同，而后可颁之远近，此君民共主也。"[2]对议院制记叙最多当属郑观应和薛福成。据郑观应在《盛世危言》中的介绍，西方议院也只不过是这样一种政治制度：它分上下两院，上院"以国之宗室勋戚及各部大臣任之，取其近于君也"，下议院由"绅耆士商才优望重者充之，取其近于民也。""议院揽庶政之纲领"，"用人行政，皆恃上下议员经理"，而"下议院为政令之所出，其事最繁"；"百僚升降，权归议院，期会之令，出自君主，选举之政，操自民间"；"凡军国大政，君秉其权，转饷度支，民肩其任，无论筹费若干，议院定之"；"遇有国事，先令下院议定，达之上院，上院议定，奏闻国君，以决从违，如意见参差，则两院重议，务臻妥协，而后从之。"[3]薛福成的记叙与郑观应大体相同，但他看到了政党制度在议会的作用，但也只有这种水平："英国上下议院，有公保两党，迭为进退，互相维制……一出一人，循环无穷，而国政适以剂于平云。"[4]

---

[1] 陈虬：《治平通议·开议院》。
[2] 王韬：《弢园文录外编·重民下》。
[3] 郑观应：《盛世危言·议院》，《盛世危言·吏治上》。
[4] 薛福成：《出使日记》，光绪十六年九月九日。

在这种情形下,中国文化便成了他们观察、体认西方宪制制度最重要的文化资源。他们确乎是戴着中国文化的古老眼镜去看待西方宪制文化的。他们把西方的议会制从西方文化中剥离出来,放在"政治"这个手术台上加以解剖,发现了它与中国儒家传统中的民本思想的逻辑联系,[1]并把它与传统的民本思想加以调适,整合为带有中国文化意味的"重民说""君民共主"论。试图以"民"作为范畴,建构一种"非中非西""即中即西"的政治学说。这样一来,在西方原本带有文化意味的"议会制"由他们变换成一个纯粹的政治问题。这一变换为以后的中国宪制文化生成、发展带来了双重结果:一方面,"重民说""君民共主"说为中国移进西方宪制文化从"文化"意义上架起了一座桥梁,并为之找到了与中国本土文化相融合的契合点。一种外来文化若不能找到与本土文化融合的契合点,那么这种外来文化是没有生命力的。当然,这并不意味着他们已经有了宪制思想,已经开启了中国近代宪制文化的航程。事实上,"重民"不等于民权,"君民共主"不等于民主,从前者到后者还有很长一段距离。但同样重要的是:"重民"不等于"民主","君民共主"也不等于专制,从"民本"到民权,从专制到民主之间有很大一片空白地带,这一代知识分子就站在那里。另一方面,由于他们"误读"了西方宪制,因而也为中国近代宪制文化传达了一个"错误的信息":似乎西方的宪制就是西方富强的本源,它的功用就在于解决"君"与"民"的关系,他们(甚至康有为、孙中山那一代先进的中国人)看不到或者忽略了西方议会制背后所隐含的个人与国家、人权与国家权力、法律与权力的对立和调适这更深一层的文化意蕴。因而,后来的先进分子把西方

---

[1] 薛福成在叙述了西方议会之后,把这种"君民共主之政",看作是中国夏商周"三代之隆",并用孟子"民为贵,社稷次之,君为轻"之说作为两者的共同精神。(见薛福成:《出使日记》,光绪十六年九月九日)王韬在他的《弢园文录外编》中也有类似看法。

宪制文化价值中的(个体)自由、(个)人权、(个人)自治等元素转"译"成中国文化能够接受的概念:"民权""民主""民治"。"人"与"民"不惟是字义的不同,重要的是文化上的差异。① 从这个意义上讲,这一代知识分子在参与建构中国近代宪制文化中的作用不可低估,甚或可以说,它直接决定了中国宪制文化的走向。

五、宪制文化范式的培育

文化就像一条不断流淌、绵延不绝的长河。作为中国近代文化一部分的宪制文化无疑是在鸦片战争以后,伴随着学习西方"借法自强"的进程而开始其孕育生长历程的。"赶上西方"这是回荡在整个中国近代史上的主旋律,对西方宪制文化的移入不能不受它的规约。中国近代特定的历史条件和环境决定了对西方宪制文化接受的尺度,而中国传统文化则直接影响了它的基本品格。如果把戊戌维新看作是中国宪制文化的开启,那么戊戌前的这一时期就是它起锚扬帆的岸头,构成中国宪制文化孕育的"场"。

鸦片战争后,龚自珍高举起经世致用的大旗,慨慷论天下之事,把传统的经世之学发展为睁开眼睛看现实的新潮。1903 年张之洞在所作的《学术》诗自注里以十分不满的口吻说:"二十年来,都下经讲《公羊》,文章讲龚定庵"。戊戌时期春秋公羊学的盛行确乎与龚自珍相关。从龚自珍到康有为都是从春秋公羊学中寻找"借法改制"的根据。东汉经学家何休在《春秋公羊传解诂》中说:"《春秋》有改周受命之制"。龚

---

① 这就不难理解近人为什么把卢梭为解决个人与社会、个人与国家关系而写成的《社会契约论》译作《民约论》,为什么在西方原本属于个人本位的大法——"私法"在中国被翻译成"民法",这确乎存在着文化上的亲缘关系。

自珍和康有为择取今文经学的观点，视孔子为改革的祖师，既因之增加了理论创造的勇气，也为引入西学倡言改革找到了文化上的合法资源。龚自珍前承以清初顾炎武、黄宗羲、王夫之等为代表的早期经世派"专讲经世致用的实务"的现实主义传统，后启戊戌时期以康、梁为代表的后期经世派，把传统的经世之学与他们所吸取的西学相结合，形成了一个"非中非西、即中即西"的"新学"。这一"新学"的形成，宣告了传统的经世之学向近代新文化嬗变的开始，同时也为维新人士借取西方宪制倡言立宪改革找到了一种文化上的合法根据。后者更为重要：在中国这样一个传统势力非常强大的国家，宪制作为一种外来的新物要在中国落户，首先必须取得中国的合法"户籍"，而康有为从孔子"法典"里找到了由龚自珍提供的这一合法资源。

黑格尔说过，一粒自在自为的种子已经包含了未来的果实。从这一意义上说，龚自珍的朋友魏源提出的"师夷长技以制夷"的原则包容了其后整个中国近代文化的变量。西方文化作为中国师学的"长技"在不同时期展现了它的不同文化蕴意。在洋务派人士手中，"长技"是船坚炮利的兵器之技；在王韬、郑观应等一代知识分子眼里，"长技"便是西方发达的"工商经济"和政治上的"君民共主"；而后来的戊戌维新人士则将其变换成政制上的"君主立宪"；在以孙中山为代表的革命者看来，"长技"意味着整个国家和社会的"民主共和"；五四新文化则将其概括为"德赛"二先生即民主、科学的价值和观念。西方的"长技"在中国是一个涌动进步的过程，它的移入和落实必然关涉到整个中国传统文化的变革。

"师夷长技以制夷"开启了中西文化撞碰、交融的始端，并使其成为一个绵延不绝的长河。在魏源那里，"夷"（敌人）第一次成为"先生"（老师）。在这之前，中国自认为自己是世界的中心，其他的夷蛮小邦都向它俯首称臣。当西方这个"蛮夷小邦"举着近代科学的旗帜崛起于世界之时，中国却仍旧以其固有的保守，漫步在天朝大国的庭院之中。向

"西夷"讨教,第一次使中国在近代世界里找到了自己的正确位置,这确乎是一个吞咽苦果的嬗变过程。是魏源首先拧成了一个"夷与师"相互交织的中国人无法解开的文化情结。虽然随着中西交往的增多,中国对西方的认识也有一个由"夷"到"洋"到"外国"的不断成熟过程。但许多中国人的心里底层仍隐秘着一个几乎是一以贯之的看法:以船坚炮利自恃的西方是中国的敌人,它给华夏民族带来的屈辱无法释怀。但在另一方面,为了不至于再次受辱,中国又不得不向它学习。这一痛苦的选择是由魏源开启的,它在心灵和情感上一直折磨着后来的中国人。"夷(敌人)与师"的文化情结是一个范式,它是一个受尽了欺凌的民族对自己未来抉择必然出现的复杂而矛盾的心理,它是中西文化交融的一个基线,规约着近代中国对西方宪制文化移入的范围和程度。

"洋务"作为一种"运动"在于它首先对魏源提出的公式在实践层面进行了初步试验。随着"洋务"的具体展开以及西学的大量涌入,洋务派人士为了排除传统势力人士的干扰,而且本能地为了在文化上防止"以夷变夏",便提出了"中体西用"这一文化原则,试图仅以西方的器物层文化以弥补他们所固守的那个"中体"之不足。"中体西用"是"师夷长技以制夷"的具体落实。它作为一个"运动"虽以失败而告终,但期间所创办的工矿企业、修筑的铁路等已留给了历史,为中国近代化迈出了一小步;①期间所设的学堂、翻译的西学书籍、培养的西学人才为以后的西学传播打开了通道,为中国近代宪制文化的生成做了物质上的准备。

"文化作为有机体,不仅表现在它自己内部各因素之间是和谐的、

---

① 中国近代工业和交换是在洋务运动中发生、发展起来的。甲午战争后民族资本新办的几十个工厂,是在洋务运动时期发生、发展起来的,是中国近代工业资本在新的条件下的扩充和发展。据不完全统计,1895—1898年民族资本新创办的规模较大的工厂有49家,多办在洋务活动比较活跃的广东、上海及江浙一带。正是由于几十年的洋务运动对清廷的冲击所引起的变法和洋务派人士在朝廷中的某些有限的作用,为民族资本的发展提供了某些特殊条件。

整合的;而且要求外来因素融进这个机体,从属于自己的主导观念,或者说,它正是依据自己的主导观念去选择外来文化因素,吸收某一些,排斥另一些,改造其他一些,以期维系自己的生存。但就在这种接触中,正如它常由自身内部而经历的那样,一个文化,便或快或慢地变化了,发展了。当外来文化在发展程度上高于本土文化时,这种变化和发展将来得明显而激烈;但尽管这样,外来文化的因素也并非像花瓶中的鲜花那样,生硬地插在本土文化本体上,而必须是经过本土文化的整合,融为一体,方能见其功用。"①

　　王韬、郑观应等这一代知识分子试图做这份工作。他们从自己的"主导观念"出发,认定"盖万世不变者,孔子之道也"②"形而上者谓之道,修道之谓教,自黄帝孔子而来至于今,未尝废也,是天人之极致,性命之大原,亘千万世而不容或变者"③"中国之杂艺不逮泰西,而道德、学问、制度、文章,则复然出于万国之上"。④ 所以,他们主张,"道为本,器为末,器可变,道不可变,庶知所变者,富强之权术而非孔孟之常经也"。⑤ 基于这种认识,他们便自觉或不自觉地把西方的议会政治从其文化中剥离出来,嫁接在主张"不能变的中体"上,创造出"君民共主"的"新说"。这一"新说"在中国近代宪制文化史上的意义上文已经谈到,在此特意强调的一点便是:他们当时所关注的,主要在于上下相通、君民不隔;下情得以上达,民瘼得以解除,政令得以贯彻。这些既是促使他们能够迅速断定西方宪制在诸多方面优越于中国的直接动源,也是阻碍他们不能进一步深入认识和把握西方宪制的精神实质的重要因素。他们注意到了西方宪制所表示出来的上下相通、君民不隔、民情不

---

① 庞朴:《文化结构与近代中国》,载《中国社会科学》1986 年第 5 期。
② 王韬:《弢园文录外编·易言跋》。
③ 陈炽:《庸书·自强》。
④ 邵作舟:《危言·译书》。
⑤ 郑观应:《盛世危言增订新编·凡例》。

隐等为中国所急需的巨大功效,同时他们又从中国传统的民本思想这一文化资源上去体认"议院"这一新物在中国落地生根的可能性。中国传统民本思想是他们认识西方宪制的"主导观念",他们对之深信不疑,甚或有一种文化本能式的爱恋和执着,中国本土文化的"主导观念"使他们对西学移情别恋,为其架起了一座亲近、赞赏、借取西方宪制制度的桥梁,也同时成为他们"误读"西方宪制文化的文化根源。总之,有理由做出这样的判断:王韬、郑观应等那一代知识分子没能开启中国宪制文化的航程。尽管他们在向西方学习的过程中,其目光的犀利、心智的锐敏、胸怀的宽广、气度的博大都是前人所不及的,但他们在价值观念上仍未有根本性的突破和转变,仍是在传统政治、法律文化的阵地上寻觅生存的根基和资源。

从龚、魏经洋务派到王、郑等一代知识分子,清楚地表明,近代中国宪制文化的开端,是一个艰难复杂的过程,其中存有一个由守旧到开放、由局部到整体、由制度层到观念价值内核,由引进、模仿到吸收、构建的过程。中国人并非被动受剌,被动回应,而仍有冷静主动、积极的自我选择。正是在这个意义上,可以说,龚自珍的经世致用学风几经转换成为移植西方宪制的文化合法资源;魏源的"师夷长技以制夷"为学习西方宪制提供了现成的公式;洋务派"中体西用","变通趋时,损益之道"[①]自有建树;王韬、郑观应等辈"以古证新",革新政治,已走到了中国宪制文化的边缘,其功不少。一句话,他们为中国近代宪制文化的开启积蓄了力量,它构成了中国宪制文化孕育而出之"场"。

---

① 张之洞:《劝学篇·变法》。

第二章 航程的开启

由甲午战争所引发的戊戌维新是在原有的社会物质条件下所进行的一场救亡革新运动。不成熟的社会条件使维新志士一开始就必须担负起"超负荷"的双重任务：既要为救亡革新运动谋划方略，又要在思想觉悟层面进行鼓动以动员支持革新的社会资源。与此同时，他们本身也存有一个由传统士大夫向近代知识分子转换的过程，并在这"自我更新"的过程中同时必须扮演革新家与启蒙学者这双重角色。这一过程的"超负荷"性表征了维新事业的艰辛与凝重。革新与守旧的斗争自不待言，维新志士的"自我更新"的痛苦转换以及他们对中西文化冲突所表现出的懵懂与困顿，都决定了宪制文化在近代中国的开启不同于它在近代西方的特色与品格。

一、民族觉醒与专制主义的批判

惨淡经营了33年的洋务，其生聚的教训一场战争便作了总结。1894年中日甲午战争败给后来居上的东邻小国，引起了朝野震惊。它像一把利剑，戳透了大清帝国的官僚和士大夫因循麻木积成的厚膜。空前的耻辱感和深重危机感深深刺痛了那根休眠状态的神经，使中华民族具有群体意义的觉醒也因此而开始。在这之前，中国因外患而遭受的每一次失败都产生过体现警惕的先觉者。但他们周围和身后没有社会意义的群体，他们走得越远就越是孤独。"在社会历史现象中,'觉醒'一词并不归结于愤激,其确定涵义应在于主体对自身历史使命的自觉意识。一个阶级是这样,一个民族也是这样。"①在这民族大觉醒的队伍里,走在前面的是知识群体。当甲午战败的消息传至湖南,那个一心只读圣贤书的谭嗣同再也坐不住了,发出了"四万万人齐泪下,天涯何处是神州"的忧患之思;梁启超则血泪交横:"满腔都是血泪,无处著悲歌";严复在给吴汝纶的信中也写道:"大抵东方变不出数年之中""尝中夜起而大器,嗟乎?谁其知之?";辛亥革命老人吴玉章在他的回忆录中描述过他们当时的心情:"我还记得甲午战败的消息传到我家乡的时候,我和我的二哥曾经痛哭不止。""这真是空前未有的亡国条约!它使全中国都为之震动。以前我国还只是被西方大国打败过,现在竟被东方的小国打败了,而且失败得那样惨,条约又订得那样苛,这是多么大的耻辱啊!"②梁启超认为,"唤起吾国四千年之大梦,实自甲午一役始也。吾国之大患,由国家视其民为奴隶,积之既久,民之自视,亦如奴隶焉。彼奴隶者苟抗颜而干预主人之家事,主人必艴然而怒,非摈斥则谴责耳,故奴隶于主人之事,罕有关心者,非其性然也,势使之然也。吾国主人视国事若于己无与焉,虽经国耻,历国难,而漠然不以动其心者,非其性然也,势使然也。且其地太辽阔,而道路不通,彼此隔绝;异省之民,罕有交通之事,其相视若异国焉。各不相知,各不相关,诚有如小说家所记巨鲸之体,广袤数里,渔人斫其背而穴焉,寝处于是,炊爨于是,而巨鲸渺然不之知也。故非受巨创负深痛,固不足以震动之。昔日本当安政间,受浦贺米舰一言之挫辱,而国民蜂起,遂成维新。吾国则一经庚申圆明园之变,再经甲申马江之变,而十八省之民,犹不知

---

① 陈旭麓:《近代中国社会的新陈代谢》,上海人民出版社1992年版,第155页。
② 吴玉章:《辛亥革命》,人民出版社1961年版,第34页。

痛痒,未尝稍改其顽固嚣张之习,直待台湾既割,二百兆之偿款既输,而鼾睡之声,乃渐惊起。"①这已非是"众人皆睡我独醒"的士子文人先觉之语,而是一个民族对自己的存亡所具有的共同忧患。同是一场战争,它给那个"蕞尔岛国"又带来怎样的震动呢?当时年仅几周岁的生方敏郎在《明台大正见闻史》中这样回忆道,日军攻占平壤的消息传来后,正在"工作的男子高兴地停止了工作,扫地的妇女兴奋地扔掉了手中的笤帚,孩子们高兴地叫喊,妇女老人掉下热泪"。②陆奥亲光当时任外相,他在《蹇蹇录》中描述道:"一般气象因雄心快意而狂喜,流于骄傲自满,国民到处流醉于欢呼的凯歌声里,未来的欲望日益增长,全体国民……除催促前进的战斗的呼声之外,其他都听不进去了。"③据统计,甲午战争时,日本政府的财政收入每年约8000万日元。《马关条约》强迫清政府赔偿日本军费 2 亿两,加上所谓"赎辽费"3000 万两,共 2 亿 3 千万两白银,约合 4 亿日元。也就是说,一场战争日本就从中国攫取相当其年财政收入 5 倍巨额款项。当康有为向光绪帝进呈他撰写的《日本变政考》一书,希望皇帝效法日本变法时,他不会想到日本依此而强大并在 40 多年后又对自己祖国进行了比甲午战争更酷烈的欺辱。中日甲午战争是中国近代的一个转折点,如果从 1840 年鸦片战争以来中国一直努力的目标是"自强"的话,那么这一役迫使中国人不得不放弃"自强"的梦幻面对亡国的险境而走上"救亡"之路。可以这样说,正是那个一直为中国人看不起的"蕞尔岛国"唤起了整个民族为自己生死存亡的忧患,促使了整整一代人的觉醒。这场"成中国之巨祸,日本之巨利"的战争直接

---

① 梁启超:《戊戌政变记》,附录一,见《改革起源》,中华书局 1954 年版,第 133 页。
② 转见〔日〕宇野俊一:《日本的历史》(26),小学馆 1976 年版,第 18 页。
③ 转见〔日〕远山茂树:《日本近现代史》,第 1 卷,邹有恒译,商务印书馆 1983 年版,第 123 页。

或间接地改变了许多人的生活态度和生活方式,迫使中国士大夫开始了向近代知识分子的痛苦蜕变过程,①以戊戌维新为代表的救亡革新运动急速地涨涌于民族觉醒的曙光之中,成为那个时代的主流,吸引着一切爱国的中国人从改革中寻求民族的出路。宪制文化就是在这一激荡洪流中落地,它是一代知识群体思考得来的成果,是"救亡"与"启蒙"的产物。正由于此,它与思想觉悟上的启蒙粘连在一起,同受制于"救亡革新"这一大目标。在这一点上,维新志士要做的工作与王韬、郑观应等那一代知识分子没有什么两样,他们把"自强"换成"救亡",首先以求"变"作为前提和问题的出发点。康有为的《新学伪经考》《孔子改制考》、七上皇帝书以及戊戌奏稿;梁启超的《变法通义》;谭嗣同的《仁学》;严复的《天演论》和其他文章,集中起来,就是他们求变的理论依据。②"求变"是纲,一切问题都被纳入这一纲领之下,"全变"则是旗帜,表明了他们和洋务派人士思想上的诀别。在"全变"的这面旗帜之下,他们可以从王韬、郑观应等一代知识分子那里寻找

---

① 当时是苏州城里的一名19岁的秀才,后来以写小说得文名的包天笑,在晚年这样追叙说:"那时候,中国和日本打起仗来,而中国却打败了,这便是甲午之战了。割去了台湾之后,还要求各口通商,苏州也开了日本租界。这时候,潜藏在中国人心底里的民族思想,便发动起来。一班读书人向来莫谈国事的,也要与闻时事,为什么人家比我强,而我们比人家弱?为什么被挫于一个小小的日本国呢?读书人除了八股八韵之外,还有其他应该研究的学问呢!"(包天笑:《钏影楼回忆录》,香港大华出版社1971年版,第145页,转引自陈旭麓:《近代中国的新陈代谢》,第157页)

② 梁启超说:"要而论之,法者天下之公器也,变者天下之公理也。大地既通,万国蒸蒸,日趋于上,大势相迫,非可阏制,变亦变,不变亦变。变而变者,变之权操诸己,可以保国,可以保种,可以保教。不变而变者,变之权让诸人,束缚之,驰骤之。呜呼,则非吾之所敢言矣。"(梁启超:《论不变之害》,见《戊戌变法》(三),第18页)康有为认为,"能变则全,不变则亡;全变则强,小变仍亡"。(《康有为政论集》,上册,第211页)严复则用"运会"说以论变的必然性:"呜呼! 观今日之世变,盖自秦以来,未有若斯之亟也。夫世之变也,莫知其所由,然强而名之曰运会。运会既成,虽圣人无所为力。""彼圣人者,特见运会之所由趋,而逆睹其流极。唯知其所由趋,故后天而奉天时,唯逆睹其流极,故先天而不违。"(严复:《论世变之亟》,见《戊戌变法》(三),第71页)

思想的源头,以中国传统文化资源为理论依托,以他们所体认的西方文化为参照,把西方的宪制制度从其文化中切出,建立起宪制与中国国家富强的必然联系。这一逻辑联系和思路是由王韬、郑观应等上一代知识分子提供的。而他们继续做的就是为这一"必然联系"寻求可靠的理论支点和翔实的历史论据。时势的急迫,"救亡革新"任务的繁重又不允许其对西方社会文化史作从容不迫的研究,于是乎,他们近乎于武断的判定西方宪制就是西方强大的本源。在这一点上,他们并没有比其上一代知识分子前进半步。但另一方面,他们又自觉地改换视角,把他们体认的西学知识与中国传统文化相对照,走向了对传统文化的检省和批判。他们认为,中西文化的差异是滞碍中国强大的主要原因。从英国留学归来的严复以其扎实的中文根底和广博的西学知识较为系统地阐释了这个问题。他在《论世变之亟》一文中认为,"中国最重三纲,而西人首明平等;中国亲亲,而西人尚贤;中国以孝治天下,而西人以公治天下;中国尊主,而西人隆民;中国贵一通而同风,而西人喜党居而州处;中国多忌讳,而西人众讥评。其于财用也,中国重节流,而西人重开源;中国追淳朴,而西人求欢虞。其接物也,中国美谦屈,而西人务发舒;中国尚节文,而西人乐简易。其于为学也,中国夸多识,而西人尊新知。其于祸灾也,中国委天数,而西人恃人力。"这几乎是五四新文化的语体,在这"话语体"里,严复和后来的五四新文化健将们一样,并不是严守文化中立的立场,对中西文化作"文化学"上的辨识,而是有着明确的价值取向,即以"求变"为纲,肯定前者而否定后者。像严复这样的文化急进者在中国思想界还不曾有过,他是第一人。这多半要归功于他较为准确完整的西学知识。[1] 他的

---

[1] 严复虽属维新阵营,但他的思想风格和志趣与康有为、梁启超、谭嗣同等人有着明显的不同。对中西文化的体认差异更大。总的说来,严复对西学的了解和把握比其他维新人士更准确。

结论是:"不容不以西学为要图。此理不明,丧心而已。救亡之道在此,自强之谋在此。"并且嘲讽历来被视为至理名言的"天不变,地不变,道亦不变"不过是"似是实非之言"。① 这里虽不免有急切偏颇之词,但在当时不能不是石破天惊之论。康有为虽不是从中西文化比较立论,但他也认为中国人为一"静"所亡;主张在"静"求"动","夫治一统之世以静,镇止民心,使少知寡欲而不乱;治竞长之世以动,务使民心发扬,争新竞智,而后百事举,故国强。"②梁启超总结中西的今古观念的异趣时也说:"中国旧论每崇古而贱今,西人则不然,以谓愈上古愈野蛮,愈晚近则愈文明。"③谭嗣同则指出了这一差别直接影响到一个民族的兴亡盛衰,"欧美二洲,以好新而兴;日本效之,至变其衣食嗜好,亚非澳三洲,以好古而亡"。④ 在当时,对中国传统文化进行检省批判最激进的是谭嗣同。他在《仁学》一书中,对传统文化的批判可以说是愤世嫉俗、振聋发聩的。他揭露中国人以"机心"相尚,专以伺机整人为分,谈人之恶则大乐,闻人之善厌而怒,以骂人为高节,为奇士,无好恶是非之分。他指出,这种卑鄙龌龊的文化心态给中华民族带来浩劫,使中国人于外表便是一副劫相,与西人相比,见其委靡,见其粗俗,见其野悍,或瘠而黄,或肥而弛,或萎而伛偻。究其原因,这倒不主要是人种异质,贫富差别,而主要是一个"机心"的问题,"然使既以遭遇攻其外,不更以疑忌巧诈自蠹其中,彼外来之患害,犹可祛也。岂非机心之益其疾耶?"⑤他还将几千年来备受中国人称道的"静德""俭德"斥之为断送民族生机的"鬼道"和"禽道",是夺民生机,阻滞社会发展的魁首和碍物,必须加以清理之。他明警世

---

① 严复:《救亡决论》。
② 康有为:《杰士上书汇录》(1898 年)。
③ 梁启超:《史记货殖列传今义》,见《饮冰室合集》,文集之二,第 36 页。
④ 《谭嗣同全集》,下册,中华书局 1981 年版,第 319 页。
⑤ 《谭嗣同全集》,下册,第 356 页。

人,若再以民俗醇厚自诩,以工作之廉、用度之俭而自鸣得意,那么不数十年,"将有食槁壤,饮黄泉,人皆饿莩,而人类灭亡之一日。"①当然,维新志士并不是以此为鹄的,毋宁说,他们是为"政制"的检省批判作文化上的铺垫。他们的目标是要把西方的宪制取回来,移栽于中国土地上,因为他们相信只有宪制才能救中国、富强中国。前面所做的只是耕耘一下在他们看来已荒芜而不适宜的文化土壤,为在"政制"上播撒西方的宪制种子做准备。他们下一步要做的便是再一次把中国那个该死的专制制度以及它所依存的纲常名教一块拿来鞭打。严复首先举起了鞭子:"秦以来之为君,正所谓大盗窃国者耳。国谁窃?转相窃之于民而已。既已窃之矣,又惴惴然恐其主之或觉而复之也,于是其法与令猬毛而起。质而论之,其什八九皆所以坏民之才、散民之力、漓民之德者也。斯民也,固斯天下之真主也,必弱而愚之,使其常不觉,常不足以有为,而后吾可以长保所窃而永世。"②与严复相比,谭嗣同则少了点斯文,他鞭笞加诅咒,认为中国"二千年之政,秦政也,皆大盗。"二千年来的传统儒学"皆乡愿也";二千年的帝王皆"独夫民贼也"。他甚至引用法国大革命中的民主壮语:"誓杀尽天下君主,便流血满地球,以泄万民之恨。"③诅咒是无用的,维新志士最切实的目标就是要指明专制政体与中国衰败的必然联系,为中国自救与富强求谋策略。严复认为,自秦朝以降,为治虽有宽苛之异,而(君主)大抵都以奴虏待民,既然以奴虏待民,则民亦以奴虏自待。这样一来,不仅民皆无由以增,民力无由以奋,而且必然不能有自觉的爱国心。因此,中国的衰败是必然的。④ 其他维新人士也以此为思路,作了大体相同的分析。康有为说:"今欧曰之

---

① 《谭嗣同全集》,下册,第 325 页。
② 严复:《辟韩》。
③ 参见《谭嗣同全集》,下册,第 337 页。
④ 参见严复:《论世变之亟》。

强,皆以开国会行立宪之故",①而"吾国行专制政体,一君与大臣数人共治其国,国安得不弱?"②梁启超认为,"三代以后,君权日益尊,民权日益衰,为中国致弱之根源"。③ 谭嗣同也认为:"中国所以不可为者,由上权太重,民权尽失。"④维新人士汪康年则表述得更为直接:"天下之权势,出于一则弱,出于亿兆人则强。"⑤在维新志士看来,"众人"之治之所以优于"一人"之治,是因为前者是富强的本源。中国要自救和富强需改变一人之治,奉行众人之治。但要改变几千年来所形成的专制,只改变政制本身是不够的,还需摇动专制政治依存的理论基石。这样,他们就不能不对盛行几千年而不衰被历代统治者奉为圭臬的纲常名教有所染指了。对纲常名教提出质疑的是何启、胡礼垣。他们认为,"三纲之说,非孔孟言也。商纣无道者也,而不能令武王为无道,是君不得为臣纲也"。⑥ 所谓三纲之说不过是后世陋儒制造的,指出:"三纲之说,出于《礼纬》,而《白虎通》引之,董子释之,马融集之,朱子述之,皆非也。""夫中国六籍明文,何尝有三纲二示。"⑦而发自谭嗣同《仁学》中的"冲决网罗"的命题,则代表了这一时期最勇敢的言论,⑧表明中国专

---

① 康有为:《谢赏编书银两乞预立开国会期并先选才议政许民上书事折》。
② 康有为:《请定立宪开国会折》。
③ 梁启超:《西学书目表后序》。
④ 谭嗣同:《报唐才常书》,见《秋雨年华之馆丛脞书》,卷一。
⑤ 汪康年:《论中国参用民权之利益》。
⑥ 何启、胡礼垣:《〈劝学篇〉书后·教忠篇辩》。
⑦ 何启、胡礼垣:《〈劝学篇〉书后·正权篇辩》。
⑧ 钱穆曾通解《仁学》说:"复生所谓以心力解劫运者,仁即心力也。心力之表见曰通,其所以言夫通者则曰礼,曰名。盖通必基于平等,而礼与名皆所以言其平等之物也。礼与名之尤大者则曰三纲五常,曰君臣、父子、夫妇;而君臣之纲尤握其机枢。心力之不得其通而失于长养遂达,则变而为柔、静、俭,郁而为机心,积而为病体,久而成劫运,其祸皆起于不仁。求返于仁而强其心力,其首务在于冲决网罗,而君统之伪学尤所先,而不幸为之君者犹非吾中国之人,徒以淫杀惨夺而得为之。斯所以变法必俟乎革命,必俟乎君统,破而后伪学衰,伪学衰而后纲常之教不立,纲常之教不立而后人得平等,以自竭其心务而复乎仁。然后可以争存于天下,而挽乎劫运。"(钱穆:《中国近代百年学术史》,下册,中华书局1986年版,第675页)

制政治自恃的神圣性在他们手中开始发生动摇了。可以说,维新人士对传统文化的检省是由"文化心理"到"政制"到"价值内核"步步渗透的。他们试图以西学为参照或量用的标尺,对传统文化来一个清理。他们是"清道夫",而"清道"本身则是一件忍辱负重的工作,满坑满谷的"卫道士"以及势若汪洋的旧势力的敌视、绞杀自不必说,而他们自身也在这"清理"中需经历一个痛苦的蜕变,首先要正视自己,正视自己生于斯长于斯所依恃的传统信仰,剖开灵魂,承受起失去精神家园的苦痛。这些人既是传统文化的拾得者也是叛离者,他们是从自己存在的最内在的困境中出发来做文化思考的。对文化的思索和体验就像对自己的存在的反省,是一种自我叩问,在这探索中寻找自己生命新的家园,安顿自己的灵魂。因此,他们是时代的强者。"破"是为了"立","清理"是为了"前进",这是一个简单的道理,在维新志士们看来,传统文化中的纲常名教是与专制政治孪生的,它是中国致弱的根源。专制不破,中国不兴。专制与民主的对立、君权与民权的对立就像贫弱与富强的对立一样。因此,批判前者是为了移入后者做文化上的准备,这既是中国自救自强的前提,也是一条不可逾越的路径。西方这个榜样再也不是什么船坚炮利、声光化电之类的东西,而是议会(民主)和民权,它们不但是西方致强的本源,而且也是中国的希望。这样,他们一只手拿着批判的武器,另一只手已高举起宪制这面大旗。

二、议院、民权的价值和功用

"救亡"是萦绕于戊戌维新思潮的主旋律。它像一根红线,贯穿于有关宪制问题的全部。它既是探寻宪制问题的基本思路,也是作为一种文化现象所特有的品格。这条红线可以说明为什么维新人主要对"议会"和"民权"感兴趣,为什么这两者能成为他们观察、探寻西方宪制文化的核心范畴。就文化资源而言,中国传统文化中的"民本主义"既是他们认同西方议会、民权的"亲和"资源,也是他们深入探寻西方宪制文化真义的障碍。从思想渊源来讲,王韬、郑观应等那一代知识分子的"君民共主"观直接或间接地成为他们探寻议会政治的阶梯,是这种思路的延伸和发展。虽然他们对西方文化有了更多的了解,对议会的看法前后不同时期有变化,而且提出了那一代知识分子没能提出的"民权"这一全新范畴,但他们对议会、民权的价值认同模式并无多大改观。他们大多把议会和民权结合在一起立论的,这也可以说明"民权"不同于西方"人权"的文化蕴意。这里为了论述上的方便,暂且把两者分开来谈。

康有为在19世纪90年代初所写就的《实理公法全书》中用"以平等之意,用人立之法"来称道共和制,用"君民共主、威权有限"来概括君主立宪制。① 而在1895年《上清帝第四书》中讲到西方"议院"制时,康有为认为西方设"议院"是为了听取"众议",通达"下情",以使民之"疾苦"上闻,君之"德意"下达,以去"权奸"之私,杜"中饱"之弊,办好"筹饷"等"最难之事"。② 康氏对西方议会的体认与王韬、郑观应等知识分子毫无二致,他也是从传统文化中的民本主义去认同西方议会价值的。这一时期,与康有为有类似体认的还有梁启超。他在《古议院考》一文中,"推本于古",把西方设议院之意说成"君权与民权合,则情易通;议法与行法分,则事易就。"虽然康、梁仍把"议会"视作一个舆情机构,但不同的是,在国难当头之际,他们把80年代这一零散主张与中国的救亡自强相合变成一种呼声,并把它上升为一个头等重要的大事。在这里,议院也好,民权也好,它不是目的,而是手段,是实现国家自救自强

---

① 参见康有为:《实理公法全书》,见《中国文化研究集刊》,第336页。
② 《康有为政论集》,上册,第150页。

的手段。他们用中国文化的眼光发现了西方国家富强的关键就在于它们消除了统治者(君)与被统治者(民)之间的厚膜,从而取得了共同意志和集体行动的力量。在他们看来,这是西方富强无可怀疑的真谛。这不只是一种发展,也是一种继承,他们于自觉与不自觉中已把西方的民主融化在民族主义之中,并把民主看成是民族主义的一个部分,这一倾向在后来也是十分明显的,它构成了中国宪制文化的基本品格之一。

在维新人士中,对西方议会有相当准确把握的是严复。他在1896年发表的《原强》一文中指出:"西之教平等,故以公治众而尚自由。……法令始于下院,是民各奉其所自立之约,而非率上之制也。"① 这种以"平等""自由"和"自主"为表征的"议院"自然不同于康、梁的那种"通下情"之具的"议院"。

梁启超在严复的点拨之下,对议院的认识也逐渐与严复趋于一致。他认同了严复的"议院在权之论",即是否"议院"制应以权力的有无"为断";并进而认为有权的"议院"也不能一概称之为"民权",必须考察"得政之人"的成分和"民权究何在"之后才能确定,如古希腊罗马的"议政院"就不是"民政",而是世卿贵族之政。② 它只与英国的"上议院"相同,而真正代表"民权"的议院是"英国今日之下议院"。③

康有为对西方议会的认识也有一个由浅到深的过程。自从《马关条约》签订后,他出于寻求切实可行的变法维新之路的迫切需要,开始对日本明治维新史作深入的考察研究。据统计,在他购得日本书中单政治一门就有《国家学》《政治学》《万国政治史》《英国政治谈》等国家政治学的26种、政体书6种、有关议院的书40种。④ 在这个基础上他写

---

① 《严复诗文选注》,江苏人民出版社1975年版,第57页。
② 梁启超:《与严幼陵先生书》,见《饮冰室合集》,文集之一,第108—109页。
③ 梁启超:《论君政民政相嬗之理》,见《饮冰室合集》,文集之二,第10页。
④ 参见《日本书目志》,卷五。

成了《日本变政考》。这部书是康有为对议会认识的一个转折,开始从"民权"的视角去体认西方(包括日本)的议会制度。他说:"人主之为治,以为民耳。以民所乐举乐选者,使之议国政,治人民,其事至公,其理至顺。"①至于议院与君的关系,君犹如"脑",而议院犹如"心";"脑有所欲为必经心,心斟酌合度,然后复于脑,发令于五官四肢也。苟脑欲为一事,不经心议决,而率然行之,未有不失过也。"②即是说,君主是议会下的君主而不是陛下的议会,议会比君主更重要。在这一基础上,康有为对西方国家的权力分配制度也有了比较准确的把握。他认为,西方国家"立法属于议会,行政属内阁政府。议院不得权建政府,但政府不得夺议院之权。……此宪法之主义也"。③ 议会在他们这里,已不再是一个"通上下之情"的舆情工具,而是还有其内在价值追求的制度。它既是推动国家富强的手段,也是民权得以落实的一种制度。这种制度已从孟子式的反专制主义发展为对民权统治作为施政普遍原则的赞扬。按照这种新的观念,中国传统的专制政治之所以受到谴责,不但是由于它造成了"君民相隔"而缺乏政治上的效率,而且还缺乏道德方面的合法性。这是一种新的起点和标志:在此之前,任何的改良思想(包括七八十年代的王韬、郑观应等知识分子的"君民共主"思想)都是以假定传统政体具有其合法性为前提的,现在它的合法性受到了怀疑,需参用"民权"这一新的道德要求取而代之。"议会"作为中国文化的异质因子成为中国自救富强的新希望。具有近代西方意味的宪法、议会思想观念就这样随着甲午战争隆隆炮声烟去之后而舶来中国。从此之后,宪制被视作中国富强的必经之路,被一代又一代的先进人士高扬着、咏

---

① 康有为:《日本变政考》,卷六按语。
② 康有为:《日本变政考》,卷一。
③ 同上。

唱着,而一次又一次的腥风血雨又使他们心痛、悲怆,然后又有人从这悲怆中站出来走下去至死不渝。

议会与民权是西方宪制的两面。民权存在于议会,议会则是民权的表征。二者密不可分,结合为一体。维新人士对民权的体认要比对"议会"的体认更具有中国文化的意味。中国传统的民本主义是他们观察民权的第一个窗口。以"在中国首倡言公理,首倡民权"①自诩的康有为在他所写的《实理公法全书》中,就提出了"人有自主之权""权归于众",君主只是民众所确立的"保卫者"和所选择的"中保人"②这样一种"民权"思想。他在《请定立宪开国会折》中也建议光绪帝"上师尧、舜、禹三代,外采东西强国,立行宪法,大开国会、以庶政与国民共之,行三权鼎立之制,则中国之治强,可计日待也。"③他的这句话不能算作是近代西方的民权理论,不过,他说的"庶政与民共之"也断然不是古代思想家所说的"民为国本"或"与民同乐"。梁启超的思路与他老师差不多。正如前面所引之言,他认为,"三代以后君权日益尊,民权日益衰,为中国致弱之根源"。他甚至断言,"《春秋》大同之学,无不言民权者"。④这些话隐含着这样一个基本假定:三代之治存有民权,只是以后失掉了中国才成了今天这个样子。即便他不从正面立论,我们也可感知到他对西方文化语体中的"民权"这一概念的理解和了悟。如此立论的还有谭嗣同,他说过与梁氏相类似的话:"中国所以不可为者,由上权太重,民权尽失。"他在其《仁学》一书中对这一思路作了进一步的发挥:"生民之初,本无所谓君臣,则皆民也。民不能相治,亦不暇治,于是共举一民

---

① 康有为说:"仆在中国实首倡言公理,首倡民权者。"(《康有为政论集》,下册,第476页)
② 《中国文化研究集刊》,第1辑,第329、332、334、336页。
③ 《康有为政论集》,上册,第339页。
④ 《湖南时务学堂课艺批》,见《戊戌变法》(二),第550页。

为君。"因此结论道:"君也者,为民办事者也;臣也者,助办民事者也";"君末也,民本也"。若君臣不为民办事,人民就可以"易其人"或者"共废之"。①

民权是与专制政治最不能相容的价值规范。当戊戌一代的思想家们高扬三代之治,释发传统的民本思想时,或许并不知道;他们更多地是从西方文化中领悟到"民权"这一全新价值观念的,其逻辑思路只能是,他们首先发现了西方的民权价值,然后从传统文化中加以认同而已,而不是相反。如果没有鸦片战争带来的中西文化的碰撞与冲突,没有西学的参照,他们决不会超越民本主义,走向民权,把民本主义升华为民主主义。从"民本"的老路里是开不出民主的新路来的。无论他们怎样有意无意拔高三代之治,当他们真正领悟了西方"议会"的价值时,那么他们所崇尚的三代之治也只能是专制政治了,虽然也许它比以后的专制要好些。在人类的历史上,任何一种类型的专制主义都是以剥夺"民权"为前提的,从西方文化中引入"民权"正是他们对中国宪制文化的贡献。

维新人士既是理性的探索者,也是务实的革新家。当他们面对自己八成的同胞还目不识丁,有的甚至还填不饱肚皮时,他们对"议会""民权"这一崇高理念便化成了一缕乡愁,使他们对现实多了份冷静的思考。事实上,在他们笔下的"民"决不可和他们的西方同行笔下的"民"同日而语。在西方,"民"结为群便成为 Bourgeoisie(市民阶级)。②他们在城市里孕育成长,喝着穷人的血汗而变得衣冠楚楚、"知书达

---

① 《谭嗣同全集》,下册,第56页。
② Bourgeoisie 是欧洲历史发展的轴心力量。在中世纪早期,Burg 是指有设防的堡城,而 Burgeusis 是指那些住在设立的城堡里的人。但从11世纪起,市民(Bourgeoisis)只指城市居民,城市也并非都是设防的城堡了。毫无疑问,"城市"是市民阶级的摇篮,他们取得"民权"是其成熟的标志。(参见德尔玛:《欧洲文明》,上海人民出版社1988年版,第39页)

礼",成为有教养的阶级。"民权"对他们既不是国王陛下的恩赐,也不是城市贵族的宽宏大度,而是他们凭借着自己的力量争得来的。相反,在中国,"民"的主要成分还是那些面向黄土背朝天,整天为自己吃饭问题而忙碌不止的农人。维新人士们对西方的"议院""民权"越是了悟得清透、真切,他们对中国设立"议院"越是心满疑虑。一旦把中国的世情与"民权"关联在一起,他们对社会于民权的承受能力也就深疑而不信了。他们之所以不主张即时地在中国开议院、兴民权正是基于上述的因由。当一个社会分子还没有丢掉"小民""草民"的帽子,"民"还不知道权利之为何物,有权势的阶级仍认为自己的权势天经地义并摆出一副道学家的派头对任何新事物说三道四时,开"议院"兴"民权"能否给中国带来富强是大可怀疑的。梁启超早在 1896 年就认为,现时开设议院只能适得其反,是取乱之道。① 严复虽然在《原强》中提出过在京师设议院的主张,但也主要是从培养民德,同力合志抵抗外辱的救亡为宗旨。② 因此,他在次年发表的《中俄交谊论》一文中,明确表示反对立即开设议院。康有为在《日本变政考》一书中也明确指出立即开设议院是不适时的,③在百日维新期间他为此专写了《答人论议院书》一文,主张议院在中国不能速开,④随后对其他人欲开议院的言论也力行劝止。⑤ 如果把"适时"的问题放在"变法"这一背景下理解,并把开设议院作为中国前所未有的一种新制度的构建,让它具有设计者所期望的价值和功效,那么它确乎需要时间上的准备和条件上的成熟;相反,如果把议院的开设只是作为政治上的一个样品,成为中国从此脱离了专

---

① 《古议院考》,见《饮冰室合集》,文集之一。
② 参见《严复诗文选注》,第 68 页。
③ 《日本变政考》,卷六按语。
④ 《国闻报》,光绪二十四年五月二十八日。
⑤ 《康有为自编年谱》,中华书局 1992 年版,第 56 页。

制走上了议会政治的招牌,那么戊戌一代思想家是落伍了。"议会""民权"之于他们,不只是一种关切,而是一种信仰。对它的真诚信奉,比对它刻意的摆弄有时或许更为重要。在他们看来,议院与民权是合二为一的东西,民权不兴,议会则难开,开议会必须是以民权兴为前提。而兴民权又必须以其主体的质量为根底。于是,"民智"便成为连结议院与民权的中介和桥梁。由此而发,维新人士的着眼点便从西方的议会、民权归回到中国的国情——开民智问题。

梁启超说:"凡国必风气已开,文学已盛,民智已成,乃可设议院……故强国以议院为本,议院以学校为本。"①康有为也说过类似的话。②为什么把兴民权与开民智联系在一起呢?他们认为,"权"与"智"相系,"权生于智"。梁启超说:"今之策中国者,必曰兴民权。兴民权斯固然矣,然民权非可以旦夕而成也。权者,生于智也,有一分之智,即有一分之权。……使其智日进者,则其权亦日进。……权之与智,相倚者也。……昔之欲抑民权,必以塞民智为第一义,今日欲伸民权,必以广民智为第一义。"③在这里,"民智"是一个含义比较宽泛的概念,除去知识水平、文化程度之外,往往还包含政治觉悟、政治水准、参政能力等方面的内容。从这一意义上说,民权与民智是相关切的,民权的增进与民智的提高存有某种关系,民权一步步的落实得助于民智一点一滴地增进。无论怎样为"民权"定位,"民智"的问题是绕越不开的。对这一问题在理论上系统阐发的是严复。严复总的思路是:一个国家富强的要紧处在于利民。利民才能富国强国。而欲利民必首先使"民各能自利";而民能自利又以其获得自由为基础;但自由的取得当以"民各能自

---

① 梁启超:《古议院考》,见《饮冰室合集》,文集之一,第96页。
② 康有为说:"故立国必以议院为本,议院又必以学校为本。"(《日本变政考》,卷十一按语)
③ 梁启超:《论湖南应办之事》。

治"为前提;而有无这种自治的能力取决于民的德、智、体诸方面基本素质的优劣。因此,民德、民智、民体的提高与增进乃是中国的头等大事,它关系国家的强弱与兴衰。依据于此,严复把一个国家民族的治乱兴衰与民智的关系看成是草木与土质的关系。他说:"善治如草木而民智如土田。民智既开,则下令如流水之源,善政不期举而自举。"否则,"虽有善政,迁地弗良",势必要"淮橘成枳"。① 由此而宣称:"君权之轻重,与民智之深浅成比例,"②"民智即为权力"。③ 他甚至认为,各个民族"自存自保之能力,与脑形之大小有比例"。④ 从社会有机体说出发,严复把这一关系越来越推向了极端。应该说,不把兴民权视为一个孤立的问题,注意到它与民智的关系这正是维新思想家的过人之处。但将开民智上升为一个不适当的位置而极端化,也是一种极其危险的做法。如果在维新思想家所谓的"开民智"的"开"字前面置上主语,那么这个主语决然不是他们看低的"民",而应是像维新思想家这样的"我"——先知先觉者。在"开民智"这一命题的背后始终隐蔽着这样一种"难为情"的思想定向;"民"的不幸在于他们的愚钝,要去愚求智,首先应由"我"这些先知先觉者来开动他们的脑筋,聆听"我"对他们的教诲。这种关系就像犹太教里的先知摩西与犹太子民的关系——我是慈悲的摩西,在我的教导之下你们可以走出苦难,建立地上的千年王国。这种思想模式使得他们不知不觉中地把自己的"启蒙者"角色升华膨胀为民众的救世主,把解救民难视作自己崇高而神圣的职责。在文化上的救世主观念与传统的民本君主思想模式是共生的;在政制上,救世主观念客观上的终点只能是专制,虽然这是维新思想家不愿接受的。维新思想

---

① 严复:《天演论》,导言八按语。
② 《中俄交谊论》。
③ 《原富》,部甲篇十一按语。
④ 《天演论》,导言十五按语。

家首先盗来西方宪制文化之火,试图用它照亮中国兴旺的前程,然后用中国文化的语言加以解释和改造,使之适合中国文化的胃口。正是在这一改造的过程中,他们也使自己向传统文化回归,对宪制作不同的价值判断。他们根据自己的标尺将在西方原本属于"价值理性"的宪制剪制成一种纯功利性的工具,以迫使它为"富强"这一目标服务。"工具观"是中国近代宪制文化的基本特质。人们不禁要问,假若中国的富强之路可以绕过宪制而有他途(如法西斯),那么"宪制"这一功利性工具是否可以弃之而不用呢?

三、在"民本"与民主之间

中国文化与西方文化是两种截然不同的文化范式。西方宪制价值之所以能够为维新思想家所接受,一个重要前提就是民权作为一个概念,可以在中国传统文化的背景下得以解释。

与西方宪制文化的"民权"相对应,对"民"的认识也是中国传统政治文化的主题之一。"民为贵,社稷次之,君为轻"[①]"君者,舟也;庶人者,水也。水则载舟,水则覆舟"[②]。这些都是儒家的至理名言,这大概就是"民为国本"的思想。《说文》曰:"木下曰本",本即树根,可引申为指事物在空间上的基础或时间上的起点,派生和维系他物,是他物不可或缺的条件。"民为国本",将"本"的概念引入"民"与"君国"的关系之中,首先是指君依存于民这种关系的认识,其次是指处理这种关系的思想。本来,"民"作为"群","君"作为"群主"的依存关系是相互的,不仅君不可以无民,民亦不可无君,否则便无以为"国"。但由于在这种关系

[①] 《孟子·尽心下》。
[②] 《荀子·哀公》。

中,作为"群主"的君始终处于主动地位,作为"群"的"民"处于被动地位,因而君主民的这一面是显而易见的。但至高无上的君竟要"关照"地位卑微的民的这一面,则往往被人忽视。民本思想是在君民间的相互依存关系中强调对君的约束,提醒统治者要对民的社会地位与作用、民的生活状态给予一定的关切,不能饮鸩止渴,竭泽而渔。掠夺式的统治不仅会伤民气,产生民怨,更重要的还会伤及君国社稷的基础。国家之财,皆出之于民,皆民之所供,这是山野村夫都会弄懂的道理。"百姓足,君孰与不足;百姓不足,君孰与足?"①儒家从这里看到了"民本"的关键所在。周景王二十一年,将铸大钱,单穆公劝阻道:"王废轻而作重,民失其资,能无匮乎?若匮,王用将有所乏。"他进一步指出,"绝民间以实王府,犹塞川原而为潢汙也,其竭也无日矣?"②民用为"川原"而王府为"潢汙",单穆公点明的这种经济上的本末源流关系,道出了君对民的依赖。由于此,儒家劝告统治者首先在态度上不可轻民,"众恶之,必察焉;众好之,必察焉,"③麻木不仁可致"覆舟"之患;体察民情可使社稷永固。儒家的"民本"思想正是从此着眼的。民既不可轻视,儒家也因此教给统治者——君"宽猛相济"的治民秘方。"猛"指刑法强制,"宽"包括取之适度附加教化两个方面。"过犹不及"④是孔子的一个重要命题,儒家坚决反对聚敛穷民。"百乘之家……与其有聚敛之臣,宁有盗臣"。⑤ 盗臣窃国,是穷末;聚敛之臣竭民,是穷本。"自古及今,未有穷其下而无危者也。"⑥因此,聚敛之臣比盗臣危害更

---

① 《论语·颜渊》。
② 《国语·周语》。
③ 《论语·卫灵公》。
④ 《论语·先进》。
⑤ 《礼记·大学》。
⑥ 《荀子·哀公》。

大。儒家反对滥杀无辜,提倡教化与刑罚强制相结合。教化的目的是使民"明人伦"①"谨庠序之教,申之以孝悌之义",②这"孝悌之义"便是处理"人伦"的准则。"人伦明于上,小民亲于下",③上下辑睦,万事大吉。教化的根本目的是麻醉人心,以达到"杀之而不怨"④的效果。被杀者既无怨,杀人者也就心安理得,平平安安。

这种勃兴于晚周的民本思想几经历史演化,渐已具有了两种功能:对历代统治者来说,"民惟邦本"认识具有警世的作用,它可以使其在政治上谨慎从事,不能漠视民的利益和要求;在那些有着强烈的社会批判精神的思想家那里,民本思想则为其提供了社会批判的武器和政治评价标准。

然而,不管具有哪一种功能,中国传统的民本思想与西方近代的宪制文化中的民权价值有着本质区别。民本与民权确有"貌合"之处,而彼此间的"神离"更为根本。如果说,民权与专制是相互对立、水火难容的,那么,民本与专制则是相互依存、互为补充的。民本所倡导的"重民""爱民"与神化君主、君权的关系如同硬币的两面,一方面要求君主实行"法治",尊天、敬德、爱民,一方面又要求臣民的驯化,绝对服从,尊君、敬祖、孝忠。尽管历史上有许多进步的思想家十分关心民众的利益、民生的痛苦,但却并没有体察到民众的权利。民本思想可以为历代思想家提供社会批判的武器,但它却不能为思想家提供一个全新的价值规范。民本思想发展到极端形式,也可能在一定程度上否定君主专制政治的合理性。明末清初的思想家黄宗羲就说过,"今也以君为主,天下为客,凡天下之无地而得安宁者,为君也。"⑤古代思想家对专制政

---

① 《孟子·滕文公上》。
② 《孟子·梁惠王上》。
③ 《孟子·滕文公上》。
④ 《孟子·尽心上》。
⑤ 《明夷待访录·原君》。

治的批评不可谓不深,但他们却不能在专制政治以外寻求社会的出路。他们一方面强烈地指斥暴君苛政的罪恶,另一方面又把优良的社会生活寄托于圣王明君。对暴君苛政斥之愈烈,对于圣王明君也就爱之愈深。在传统的民本思想发展到极致之时,也正是明末清初思想家的思想走入困境之日。

明末清初发展到极致的民本思想,给了维新思想家很大的灵感和启迪。梁启超后来曾说,在光绪年间,他们一班朋友曾私印许多《明夷待访录》送人,"作为宣传民主主义的工具"。① 从孔夫子到顾炎武、黄宗羲、龚自珍,中国传统的民本思想是维新思想家取之不尽的文化资源。他们正是得助于此,才接受了西方宪制文化中的民权价值的。虽然他们极力张扬民权,但他们对民权的真义仍然十分模糊。民权既不完全是政治学上西方式的人民主权,也不是法律学的个体的"民"的权利。在他们那里,君与民是否同力合志,团结一心,比"民"实际享有哪些权利更为重要,因为他们更为关切的是国家富强这一目标。这也是他们为什么始终把民权与议院扯在一起的主要原因。康有为在 1895 年《上清帝第二书》中说道:"夫先王之治天下,与民共之。《洪范》之大疑大事,谋及庶人为大同,《孟子》称进贤杀人,待于国人之皆可,《盘庚》则命众至庭,文王则与国人交,《尚书》之四目四聪,皆由辟门,《周礼》之询谋询迁,皆合大众。尝推先王之意,非徒集思广益,通达民情,实以通忧共患,结合民志。"②他在同年《上清帝第四书》中,把西方议会政治也说成是"与民共之",中国的先进之道。中国古代典籍中的"谋询谋迁",在本质上不同于西方议会政治这一点,康有为或许知道,或许不知道,但他作如是说,并不是没有意义,他用西方国家的议会政治对中国社会

---

① 《中国近百年学术史》,第 47 页。
② 《康有为政论集》,上册,第 134—135 页。

的政治传统作了新的诠释,这在当时或许是使"议院""民权"的主张为人们所接受的最为可行的途径。

中国传统的民本主义提供了一个理解西方宪制文化的模本,它不但是维新思想家体认西方宪制文化的理论支点,而且也使议会、权利这些西方宪制文化中特有的价值规范在中国传统文化的背景下得到理解。正由此,它才使得人们用中国人特有的思想方式对西方宪制文化有了初步了解,且使得宪制价值在中国社会落户安家成为可能。它在中国宪制文化史上的理论意义和实践意义都是巨大的。

一种文化对另一种文化的"误读"现象在世界文化史上是常有的,正如中国文化使中国思想家们曲解西方文化一样,西方的思想家们也存有对中国文化的错位。欧洲的17、18世纪是一个常常被中国人引为自豪的时期。对于中国文化,启蒙运动的大师们几乎无一不知晓之、关注之、评论之……。伏尔泰是较典型的一个。1753年至1755年,伏尔泰将法籍耶稣会士马若琴翻译由杜赫尔德在《中华帝国全志》中发表过的中国元曲《赵氏孤儿》重新改编(几乎是再创作),取名《中国孤儿》,以全新的面貌于1755年8月在巴黎法兰西剧院公演,不仅把欧洲盛极一时的"中国趣味"推向新的高潮,而且广泛传递了伏尔泰对中国文化的看法。《中国孤儿》和他的另一部阐述中国文化观的作品《风俗论》把中国文化看作是人类文明的典范。他认为,西方文明的希望在于复兴人类古代文化,但不是复兴西方文化传统,而是中国文化传统,特别是孔子创立的儒教文化。他一再说出这样的话:"中国的宗教是多么古老""应将中国置于所有民族之上""我们不能像中国人一样,这真是大不幸!……"伏尔泰反对欧洲对中国的传教行为。他认为中国人早已信奉最单纯的宗教——儒教,欧洲基督教却一再分裂,无法统一,所以向中国学习都来不及,根本没有资格到中国去传教。他有一段著名的话:"在所有对东方的发现中,欧洲的王族和商人们仅仅追求财富,而哲学家则在那里发现了新的精神和物质的世界。"伏尔泰非常重视道德,他曾说过,中国人具有完备的道德学问,极力推崇中国的德政合一的家长统治模式。他说:"我们对于中国人的优点即使不至五体投地,但最小可以承认他们帝国的组织是世界上前所未见的最好的,而且是唯一建立于父权宗法之上的。"他甚至感叹:"人类智慧不能想出比中国政治还要优良的组织。"如果说在《中国孤儿》中,伏尔泰主要重在宣扬中国道德与政制、法律的结合,那么他对孔子的礼赞,则重在宣扬中国道德与人生、人心的结合。在伏尔泰那里,所谓中国文化的优越和美好,都可以活生生地实体化,这就是孔子的思想和言行。所以他在《中国孤儿》剧名下又加了一个副题:"五幕孔子的伦理"。伏尔泰几乎随处随时想要提提孔子,甚至在他的小礼拜堂中,也供了孔子的画像,以至于日本的福泽谕吉把他称作欧洲的孔夫子。

比伏尔泰稍后一点的另一位启蒙学者霍尔巴赫,在他的《社会的体系》一书中与伏尔泰一样,也是极力推崇政治与道德的结合,几乎把中国看作是他的理想国。他公然宣称:"欧洲政府非学中国不可。"他认为,中国是世界上唯一将政治的根本法与道德相结合的国家。在中国,道德成为一切人们唯一的宗教,道德科学成为进身之阶,所以,法律也充满圣智,亦即充满理性和道德精神;教育也为此服务,君主则是这种精神的楷模,他称之为"德治"(ethocritie)。霍尔巴赫也看到中国伦理化道德的核心——孝道在道德中的地位,指出孝道的价值和功能类似于宗教。

一位在学术风格与伏尔泰和霍尔巴赫迥然不同,但在对中国文化有着近乎一样看法的学者,他是重农学派的主要代表人物魁奈(François Quesnay)。"魁奈与启蒙时代的一般哲学见解有相同处,即认为国家的目的在于谋人民的'和平及幸福'。在中国,这样的政府几千年来为人民谋'和平及幸福'的事实曾激发了伏尔泰和他所有以开明专制为政治理想的同时代人的钦慕,其中包括魁奈在内。"①魁奈在1767年出版的《中国的专制政体》一书中,首先声明:"专制一词,用以称中国政府,乃因该国君主独掌国家大权。"他认为有合法的专制君主与不合法的专制君主之分,关键在于执行法律还是搞个人独裁。魁奈认为中国的专制君主是执行法律而且自身遵守的那一种;而"中国宪法乃基于明达不移的法律之上"。为此,他回顾了中国的古代史:帝颛顼把宗教与君权结合起来,"这种政体合一的做法,可以消弭许多纷乱与不合"。尧是第一个创立国法的人,舜为尧死,而服丧三年,"丧居之礼遂成为中国的风俗";禹创谏制;帝太康酗酒废政,造成暴君僭越争权,给后人提供了鉴镜;周灵王时,"有名的孔子诞生了,他是中华帝国煊赫古代传留下来的法律、道德和宗教的最伟大的改革者"。在魁奈看来,中国的专制不仅合乎法律,而用法律自古就是完善的。中国的专制政治以法律、道德、宗教相结合为特点,由孔子集其大成。②

思想家在文化上的隔膜与错位一方面是由于文化传播的不充分,另一方面也存在有民族文化、本土文化自身的溶解作用。直到本世纪30年代,中国人仍把与伏尔泰同时代的狄德罗的《百科全书》与纪昀的《四库全书》并提。仅就西方而言,狄德罗前后的那个时期也有把汤显祖与莎士比亚作比;徐光启与培根并提;《鲁滨逊漂流记》与《镜花缘》同论。直到今天,中国的一些学者仍有"中国古代行政法""中国古代民法""中国古代的法治"等著作问世。或许这就是为什么同对中国的专制,康有为一代人发现的是中国的"不幸",而比他们早了100多年的伏尔泰、霍尔巴赫、魁奈发现的却是欧洲文明的"希望"。实际上,

---

① 利奇温:《十八世纪中国与欧洲文化的接触》,第94页。转引自忻剑飞:《世界的中国观》,学林出版社1992年版,第221页。

② 以上材料均取之于忻剑飞:《世界的中国观》。

无论是伏尔泰等人对中国文化的赞美还是康有为一代人对中国政治文化的批判都是以自己的传统为出发点的,他们都是"从自己看对方"。我们可以不原谅今人对文化的故意歪曲,但不能苛责于近代人在文化上的隔膜。

四、"人"与"民":中西宪制观的不同视点

在西方,"民权"与 democracy(民主)这个概念相关。democracy 源于希腊语,其词根为 demos(人民),kratein(治理),即"民治"。民权的原生意义是指公民参与城邦的权力。在希腊的城邦制时代,特别是在雅典,民权与"城邦至上"这一意识形态息息相关。亚里士多德的"人天生是一个政治动物"的命题就是从这个城邦至上的命题出发的。在古希腊,能称为民权的东西,并不是指城邦公民作为独立的个体能拥有的权利。就个人与城邦的关系而言,民权只是表现在参与城邦的政治生活和参加城邦管理的资格。这种资格不是来自个体作为"自由自觉活动"的主体而拥有的权利,而是个人作为城邦的一分子,即作为一个"政治动物"由城邦分配给他的一种机会,或授予的资格。这种机会和资格是人作为城邦的一员的机会和资格。若没有这种机会和资格,作为"政治动物"的人也就成不了城邦的公民。在这里,"机会"和"资格"并非是具有自由意志和独立自主地位的个体与城邦这一政治实体相对立而应享有的权利,而是"政治动物"能够参与城邦生活的身份规定性。正如美国学者们指出的:"希腊人认为,他的公民资格不是拥有什么而是分享什么,……这意味着像希腊人所设想的,问题不在于为一个人争得他的权利,而是保证他处于他有资格所处的地位。"[①]奴隶和妇女之所以

---

① 萨拜因等:《政治学说史》,上册,盛葵阳、崔妙因译,商务印书馆 1986 年版,第 25 页。

不能分享参与城邦政治生活，并不是因为他们没有这种权利，而是因为他们没有参与政治生活的身份资格。城邦实质上就是具有身份资格的公民的集合体。与此相关，在古希腊，能称作"宪法"的东西并不是我们今天所指的能够标出个体权利、政府权限的最高原则，而是一种"城邦生活模式"，其最高价值就是保证共同生活的和谐。在雅典城邦，宪法的各项制度，如，轮流担任公职，用抽签的方法决定任职人员的选任等等都是为了使更多有资格的公民参与城邦政治生活。在古希腊，民权的这种特性是与城邦民主制的特性有着直接的联系。由于城邦民主制是一种直接的民主制，个体权利与国家政治权力合而为一，所以它并不存在与个体观念以及个体价值相联系的"人权"这一事实。它反映了西方早期民权的原始性质。

在西方，作为与城邦相联系的"民"向与国家相对立的个体以及与此相关的"民权"向"人权"的过渡是以斯多葛主义"自然"政治哲学为中介的。随着希腊城邦制的衰落，"'作为政治动物'，作为城邦或自治的城市国家一分子的人已经同亚里士多德一道完结了；作为一个个人的人则是同亚历山大一道开始的。"[①]城邦的衰落使得人们不得不学会过独立的生活，这是一个时代的完结，也是"民权"行程的转折。在斯多葛学派的理论框架里，一个是个人的概念，个人不仅是城邦的一个分子，而且是整个人类的一个单位；一个是普遍性的概念，即个人所具有的共同性。就个人来说，每一个人都具有不可分享的自我内心生活，每一个人都有根据"内心生活"提出一种固有权利的权利。从城邦出发，个体需作为公民而生活；从自我出发，个体必然作为一个个独立的成员拥有平等的权利。这样，人与人之间包括奴隶和妇女在内都应是平等的，而不是根据城邦公民资格分享城邦的权力。对城邦权力的要求就变成了

[①] 萨拜因等：《政治学说史》，上册，第128页。

对个人权利的要求。为满足这一要求,就需为整个世界设想一种法律,一种既体现自然本性,又能体现这种新价值要求的法律——自然法。

17、18世纪西方的启蒙时代正是以"自然法"为武器实现了由"民权"向"人权"的转变过程。卢梭的《契约论》、洛克的《政府论》、孟德斯鸠的《论法的精神》都是着力于解决国家权力与个体的权利问题。根据这些启蒙思想家的看法,人作为个体是生而平等自由的;人人都享有大自然赋予的不可让与不可剥夺的权利,这些权利包括生命权、自由权、财产权以及追求幸福权。启蒙思想家们各自从自己的理想出发,把古希腊以来的"民权"观念变形成了一种全新的人权体系。这种人权体系在革命已取得胜利的国家几乎都由不同的文字表达了一种相同的观点:人权构成了政治统治的基础。法国1789年的《人权与公民权利宣言》指出:"人们生来并且始终是自由的,在权利上是平等的";"一切政治结合的目的都在于保存自然的、不可消灭的人权;这些权利是自由、财产权、安全和反抗压迫"。美国1776年的《独立宣言》宣布:"我们认为以下真理是不言而喻的:人人生而平等,人人都享有上帝赋予的某些不可转让的权利,其中包括生命权、自由权和追求幸福的权利。""为了保障这些权利,人们组成自己的政府,政府正当权力来自被统治者的同意。"因此,"任何形式的政府,只要危害上述目的,人民就有权利改变或废除它,并建立新的政府。新的政府的基本原则和政权组织形式,必须是最便于实现人民的安全和幸福。"在美国,从《独立宣言》到各州宪法,从各州宪法到1787年联邦宪法,它都贯穿了一个核心理论:保障人权,建立限权的政府。美国的各州宪法大都把《独立宣言》所宣示的人权作为宪法的基础,并以此规定了分权制衡的政府结构。1787年联邦宪法所规定的政治制衡论、限权政府、司法独立、联邦制等等都是对人权本身的一种保障。"正是自然法则使得美国人能够设想人世的各种权力互相之间具有独立和平等的地位,因而有关平等和不可让渡的权利的坚定不移的真理可以说是不言自明的。"①这种以自然法为理论基础，以宪法为根本法所确认的人权显然不同于城邦意义上的"民权"。人权不是来自于国家和宪法，而是先于国家和宪法而存在，因此它本身就高于宪法和法律，用启蒙思想家的话说，人权是根源于人的理性，是天赋的，因而宪法并不能创造人权，而是确认人权。对人权的确认和保障则构成政府权力运行的合法基础。人权不同于城邦意义上的民权就在于：前者是基于个人与社会、个人与国家权力的关系而形成的"个体特权"，它本身就是对国家权力的一种限制。即是说，只有在国家权力受到限制的范围内，人权才得以实现。"各种宪法被看成是对自然法的宣告，从而被看作构成所有宪法根源的一般准则的体现。'尽管在宪法中可能没有规定任何限制，立法机关仍被禁止提供抑善扬恶的法案，提出破坏共和国自由伟大原则和有关社会契约伟大原则的法案'。正是'社会和政府的性质'决定了对立法权的实质性限制。这些限制根植于'更广泛和更牢固的自然权利的基础之上。'"②因此，在近代西方，表现在与国家权力、社会关系相对立的人权首先要求的是这样一种政治结构，即"管理少的政府就是好的政府"的制度。在这种结构中，国家处于守夜人的角色，它的功能不在于促进个体人权的实现，而是放手让个人按照自己的意志"在不损害别人"的前提下去追求自己的权利。在西方，如果说城邦意义上的民权是为了防止人作为"政治动物"的堕落，那么具有个人主义性质的人权则旨在对国家权力的防范。个人主义的人权取代城邦意义上的民权是近代西方宪制文化新的价值内核。

　　由于近代中国所面对的问题与西方截然不同，因此解决问题的方

---

① H.S.康马杰：《美国精神》，南木等译，光明日报出版社 1988 年版，第 475 页。
② 〔美〕伯纳德·施瓦茨：《美国法律史》，王军等译，中国政法大学出版社 1989 年版，第 91 页。

法就有别。在戊戌维新思想家们的民权观中,"民"属于"群"的范畴,而不是一个"个体"概念,它始终在逻辑上与"君"相对应。从"群"的意义上理解"民",从"主"的意义上理解"君",这是维新思想家们通用思路。"民"与"人"的分别不只是文字表述的差异,而是具有深刻的文化内容。戊戌维新思想家中有些人对西方启蒙思想家并不陌生,但他们在理解时往往是以自己的价值规范为尺度的。卢梭在他的《社会契约论》的开头就写道:"人是生而自由的,但却无往不在枷锁之中。"[1]而熟稔欧洲文化的维新思想家严复把这一"天赋人权论""转译"为古雅的中文却是:"民之自由,天之所界。"[2]在这里,表达的思想看起来完全一致,但一字之差却道出了文化上的差异。"人"表达的是作为个体的人与整个社会、国家的对立,旨在强调国家权力对个体自由的威胁,并暗含着约束国家权力这一价值准则。"民"表达的是作为"群"的民与"主"的"君"的对立,旨在颠倒权力关系,国家权力由君向民倾斜。但无论是君主权还是民主权,其最高的价值目标是使国家权力聚集起来,以便国家发挥它的最大功效。这是近代中国一群爱国知识分子在自己的祖国受尽欺辱之后具有的一种情愫:他们关切作为"群"的"民"胜过作为个体的人;他们思考的问题不是国家权力是否受约束以及怎样约束,而是国家能否充分行使权利使整个民族强大起来。他们相信:只有把君主权改为民主权才能使国家权力得以充分运用,国家才能富强,这是他们的民权观的实质。人权与民权的分别也是近代西方宪制文化不同近代中国宪制文化的关键所在。

---

[1] 〔法〕卢梭:《社会契约论》,何兆武译,商务印书馆1982年版,第8页。
[2] 严复:《辟韩》。

第三章　理想与现实之间

始终处于整个戊戌维新变法运动中心的是康有为,他不仅站在斗争的前列,是整个运动中叱咤风云的政治领袖,而且也为维新变法提供了完备而系统的思想理论指导。他是一个集民族主义的现实改革者和人文主义的乌托邦思想家于一身的复杂人物。他的思想既体现了过渡时代中国早期知识分子的思想文化特征,也凝聚着传统文化与西方文化的冲突。康有为的思想探索是富有原创性的,它表征着中国思想界对西方宪制文化的一种早期回应类型。

一、康有为的"平等乌托邦"

康有为出生在"诗礼传家"的大家族,祖上不但有多人入仕,而且以传经授业为宗风,颇有"士大夫"世家的味道。在这样的环境中,康有为"成童之时,便有志于圣贤之学"。22岁那年,他开始接触西学,从而"尽知京朝风气,近时人才及各种新书","既念民生艰难,无与我聪明才力救拯之,乃哀物悼世,以经营天下为志"①。接着,"薄游香港",使他对香港这个英国殖民地的社会风貌赞叹不已。② 1882年,他"道经上海

---

① 《康南海自编年谱》:"光绪五年己卯,二十二岁"。
② "览西人宫室之瑰丽,道路之整洁,巡捕之严密,乃始知西人治国有法度,不得以古旧之夷狄视之"。(《康南海自编年谱》:"光绪五年己卯,二十二岁"。)

之繁盛,益知西人治术之有本。舟车引路,大购西书以归讲求焉。11月还家,自是大讲西学,始尽释故见"。① 次年,"购《万同公报》,大攻西学书,声光、化、电、重学及各国史志,游记涉焉"。康有为对西物、西学的习得,思想上有了新认识。②

根据《自编年谱》,康有为于光绪十年27岁时即1884年通过对西物显微镜的观察而悟得"大小齐同之理";通过对"电机光线"的观察,悟得"久速齐同之理";第二年,即1885年,"从事算学,以几何著《人类公理》。"1886年,29岁时"又作《公理书》,依几何为之者。"《人类公理》未见手稿,《公理书》的修订稿《实理公法全书》尚有存留。此书包括《凡例》《实在解》《公字解》《总论人类门》《夫妇门》《父母子女门》《师弟门》《君臣门》等十六目。《实理公法全书》是康有为的一部重要著作,他博采中西两学,意图勾画出一种超越中西的人类理想制度。

《凡例》中说:

"凡天下之大,不外义理、制度两端。义理者何?曰公法,曰比例之公法、私法是也。实理明则公法定,间有不能定者,则以有益人道者为断,然二者均合众之见定之。"

康有为所言"实理",相当于欧氏几何学中的"公理",表示人类应共守的有关社会关系的各项基本准则,是判断一切是非的最高价值尺度;所言"公法",相当于欧氏几何学的"定理",表示根据"实理",运用逻辑思维方法推导出来的关于确保"实理"得以贯彻的各项社会原则;所谓比例,是指运用"实理""公法"系统,对中外古今各种政制、律法及社会伦理规范逐一进行分析甄别而做出的价值判断。从宪制文化角度理

---

① 《康南海自编年谱》:"光绪八年壬午,二十五岁"。
② "于时,欲辑《万国文献通考》,并及乐律、韵学、地图学。是时绝意试事,专精学问,新识深思,妙悟精理,俛读仰思,日新大进。"《康南海自编年谱》:"光绪九年癸未,二十六岁"。

解,康有为所言说的实理、公法和比例相当于价值观、原则和具体的制度。"实"与"公"是康有为"人类公理"中的一对重要范畴。他指出,"实理"之"实"有三个方面的含义:一是"实测之实",即在实践中得以考察和在逻辑上得以证论之"实";二是"实证之实",指通过古今中外历史与现状的比较、论辩,可从大量事实中得出的结论;三是"虚实之实",指实实在在存在的、真正符合"几何公理之法则"的"必然之实""永远之实"。① 无论是何种意义上的"实",它都已不是那种只可"体认"不可怀疑和否定的"天理"。在康有为看来,所谓的"天理"只能是那种能为科学与实践所证明和检验的不断发展、丰富、完善并可用纯粹的经验方法加以确定的真理。对"实"之如此首肯和界定隐含着这样一种取向:人类立定的传统价值准则和社会原则必须在实践与科学的名义下加以重新测定。而"公法"之"公"便是进行这种测定的重要标尺。康有为倡言的"公"是"公众之公""几何公理之公""公推之公"。② "公"便是"众己"。他认为,"公众"应该自己掌握自己的命运,自己支配自己的生活,要做到这一点,立法就应"合众之见定义",而且应"最有善于人道",这才会合乎"人类公理"。若按这一思路究寻,那么历代帝王"一言立法,一言废法"的"圣制"也是有悖于"人类公理"的。

那么"公众"为什么可以自己支配自己呢?康有为认为,人必须把自己作为有个性的人类看待,因为人是千差万别的。为此,他提出了四条"公理":

其一,"人各合天地原质以为人";其二,"人各具一魂,故有知识所谓智也。然灵魂之性,各个不同。"其三,"人之始生,便具爱恶二质。及其长也,与人相接时,发其爱质,则必有益于人。发其恶质,则必有损于

---

① 参见《康有为全集》,第 1 卷,第 277、278 页。
② 《康有为全集》,第 1 卷,第 278 页。

人。又爱恶只能相生,不能两用。"其四,"人之始生,有信而无诈,诈由习染而有。"①既然"人各合天地原质以为人",且"人各具一魂",那么,任何人生来就是自立自主的:"人有自主之权",②应该自由地主宰自己的命运。"此几何公理所出之法",与"实理"全合,"最有益于人道。"康有为从人的差异性推断出人各有自主之权。然而,"自主"不等于"自由"。作为思想家的康有为尽可以在思想的田园里天马行空,言尽人类理想的美境,但他的眼光没有向现实社会再多投一瞥,按照他的"人各合天地原质以为人"的思路,设计一种符合"灵魂之性各不相同"的自由社会制度。自由与人的差异性相系这一点康有为虽然已经领悟了,但他没有再继续进行探寻,而是变换了思路,转向对"平等问题"的乌托邦式的关注。康有为以传统文化为依托,添加上他的"几何学"知识,可以在较为远极的层面上对人的自主问题表示极大关切,但缺失了对现实社会制度层面的形下设计。这一点上,中国近代的启蒙思想家与西方近代的启蒙思想家的心路历程以及关注的焦点是极不相同的。

在近代西方的启蒙思想家的视野里,"自由"与其说是一个形上的范畴,莫如说是一种制度。他们探寻自由的思路与康有为类似,正像康有为从"人各合天地原质以为人"的假定出发推断出人有自主之权一样,他们大都假定人类最早生存于某种自然状态,尽管对这种"自然状态"的样式他们存有不同看法。以英国的洛克为代表的自由主义者认为这个自然状态是一种完备无缺的自由状态。而且,这种"自然状态有一种为人人所应遵守的自然法对它起着支配作用;而理性,也就是自然法,教导着有意遵从理性的全人类:人们既然都是平等和独立的,任何人就不得侵害他人的生命、健康、自由或财产。"③自由是人的不可剥夺

---

① 《康有为全集》,第 1 卷,第 279 页。
② 同上。
③ 洛克:《政府论》,下篇,叶启芳、瞿菊农译,商务印书馆 1964 年版,第 6 页。

的天赋权利或自然权利。但是,在自然状态中,缺少一种明文公开的律法,缺少一种执行裁判的公共权力。所以,自然状态是不完善的、有缺陷的:个人的自由权利经常面临被侵害的危险。为更有效地保护个人的自由权利,一种完全不同于自然状态的新型的社会即政治社会或公民社会应运而生了。政治社会或公民社会,在洛克看来,就是制度化的自由与权威的机制,就是宪制社会。政治社会的标志,在于具有某种保护个人自然权利的政治权力,这种权力是由参与政治社会的每一个成员通过社会、政治契约(法律)交给或同意转让给社会(国家、政府)的。它是一种法律权力,它存在的原因和理由,就在于维护个人的权利和自由。这种权利和自由是人们在自然法中天然拥有、而政治社会又不可剥夺的自然权利。洛克高扬人的自由,认为自由是一切的基础,也是法律的基础。"法律按其真正的含义而言与其说是限制还不如说是指导一个自由而有智慧的人去追求他的正当利益。"[①]同时,法律还是对自由的界定和约束,即自由"并非人人爱怎样就可怎样的那种自由……而是在他所受约束的法律许可范围内,随其所欲地处置或安排他的人身、行动、财富和他的全部财产的那种自由,在这个范围内他不受另一个人的任意意志的支配,而是可以自由地遵循他自由的意志"。[②] 但是,对个人自由的界定,并不仅仅来自另一个人的自由权利的约束,而且也来自政治权力的约束。所以,洛克认为法律保护个人自由不受绝对的、任意的政治权力的约束,政治权力以不侵犯和破坏个人自由为限度。法律应当成为个人自由不受政治权力任意干涉的屏障。当中国的启蒙学者在"几何学"中发现了"人有自主之权"时,西方的同行们早在一百多年前就发现了自由与政治权力的深刻冲突:自由的最大危险不是来自

---

① 洛克:《政府论》,下篇,第 35 页。
② 同上书,第 36 页。

个人的为所欲为，而是政府权力的滥用。自由被多数人所剥夺并不比被独一的暴君剥夺更好，因为多数人之治也可能专横暴虐。因此，对自由的探寻与其作形式上的演绎，倒不如作形下的制度设计。西方的另一位与洛克相似的启蒙学者继续把这一工作做了下去。他就是法国的孟德斯鸠。他着力解决了一个洛克想解决而没能彻底解决的问题，即自由赖以存在的政府体制问题。他在很多处都曾有过这样一种意见：自由也许并非产生于高尚的市民道德，而是政府体制（权力）合理组织的结果。① 他始终对政府权力存有戒心，这从他那一段为人熟知的名句中可以看出来。② 对人性的不信任态度导致了这样一个结论：人的自由的存在是以民主政府和宪制社会为前提的。而在一个民主政府及宪制社会中要保障自由不被剥夺就必须对权力做出合理安排，为此他提出了权力分立制衡的制度设计，以致后来的西方学者在评价他时，曾这样写道："孟德斯鸠在他所处时代起的重要作用在于，传播和加强了以英国的制度作为实现政治自由手段的信念。""把英国的自由归结为立法、行政、司法三权分立，以及三权的彼此制约与均衡，并把这一学说作为自由立宪的信条。"③

　　康有为与近代西方的启蒙学者心路历程不同，所关切的问题也有别。西方启蒙学者关心较多的是自由的制度设计，而康有为虽然提出了"人各合天地原质以为人"这种近乎自由主义的命题，但他从此出发

---

① 他明确地写道："当立法权和行政权集中在同一个人或同一个机关之手，自由便不复存在了；因为人们将要害怕这个国王或议会制定暴虐的法律，并暴虐地执行这些法律……如果司法权同立法权合而为一，则将对公民的生命和自由施行专断的权力，因为法官就是立法者。如果司法权同行政权合而为一，法官便将握有压迫者的力量。"（孟德斯鸠：《论法的精神》，上册，张雁深译，商务印书馆 1961 年版，第 156 页）

② 他说："一切有权力的人都容易滥用权力，这是万古不易的一条经验。"（孟德斯鸠：《论法的精神》，上册，第 154 页）

③ 萨拜因等：《政治学说史》，下册，第 625、626 页。

以后却转了弯子变换了思路,转向了对"平等"问题的关注。他认为,根据"实理",人与人之间首先应是平等的关系。用他的话说就是"人类平等是几何公理","以平等之意,用人立之法","但人立之法,万不能用,惟以平等之意,用之可矣。"①这种"平等"思想,在康有为《自编年谱》和《康子内外篇》中也有表露。他说:"奉天合地,以合国、合种、合教一统地球";"又推一统之后,人类语言、文字、饮食衣服、宫室之变制,男女平等之法,人民通同公之法,务致诸生于极乐世界。"②又说:"中国之俗,尊君卑臣,重男轻女,崇良抑贱",认为这是不合人类"公理"的。"习俗既定以为义理,至于今日,臣下跪服,畏威而不敢言,妇人卑抑不学而无所识",这种"抑"之极的不平等现实必须改变。这样,他便从人类"各致诸生于极乐世界"的佛学救世的远极关切放低眼睛打量了现时中国的君臣、男女不平等的现实问题。他认为,男女同是"合天地之原质以为人",且"各具一魂",应该适用"男女平等之法"。"男为女纲,妇受制于其夫。又一夫可以娶数妇,一妇不能配数夫。此更与几何公理不合,无益于人道。"③他还反对"父母之命,媒妁之言"的传统婚姻之制,主张男女婚姻应是一种自由合意的结果,"天既生一男一女,则人道便当有男女之事,既两相爱悦,理宜任其有自主之权,几何公理至此而止。"④离婚也应该是自由的、允许的,"立约者终身为期,非有大故不离异"是"无益人道"的。⑤怎样清除这种男女不平等的现象而达到平等呢?康有为提出了取消夫妇关系、废除家庭的乌托邦的构想。这和他的《大同书》的构想是一致的,康有为之所以对男女平等问题极为关切,正是从

---

① 《康有为全集》,第 1 卷,第 279 页。
② 《康南海自编年谱》:"光绪十年甲申,二十七岁"。
③ 《康有为全集》,第 1 卷,第 283 页。
④ 同上书,第 281 页。
⑤ 同上书,第 283 页。

"大同"的理念出发的。即是说,"男女平等"问题是服务于"大同"理想这一远大目标的。其逻辑顺序是:要达到世界"公同"的美梦,就要"去国界",欲去国界首先要"去家界";欲去家界,先要"去夫妇关系",即达到"男女平等"。这种"平等"思想不可与近代西方宪制文化中的平等价值同日而语。

与此相联系,欲去"家界"以致"公同",那么父子关系是不能不论究的。康有为坚决反对子女"身体发肤受之父母",因而无权自主的传统"义理",指出人由原质合和而生,而"原质是天地所有,非父母之所生,父母但能取天地之原质以造子女而已",况且"地球上之人,其质体日日轮回,父母与子女其质体亦互轮回。"① 所以,"盖人各分天地之原质以为人,则父母与子女宜各有自主之权者,几何公理也。"②

"家""去"掉了,就该轮到"国"了,要"去"国界,先要去君威。所以康有为说"君主威权无限,此更大背于几何公理"。③ 他在《公法会通》中这样论述道:"公法将君主例于比例之稍后,似乎不便于人主之私,抑知大不然。盖公法最有益于人道,苟能用之,则国内之民,日智一日,其兴盛必远胜于他国之不能用公法者矣。"④ 康有为是这样给"君"重新下定义的:"如两者相交之事,而另觅一人以作中保也。故凡民皆臣,而一命之士以上,皆可统称为君。"⑤ 这样,至高无上的"君主"就降到人和民的"中保"位置,凌驾于万民之上的唯一统治者,也变成了"一命之士以上"的所有官员之一,"官者,民所共立者,以所谓君也。"⑥ 传

---

① 《康有为全集》,第 1 卷,第 284 页。
② 同上书,第 285 页。
③ 同上书,第 289 页。
④ 同上书,第 308 页。
⑤ 同上书,第 288 页。
⑥ 同上书,第 298 页。

统的"君臣一伦",并非"天理",只是"全从人立之法而出,有人立之法,然后有君臣",①而"人立之法"是要接受"实理""公法"评判的。

从上可以看出,康有为所谓"公理",实际上就是"平等",也就是所谓"平等公同,以致诸出于极乐世界"。这里,虽有其佛教慈悲为怀的心迹,但佛教讲"出世",康有为却要"人世",要讲"经世",于是"参中西之新理",拟出"平等公同"的图景。虽然他曾自称是告子理论的信徒,主张性无善恶,②但他并不满足于这种"无善恶"的消极论调,仍然要搭上儒家积极有为的"善","告子生之谓性,自是论,与孔子说合"。③ "性是天生,善是人为",这样便由先天的"性无善恶"到后天修养而成的"人为善",实际上仍是正心诚意、修身齐家的传统路数,并且与佛教"平等"联系起来,"孔子治及草木,与佛氏治及众生同义",④佛家慈悲观念奠基于佛性平等,既然佛性平等,就须慈悲为怀,然后再掺进西方式的"自主之权"。康有为关心的是"平等",而很少论及"自由",尤其是近代西方意义上的个性自由,而且"平等"更多的是融合了佛教"慈悲"观念和儒家仁爱大同思想,梁启超介绍其师的学说时说:"(康)大有得于佛学,大事出世之首,以为人相我相众生相既一无所著,而获现身于世界者,由性海浑圆,众生一体,慈悲普渡,无有己时。"⑤康有为揭开性海、法界的神秘虚幻的袈裟,认为性海、法界不过就是现世中的众生和尘世,因此"众生同源于性海,舍众生亦无性海,世界原具含于法界,舍世界亦无法界",⑥同时亦将佛性转换成人性:"天命之谓性,清净法身也",因此佛

---

① 《康有为全集》,第1卷,第288页。
② "性者,生之质也,求有善恶","凡论性之说皆告子是而孟子非"。(康有为:《万木草堂口说》)
③ 《长兴学记》。
④ 康有为:《万木草堂口说·春秋繁露》。
⑤ 梁启超:《康有为传》,见《戊戌变法》(四),第9页。
⑥ 同上书,第17页。

性平等也就是人性平等,康有为正是从佛性平等来批判旧的纲常名教的:"物理抑之甚者必伸,吾谓百年之后必变三者,君不专臣不卑,男女轻重同,贵贱齐一。呜呼! 是佛氏平等之学矣。"①同时他也搬出儒家大同学说来构筑其"平等"思想:"公者,人从如一之谓,无贵贱之分,无贫富之等,无人种之殊,无男女之异……此大同之道,太平之世,行之惟从皆公,人人皆平,故能与人大同也";又说:"孔子以群生同出于天,一切平等,物为同胞,特为同气,故常怀大同之志,制太平之法",因此,康有为的"平等"主要是从佛家、儒家学说中推演出来。正因为康有为是从佛学、儒学和儒家文化中引出"平等"观念,因此缺乏近代西方宪制文化中平等价值的内在规定性,既表现出中国传统社会中的平均主义色彩,也表现出乌托邦式的人类关切情怀。在理想与现实之间,康有为的天平是倾向前者的。对"平等"的探究,康有为从道德上看问题,而近代西方则视其为一种制度或规则。

在近代西方,"平等"主要被看作是一种制度(权利)上的平等,即人生而拥有平等的权利。因为,根据自然法,人都具有平等的人性。在人性上,没有一个人比另一个人多或少。一个人所赋有的尊严不同于事物的属性,它在程度上是没有差别的。人的平等就是指人人都平等地具有做人的尊严。美国1776年的《独立宣言》宣布,人人生而平等。这是他们的造物主赋予的不可剥夺的权利。比美国稍晚出的法国《人权与公民权利宣言》也明确规定,所有公民在法律上一律平等,但是,除道德品行和秉赋才干上的差别外不得有其他差别。人生来就是平等的,这是指人被人性赋予了某些不可剥夺的权利。这些权利之所以是不可剥夺的,是因为它们是天生地存在于人的理性之中,而不只是由法律规定而给予人的。法律中的规定对于这些权利的保障是必要的,但它不

---

① 《康子内外篇·人我篇》。

能决定这些权利的不可剥夺性。纯粹由法律规定的权利是可以被剥夺的,它们是由国家给予的权利,因此,国家也可以剥夺它们。虽然国家可以保障也可以侵犯人具有的天生自然的权利,但这些权利不是因为国家把它们给予了人而存在,也不会由于得不到国家法律的承认或保障而不存在。在近代西方的宪制文化中,人类首先是被看作具有自由选择能力的类,因此人类生来就具有行动自由这种天生自然的和不可剥夺的权利。由于人类同时在本性上是政治动物,他们有政治自由和政治参与这种天生自然的和不可剥夺的权利。正义要求所有的人都应该享有公民选举权,通过这种方式,他们才可以行使他们参与政府事务的权利。所有享有选举权的公民即使是在一定程度上享有这种权利,他们也便达到了政治制度上的平等。这样,根植于人性中的平等观念也就转化为一种宪制框架内的权利平等制度。西方宪制文化中的平等价值恰是西方表现为这样一种隐去了人的实际差别的平等制度。

康有为在他的《大同书》里曾写下这样一段最能表现他的平等思想的话:"故全世界人,欲去家界之累乎,在明男女平等,各有独立之权始矣,此天予人之权也。全世界人,欲去私产之害乎,在明男女平等,各自独立始矣,此天予人之权也。全世界人,欲去国之争乎,在明男女平等,各自独立始矣,此天予人之权也。全世界人,欲去种界之争乎,在明男女平等,各自独立始矣,此天予人之权也。全世界人,欲至大同之世,太平之境也,在明男女平等,各自独立始矣,此天予人之权也……"[①]"平等"的根本解决办法不是制度上的设计,相反却是奠基于去"家界""立界""国界""种界"的"大同太平之世"的基础上,即是一种平均主义的理想天国境界。这个"境界"既反对"私",更反对由"私"的驱动而产生的差别,而是在道德理念上致力于勾画一个人人划一"齐同"的平等乌托

[①] 康有为:《大同书》,古籍出版社1956年版,第252—253页。

邦。这样,康有为在理想层面上走得越急,离现实社会的制度设计就越远。可以这样说,康有为在佛学和传统儒学中发现了人的"平等"却没有发现人的平等权利;在道德理想的境界中极大地关切了人类的命运,但缺失了对现实的人(特别是中国人)所需要的制度设计。

二、儒学传统的"西化诠释"

"道者生于心,法者生于事",而道是法之体。传统的生命原动力在道,在道的与世推移而生出新"法",满足不同时代人们变化了的需要。每一个重大历史转折关头,传统之"法"都因社会结构诸关系的改变而显得不适应或滞后于时代,受到挑战,而在每次挑战面前总有思想巨人超越具体"名法"而从轴心时代诞生的"道"那里找到精神资源,打开传统发展的新维度,日新其德。康有为正是这样一位思想家。他一直认为,中国"君权独尊",如果能"挟独尊之权","知阖群之术",则"人才之乏不足患,风俗之失不足患,兵力之弱不足患。一二人谋之,天下率从之。以中国治强,犹反常也。"① 就在他的思想趋于成熟的而立之年,② 开始了他的社会政治活动。1888年,他第二次去京,时局的危难使他"登高极望,辄有山河人民之感","时讲求中外事已久,……乃发愤上书乃言,极言时危,请及时变法"。③ 这就是惊动朝野上下的"布衣"康有为第一次"上清帝书"。然而,这次请求"变法"的"布衣上书",不仅没能上达光绪帝,反而遭到顽固守旧分子的肆意嘲笑和攻击。康有为深感"虎豹狰狞守九关,帝阍沉沉叫不得",而又"治安一策知难上,只是江湖

---

① 康有为:《阖群篇》。
② 康有为曾说过:"吾学之三十岁已成,此后不复有进,亦不必求进。"(梁启超:《清代学术概论》,述康有为语)
③ 《康南海自编年谱》:"光绪十四年戊子,三十一岁"。

心未灰",他不愿放弃自己的理想和抱负,又深感厚重的传统之于理想和抱负之间的巨大张力,而自觉地回归传统,对传统重新进行诠释,以寻求推行"变法"的合法性资源。

本来,在"上清帝第一书"之前,康有为尽管已是饱读经书,也时常尊奉古圣贤达,尤其对"吐哺握发"的国公颇为崇敬。然而,上书不达且遭非议,给予康有为以沉重的打击,同时也使他认识到,要成功地推行自己的主张,就必须在理想与现实之间求得变通,在现实中为"理想"寻得坚实可靠的依托。他在上书不达后,回到广州,晤见今文经学家廖平,对其著作一见倾心,对其主张一闻顿悟,全盘接受了过来而转入公羊今文经学。今文经学不同于古文经学的重要之处就在于前者强调"变"。今文经学中的"春秋公羊"学派尤以"三世""三统""受命改制"等等"微言大义",将"变"的观念具体化、实在化。今文经学认为微言大义并未载诸空言,而仅能由圣人之行事去体察。这样就使得今文经学家必须以探寻圣人之精意为最高追求,而对时代精神的把握,则构成了这种探寻的逻辑起点。康有为弟子陈千秋的《学记》云:"吾师康先生思圣道之衰,悯王制之缺,慨然发愤,思昌天下。" 1891年,康有为在广州长兴里讲学,撰《长兴学记》为学规,提出"勉强为学""逆乎常纬",而"所归在乎仁"。"常纬"是指千百年来之"积习";所归之仁则是他理解的圣人立法之精意。同年,他刊行《新学伪经考》,并在卷首开宗明确地宣示了自己著书的目的和意图:"《新学伪经考》凡十四篇,叙其目而系之辞曰:始作伪乱圣制者自刘歆,布行伪经篡孔统者成于郑玄。阅二千年岁、月、日、时之绵暧,聚者、千、万、亿衿缨之问学,统二十朝王者礼乐制度之崇严,咸奉伪经为圣法,诵读尊信,奉持施行,违者以非圣无法论,亦无一人敢疑者。于是夺孔子之经以与周公,而抑孔子为传;于是扫孔子改制之圣法,而同为断烂朝报。'六经'颠倒,乱于非种;……不量绵薄,摧廓伪说……冀以起亡经,翼圣制,其于孔氏之道,庶几御侮云尔。"①这样,他便对那些没有彰显孔子创制之大义的伪经新学进行否定,以求圣人立法的精义。

如果说《新学伪经考》是运用否证论以求"破伪",那么《孔子改制考》则对他自己的"新王行仁之制"进行了正面论证和说明。梁启超这样写道:"有为第二部著述,曰《孔子改制考》。……有为……定《春秋》为孔子改制创作之书,……又不惟《春秋》而已,凡六经皆孔子所作;昔人言孔子删述者,误也。孔子盖自立一宗旨,而凭之以进退古人,去取古籍。孔子改制,恒托于古;尧舜者,孔子所托也,其人有无不可知,即有,亦至寻常,经典中尧舜之盛德大业,皆孔子理想所构成也。……"②这就是康有为的"孔子改制"说。"受命改制"自然是公羊今文经学的老调,但康有为根据时代精神和需要弹奏出新的曲子。他用进化论对儒学传统进行新的诠释。康有为指出,孔子创立"三统""三世"诸说,表达了自己虽身处"乱世",却向往"太平"的"非常大义"。社会历史不仅有因革损益,而且不断向前流淌,曰:"进化"。"三世为孔子非常大义,托之《春秋》以明之。所传闻世为据乱,所闻世托升平,所见世托太平。乱世者,文教未明也。升平者,渐有文教,小康也。太平者,大同之世,远近大小如一。文教全备也。"③

"大道者何?人理至公,太平世大同之道也。三代之英,升平世小康之道也。孔子生据乱世,而志则常在太平世,必进化至大同,乃孚素志,至不得已亦为小康,亦皆不逮。此所由顾生民而兴衰也。"④康有为把公羊"三世说"与《礼运》中的"小康""大同"提法联系起来,说明人类社会的进化历程。他说孔子是深明"古今进化之故"的,"乱世之后进以

---

① 康有为:《新学伪经考·序》。
② 梁启超:《清代学术概论》。
③ 康有为:《春秋董氏学》。
④ 康有为:《礼运注》。

升平,升平之后进以太平,愈改而愈进也。"①孔子的最高理想是要引导人类走向"大同"之世,达到"大道之行也,天下为公"的美妙佳境。但是孔子生当"乱世",当时"世犹未开,乱犹未拔",只好循序渐进,先求实现"小康"之道。所以"顾生民而兴衰",把"三世"说的"微言大义"寄托在《春秋》一书:"《春秋》始于文王,终于尧舜,盖拨乱之治为文王,《公羊》所传微言之第一义也。"②不幸的是,孔子的"微言大义"后来被湮没了。他认为,中国二千年来,无论是汉、唐还是宋、明都不别其治乱兴衰,皆小康之世。而中国二千年儒者所倡言,亦不别其真伪精粗美恶,皆小康之道。③ 这种泥古小康旧方,未求进化至大同,只能造成极大的祸害。正是由于不明孔子的"三世"之说,所以"中国之民遂二千年被暴王、夷狄之酷政"。结论便是:只有彰明孔子的"微言大义",才能"群新地以殖人民,揭明月以照修夜,以仁济天下,将纳大地生人于大同之域,令孔子之道大放光明……"④

梁启超曾说过,过去中国的学者大抵"以为文明世界在于古时,日趋而下",所以主张复古;《礼运》美化远古为"大道之行也,天下为公",而演进到夏、商、周三代,"大道既隐,天下为家",只能行小康之道了。这是历史退化说。公羊今文经学讲"三统""三世",则是一种复古的历史循环论。康有为的"三世大同"则有了根本的不同,他从轴心时代所诞生的道中寻求文化资源,并参酌西学的"进化"之理,整创为一种非中非西、即中即西的历史理论。这一理论不惟为维新变法提供合法性,且在理论的更深处指明了一条立宪改制的中国立宪之路。

康有为根据他的"三世"历史理论,描述了由低级到高级不断进化

---

① 《孔子改制考》。
② 同上。
③ 《礼运注·序》。
④ 同上。

发展的三种社会形态,以及与之相应的三种不同社会政制:

"或民主,或君主,皆因民情所推戴,而为天命所归依,不能强也。乱世,升平世,太平世皆有时命运遇,不能强致。……即如今天地中三法并存,大约据乱世尚君主,升平世尚君民共主,太平世尚民主矣。"①在这里,"三世"已容纳了君主专制、君主立宪、民主制的三种政制形态。而专制由民主政制取而代之则是一种不能阻隔的历史"进化"之理,且与孔子的"微言大义"相合:"尧、舜为民作主,为太平世,为人道之主,儒家举以为极者也。……孔子拨乱升平,托文王以行君主之仁政,尤注意太平,托尧、舜之行民主之太平。"②

"此明大夫专政,以见时会之变。近者各国行立宪法,以大夫专政而反为升平之美政者,以立宪之大夫出自公举,得选贤与能之义,非世袭而命之君者也。据乱世同为世爵,则贬大夫而从君者也。据乱世同为世爵,则贬大夫而从君,既在升平,则舍世袭君而从公举,各有其义也。"③

民主、立宪如此,独立、自主、平等诸价值亦然:

"当中古乱世,女弱,当有男子为依,而夫妇之道又不明,故孔子重之,著义为'归'。……此为据乱之法,若太平世则人人自立,两两相交,如国际然,则不得谓之'归'也。"④"升平太平也,女学渐昌,女权渐出,人人自立,不复待人,则各自亲订姻好。"⑤

至于议院、选举之制,也不例外:

---

① 《孟子微·同民第十》。
② 《孔子改制考》。
③ 《春秋·笔削大义微言考》。
④ 同上。
⑤ 同上。

"吏道是周、秦以来任官之旧,仕学院中人也。儒是以教任职,如外国教士之入议院者。"①"世卿之制,自古为然,盖由封建来者也,孔子患列侯之争,封建可削,世卿安得不讥。读《王制》选士、造士、俊士之法,则世卿之制为孔子所削,而选举之制为孔子所创,昭昭然矣。选举者,孔子之制也。"②如此等等,康有为把近代西方的民主、立宪、议院、选举、独立自主、平等、宪制价值、制度统合于中国传统的"道"中,不能不说是一个创造。

E.卡西勒在评价近代西方启蒙哲学时写过这样一段话:"从历史上看,启蒙哲学的这种双重倾向表现在:尽管它一方面和近古和现存的秩序作斗争,但另一方面它又不断地回到古代思潮和问题上去。在这方面,启蒙运动步文艺复兴运动之后尘,并且继承了它的精神财富。可是,作为一种纯哲学运动,启蒙哲学对遗产的处理,比仅仅在学术领域中处理遗产的人文主义自由得多。启蒙运动只选用某些符合于自己的思想方法的基本特征,而把其他一切弃之不顾。但恰恰是通过这种选择,启蒙运动往往成功地深入到它所面对的问题的真正根源。"③

康有为无疑具有近代西方启蒙思想家的这种特征,是他首先发现了中国古老的"道"的普遍意义,并成为这一领域的开路先锋。他在宪制方面力图和中国古代理论建立起直接的联系,而回到了孔夫子,认为所有的近代宪制因子都与孔夫子的"微言大义"有着渊源。正像近代西方的"自然法"不能创造只能宣示一样,孔夫子的"微言大义"也只能去领悟、彰明。为了进一步说明这个问题,不妨再把有关的资料排列一

---

① 《孔子改制考》。
② 同上。
③ E.卡西勒:《启蒙哲学》,顾伟铭等译,山东人民出版社1988年版,第228页。

下:康有为在代拟的《请定立宪开国会折》中说:"臣窃闻东西各国之强,皆以立宪法开国会之故。国会者,君与民共议一国之政也。盖自三权鼎立之说出,以国会立法,以法官司法,以政府行政,而人主总之,立定宪法,同受治焉。……政有本末,不先定其本,而徒从事于其末,无当也。"他论证"开国会""立宪法"合乎"圣人之道"和"《春秋》之义"。他认为,"天视自我民视,天听自我民听","民之所好好之,民之所恶恶之","孟子称大夫皆曰、国人皆曰"等,即是"国会之前型";"春秋改制,即立宪法"。

在《孔子改制考》中他说:"六经中之尧舜文王,皆孔子民主君主之所寄托。""尧舜为民主为太平为人道之至。孔子据乱升平托文王,以行君主之仁政,尤注意太平托尧舜,以行民主之太平。"

在《孟子微》中他说:"尧舜与人人平等相同,此乃孟子明人人当自立,人人皆平等,乃太平大同之极。"《中庸注》中也说,人人性善,文王亦不过性善,故文王与人平等相同。"人人既是天生,则直录于天,人人皆独立而平等。"

《论语注》言进化者云:"人道进化,皆有定位:自族制而为部落,而成国家,由国家而成大统;由独人而渐立酋长,由酋长而渐正君臣,由君主而渐至立宪,由立宪而渐为共和。盖自据乱进为升平,升平进为太平。孔子之为《春秋》,张为三世,盖推进化之理而为之。"

这里所引的文字,每一段都可划为结论和论证部分两个结构层次。结论是时代的内容,论证部分则是孔夫子的旧方。问题的关键处在于:康有为所托之古与立宪改制之间有无任何内在关联。他是否也像近代西方的启蒙思想家一样,"只选用某些符合于自己的思想方法的基本特征,而把其他一切弃之不顾",并且"成功地深入到他所面对的问题的真正根源"? 事实上,康有为是把"事"与"意"作了二分处理。在他看来,中国文化中也许没有"托古改制"的"事",但绝对有这样的"意"。梁启超的《谈春秋界说》将其师的《孔子改制考》的这一思想枢轴点透了:"黄黎州有《明夷待访录》,黄氏之改制也;王船山有《黄书》有《噩梦》,王氏之改制也;冯林一有《校邠庐抗议》,冯氏之改制也。凡士大夫之读书有心得者,每觉当时之制度有未善处,而思有以变通之,此最寻常事,孔子作《春秋》,亦犹是耳。"法圣人以道,而后可以继圣人之业。他正是在现实的时代需要中把圣人之所以立制的精意加以领悟与宣明,强调的也正是经世致用的春秋公羊学的一贯精神。康有为对近代中国宪制文化的贡献就在于:他把自己理解的西方宪制材料整合到中国文化结构中,从而提出了近代中国宪制文化的范式。①

三、《大同书》:道德救赎与宪制理念的冲突

"中国富强"始终是萦绕于近代中国知识分子心头的主旋律,而宪制又被看作是唯一的通路。康有为对之倾于全身心的关注。他认为,中国败弱的主要原因就在于政治体制上的尊隔,它锢聪塞明而下情不通。而近代的西方以代议政治为表现形式的宪制制度则是医治中国上下隔绝、锢聪塞明的专制政体的最好办法。宪制制度不仅通过议院,可以通下情,形成一个开放的政治运行机制,而且以立法、行政、司法的权力分立而形成一个权力制衡的体制,从而有效地破除专制政体上下尊隔的积弊。这是康有为在戊戌期间的看法。然而,宪制只是康有为关切的一个现实层面。在理想的层面中,康有为还凸现着一个"保教至善"的道德救赎主题。这两者之间充满了深刻的张力,表征着康有为独特的宪制文化观。

---

① 部分材料和观点取自陈明:《中体西用:启蒙与救亡之外》,载《原道》,第一辑,中国社会科学出版社 1994 年版,第 23—25 页。

如前述,康有为生逢"乱世",生具悲天悯人的性情,早年即具有胸怀人类、经世济俗的圣人之志,他以一种儒佛的"圣贤菩萨"合一的救世主自视,而以拯救人类世界为己任。因而他并不满足于对现实的政治探求,而深入到人生及其意义、价值问题的思索。他认为,人生幸福有赖政治、经济、道德三大要素。这三者皆为中国所缺失。在政治经济方面,中国可以师法西方,引入民主(宪制)和科学加以解决。但道德问题则另有解决的思路,即保孔子之教。在康有为看来,孔子不惟是改制的祖师,且是"天地教主"。这早在戊戌维新期间,他便提出了"保教"问题。在《请尊孔圣为国教主教部教会以孔子纪年而废谣祀折》中,他力倡尊孔教为国教和尊孔子为教主。他认为,中国的道德式微和国势积弱,其由在于中国尚保留着多神之俗,而不知去奉教主以发德心。中国本自有教,而"孔子实为中国之教主"。① 以道德为基底的孔教,依于人道而不假神道,"真文明世之教主,大地所无也"。② 它优于伸张神权的耶、回、佛诸教,而最适合于今世。在康有为看来,西方的强大不仅在于其有宪制之基、科学昌明,还在于基督教传统的宗教伦理。政治、科学和宗教伦理是西方文明"如鼎之足峙而并立"的三大要素。而政治与宗教伦理,则如车之双轮而缺一不可。因而立孔教与变政制并不抵牾,"政教各立,双轮并驰,既并行而不悖,亦相反而相成。国势可张,圣权日盛,其于敬教劝学,匡谬正俗,岂少补哉?"③这样,他便把政治与宗教伦理加以整合,把《新学伪经考》《孔子改制考》与《大同书》之间建立起逻辑上的必然联系。

《大同书》是康有为于1902年写就的一部重要著作。他在这一"廿

---

① 《康有为政论集》,上册,第281页。
② 同上书,第282页。
③ 同上书,第283页。

年抱宏愿,卅卷告成书"的著作中,详尽地阐述了其"大同"理论。这一凝聚康有为宏伟理想和富有天才想象力的乌托邦预言,描绘了一幅充满矛盾和冲突的未来理想社会的立体图画。

康有为的"大同"乌托邦建基于富有佛教色彩的"苦乐"观上。"入世界观众苦"被列为《大同书》的首部,这是康有为演绎大同之理的根据。"吾既生乱世,目击苦道,而思有以救之,昧昧我思,其唯行大同太平之道哉!"[1]他认为,现实社会充满了种种苦难,有"人生之苦""天灾之苦""人道之苦""人治之苦""人性之苦"种种,其中最重要的是将现实社会不合理的人生——贫穷、野蛮、愚昧、落后、人剥削人……作了广泛的揭露,指出了专制的压迫、文明的落后、生活的困苦、苍民的贫穷……在他看来,人生的本质即在于去除苦难获得幸福。"故普天之下,有生之徒,皆以求乐免苦而已,无他道矣。"[2]人类的一切文化创造,如立法、建国、创教等等,都是旨在为人免苦增乐而已。能为人类增乐减苦的为"进化",否则为"退化"。然而人类苦难无穷,欲根本免除诸苦而获致幸福,唯实现"大同之道"。康有为认为,人类诸苦的根源在于"九界",即"国界""级界""种界""形界""家界""产界""乱界""类界""苦界"。这"九界"是人类苦难的网罗,救苦之道在于"去九界",达到"合大地""平民族""同人类""保独立""为天民""公生业""治太平""爱众生""至极乐"的"大同"境界。

康有为的"大同世界"一方面是建立于高度的经济发展基础之上,另一方面也是以高度发达的宪制民主制度为特征。他认为,大同世界"全地皆为公政府,有行政官行政,有议员议政,而无国界。"[3]"全世界

---

[1] 《大同书》,古籍出版社 1956 年版,第 8 页。
[2] 同上书,第 6 页。
[3] 同上书,第 91 页。

皆同属于公法律。"①"无国,但有宪法。"②"各地亦有立法自治权,而全地法律归公政府之上下议院公议立法。"③"议员皆由人民公举,悉为人民。""议员各地三年一举,或每年一举,随时议定。"④这种颇具有启蒙时代浪漫特征,对宪制民主无限乐观的"民主乌托邦"构成了康有为"大同"思想的一个重要特征。

  康有为的"大同"乌托邦不仅是宪制民主政治发展的顶点,而且也是道德进步的极致。"人生只求乐,天心唯有仁",这是康有为《大同书》所作题词中提纲挈领的两句话,它简要地揭示了"大同"思想中内含的两大主题。在这里,"仁"被看作是最高伦理,是宇宙、人心的最高准则,"大同之世"既是一个高度民主的宪制社会,也是一个通过道德进步而臻于至善和谐的"至仁"世界。"仁"以"博施、济众、爱人、利物"为宗旨,是人类道德理想的最高境界,也是大同之世的终极价值原则。大同之世的"至仁"就是宇宙公理和人的道德的最高实现。"大同之道,至平也,至公也,至仁也,治之至也,虽有善道,无以加此矣。"⑤大同之世是一个体现仁爱原则的公平和谐的社会。康有为认为,现实社会的不"仁"就在于"私",它造成了贫富悬隔,社会分裂,阶级纷争和人类的种种不幸,"私"的存在是与"仁爱"根本上相违,因而"今欲至大同,必去人之私产而后可,凡农工商之业,必归之公"。⑥ 不宁惟是,康有为甚至还设想彻底废除家庭、人种、国家等一切人类社会的界限,而后达普天人类"大同"的理想境界。同时,在大同社会里,人的道德发展也将充分实现人性而达于"至善"的境界,社会和人的发展都充分实现了"仁"的原

---

① 《大同书》,第 92 页。
② 同上书,第 93 页。
③ 同上书,第 94 页。
④ 同上书,第 95 页。
⑤ 同上书,第 8 页。
⑥ 同上书,第 240 页。

则。因而"大同之世"就是物质富足、民主宪制与道德完善的完美统一。"当太平之世,人性既善,才明过人,惟相与鼓舞踊跃于仁智之事;新法日出,公施日多,仁心日厚,知识日莹,全世界人共至于仁寿极乐善慧无边之境而已。"①

　　康有为的大同理想是融合了中西文化的思想结晶。它在形式上借用了儒家"大同"范畴,内容上也带有浓厚的儒家"仁"的"道德救赎"色彩。康有为的道德理想以儒家的"仁"的理念为价值内核,同时也统合了佛家的平等观念和西方的平等、自主的内涵,是中西文化的一种整合。他融合中西而创立的大同境界,是其寻求社会民主志向和追求至善的道德精神的统一,它是康有为整合其思想的理论架构。

　　事实上,在康有为的大同理想中,民主宪制的政治设计、经济科技的发达以及道德的至善所依据原则是不统一的。

　　就政治设计而言,康有为主要依据的思想材料是他理解的近代西方的宪制理论,同时也夹杂了一些传统理想。他是这样理解"国"的:"国者,人民团体之最高级也。"这一定义接近于近代西方的政治理论。但他对"国"能否为法律所规制抱着一种极不信任的态度:"自天帝外,其上无有法律制之也;各国私益,非公法所可抑,非虚义所能动也;其强大国之侵吞小邦,弱肉强食,势之自然,非公理所能及也。然则虽有仁人,欲弭兵而人民安乐,欲骤去国而天下为公,必不可得之数也。"②"公同"被看作是消除国与国纷争的唯一解决办法,这原本上又是中国传统儒家的看法。如何才能够使"国"与"国"间归于"公同"呢?康有为从"民权"方面看到了希望:"民权进化自下而上,理之自然也。故美国既立,法之大革命继起而各国随之;于是立宪偏行,共和大盛,均产说出,

---

① 《大同书》,第 277—278 页。
② 同上书,第 69 页。

工党日兴。夫国有君权,自各私而难合;若但为民权,则联合亦易。盖民但求利益,则仁人倡大同之乐利,自能合乎人心;大势既倡,人望趋之如流水之就下。故民权之起,宪法之兴,合群均产之说,皆为大同之先声。若立宪,君主既已无权,亦与民主等耳;他日君衔亦必徐徐尽废而归于大同耳。"①在这里,民权兴与君权废被赋予了同等价值,被看作是大同理想的第一梯。康有为认为,在民权极尊、君权尽废的大同社会里,带有直接民主形式的公政府完全取代了"国家":"大同无邦国,故无军法之重律,无君主,则无有犯上作乱之悖事,……无爵位,则无有恃威、怙力、强霸、利夺、钻营、佞诐之事,无私产,则无有田宅、工商、产业之讼,……无税役关津,则无有逃匿欺吞之罪。无名分,则无欺凌压制、干犯、反攻之事,除此以外,然则尚有何讼,尚有何刑哉?""大同之世,百司皆有而无兵刑两官。"②"公政府"的管理者是由人民公选的"智人""仁人"。"太平之世,人人平等,无有臣妾奴隶,无有君主统领,无有教主教皇","故是时有欲为帝王君长者,则反叛平等之理,皆为大逆不道第一恶罪,公议弃之圜土。"③这样一个以民权、民主、平等为鹄的民主公同社会与它所依存的社会经济制度有着不同的价值追求。

如果说,大同社会的政治模式的设计上更多的是具有近代西方民主色彩,那么其社会经济模式的设计更多的是具有浓郁的东方文化味道,更注重于重公贱私和谐康宁的价值追求。康有为对孔子、孟子和何休等人所设计的井田理想十分推崇,"一夫一妇受田百亩以养父母妻子,五口为一家,公四十亩……庐舍在内,贵人也;公田次之,重公也;私田在外,贱私也。"即是说,井田制的土地居室的分布体现了重公贱私和

---

① 《大同书》,第 70 页。
② 同上书,第 283 页。
③ 同上书,第 284 页。

以人为贵的精神。认为井田制能做到"老有所养,幼有教",符合大同理想境界。"父老教于校室,八岁者学小学,十五岁者学大学,其有秀者移于乡学,乡学之秀移于庠,庠之秀者移于国学",人们安居乐业,社会便稳定和谐。他还用井田精神理解西方的经营方式和空想社会主义主张,认为他们主张实行的制度也体现着井田精神,就连美国盛行的"均贫富产业之说"也不出孔子井田制发挥的平均主义。他把西方的大股份公司也视作井田精神的体现,"若以工商大公司为一封建,则督办公司事即君公大夫,而各工伙即其民也,人执一业,量以授俸,子公司之中,饮食什器衣服备矣,休沐游之,立学教之,选举升之,为设共之,非一农田小封建哉!"①井田精神就在于重公贼私,所以他主张"去私","凡农工之业,必归之公";"举天下立田地皆为公有";"凡百工大小之制造厂、铁道、轮船皆归焉,不许有独人之私业";"不得有私妄之商,举全地之商业,皆归公政府商部统之",等等。在康有为看来,"私"是纠争的渊薮,而抑"私"的最好办法,就是"均衡"。他希望在"均"的原则下满足人的欲望,康有为给生产部门制定了这样的生产原则:"地无遗利,农无误作,物无腐败,品无重复余赢。"②他要求农业生产"举全地所出之百谷、花果、草木、畜牧、鱼产、矿产,皆适足以应全地人数之所需,少留赢余以备各地水旱、天灾、地变之虞",③对工业生产则要求"工人之作器适与生人之用器相等,无重复之余货,无腐败之殄物",④认为在这"均衡"原则之下就可避免财富的增长而引起贫富不均和贪诈之心。他刻意追求一个供需平衡、安乐和谐的图景,并没有理解近代工业所形成的市民社会的意义。相反,他还惧怕这样一个以经济的高度发展、物质富足为依

---

① 《孟子微》,卷一,第19页。
② 《大同书》,第246页。
③ 同上书,第245—246页。
④ 同上书,第249页。

托的社会。他不是根据经济的发展去设计人们正当合理的生活,而是以根据于农耕文明的"均衡"原则阻滞财富的增长。

  与此相联系,在处理人与人的关系问题上,他也不可能依据近代市民社会的那种以尊重他人为前提的契约原则,而是从传统文化中寻求处理人际关系的资源。"孝"被康有为看作是"仁爱"的重要表现形式,"父母兄弟之亲亲,乃不忍之起点。仁虽同而亲亲为大,仁虽普而孝弟为先,若经营国民,恩及庶物,而忍于家庭,薄于骨肉,则厚薄倒置,不合人理,苟非行诈矫伪,则为鹜外逐世,非人道也。"①因此,他把孝道看作是人道的重要组成部分,是根本,"父母之恩与昊天而罔极,而立孝报德,实为人道之本基也,至矣极矣,孝之义矣。"②在康有为看来,大同之世的人的生养教育享乐养老送终均有公家来承担,人与社会之间便有一种子女与父母间的亲情关系,社会承担了过去由父母负责的养育职责,所以人们长成之后就必须对社会"行孝",以报公养、公教、公恤之恩,这样,移"家"中之孝推衍于社会,"天下为公"就是"天下一家",产生于家族制度的孝对维系社会照样有用。他认为,"盖大地族制之来至远,而至文、至备、至久且大,莫如吾中国矣","盖就天合夫妇、父子、兄弟之道而推至其极,必若中国之法而后为伦类合群之至也。"③只有某种血亲关系的存在才能把人聚合在一起,大同社会的人际关系实际上就是血缘关系的一种拟制,诚所谓"举世界之人公营全世界之事,如以一家之父子兄弟"。④ 所以孝仍是社会秩序建立以及人际关系调整的重要规范。由孝的观念进一步推衍,对"君"则表现为"忠",对"友"则表现为"信","忠信"是儒家奉行的人际之间的标准关系。所以康有为说:

---

① 《孟子微》,第 16 页。
② 《大同书》,第 174 页。
③ 同上书,第 171、172 页。
④ 同上书,第 261 页。

"合群之道必在仁,则当明孝悌以先之,孝悌者人群之本也;久积作为不能致仁,则当主忠信以变之,忠信者人心之本也。"①

显而易见,这样一幅社会经济图式与其设计的民主共同的政治模型是极不协调的。即便按照康有为的思路来理解"议会""民权""民主"等宪制价值,这一社会经济图式与之也是不能相容的。因为社会、民权、民主的内在性是以肯定个体的"私"的正当性为前提的。"权"生于"私",是利益冲突的产物。以"私"为表现形式的"利益"在法律上表现出来就是权利或曰人权。在市民社会里,个体的生存和发展的条件虽由社会合作以及相互间的依存来提供,但它承认利益差别,允许每一个个体把自己的利益追求当作目的,并用法律的形式确认个体追求的一部分利益并宣布为权利。权利是"私"的表现,在这里,作为主体的"民"也只能是个体的集合,而决不是抹去人的个性,失掉了个体的权利,而强制结合的"群";所谓的民主,实质上也只能是个体为了维护自己的利益而结合的一种方式。抹掉了个体,或者把个体消弭于社会"大我"之中的"大同"决不是人的乐园。从这一意义上说,康有为建筑于"井田""均衡"经济之上的"公政府",实际上不可能是真正的民主政府,充其量也只是中国古代曾存在过的"贤人之治"。

与此相应,在宪制民主制度下,人际关系主要靠契约化的私法规范来调节,其方式也主要是通过权利义务关系的具体落实解决纷争。康有为则舍弃了法律,而移"孝"于大同,希望人人像孝敬父母那样,孝敬社会。这与他设计的政治原则是相悖的。如果一种民主政治所依存的社会关系要靠"孝"来维持,那么民主政治也只能是为一种强力推行的"民忠"政制换个说法而已。

康有为为民主宪制在"大同之世"留下了一个位置,然后又从经济

---

① 《论语注》,卷一,第6页。

与社会关系方面抽掉了它的依托。

康有为的思想不仅在大同理想层面的各个部分之间存在着矛盾,而且他的思想在理想与现实这两极始终存在着冲突。他的理想越是宏大宏远,其与现实的矛盾就越难以调和。这或许是他本人对《大同书》秘不示人,束之高阁的主要原因。康有为作为一个爱国济世的知识分子在现实层面为挽救民族危亡,表现出了对民主主义的追求和对宪制问题的关切。在理想层面,他从关切人生意义出发,对道德救赎有着难以割舍的依恋。尽管,康有为把"民主宪制"和"道德的完善"同放在大同理想的境界中,并在"仁"的基础上使之获得了逻辑上的统一,但这并不意味着他在现实中可以避开这两者间的难题。在某种意义上,这种从乌托邦中寻求整合的努力本身,也可以视为康有为超越西方宪制的模式,走出中西文化悖反的困境的一种尝试。但实际上,康有为自始即在中与西、道德与政治问题的认识上存在着不协调甚至有分裂的趋向。他之所以一开始就既倡变法改制,又主张"保教",就在于他仅在"势"的认知层面上认识西方文化的优势。他虽然倡导民主宪制,但也主要是强调其上下无隔和分权制衡的代议制行政运行机制的功能效率,而民主宪制的内在价值如个体的自由、平等和人权则被放逐在大同境界之外了。

应当指出,康有为在努力寻求一条"损宜古今之宜,斟酌中外之善"而"会通中西"的中国宪制之路。他反对盲目师法外国和照搬西方模式,而主张在"审我国情,宜吾民俗"的基础上鉴取西方文化而实行变革。他对中国道德价值的维护,也含有在中国社会民主、法治化过程中坚持本土文化的主体性,和从传统中寻求动力的积极意义。而他的"中国道德"与"西方议院"相结合的文化方案,旨在调合中西文化的矛盾和冲突。然而,康有为中西折中的文化方案并不可能真正解决中西文化的结合问题。它并不能从文化价值的角度回答被视作西方文化之"用"的"议会""民权"怎样与中国文化之"体"的"道德"中植根生长的问题。

康有为看到了西方文化中的物质科技、民主宪制与基督教三足鼎立的格局形式，却未曾认识到其三位一体的内在逻辑。他也没有意识到中国文化的"器用"功效的不济，与其道德价值的内在联系。因而他一厢情愿地设计了"中国道德"与"西方议院"的文化嫁接方案。

　　事实上，西方文化中的基督教不仅与西方民主宪制之间有着联系，而且也为它提供生长的土壤。① 康有为思想深处的冲突，既反映了他对中国传统人文价值的偏爱和对西方宪制文化缺乏更深的了解，也反映了处在中国近代大变革路口一个传统士大夫向近代知识分子转换的彷徨、踯躅的矛盾心境。

四、是堕落还是执着？

　　康有为晚年的那顶"反革命"的帽子是摘不掉的，这可从他与革命派的论战和以后他发表的时文中得以表征。不过，研究康有为是怎样

---

① 克里斯托弗·道森认为，西方在中世纪国家的发展过程中逐渐形成的加冕仪式中，隐含着一种神权政治的立宪主义。在基督教文化中，神甫和国王两者都是同一基督教世界的成员和管理者；二者都是由上帝授予职权的：一个进行教诲和祭祀，另一个进行统治和裁决。在整个中世纪，这两个权威之间一直存在着紧张的局面，而且常常发展为冲突。尽管在他们之间的相互关系上，以及在他们各自的功能和特权的限度上存有巨大差别和不同观点，但是，他们二者都被视为同一社会的公务员，没有人怀疑他们都具有某种神圣的人格。道森认为，在欧洲以后的历史的发展中有关神圣权力受到限制并在实质上具有依赖性始终是基督教文化传统。事实上，在天主教的欧洲和新教的欧洲，都存在着一个巨大的舆论体制，它赋予国王以神圣权力而不承认这包括"被动服从"（Passive Obedience）的原则，因此，在现代的君主立宪政体思想与中世纪的教会体制之间存在着一种历史联系。（参见〔英〕克里斯托弗·道森：《宗教与西方文化的兴起》，长川某译，四川人民出版社 1989 年版，第 86、87 页）

关于宪制的自由价值，道森认为它有两个来源。自由（liberty），源于中世纪世俗的城市生活；自由（freedom），源于基督教的传统，其最初含义并不是个人按其自己的意愿去行事，而是参与到与自己精神生活有关的上帝活动中去。在这一活动中，每一个个人都可以找到自己的位置和权利。（参见《宗教与西方文化的兴起》第九章有关内容）对基督教传统与宪制关系的探究还可参阅〔美〕伯尔曼：《法律与革命——西方法律传统的形成》，贺卫方等译，中国大百科全书出版社 1993 年版。

反对革命以及从哪些方面反对革命，这在中国宪制文化史上是一个应予以注意的问题。

可以这样说，康有为反对的并不是革命所追求的价值，相反，革命追求的那些东西恰是他吃苦半生所没有得到的。说康有为反对共和也不确切，他所反对的是通过革命而得来的这种"速成"的共和。他一以贯之地认为，在中国，共和是较远后的理想，现实的中国只能由君主立宪渐次地达到共和。正如梁启超早年即严格分"民权""民主"之不同，认为须"循序渐进"而"及其世，不能躐之"一样，康有为在《大同书》及其他一切著作中，也一再着重说明"由君主而民主可无一跃飞之理"，必须"合国渐进，君主渐废"。① 唐才常自立军起义夭折后，革命的风潮逐渐兴起，康有为仍坚持他的主张。1902年，他发出《与同学梁启超等论印度亡国由于各省自立书》和《答南北美洲诸华商论中国之可行立宪不可行革命书》两封公开信，前者认为，"如革命之立，将酿滔天之祸"；后者则重复他一贯的主张："今日由小康而进大同，由君主而至民主，正当过渡之世，孔子所谓升平之世也，万无一跃飞之理。凡君主专制、立宪、民主之法，必当一一循序行之。若紊其序，则大乱，法国其已然者矣。既当过渡之时，只得行过渡之事，虽有仁人志士，欲面之而徒生祸乱，必无成功，则亦可不必矣。"其后，康有为仍坚持他的"三世"循序进化的理论；"苟未至其时，实难躐等"，康有为反对共和达成的途径并不等于反对共和本身，正像后来的孙中山倡言训政而不能说他就是反对民主政治一样。即便在康有为的晚年，在对现实的关切上他与革命派有着近乎一样的看法：国家富强、民主、平等、共和，这不只是革命派的理想，康有为何尝又不是以此为鹄的？不同的是在这些价值的落实途径和方式

---

① 梁启超在《康有为传》中说："中国倡民权者以先生为首，然其言实施政策，则注重君权，……谓当以君主之法，行民权之意，若夫民主制度，则期期以为不可。"

上:康有为痴心不改选择的是社会改革之策,而革命派被迫走上了革命之路。在这一点上,康有为的选择更带有至死不回的悲壮意味,而革命派的革命之策在现实意义上确乎是一条可求的近路。

康有为戊戌以后的思想虽有变化,但他并没有改变自己的主张。"保皇"也好,拥护"复辟"也好,都只不过是他"立宪改革"信念的具体落实。

戊戌维新失败,维新皇帝被囚瀛台,康有为立宪政治的实践受挫,但他矢志不渝:"横飞金翅冷青岑,不信神州竟陆沉"。逃亡日本之时,康向日方代表反复强调"敝邦之能立与否,全系乎改革;敝邦之能改革与否,又全系乎皇上之有权无权",希望得助于日本成就以光绪皇帝为中心的立宪大业。

1899 年 4 月,康有为离开日本抵加拿大后,便倾力组织保皇会。他认为,"今中国虽危弱,而实篡后权臣一二之故耳。皇上复位,则吾四万万同胞之兄弟,皆可救矣"。① 他还准备游说英国政府出面,帮助中国皇帝复位。在康有为的奔走下,同年 7 月,保皇会成立,"入会者数百万人,开会者凡数十埠地"。② 康同璧说:"保皇会初名保商会,因为华侨十九皆商,故保商即保侨,亦即团结华侨以爱卫祖国之会也。旋有人献议保皇乃可保国,乃易名保皇会。时那拉后与守旧派正谋危光绪,故保皇云者,当时抗那拉氏之谋而言,此保皇会之缘起也。"③ 保皇会的《会例》中指出:"专以救皇上,以变法救中国救黄种为主";"凡我四万万同胞,有忠君爱国救种之心者,皆为会中同志"。这与革命组织兴中会的章程表达的思想近乎一致。④ 由此可见,"保皇"本身就是康有为立

---

① 《康有为政论集》,上册,第 399 页。
② 《康有为与保皇会》,第 5 页。
③ 康同璧:《南海康先生年谱续编》,第 2 页。
④ 兴中会章程宣布:"本会之设,专为联络中外有志华人,讲求富强之学,以振兴中华,维持国体。"

宪救国的具体实践的一部分。说得具体些,"保皇"只是手段,而立宪救国才是目的。清廷对这一点的认识是清楚的,所以它把康有为的保皇党视为最危险的敌人,置于革命党之上。1900 年 2 月 14 日的上谕说:"不论何项人等,如有能将康有为、梁启超辑获送官,证明实系该犯正身,立即赏银十万两。"孙中山对此曾带有几分嫉妒的口味说,康有为头颅的价值三倍于我。① 然而,清廷要康有为的命,而他为了立宪救国的信念可以不计较这一点。1905 年 7 月,清廷指派五大臣分赴东西洋各国考求政治,预备立宪。次年 5 月,颁布预备立宪上谕。康有为顿觉所抱半生的宿愿即成现实,所以大受鼓舞,积极响应,采取行动:把保皇会改为"国民宪政会",并宣布:"昔日皇上变法,舍身救民,蒙险难,会众咸戴,以为非保圣主,不能保中国,故立会以保皇为义。今上不危,无待于保,会务告葳,适当明诏,举行宪政,国民宜预备讲求,故今改保皇会名为国民宪政会,亦称为国民宪政党,以讲求宪法,更求进步。"②1907 年,康有为写了《海外亚美欧澳五洲二百埠中华宪政会侨民公上请愿书》,要求立开国会而行立宪;认为,真正想救国,必须先行立宪;真欲立宪,必须先开国会。他对清廷的拖拉延宕极为不满,1910 年,他又以帝国宪政会的名义上书请开国会,要求清廷立诏下令,在三年之内召开国会。这是康有为"立宪改革"实践的又一举措。

辛亥革命后,康有为的思想倾向确乎发生了变化,从表层上看,他早年时代所怀想的那些信念已在慢慢地脱落。但在他思想的深处的那种"立宪改革适合中国国情"的信念反而由革命的失败而从反面加强了。早在 1906 年他曾向革命派作过警示:"仆审内外,度时势,以为中

---

① 关于悬赏康有为头颅的实际价额为:清廷白银十万两,两广总督李鸿章另增四万两,上海知县又加五千两,总计十四万五千两。见《光绪朝东华录》,第 4470—4471 页。

② 《康有为政论集》,上册,第 602 页。

国只可行君主立宪,不能行共和革命,若行革命,则内讧纷争,而促外之瓜分矣。"①为此,康有为曾与革命派展开过长达几年的论战。辛亥革命推翻了满清,剪了辫子,但也带来了混乱失范。"革命"从一个方面被康有为所言中,革命派所抱的革命理想庶几化成了泡影。而革命的那些原则却真实地成了袁世凯做上皇帝有用的招牌。军阀混战,武夫们不但彻底地玷污了革命所追求的那些价值,且使一个千年的泱泱大国四分五裂。中国人最珍视的那种价值——秩序也在这混乱中失掉了。革命的结果无疑给康有为不赞成革命的信念刻下一道深痕,而革命派内部的纷争与无措给康有为已有的伤口撒了一把盐。作为一个生惧悲天悯人之性情、怀有经世济俗圣人之志向且以"圣贤菩萨"合一的救世主自视的康有为,面对这军燹民残的情势难免生有这样的不解:在中国为什么渐次的立宪改革不行,革命也不行,出路到底在哪里?现实的压迫,使他不得不去认同像张勋这样的假道人。对秩序的偏爱,对道德救赎的执着,蒙住了他那双睿智的眼睛。在这时,他进一步认识到:在中国,要有秩序的和谐、立宪强国之势、博施爱人之仁就不能没有皇帝。"存帝制以统五族,弭乱息争",立宪救国,道德救人这一根固的信仰使他走上了参加"丁巳复辟"的路途。

与"保皇"一样,康有为参加"复辟"只是一种手段,恢复秩序、实现立宪救国才是目的。然而,张勋不是载湉,这样,"保皇"与"复辟"在结果上就有了距离。张勋清末任江南提督,辛亥革命爆发后,曾与南京起义的新军血战雨花台,江浙革命联军攻入南京,他退守徐州,仍被清廷封为两江总督、南洋大臣。袁世凯任大总统后,所部改称武卫前军,驻屯兖州,留着辫子,穿戴清服,表示仍效忠清室,世称"辫军"和"辫帅"。张勋的活动就是复辟本身,恢复清廷一切旧制。

---

① 《康有为政论集》,上册,第 598 页。

而康有为一介书生,既无兵也无权,却异想天开地意图借张勋之势,达君主立宪的旧梦。由于此,康有为就不可避免地与张勋发生分歧。康同璧记其事说:"先君到京,重用虚君共和制,定中华帝国之名,开国民大会而议宪法,除满汉、合新旧、去跪拜、免忌讳,各省疆吏概不动。而张勋左右刘廷琛、万绳栻等,顽固自专,排斥不用。先君正拟辞去南行,而兵事已起,乃避居美使馆之美森院。"[①]1917年7月17日由军阀冯国璋、段祺瑞控制的北京政府明令通缉的复辟犯只有康有为、刘廷琛、万绳栻、梁敦彦、胡嗣瑗五人,而康有为竟是名列榜首的罪魁。"替罪羊"是不可缺少的,而康有为最适合这个角色。复辟主谋的冯国璋成了控诉人,而那些援师出兵攻打张勋的军阀变成了反复辟的"英雄"、"再造共和"的"元勋"。这便是政治游戏的规则。对此,孙中山颇清醒,他在广东省学界欢迎会上演说道:"段(祺瑞)、倪(嗣冲)等假共和也,张(勋)、康(有为)等真复辟也,假共和之祸犹甚于真复辟。"后来,康有为的门人张伯桢在回忆这段历史时写道:"张勋本武人,不谙政治,为左右所挟持,遂致先师无可匡救。先是先师代草诏书,用虚君共和之意,定中华帝国之名,立开国民大会,议宪法,选举国会,其他融满汉,合新旧,免跪,免讳等诏,预草十全,以备施行,竟置不用。先师乃持诏草而示醇王与近支王公世续等,皆愿行虚君共和,并去'大清'国号,称'中华帝国',于皇室及国家之利害譬说万端。盖先师历游欧美,默察诸国政体,有善有不善,知之明而究之熟,深信君主独裁之制不适于今日,法美共和之制又与吾国情不合,运用不灵,适以长乱。意在保中国兼保清室,与其他复辟派之意见固绝不同也。"[②]

不管康同璧和张伯桢如何为康有为辩解,参加"丁巳复辟"不能不

[①] 康同璧:《南海康先生年谱续篇》,第129页。
[②] 张伯桢:《南海康先生传》,第69—70页。

说是康有为一生中的一个污点。如果说,"保皇"是康有为立宪改革以致中国富强信念的表达的话,那么,参加"复辟"首先是为重建秩序而做的一次愚蠢的努力。在康有为的心路历程中始终存有这样一个合乎逻辑的假定:中国欲图富强就必须走宪制之路。而这条路只有在社会秩序不发生严重的失范的前提下通过渐进的改革才能达成。当社会秩序严重失范,恢复秩序便是进行立宪改革的前提,因此,"复辟""请回"皇帝便被看作是恢复秩序继续立宪改革大业的当务之急,这是合情合理的事情。可以这样说,"保皇""复辟"并非是康有为思想堕落的表现,与戊戌前和戊戌期间相比,立宪改革的思想并没有改变什么。

戊戌后流亡国外的康有为在继续他的立宪改革实践的同时,他并没有忘却那难以割舍的"道德救赎"的人文关切,当他遍游欧美诸国时,亲身经历和体验了西方现代社会文明之后,反而更加强了。他曾发出这样的感慨:"夫从来乡人朴鄙而悫,都士文巧而诈","僻鄙之区多道德,而文明之地,道德反衰。盖巧智之人,多外观而少内德也比比矣。"[1]在康有为看来,西方的富强在于其外在之物质技术,而不在于其内在的道德教化。若以西方文化与中国文化比较:"如以物质论文明,则诚胜中国矣;若以道德论之,则中国人数千年以来受圣经之训,承守学之俗,以仁让为贵,以孝弟为尚,以忠敬为美,以气节名义相砥,而不从奢靡谣佚奔竟为尚,则谓中国胜于欧美何也。"[2]这等于说,欧美人都在物质堆里受苦,而我们中国人则独享"天人合一"的精神之乐。他认为,中国文化逊于西方的仅仅是"物质"而已,而"物质者,至粗之形而下者也,吾国人能讲形而上者,而缺于形而下者,然则今而欲救国乎?专从事于物质足矣。"[3]

---

[1] 《康有为政论集》,上册,第567页。
[2] 同上书,第568页。
[3] 同上书,第569页。

进入 20 世纪以后,康有为的政治层面的宪制关切与伦理层面的道德关切的两极日益发生倾斜,"道德救赎"日趋凸现为主导倾向。辛亥以后,康有为对传统道德秩序的失范日感忧虑,发出了"若今兹之病则尤以道德为重矣"①的感慨。在他看来,孔夫子创立的道德宗教是不可改变的"国粹",中国自晚清以来学习西方的最大失误就在于全面师法欧美而尽弃中国的道德精粹。所以欲救中国首先应保护孔子所立德教,后补济以西方之科技。"夫欧美自有其美者,形而下之物质,诚不可少也,采其长可也;中国亦有其粹者,形而上之,德教诚不废也,补其短也。"②显然,此时康有为已急速地向传统回归。在中国,大凡在两种情况下孔夫子容易被当作武器拿出来,一种是所谓的"乱世","世风日下,人心不古",人们最容易记起他;另一种就是所谓的"盛世",中国之盛其功劳往往记在儒家的账上。康有为晚逢"民国之乱",对道德秩序的倾注关切于他性格之中是很自然的事情。这也很容易使他深陷"道德礼俗,立国之本,不可变易者也"③这样的固执己见。无论是康有为还是他的弟子梁启超,在对西方文化作评价时,都有夸大其词的毛病。西方的道德确乎有问题,但西方人也并没有去奸母、弑父。不可理解的是,康有为遍游那么多国家,他怎么就看不到一点点值得中国借取的西方道德呢?

康有为在宪制文化上的误区主要不在于他认定中国传统道德是世界之冠,而在于他始终认为中国传统道德可以与宪制并行不悖。而他反复以西方的政教分离为其"立教""保教"辩解,也是出于对西方文化的误读。他没有体味到基督教在西方变迁的意义,没有看到西方政教

---

① 《康有为政论集》,下册,第 798 页。
② 同上书,第 864 页。
③ 同上书,第 909 页。

分离本身就是西方古老宪制世俗化、专业化过程的组成部分。

即便如此,康有为在中国近代宪制文化史上的地位是不能被忽略的。可以说,是他首先从一个方面提出了西方宪制与中国传统道德这样一个两难其成的文化问题。虽然从根本上说,西方宪制文化自有它生长的道德根基和伦理机制,康有为那种西方宪制与中国传统道德(哪怕是被重新诠释了的传统道德)简单的嫁接方案,历史已证明了它的不可能。然而,中国对西方宪制的移入确乎存有一个与本国文化相契合的问题,而且世界文化业已证明一种外来文化也必须从本土文化中汲取营养才富有进取的生命。康有为的探索无疑是具有原创性的。晚年的康有为虽有点不识时务,但他的那份执着以及带有悲剧性的至死不回的探索精神,在今天应给予理解和宽容。更重要的是,晚年的康有为从另一个方面提出了一个我们不能不思索的问题:宪制与革命到底是一种什么样的关系?宪制在一定条件下确实需要政治革命的介入,比如,1776年的北美革命,1640年的英国革命,1789年的法国革命,等等。然而,一种在缺乏文化革命的先决条件下的政治革命能否真正带来宪制?为什么辛亥革命以后的中国反而陷入了混乱与解体?为什么最具革命性、最具民主主义思想的孙中山最后也提出了训政之说?这些,在康有为与革命派的论战所写的一系列时文以及其他一些著作中都能获得一定的启示。

第四章 寻求综合

近代中国在危机中震荡。立志改革的先驱,在反思既往、审视现实、展望未来时,大多以欧美日本作为参照系,进行比较分析,寻找中国积贫积弱的根源,构想中国致富致强的宪制方案。梁启超便是在忧患中求索的先驱者的杰出代表之一。他的民权观、权利自由思想以及他本人对宪制所作的探讨构成了近代中国宪制文化壮丽的一页,甚至可以说,他的探讨代表了近代中国宪制文化的基本走向。

一、梁启超的群概念的价值指向

梁启超早期的宪制观与其师康有为的思想是分不开的,都是直接在继承了19世纪70至80年代王韬、郑观应等一代知识分子的思想的基础上形成起来的。在戊戌期间,梁启超以"进化论"与"民权"作为其理论的支点,把康有为的"公羊三世说"演变为"三世六别说",阐明了"君权"与"民权"相嬗的原理,认为国家富强之本在"开议院",从而提出了建立"君权与民权"的君主立宪的宪制模式。"民权""议院"是他这一时期的思想核心。关于民权,梁启超在《时务报》第9期曾撰文说:"西方之言曰:人人有自主之权。何为自主之权? 各尽其所当为之事,各得其所应有之利,公莫大焉,如此则天下平矣。……权也者,兼事与利言之也。使以一人能任天下所当为之事,则即以一人独享天下人所当得之利,君子不以为泰也。……地者积人而成,国者积权而立,故全权之国强,缺权之国殃,无权之国亡。何为全权? 国人各行其国有之权;何谓缺权? 国人有有权者,有不能令自有其权者;何谓无权? 不知权之所在也。无权恶乎起? 曰:始也,欲以一人而夺众人之权,然众权之繁之大,非一人之智与力所能任也,既不能任,则其权将糜散堕落,而终不能以自有。"①这段话是梁启超对"民权"所作的诠释,有三点值得注意:其一,权利是公有的,人人可享;其二,权利就是办事的机遇和应得的报酬;其三,一国之强盛,关键是国人有应享之权利,一人而专全国之权是行不通的、不现实的。前两点是梁启超对"权利"的解释,这种权利与近代西方宪制文化中的权利概念还有相当长的距离。后一点是他对权利价值的评价。在梁启超的思想里,民权本身并不构成独立的价值,他所关切的是"民权"对国家强盛的意义。只有当"民权"能为国家富强带来好处时,"民权"才会被置于一个凸现的地位。国家强盛是目的,"民权"只是致国家强盛的一种手段。民权是梁启超从西方宪制文化中发现的对解决中国目前困境的最有用的东西之一。所以,民权始终与专制集权相对立,对民权的看重同对专制集权的不满是一枚硬币的两面,民权意味着一种分享皇权的要求。梁启超认为,所谓国君,就是人们办事时推举的一个小头目,如果不好,随时可以更换;就像一个饭铺里的总管,那些伙计犹如侍奉皇帝的大臣,总管好,大家拥护,不好则弃之换新,绝对不存在神圣不可侵犯或万世长存的道理。至于到底什么是民权暂且可以不加深究。梁启超是从君权、皇权与民权的对立去反对专制主义的。问题是,如果民权只是梁启超认为的那个样子,众人专权未必就比一个人专权好。从高扬众人之权反对一人专权的思路批判专制主义是不彻底的。只是从"参权"的人数多寡去解读政治民主或是专制不能不说是对西方宪制民主制度的一种误读。与民权相系的另一个概念是议

---

① 《论中国积弱由于防弊》,见《时务报》第 9 期。

院。在梁启超的心目中,议院是一块闪亮的金子,救国的良方。他认为议院是人类由野蛮走向文明的重要标志之一,是据乱世到升平世而达到太平世的重要条件之一。设议院是世界的潮流,任何一个国家、一个民族只能顺之,不能拒之。梁启超把议院看成是与民权同等重要的解决中国问题的两件法宝。他极肯定地指出,"地球既入文明之迹,则蒸蒸相逼,不得不变,不持中国民权之说即当大行,即各地土番野獠亦当还变,其不变者,即澌灭以至于尽,此又不易之理也。"① 西方各国之所以强盛,在于顺应这种设议院的民主潮流,"问泰西各国何以强?曰:议院哉!议院哉!"中国之所以落后于西方,在于不知民权为何物,不设议院而行专制。从宪制民主政治的长期发展去体察,东方和西方都有一个进一步发展民主政治和建立完善议会的问题。"西人百年以来,民气大伸,遂尔浡兴。中国苟自今日昌明斯义,则数十年其强亦与西国同,在此百年内进入文明耳。故就今日视之,则泰西与支那有天渊之异,其实只有先后,并无低昂,而此先后之差,自地球视之,犹旦暮也。"② 其实,梁启超要点破的是这一点:清廷想求生存和发展,就必须向议会政治靠拢。为此梁启超专写了一篇《古议院考》,认为中国历史上虽无议院之名,实有议院之体。他认定《礼记》中讲的"民之所好好之,民之所恶恶之,此之为民之父母",就是议会思想。《孟子》里说的"国人皆曰贤,然后察之;国人皆曰不可,然后察之;国人皆曰杀,然后杀之",也是议院的思想基础。"《洪范》之卿士,《孟子》之诸大夫,上议院也;《洪范》之庶人,《孟人》之国人,下议院也。"梁启超甚至认为清入关前,"太宗与七贝勒"合为八会,共议朝政,这也有议院的味道。③ 这种牵强附会,以

---

① 《与严幼陵先生书》,见《饮冰室合集》,文集之一,中华书局1989年版,第109页。
② 同上。
③ 《古议院考》,见《时务报》,第10期。

中推西,以古诞今的手法在戊戌期间是常见的。问题是,梁启超怎样从中国的传统中推论西方的议院在时下中国所具有的价值? 如果说民权的张扬是为了反对过重的君权,那么议院的论说便是为了政情上的"求通"。梁启超曾明确地指出,"问议院之立,其意何在?曰君权与民权合,则情易通;议法与行法分,则事易就"。① 梁启超和戊戌期间的其他思想家一样,认为清廷最大的问题是层层堵塞,"血脉不通"。清廷统治集团中你争我夺,互相防卫又相互争斗,塞而不通;高级官吏更是各据地盘和势力,揽权分肥,难以沟通;地方各省则形同一国,相互设防,不能统一行动;基层政权更是各自为政,言论不达,信息不灵,老者不能退,新人不能进,全国如一潭死水。"不动则堵,不通则塞,不进则退,亘古今中外,无中道而画之理"。求通就必须设议院,"动力之生,必自参用民权始矣"。梁启超的逻辑是:"国之强弱悉推原于民主",而民主的集中体现便是议院;议院一立,上层可以集众官之智慧,中层可以听取国民之意见,下层可以发表立国之政见。这样,举国之人言治国,则情理通,信息灵,"民情"决定国家走向,必然带来一片生机。

民权也好,议院也罢,在梁启超思想的深处都不是独立的元素,这与西方宪制制度下所保障的个人自由和权利的独立价值有着不同的文化取向和追求。无论是康有为还是梁启超,中国的落后挨打所带来的耻辱给他们思想的震撼比他们对中国个人的悲惨生活状况的关切要强烈得多。因此,个人作为活生生的个体容易被他们看高的眼睛冷落在一边,最多也只能作为民族和国家致强致富的一种工具而被记起。这不纯粹是一种文化对另一种文化的误解问题。后期的梁启超即使对西方宪制文化有了透彻的了悟,他认准的仍是国家主义,个人在他的思想中仍不占什么重要的位置。毕竟梁启超所面对的和他的西方同行面对

---

① 《古议院考》,见《时务报》第 10 期。

的并不是同一个问题,而是两个不同的世界。这就是为什么我们在梁启超高扬民权、议院的背后时常听到的是"国家!国家!"的呐喊。国家富强是一个无可争议的最高目标,要达到这个目标就要改革运转不灵的专制制度,要改变这种制度就必须参酌民权,改变一人独专的权力体制。而只有设立了议院,人民才会真正有了参议政治的权力,而且人民与国君、官僚之间才会去隔相通。"通"在梁启超的思想中处于一个中介的位置,它既是手段也是目的。就目的而言,张民权、设议院在于"求通",而"通"是不是一个具有独立的价值的概念呢?它需要过渡有着更高的追求:"通"是为了"合",即"合群"。因而从民权、议院出发,梁启超又引出了另一个重要概念——"群"。

梁启超认为,治国之道应"以群为体,以变为用"。① 为此他专门写了《说群》一文。对于梁启超,"群"的概念不能理解为来自儒家传统的有机和谐和道德一致理想的一个概念,而是一个主要受西方社会团体组织和政治结合能力的事物所激发的新概念。主要有三层含义:一是带有整合的意思,即如何将中国人集合或整合为一个有凝聚力的组织良好的政治实体;二是指政治参与,即一种合理的政治实体能够容纳什么样的社会分子参与的问题;三是指政治共同体的范围,即中国是否组织为一个民族国家的问题。②

在第一层意义上,梁启超旨在从宇宙论出发分析"群"的问题。他指出,"是故横尽虚空竖尽劫,劫大至莫载,小至莫破,苟属有体积有觉运之物,其所以生而不灭存而不毁者,则成悖合群为第一义"。③ 在他看来,似乎宇宙间所有的变化和演进都由包罗万象的合群原则主宰。

---

① 《说群》,见《饮冰室合集》,文集之二,中华书局1989年版,第3页。
② 参见〔美〕张灏:《梁启超与中国思想的过渡》,崔志海、葛夫平译,江苏人民出版社1995年版,第69页。
③ 《说群一:群理一》,见《饮冰室合集》,第2册;文集之二,第4—6页。

宇宙中的一切事物,包括有生命的或没有生命的,都由相反的原质构成,一切事物的存在都依赖合群原则,并将这些诸原质结合在一起。它是主宰宇宙间万物存亡的自然界本质规律,而根据自然界进化的标准,合群原则愈益重要。在自然界的进化中,异质贵于同质,复杂贵于简单。作为它的一个推论,合群在生物界的关系要大于在非生物界,在人类社会里大于动物世界里,在开化民族中要大于在野蛮民族中。① 既然合群能力在自然界里千差万别,那么自然界的竞争就是不可避免的。人类由于被赋予更大的竞争能力,因此在生存竞争中自然以胜利姿态出现,并因此得以大量繁衍。根据同样道理,当各个不同的人群处于竞争中的时候,具有更良好合群能力的开化民族总是战胜野蛮民族。随着历史的发展,合群的趋势和必要性也不断增强,违背这一趋势和要求,便意味着死亡。②

这是一种警喻。梁启超用达尔文式的语言告诉中国人一个朴素的道理:不团结就无法与西方国家在世界的舞台上抗衡竞争,中国社会像拖着尾巴的猴子在人类进化的脚步下任人宰割,自取灭亡。所以他关心的就是中国人能够团结起来组成一个像西方式的民族共同体:"敢问国,曰有君焉者,有官焉者,有士焉者,有农焉者,有工焉者,有兵焉者,万共目,一其视,万共耳,一其听,万其手,万其足,一其心,一其力,万其力,一其事……心相构,力相摩,点相切,线相交,是之谓万其涂,一其归,是之谓国。"③张灏先生认为,梁启超的这一思想与荀子的"群"说有着巨大的差别。在荀子的思想里,"合群"凸现的是王权。在荀子看来,王权是人类社会存在的轴心。相反,梁启超则是把王权制度看作是败

---

① 《说群一·群理一》,见《饮冰室合集》,第 2 册;文集之二,第 5—6 页。参见张灏:《梁启超与中国思想的过渡》,第 70 页。
② 同上。
③ 梁启超:《南学会序》,见《饮冰室合集》,第 2 册;文集之二,第 64—65 页。

坏"群"的根源,因而是中国政治里必须祛除的东西,而且把传统的王权视为统治者根深蒂固的利己主义思想的化身,王权首先是为了维护自身利益,而不是抱着为公众服务的理想。结果各种非理性成了传统政治的特点,它们瘫痪了整个制度。王权全然成了一种压制性制度,它不仅窒息了振兴中国所必需的活力,而且还导致它自身的失败。张灏持论的根据是梁启超下面的一段话:"自秦迄明,垂二千年,法禁则曰密,政散则曰夷。君权则曰尊,驯焉扰焉,静而不能动,愚而不能智,历代民贼自谓得计,变本而加厉之,及其究也,有不受节制,出于所防之外者二事,曰彝狄,曰流寇。二者一起,如汤沃雪,遂以灭亡。于是昔之所以防人者,则适是为自敝之具而已。"①然而值得注意的是:梁启超反对专制主义主要还是从中国传统文化中寻求资源的。孟子的仁政理论、黄宗羲的反专制思想都是他思想的重要动力。虽然梁启超受到西方民主思想的影响,趋向于认同大众的政治参与,但他的思想里还没有达到"人民成了普遍王权作为一种制度合法化的标准"这样的高度。诚然,梁启超对中国传统专制主义的抨击,已超出了对个别君主的自私自利的狭隘范围而扩展到对君主政治制度本身的批判,但对君主政治制度的抨击与寻求民主政治制度的合法性本身是两码事。研究梁启超认同大众政治参与的思想不能忽略了一个前提:民权和议院在梁启超的思想里并不具有独立性,它们只是作为在政治上"求通""合群"的工具时才是有价值的。换言之,政治上的通达和君民团结才是他所认同的政治合法化的标准,而不是民主制度本身,这两者之间是有区别的。

  梁启超在论证合群的重要性和具体方法时确实受到西方民主思想的影响,但也不能据此认为他已站在了保障公民个人权利自由的民主政治基线上。梁启超在论证合群的方法时,提出了"群术"和"独术"这

---

① 梁启超:《论中国积弱由于防弊》,见《饮冰室合集》,第 1 册;文集之一,第 96 页。

两个不同概念。他认为在合群的问题上只能采取"群术",不能实施"独术"。"何谓独术?人人皆知有己,不知有天下,君私其府,官私其爵,农私其畴,工私其业,商私其价,身私其利,家私其肥,宗私其族,族私其姓,乡私其土,党私其里,师私其教,士私其学,以故为民四万万,则为国亦四万万,夫是之谓无国。"①在梁启超看来,"独术"凸现的是一个"私"字,正是因为"私"的泛滥使中国本来健康的肌体受到侵染以致瘫痪。因而只有"去私"才能合群,这是其逻辑中的必然结论。但梁启超或许并不知道:西方那种合千千万为一体的民主政治制度恰恰是以肯定"私"并保障其合法性为其存在前提的。对"私"的厌恶与反感不能说是对西方宪制文化的接受,相反,这恰恰是中国儒家传统中一以贯之的态度。什么是"群术"呢?梁启超说:"善治国者,知君之与民,同为一群之中一人,固以知夫一群之中所以然之理,所常行之事,使其群合而不离,萃而不涣,夫是之谓群术。"②"群术"的核心便是"公"。他曾告诉严复说:"君主者何,私而已矣;民主者何,公而已矣。"③在梁启超的字典里,"民主"无疑是一个西学的概念,然而他又用"公"这个中国文化中的概念去解读"民主"。由"独术"到"群术"的转化就是专制向民主的过渡,但其实质也不过是由"私"到"公"的行替而已。如何使"独术"转化为"群术"呢?这就是设议院。议院一立,可以限君权,开民智,上下沟通,同心协力治理国家,"则人易信而事易就"。议院是梁启超为中国开的一剂妙药,相信它会医治百病。

民权、议院是梁启超振兴中国方案的轴线,并希望依此而形成一个"合群"的国家。他对中国富强的热情追求,以及对西方列强的竞争给

---

① 《饮冰室合集》,第 1 册;文集之二,第 3 页。
② 同上。
③ 《与严幼陵先生书》,见《饮冰室合集》,第 1 册;文集之一,第 109 页。

中国造成的危险的强烈感受时常跃于他的笔端,使我们同样受到感染。虽然这一时期,在中国建立一个什么样的国家问题上,梁启超始终摇摆于中国传统大同理想与近世民族国家之间,但其思想已渐渐向民族国家靠近。"以他的观点来看,同时接受民族国家和天下大同并不一定互相矛盾,因为他援引公羊的'三世'理论,将民族国家放在升平世,天下大同适用于太平世。然而,梁思想中潜在的对民族国家绝对认同的排拒,不可能真正与'三世'理论相调和。在梁的思想里除了可以观察到康有为的大同理想外,还可看到他直到流亡日本时才流露出来的一种矛盾心理。这种矛盾心理来自他继续认同被称为发育不全的文化主义和有条件的接受民族主义。"①这种矛盾是梁启超的"群"概念中本身所具有的,反映了他对西方宪制文化中的"民主""国家"这些基本价值的模糊。

梁启超就是这样把中与西杂陈,将古与今混合,其中的杂乱与矛盾是显而易见的,但某种意义上也不失为一种新的"综合"。

二、"新民"不是宪制里的"公民"

戊戌政变之后,梁启超满腔忧愤,东渡日本,开始了他的流亡生活。这一时期,他接触了大量的西方政治学说,对西方的宪制文化有了较为全面的认识和把握,其宪制观亦渐已脱出康有为的思想窠臼,走向了独立而成熟的发展之路。毫无疑问,这是梁启超思想最富创造性的时期。其中,他所提出的"新民说"则是他思想创造性的突出表现。

"'新民'是中国儒家经典《大学》中的一个重要概念。在《大学》里,这一概念包含儒家经世的核心在于道德修养和对人的革新这一思想。'新民'概念也存在于流亡前梁的社会政治思想中。然而,西方的一套

---

① 张灏:《梁启超与中国思想的过渡》,第78页。

价值观念已严重渗透到儒家的经世观念中。而在明治日本的新的思想环境里,这种渗透更为深刻,结果是梁在他的《新民说》中提出了一套新的人格理想和社会价值观。固然,这其中不可避免地仍伴有某些儒家思想成分,但梁对"新民"的阐释与《大学》中的'新民'概念相比,革新更为突出。并且,革新的一面是如此重要,以致需要'新的公民'这一概念来表达'新民'一词的含义。"①在梁启超的"新民"概念中,"群"是核心,加强群体的凝聚力,促进群体利益,这是道德的本质所在。他认为,道德由两个范畴构成:一是公德,二是私德,"从独善其身者谓之私德,从相益其群者谓之公德"。② 私德是就个体而言的,如慎独、廉耻、忠实等等;而公德则是个体对于"群"而言的,即有利于个体的德性是为私德,有利于群体的德性是为公德。对群体的凝聚力来说,最必不可少的自然是公德,但私德也十分重要,因为一个群体的总体素质最终取决于该群体的个体成员的素质。"无私德则不能立,合无量数卑污虚伪残忍愚懦之人,无以为国也"。③ 如果一个人处理与另一个人的关系时缺乏忠实、诚信,那么希望这个人对群体忠实诚信是不可能的。梁启超之所以重视私德,其实还是从"群"的角度着眼的。所以他强调说,"无公德则不能团,虽有无量数洁身自好廉谨良愿之人,仍无以为国也"。④ 公德、私德是一个群体得以存在的两个方面。他认为,道德起于人与人的交往,无论是与少数人交往还是与多数人交往,无论是与私人交往,还是与公家发生关系,其对象虽然不同,但其主体都是相同的。它是

---

① "梁的'新民'概念必须从两个意义上加以理解,因此应用两种方法加以解释。当'新'被用作动词时,'新民'必须解释为'人的革新';当'新'被用作形容词'新的'意思时,'新民'应解释为'新的公民'。"(张灏:《梁启超与中国思想的过渡》,第107页)
② 《新民说》,见《饮冰室专集》之四,第12页。
③ 同上书,第13页。
④ 同上书,第15页。

由于主体与其交往的对象不同,从而导致道德行为上的微妙差异即公德与私德的差异,不过作为其道德判断的标准只有一个,即凡是"有赞于公安公益者",就可以称之为"有德";凡是"有戕于公安公益者",就可以认为是"无德"。从而,突出了主体道德品质对于"群"的重要意义。

"梁的基本的道德观既是集体主义的,也是进化的。就他所称的道德的基本功能来说,是集体主义的;就他所称的道德的本质规律来讲,则是进化的。"①梁启超再三强调培养国民的公德意识是中国最为迫切的任务:"我国民所缺者,公德其一论也。"他认为,在中国社会"私德"已过于发达,而人们的公德观念却很淡薄。他强调,个人生活在群体之中,就需为其所在的群体负担责任,认为那种"吾虽无益于群,亦无害于群"的观点是非常有害的。群有益于我,而我无益于群,就是逃避对群的责任。假若人人都只想享受群体的权利而逃避对群的责任,那么这个群也就难以成立了,所以他说:"今吾中国所以日即衰落者,岂有他哉?束身寡过之善士太多,享权利而不尽义务,人人视其所负于群者如无有焉。人虽多,曾不能为群之利,而反为群之累,夫安得不曰蹙也?"②在这里,梁启超提出了公德是否具备与国家能否强盛的关系,从而也为丈量公德的好坏厘定了尺度:"有益于群者为善,无益于群者为恶。""公德之大目,既在利群,而万千条理即由是生焉。"③唯其如此,就应该设计一种新的道德"以术所以固吾群、善吾群、进吾群之道。"④进而达到"知有公德,而新道德出焉矣,而新公民出焉"⑤的目的。这

---

① 张灏:《梁启超与中国思想的过渡》,第 108 页。
② 同上。
③ 同上。
④ 同上。
⑤ 同上。

样,"公德"便成为制造"新民"最重要的材料,是国家强盛之源,是形成"合群"的民族国家的道德动力。

由上可以看出,"新民"概念的提出,便是梁启超"群"思想的进一步展开和延伸。这种延伸包含了更多的是近代西方的国家与公民概念。"国家积民而成,舍民之外,则无有国。以一国之民,治一国之事,定一国之法,谋一国之利,捍一国之忠,其民不可得而侮,其国不可得而亡,是之谓国民"。[1] 从政治方面看,"新民"包含了"公民权利"这一新的要素。"新民"不再是传统专制制度下的臣民,他是国家主权的主体。与传统统治者的统治权被认为是来自天意不同,近代国家统治者的权力必须来自人民的意愿。[2] 在梁启超看来,虽然近代的西方国家仍存在统治者和被统治者的区别,但重要的是人民既是统治者同时又是被统治者。一个近代公民不仅对政府有应尽的义务,而且在政府的组成和政策的制订中有表达意见和选择的政治权利。[3] 而"公民权利"最重要的部分就是政治参与权利。在传统国家,人民是消极的,而近代国家的国民则积极参与政治生活。从这个观点来看,民族共同体是其组成成员具有一个共同的意志和目的,国家不过是这种民族共同体的一种组织方法。从这个意义上来说,民族国家思想涉及到国民思想,民族主义与民主化密不可分。[4] 梁启超的这种观点无疑是受了十九世纪末西方把民族主义和民主一体化思想的强烈影响。[5]

从道德方面看,"新民"包含了"利己"与"利他"两种道德成分。梁启超认为,利己就是"为我"。[6] 利己是人类自立、进步与繁荣的前提,

---

[1] 《论近世国民竞争之大势及中国之前途》,见《饮冰室文集》之四,第 56 页。
[2] 《国家思想变迁异同论》,见《饮冰室文集》之六,第 6、15—18 页。
[3] 同上。
[4] 《新民说》,第 16—23 页。
[5] 参见张灏:《梁启超与中国思想的过渡》,第 117 页。
[6] 《十种德性相反相成义》,见《饮冰室文集》之五,第 48 页。

有了"利己",天下的道德法律才得以确立起来,而且得之于利己,人类才摆脱了野蛮而进入文明。一国之国民之所以能进步繁荣,靠的也是利己。假若人无利己的思想,那么就会放弃自己的权利,抛弃自己的责任,最后丧失的就是人自己的独立。① 这是对儒家传统道德反叛的明确无误的一个信号。梁启超跨出了圣人倡言的重义轻利的门槛,从国家富强的目标着眼给人的利己性找到了一个合理位置。"天下人孰不爱己乎?孰不利己乎?爱己利己者,非圣人所能禁也"。② 人类生存于世界中,各谋利己,即不得不相竞争,这是无可厚非的。追求利己、爱己、贪乐好利,不仅是合理的,符合人性的,而且是国民的社会责任。假若人无利己思想,那么就会抛弃权利,弛掷责任,人也就无所谓自立了。因此,梁启超主张,人们应竞争精神"各谋利己",应以"人人不拔一毫之心"各谋自利,不必讳言"为我"。他甚至极端地主张以杨朱的"为我"之学救中国。

在梁启超看来,在国家富强这一目标之下,"利己"与"利他"是一个问题的两面。因为每个人都不可能独立于世界之外,必然生活于特定的"群"之中,自己的许多利害自然与其所处的群体息息相关。③ 梁启超为个人的利己性在社会中找到了一个合理的位置,然后又自觉或不自觉地去用"利他"的理论加以蚕食。问题是:在一个合理的社会中,"利己"重要,还是"利他"更为重要?两者发生冲突,以何为尺度加以解决?在"利己"与"利他"的价值选择中是不容许骑墙态度的。虽然梁启

---

① "彼芸芸万类,平等意存于天演界中,其能利己者必优而胜,其不能利己者必劣而败,此实有生之公例矣。"(《十种德性相反相成义》,见《饮冰室文集》之五)
② 《中国积弱溯源论》,见《饮冰室文集》之五,第 22 页。
③ "故善能利己者,必先利其群,而后己之利亦从而进焉。以一家论,则我之家兴,我必蒙其福,我之家替,我必受其祸。以一国论,则国之强也,生长于其国者罔不强,国之亡也,生长于其国者罔不亡。故真能爱己者,不得不推此心以爱家爱国,不得不推此心以爱家人,爱国人。于是乎爱他人之义生焉。"(《十种德性相反相成义》,见《饮冰室文集》之五)

超不属于骑墙派,也不是西方个人主义理论的忠实接受者。他所关注的仍是带有东方意味的群体主义。他认为,"利己"行为本身包含着个体对群体的责任,即是说"利己"须以"利群""利他"为前提。"群"在此仍是解决问题的轴心,利己的"个体"必须围绕它而转动。在西方的个人主义理论看来,人的利己本性首先意味着个人的自主独立地位,个体利益本身就构成独立的价值。宪制制度只不过是给这种地位和利益提供了一个合法的依据而已。梁启超与它相反,他所看到的"个体"重要性,首先是它对"群"的重要性。因为群是由多数具有独立品格的个体所构成,个体的能量越大,那么合群所构成的力就越大,则在世界的生存中就越有竞争能力。所以梁启超始终认为,传统中国虽有群的形式而无群的实质,即中国欠缺的就是合群之德。① 那么,什么是合群之德呢?他解释道:"合群之德者,以一身对于一群,常肯绌身而就群,以小群对于大群,常肯绌小群而就大群,夫然后能合内部固有之群,以敌外部来侵之群。"②合群之德与公德相当,是小我服从大我;为实现小我之利益,必先实现大我之利益。正因为中国欠缺合群之德,所以他强调养成群德是中国文人志士首先要厉行研究的工作。对群体的看重,使梁启超看到了合群之德在中国的缺欠,但中国更为或缺的还是重视个体的个人主义,这一点梁启超或许知道或许不知道。至于群德培养问题,梁启超提供了三个方面的途径。第一,强调培养国民的公共观念,即确立起这样一种观念:为了公共利益,人们能够宁可牺牲自己的一部分利益,为了维护未来的公共利益而牺牲当前的一部分私利的观念;第二,树立群界思想,即"内吾身而非他人""内吾群而非他群"的思想,每个人

---

① "四民中所含小群无数也,然终不免一盘散沙之消者,则以无合群之德故也。"(《十种德性相反相成义》,见《饮冰室文集》之五)

② 《十种德性相反相成义》,见《饮冰室文集》之五。

应有"有一群外之公敌,而无一群内之私敌"的觉悟;第三,讲求法律秩序,强调实行少数服从多数的民主原则,心及讲求为善公益而竭诚合作的原则,等等。总之,在梁启超看来,利己与利他,群德与独立之德相辅相成,是近代中国的"新民"必备的品德,也是认同民族主义的道德前提。然而,过分强调群德必然会忽视独立之德;过分注重群体主义的意义必然会抹杀个体的地位和价值。在这种理论的架构下,原本上没有个人主义文化的近代中国能否步入梁启超所热切追求的宪制之道并最终达到富强是令人存疑的。

由上可以看出,梁启超所设计的"新民"既不是传统中国的臣民,也不是近代西方宪制制度中的公民,而是他为了国家富强的目标所做的一种"综合"。

三、自由、权利中的达尔文主义

自由、权利、平等是西方宪制文化中的三个重要的价值要素。① 梁启超在其新民说中对之给予了极大的关切,并以此形成了自己独特的自由权利理论。②

他认为,自由是权利的表征,权利是自由的内涵。③ 这是从宪制制度层面把握自由与权利的关系问题。根据当时的中国情势,梁启超认为中国最急需的是政治自由,即国民参政问题,提出:"凡生息于一国中者,苟及岁而即有公民之资格,可以参与一国政事,是国民全体对于政

---

① 卢梭认为,一切立法体系的最终目的可以被归纳为两大目标:自由与平等。(参见卢梭:《社会契约论》,第60页)
② 梁启超从单纯否定世袭等级的狭隘内容理解平等,认为中国早已废除了"世卿之制",消灭了"阶级陋习",不存在四民平等问题。(参见《新民说》,见《饮冰室专集》之四,第44页)
③ 《十种德性相反相成义》,见《饮冰室文集》之五,第45页。

府所争得之自由也。"①这不能不使人想起他对民权、议院的早期看法。实质上,自由、民权、议院在梁启超的思想里是一个东西:即达成"合群"致国家富强的一个工具。梁启超可以从群体主义的立场赞成民主,但这不意味着他对西方宪制的核心价值——公民的权利自由的信仰。一个值得注意的问题是,当梁启超将自由的价值作为新民公德的一个组成部分的时候,他关注的焦点是"群"这一群体主义概念,这不可避免地妨碍了他对自由价值的实质内容的领会。

有趣的是,梁启超在研究自由问题时,他主要引用的是英国约翰·密尔和法国卢梭的著作,但他并没有认识到英国的自由思想和法国的自由思想之间的重大区别。而且他还把社会达尔文主义的学说和十七、十八世纪欧洲的自然权利思想、社会契约理论糅合在一起,而这两者是本不相容的。他即便有条件地接受了西方的个人自由价值,也主要是从卢梭那里得以认同的。他认为卢梭的民主学说不仅是克服中国专制主义,而且也是矫正中国人奴性的最有效办法。他说,"中国数千年之腐败,其祸极于今日,推其大原,皆必自奴隶性而来,不除此性,中国万不能立于世界万国之间。而自由云者,正使人自知其本性,而不受箝制于他人。今日非施此药,万不能愈此病"。②"自由云者,正使人自知其本性,而不受箝制于他人",这近乎于卢梭自己的语言。这一来自卢梭的自由思想与英国的法律下的自由观念是根本不同的。"当梁启超对西方思想的认识随着与西方著作接触的增多而不断深化的时候,他对群体凝聚力和国家统一的关注不久便导致他感觉到自然权利学说的危险性,并最终从这种自由主义的思想立场上退却下来。"③1901年梁启超写了《国家思想变迁异同论》一文,表现出他对自然权利思想的

---

① 《新民说》,见《饮冰室专集》之四,第44页。
② 丁文江、赵丰田:《梁任公年谱长编》,上海人民出版社1983年版,第125页。
③ 张灏:《梁启超与中国思想的过渡》,第137页。

警惕，认为卢梭的民约论有其使国家"陷于无政府党，以坏国家秩序"的弊端。① 对群体主义的关切，使梁启超回到了社会达尔文主义的老路，把自由权利具体为一种强权。"虽然这种具体化无疑是对西方自由主义传统所理解的有关自由或权利的道德和法律思想的一个惊人的曲解，但它仍是梁的社会达尔文主义观念和他好动的、自信的人格理想的一个必然结果"。② 梁启超丢掉了自然权利，而从群体主义出发将自由权利与"竞争"之间建立起一种必然联系。这种新的逻辑关系也许为了对付一个国家面临列强的蚕食是必要的，但这同时也丢掉了宪制制度最有价值的东西。他认为，权利和竞争密不可分，竞争是权利的基础，权利则是强者的桂冠。他的自由竞争主要是激励像中国这样的弱者："多数之弱者能善行其争，则少数之强者自不得不让。"③强调自由竞争，特别是丧失权利的弱者务求自强以向侵夺权利的强者进行竞争，这是梁启超的自由权利思想最重要的原则和特征。

值得注意的是，当梁启超将自由权利与竞争之间建立起必然联系时，自由权利的主体已经发生了变化，个人——自由权利的主体已被放逐在"社会"或"国家"之外了。他所理解的"竞争"不是"达尔文式的个人主义"竞争，而是他所称的"达尔文式的集体主义"竞争。用他的话说，他最为关注的竞争是他所称的国际间的竞争，即"外竞"，而不是指一个国家内的竞争，即"内竞"。④ 当然，梁启超在论述"外竞"时，也不能不顾及到"内竞"的价值。在他看来，一个群体内每个成员间的竞争可以增强个体的实力，并因此也会最终提高群体的实力。也就是说，"内竞"只不过是一种对付不可避免的外界和人类生存条件的工具而

---

① 《国家思想变迁异同论》，见《饮冰室文集》之六，第19页。
② 张灏：《梁启超与中国思想的过渡》，第138页。
③ 《政治学学理摭言》，见《饮冰室文集》之十，第67页。
④ 《二十世纪之巨灵托拉斯》，见《饮冰室文集》之十四，第33—35页。

已。为了阐明这种群体主义的竞争观,梁启超对社会达尔文主义思想家颉德(Benjamin Kidd)的思想发生了兴趣。他赞同颉德的这一看法:一个充满生机的有机体竞争的目的不是自身的利益,而主要是为了它的种族求得未来共同的生存。梁启超认为,颉德思想的实质就是"不可不牺牲个人以利社会,不可不牺牲现在以利将来"。① 也正是在这一点上,梁启超产生了共鸣。通过颉德,梁启超对约翰·密尔和赫伯特·斯宾塞的达尔文式的个人主义进行了否定和批判。②

在《新民说》里,梁启超进一步阐发了权利来自于竞争的思想,他援引伊耶陵的话说:"质而言之,则权利之生活,竞争而已。"③与"内竞""外竞"思想相联系,他所关心的不是来自于"内竞"的个人权利,而是"外竞"中的集体权利,或更具体地说是中国的国家权利。因此,即便在他为个人权利辩护的地方,也能感觉到他对群体主义的偏爱。他说:"一部分之权利,合之即为全体之权利,一私人之权利思想,积之即为一国家之权利思想。故欲善成此思想,必自个人始。"④"国民者一私人之所结集也,国权者一私人之权利所团成也。……其民强者谓之强国,其民弱者谓之弱国,……其民有权者谓之有权国。"⑤"国家譬犹树也,权利思想譬犹根也。其根既拔,虽复干枯崔嵬,华叶蓊郁,而必归于槁亡。遇疾风横雨,则催落反违焉。即不尔。而旱暵之所暴炙,其萎黄凋敝,亦须时耳。国民无权利思想者以之为外患,则槁木遇风雨之类也。即外患不来,亦遇旱暵之契。吾见夫合地球千五兆生灵中,除印度非洲南洋之黑蛮外,其权利思想之薄弱,未有吾国人若者也。"⑥

---

① 《进化论革命者颉德之学说》,见《饮冰室文集》之十二,第79—81页。
② 同上。
③ 《新民说》,见《饮冰室专集》之四,第32页。
④ 同上书,第36页。
⑤ 同上书,第39页。
⑥ 同上书,第34—40页。

因此在梁启超看来,权利观念的欠缺是中国致弱的根源。这与中国的传统文化密切相关。因为中国的儒家文化教导人们忍耐、逆来顺受,鼓励人们犯而不校,以德报怨。这种逆来顺受的人生哲学造就了一种根深蒂固的退隐和屈从的性格,使得中国人面对西方列强时丧失了竞争的能力。① 这样一来,被千千万万中国人传颂的"仁"结果被梁启超贬为一种遏制权利观念滋生的坏东西。他认为,"仁"和"义"的区别就是中西文明差异的表征。中国文明突出"仁政",西方文明侧重"义"。"义"的价值观注重我,我不害人,亦不许人害我。相反,"仁"过分地倾向于强调人与人之间和谐的重要性,而忽视自身行为的权利和利益。同样的情况也适用于"仁政"。"仁政"含有一种消极依赖君上的指导思想和控制的思想,最终导致中国人丧失反抗暴政精神的有害结果。这样,无论是作为道德理想的"仁"还是作为政治理想的"仁政",对于作为权利观念核心的维护自我权利的精神是有害的。因此,梁启超设计的中国未来复兴代表的"新民"必须摈弃传统的"仁"思想,树立"义"的思想。在"义"的思想中,梁启超看到了一种初期的权利观念。② 他辨析道,他所谓的自由,"非对于压力而言之,对于奴隶性而言之",因为压力属于"施者","施者不足责,亦不屑教诲"。③ 为使受压迫者从奴隶性解放出来,为唤起丧失权利者奋起自争,他甚至有"放弃自由之罪"大于"侵入自由之罪"的提法。④ 这种偏激的论点曾引起无数误解和非难。对中国传统文化的批判,意味着梁启超有条件地接受了西方个人权利思想。然而,"接受这些西方理想不是作为内在的价值观,而是作

---

① 《新民说》,见《饮冰室专集》之四,第 35 页。
② 《新民说》,见《饮冰室专集》之四,第 35—36 页。参见张灏:《梁启超与中国思想的过渡》,第 139—140 页。
③ 《致康有为书》,见《梁启超全集》,第 20 卷,北京出版社 1999 年版,第 5930 页。
④ 《自由法》,见《饮冰室专集》之二,第 23 页。

为有助于维护国家集体权力的次要价值观。因此，自相矛盾的是，梁站在西方自由主义的权利思想立场对"仁"所作的抨击必须理解为从团结和谐的道德标准到国家凝聚力和国家权力的政治标准的一个转变。"①

他虽然称道"人人自由，而以不侵人之自由为界"这种在西方最为通行的界说。② 但实际上，他的自由与此颇有距离。他未敢在"人人自由"的观念上稍事逗留，就急忙跨向了"团体之自由"。③ 他说，"自由之者，团结之自由，非个人之自由也。野蛮时代，个人之自由胜而团体之自由亡；文明时代，团结之自由强而个人之自由减"。④ 在他的思想最为激进的时候，也未曾把自由完全交给个人。中国的宗法家族关系远未分解为个人之间的关系，以家族关系为基础的社会伦理观念在这里顽强地显现出来。从团体的自由出发，他宣布，"服从者实自由之母"。他解释说，不可服从强权，而须服从"公理"，不可服从私人命令而须服从"公定之法律"，不可服从少数专制而须服从"多数之决议"。⑤ 这种服从不仅是自由的界限，而且是自由的体现。自由通过服从体现出来，这是梁启超自由权利思想的一个重要原则。

梁启超从一开始接触西方思想时，就看好了西方立宪制度中的议会，并把它作为变革中国传统专制制度的有效工具。这个工具所以有效，是因为他相信议会是一种能够容纳大多数国民参与政治的一种制度。然而，西方议会制度的核心并不是像梁启超（包括康有为、谭嗣同等人）认识的那种，它首先是一种保护机制，即在法律上为个人的自由权利提供一种制度，而政府的组织形式以及具体的运作方法只是它的

---

① 张灏：《梁启超与中国思想的过渡》，第141页。
② 《新民说》，见《饮冰室专集》之四，第44页。
③ 同上。
④ 《新民说》，见《饮冰室专集》之四，第44—45页。
⑤ 《服从释义》，见《饮冰室文集》之十四，第11—14页。

表现形式而已。梁启超对"群"的问题的过分关注,抑制了他对西方宪制文化中的个人自由的接受。他如此全身心地关注国家的独立和富强,以至于他将任何有关个人自由的法规和制度看作是对他怀抱的群体自由这一目标的潜在威胁。

尽管梁启超对个人的自由权利表现出冷漠,但他也曾论及到个人自由,也曾经正确地看到了自由的先验性。因此提出了政府设立的两个原因:"一则因不得已而立也,一则因人之自由而立者也。"①并指出,"是故卢梭民约之说,非指建邦之实际而言,特以为其理不可不如是云尔。"②他对政治自由概念的阐述,借助了理性法则,并因此使他触摸到宪制的核心问题——个体自由和公民个人权利。在《十种德性相反相成义》一文中,他对政治自由这一概念的阐发,也对个人权利给予了关注,视之为天赋人权,他说:"凡人之所以为人者有二大要件:一曰生命,二曰权利。二者缺一,时乃非人。"③这些个人权利包括:交通之自由、居住行动之自由、置管产业之自由、信教之自由、书信秘密之自由、集会言论之自由,等等。但不应忘记:梁启超关于个人自我的思想只在他的群体主义架构里才是有意义的。在他看来,每个人具有双重的自我,即物我和心我:"一身自由云者,我之自由也。虽然,人莫不有两我焉:其一,与众生对待之我,昂昂七尺立于人间者是也;其二,则与七尺对待之我,堂堂一存在于灵台者是也。"④他又说:"物者,我之对待也,上物指众生,下物指七尺即耳目之官,要之,皆物而非我也。我者何?心之官是己。先立乎其大者,则其小者不能夺也。惟我为大,而两界之物皆小也。小不夺大,则自由之极轨焉矣。"⑤真正的我不是"物",而是"心",

---

① 《论政府与人民之权限》,见《饮冰室文集》之十。
② 同上。
③ 《十种德性相反相成义》,见《饮冰室文集》之五,第45页。
④ 《新民说》,见《饮冰室专集》之四,第46页。
⑤ 同上。

只有当"心"战胜了"物",才获得自由。因此,"人之奴隶我,不是畏也,而莫痛于自奴隶于人;自奴隶于人,犹不足畏也,而莫惨于我奴隶于我"。① 即是说,一个肉体上受制于人的人要比一个在精神上奴隶于人的人幸运,而最大的不幸是在精神上丧失自我,并为空虚所折磨,即"我奴隶于我"。所以他主张:"若有欲求真自由者乎,其必自除心中自奴隶始。"②在梁启超看来,在中国欲求自由,首先要除去四种精神枷锁:第一,不做古代圣人之奴隶。因为,"古人自古人,我自我。彼古人之所以能为圣贤、为豪杰者,岂不以其能自有我乎哉?"第二,不做世俗之奴隶。"夫能铸造新时代者上也,即不能而不为旧时代所吞噬所汩沈,抑其次也,狂澜滔滔,一柱屹立,醉乡梦梦,灵台昭然,丈夫之事也。自由何如也!"第三,不做境遇之奴隶。因为,"人以一身之于物竞界,凡境遇之围绕吾旁者,皆日夜与吾相为计而来尝患者也。"所以,"战境遇而胜之者则立,不战而为境遇所压者则亡。"第四,不做情欲之奴隶。"克己谓之自胜,自胜谓之强。自胜焉,强焉,其自由何如也。"③显而易见,"在社会达尔文的构架里,从克己意义上理解的个人自由与团体自由不仅不矛盾,而且是一个必要的补充。因为既然作为一个社会有机体的国家只不过是全体国民的总和,那么每个公民人格的合理化必然有助于国家的强盛,并最终有利于国家的自由。"④正是在这个意义上,

---

① 《新民说》,见《饮冰室专集》之四,第 46 页。
② 同上书,第 47 页。
③ 《新民说》,见《饮冰室专集》之四,第 47—50 页。张灏先生认为,克己概念是梁启超"自治"思想的一个重要成分。"在梁的文章中,'自治'一词有三种含义,它或指个人的克己、自主;或指民族自治。正如人们认为的,所有这三种含义彼此互相依赖。能够控制其性格的人们也能胜任组织一个自治社团,一个由克己的人民实施自治的民族不会容忍外力的控制和干涉。因此,克己被梁看作是实现公民参与和民族自治的一个首先条件。对梁来说,克己最终也只有在集体主义的构架里才具有意义。"(张灏:《梁启超与中国思想的过渡》,第 145—146 页)
④ 张灏:《梁启超与中国思想的过渡》,第 145 页。

梁启超说:"团体自由者,个人自由之积。"①

综上所述,梁启超对于自由权利的阐释,涉及它的涵义、内容、来源、界限、意义等各个方面,这表明自由权利在他的思想中不仅仅是一个反专制主义和蒙昧主义的口号,而是已形成了一个完整的理性认识。这种认识既是他的立宪民主观的一个重要组成部分,也是其重要的理论基础。自由权利渗透在他宪制民主观的不同层面,决定了它的基本面貌和品格。事实表明:个人自由权利在梁启超的思想中明显欠缺,这决不是他的一个偶然疏忽,也主要不是他对西方自由主义领会不够,而是由于他对"群"——群体主义的热切关注,以及他那种寻求中国独立与富强的强烈愿望,有意识地排斥了西方宪制文化中的个人主义价值。这一思想品格代表了近代一大批爱国知识分子的基本价值趋向,他们把本属于西方不同价值范畴的东西——民族主义与自由主义同床共寝,结果最终使得个体自由这一西方宪制文化中心价值成分不得不消解于民族主义的洪流之中。从这个意义上说,梁启超的自由权利思想代表了过渡时期的中国宪制思想,反映了近代中国宪制文化的一种基本品格。

四、从"个人"回到"国家"

政府、民权、国会、宪法是构成梁启超宪制观的直接材料。其中不仅涉及到国家的政体、政府的具体运作问题,而且也直接关涉到政府的合法来源以及人民的自由与权利的保障问题。可以说,这些问题的讨论直接表征着梁启超对宪制制度的认识程度,它是近代中国宪制文化不可多得的一页。

梁启超首先提出了这样一个在今天看来颇具意味的命题:以卑弱

---

① 《新民说》,见《饮冰室专集》之四,第46—47页。

的国民得腐败的政府。"……以若是之民,得若是之政府官吏,正所谓种瓜得瓜,种豆得豆。"①在他看来,正是中国国民的愚随怯懦,才造成了政府之屡屡失机、官吏之普遍溺职。这个命题的偏颇之意是显而易见的,它含有蔑视群民开脱政府责任的消极因素。然而它所包含的积极因素有着更为重要的意义。这意味着,梁启超已把改造国民作为改革专制政治建立民主立宪政治的基点。而且,他看到了卑劣的政府之所以能够长期存在,是因为群民政治的涣散和不觉悟,这比仅仅看到政府腐败更深了一层。他的着眼点在于改变群民政治上的涣散和不觉悟状况,从而消除腐恶政府存在的土壤。所以他认为,"苟有新民,何患无新制度,无新政府,无新国家。"②他试图通过造就新民以革新政府,改造国家,这是他理想的政治程式。既然把造就新民与政府国家的改造联系在一起,那么"新民"就决不是传统的臣民,他是既享有权利又承担义务的新型公民。因此,民权是不可缺少的。为此,他对民权作了种种界说。他认为,民权与民主不能混为一谈。③ 民权不是民主,兴民权无损于君权。虽然他后来的思想超越了这个界限,但这一界限对他的思想发展始终有一种不容轻视的勒束作用;民权与西方的人权不尽相同,后者非专指政治,前者则为针对"专制政治"而提出的尚未确定的名词;④民权与儒家传统中的"重民"思想不同。以孔孟之圣贤,其仁政之说,不能禁暴君贼臣之鱼肉人民,"何也? 治人者有权,而治于人者无权。"⑤这种认识,使民权思想同中国传统的民本民贵、保民教民的仁政思想划开了界限。这里的民权正是同改造国民的新民理论结合在一

---

① 《新民说》,见《饮冰室专集》之四,第2页。
② 《爱国论》,见《饮冰室文集》之三,第76页。
③ 同上。
④ 《新民丛报》第六号,第89—90页。
⑤ 《论政府与人民之权限》,见《饮冰室文集》之十,第5页。

起,把戊戌时期的民权学说推进到一个新的高度。

在梁启超看来,民主宪制的实质,就是通过立法的形式确保民权。他认为,没有法律保障的所谓自由,随时随地会遭到剥夺,这种自由不是真正的自由,只可称之为"奴隶之自由"。因此,宪法对于民主宪制非常重要,它既是宪制的旗帜和标志,也是国家权力、法度的合法来源。他给宪法下的定义是"一国之人,无论为君主为官吏为人民皆共守之者也。为国家一切法度之根源,此后无论出何令,更何法,万变而不许离其宗旨者也。"①这既是对宪法性质的认识,也是对其价值的评价。而且他看到了宪法与民权两者的必然关系:"欲君权之有限也,不可不用民权;欲官权之有限也,更不可不用民权。宪法与民权,二者不可相离。"②在这里,梁启超已把宪法看作是行民权、限君权的最高依据。既然民权与宪法密切相关,那么宪法制定的好坏就直接关涉到民权的落实。为此,梁启超提出了立宪的三大原则:第一,民主。他认为无论何种宪法,只要"出于国民公意,成于国民公议",就应视为完全和有效。③他指出,"循所谓最多数最大幸福之正鹄,则众人之利重于一人,民之利重于吏,多数之利重于少数",因此,宪法的好坏应以多数国民的意见为判断的依据。④ 第二,限权政府。他说:"立宪政体,亦名为有限权之政体;专制政体,亦名为无限权之政权。有限权云者,君有君之权,权有限;官有官之权,权有限;民有民之权,权有限。"⑤第三,人民主权。他说:"各国宪法,既明君与官之权限,而又必明民之权限者何也?民权者,所以拥护宪法而不使败坏者也。"⑥人民拥有主权可以防止君主和

---

① 《立宪法议》,见《饮冰室文集》之五,第 1 页。
② 同上书,第 3 页。
③ 《新中国未来记》,见《饮冰室专集》之八十九,第 7 页。
④ 《论立法权》,见《饮冰室文集》之九,第 106 页。
⑤ 《立宪法议》,见《饮冰室文集》之五,第 2 页。
⑥ 同上。

官吏滥用权力。反过来,制定得再好的宪法若没有民权的护卫与监督,也不过是一纸空文。正因为如此,梁启超着重强调了人民拥有主权的重要性。①

这一时期是梁启超思想最活跃最激进的阶段。他在热切关注中国国家独立与富强的同时,对西方的"法治下的自由"的宪制民主也抱着赞赏和接受的态度。甚至他还把如何划分政府权限看作是宪制民主的核心问题。"如何划分政府权限"在西方宪制文化中始终处于一个重要的地位,它直接关涉到个人的自由权利如何保障的问题。因为即使在宪法已经制定的情况下,由于人民大众并不直接行使权力,而是采取"代议"或者其他形式,这就发生了国家权力法律上的所有者(人民)与权力实际掌握者(政府)的分离,这种分离现象使权力滥用及对权利的侵害不可避免。因此,对于直接适用权力者或者政府的权限加以宪法上的明确规定是十分必要的。为此,梁启超写了《论政府与人民之权限》一文,专门讨论这个问题。他在谈到立法中为什么要突出限制政府权限这一问题的重要性时说,"因人民之权无限以害及国家者,泰西近世,间或有之,……虽然,此其事甚罕见,而纵观数千年之史乘,大率由政府滥用权限,侵越其民,以致衰致乱者,殆十而八九焉。若中国又其尤甚者也。故本论之宗旨,以政府对人民之权限为主眼,以人民对政府之权限为附庸。"②换句话说,宪制的核心问题就是如何防止政府滥用权力的问题。这使人想起了法国的孟德斯鸠。这表明梁启超不但受到孟德斯鸠的影响,而且也接受了政府是守夜人这一传统的西方自由主义思想。为了表达清楚这个思想,梁启超又进一步引述卢梭的"民约论"的观点,认为政府来自人民与政府之间的契约。所以政府的职责不

---

① 《立宪法议》,见《饮冰室文集》之五,第3页。
② 《论政府与人民之权限》,见《饮冰室文集》之十,第1页。

外两端:"一曰助人民自营力所不逮,二曰防人民自由权之被侵而已。"如果政府的职责超出这两端,那么"有政府如无政府,又其甚者,非惟不能助民自营力而反窒之,非惟不能保民自由权而又自侵之,则有政府或不如无政府。"①

梁启超循着西方宪制的路子已经走得太远了。当他激进地把政府看作消极的"守夜人"角色时,他不知不觉中又认同了群体主义。在他的潜意识里,始终存在着这样一个视点:中国要站起来屹立于世界并与西方列强争雄,就必须合力增大国家权力,只有当政府能充分有效地行使权力时,国家的所有部件才会跟着动起来。所以,他在同一篇文章中又说:"天下未有无人民而称之为国家者,亦未有无政府而可称之为国家者,政府与人民,皆构造国家之要具也。故谓政府为人民所有也不可;谓人民为政府所有也尤不可,盖政府、人民之见,别有所谓人格之国家者,以团之统之。国家握独一最高之主权,而政府、人民皆生息于其下者也。"②这种矛盾固然说明了梁启超对西方宪制文化中的自由主义没有清楚的领会;但另一方面也说明了他在最激进的时候也没有完全皈依西方的个人主义的宪制学说。他有着作为那个时代的中国知识分子所特有的价值追求,也许在他们看来,国家比个人更重要。当他们关切个体的时候,实际上还是为国家作盘算。梁启超是最典型的一个。他们的失误并不在于对"国家"过分的殷勤,而是把作为西方人生方式一部分的民主、人权、自由的宪制文化价值,移花接木式地移植于中国,不是为了以此改变中国人的人生方式和价值观念,而首先是作为中国富强的一种工具。一种源于人生方式的价值体系能否成为另一种文化中的致富工具,在今天是大可怀疑的,但对于那个时代的知识分子来

---

① 《论政府与人民之权限》,见《饮冰室文集》之十,第 2 页。
② 同上书,第 1 页。

说，多数人是深信不疑的。梁启超宪制观中的矛盾，是一个中国式的爱国知识分子走在十字路口的一种彷徨，其中也蕴含着一份思想转折变化的必然性。

1903年以后，梁启超的思想发生重大转折，由激进趋于保守，并宣布与共和理想的"长别"。这种转变一方面是来自他思想自身的矛盾性，另一方面也来自对中国当时情势的一种担忧。黑格尔曾说过，自由这个词"可以引起无限的误解、混淆、错误，并且造成一切想象得到的轨外行动"。[①] 梁启超对于中国社会日益动荡和学生界风潮频仍深感忧意，认为"滥用平等之语"是造成这种现象的重要原因。他认为，美、法等共和制度及其产生的社会历史条件与中国的国情民情之间存有巨大差异，西方的民主宪制同中国政治现实之间也有很长的距离，因而对中国能否实现共和民主宪制表示了怀疑。为此，他写了《政治学大家伯伦知理之学说》一文。看似介绍伯伦知理的学说，实则表达了梁启超对宪制问题的新认识。他提出，"我中国今日所最缺点而急需者，在有机之统一与有力之秩序，而自由平等直其次耳。"[②] 表明了他与自由主义的诀别。在这篇文章中，他对伯伦知理的德国主义的政治理论表示热情的拥护，并开始转而攻击卢梭式的法国自由主义理想。梁启超批判卢梭是基于是否适合中国的独立富强目标这一中心论点展开的。

他主要是从以下三点对卢梭进行批判。第一，卢梭认为，根据社会契约论，一个人可以自由加入或离开他的国家。而梁启超则认为，一个人即便可以自由组成一个公司，但决不能成立一个国家。第二，卢梭认为，根据契约论，加入国家的每一个成员都是平等的，否则便是违犯社会契约。而梁启超则批评说，根据各国的建国经验，国家的建立全依赖

---

① 黑格尔：《历史哲学》，王造时译，商务印书馆1963年版，第58页。
② 《政治学大家伯伦知理之学说》，见《饮冰室文集》之十四，第69页。

于领导集团和其权威,"平等"之说是荒谬的。第三,卢梭认为,国家是根据每个人的赞同而成立。而梁启超则认为,这种"赞同"理论是站不住脚的,因为任何法律都不可征得每一个人的赞同。①

对卢梭的批判,表明梁启超对自由、平等的信念从理论上发生了动摇。对国家的看法越是现实,其理论的国家主义色彩就越是浓重。

梁启超批判的不仅仅是卢梭,而且也是他自己。他批判卢梭混淆了国民与社会的区别,以及对国家的起源和性质的错误认识,但梁启超本人何尝又不曾如此呢?不同的是,卢梭已把他的法国式自由理想带进了坟墓,而梁启超则得之于伯伦知理的引路,从自由神话转变为德国式的国家现实。"社会"之于现时的梁启超,只不过是无数个活生生个体的集合体,而与国家相关的国民则成了一个固定不变的整体。"国民者,一定不动之全体,社会则变动不居之集合体而已。国民为法律上之一人格,社会则无有也。故号之曰国民,则始终与国相待而不可须臾离;号之曰社会,则不过多数私人之结集,其必要国家与否,在论外也。"不管人们认为卢梭的自由主义对建立一个统一的欧洲国家具有什么价值,中国最需要的是有机的统一和有致的秩序,自由和平等都是次要的。"必先铸部民使成国民,然而国民之幸福乃可得言也。如伯氏言,则民约论适于社会而不适于国家,苟弗善用之,则将散民复为部民,而非能跻部民便成国民也。故以此论,落欧洲当时干涉过度之积病,固见其效,而移植之于散无友纪之中国,未知其利害之足以相偿否也。"②国家主义的诱惑力,使梁启超越来越感觉到"民约论"对中国独立与富强的无助,同时也使他最终与以"民约论"为理论基础的自由共和理念挥手告别。

---

① 《政治学大家伯伦知理之学说》,见《饮冰室文集》之十四,第 67—68 页。
② 同上书,第 67—69 页。

由伯伦知理的指引,梁启超开始寻找共和制度生长的土质,以证明它不适合于中国的土壤。他赞同伯伦知理的这一看法:共和制适合于美国。美国之所以能够变英国君主立宪政体而为共和,是因为它在未脱离英国殖民统治之时,共和精神就已经具有了。当年,英国人离开英国而移入北美,就把英国的议会制度、自治制度带到了新大陆。这些制度与移民的自力互助精神相结合便结出了共和政治之果。无疑,共和政治在美国是一个成功的例子。相反,当共和政治传至欧洲的法国,因为法国没有自治的传统作为基础,所以共和政治给法国带来长久的社会动荡。[①]

对于梁启超来说,共和制度的消极因素远不止于它建立需要特有的"土质",而且共和制度本身也存有弊端。他援引伯伦知理的话说,"虽以最适于共和之美国,而其政治社会之趋势,犹有与此法适相背者二事:一曰贱视下级之国民也。"即是说,美国存在种族歧视。"二曰猜忌非常之俊杰也。"即公众容易对那些体面的人物产生猜忌之心。这只是美国共和制度的表面现象问题,如果进一步深究,共和制度还存有如此重要的问题:第一,"共和政体谋普通之利益则有余,谋高尚之幸福则不足。"第二,"共和政体之最缺点者,使其政府如一机器然,循轨自动,几无复有活泼意识行乎其间。"第三,"置多数之常备军,此共和政体之所大禁也。"[②]

梁启超在认同了伯伦知理的国家主义之后,还进一步援用波伦哈克的国家理论,分析共和政治的缺陷。波伦哈克认为,国家是协调各种社会冲突并超然于任何团体之上的一个团体。在君主政体中,君主是站在各社会团体之上的,所以他容易发挥国家的协调冲突的功能,相

[①] 《政治学大家伯伦知理之学说》,见《饮冰室文集》之十四,第77—79页。
[②] 同上书,第79—81页。

反，在共和政体里，人民既是统治者也是被统治者，结果在人民之上不存在更高的权威约束社会团体间的所有冲突。所以，共和政体的国家，冲突经常演变为革命，使政治失去稳定性。实际上，只有在那些具有宗教、政治、种族单一性和社会团结的小国寡民能够保持共和政治的稳定性。除此而外，共和政治能够稳定发展的例子在历史上是少见的。不宁惟是，共和革命的结果往往与共和追求的价值相反。因为在共和政体里，革命通常意味着政府权力转移到被分裂成各个社会不同群体的人手里。而且，由于这些群体在历史上所具有的特权被破坏，以及政府的神圣权威遭到损害，政治秩序无法得以维持，这又必然产生新的社会暴力冲突。而获胜的往往是富人和特权阶层。这些人所关心的是他们自身的利益，因而需要想办法恢复社会的秩序和稳定。这时，往往出现一位像马克斯·韦伯所称的"卡里斯马"型的强权人物，以平民专政取代旧的君主制度，古罗马和近代法国便是这种历史发展模式的很好例证。在这种政治制度下，既没有社会的稳定，也没有政治的自由。独裁者在获得权力后，为了证明自身的合法性，总是寻求通过公民投票确立其统治地位。他也可以利用宪法和国会这样一些民主制度作为他统治的饰物，并声称他的政府是向人民负责的。然而，所有这些饰物无法掩盖独裁权力这一事实，这又成了革命的根源。①

波伦哈克的这种德国式的神话论说，确实打动了原本对平民政治缺乏信心的梁启超。在他读了波伦哈克的上述宏论之后不能不联想到自己悲惨的祖国。在梁启超看来，中国显然是一个缺少自由条件的国家，如果在中国试图建立每个人享有平等自由的共和政治，那结果要比近代法国更可怕。否则，他说不出如此动情的话："吾党之醉共和、梦共

---

① 《政治学大家伯伦知理之学说》，见《饮冰室文集》之十四，第 79—85 页。参见张灏：《梁启超与中国思想的过渡》，第 177—178 页。

和、歌舞共和、尸祝共和,岂有他哉,为幸福耳,为自由耳。而孰意稽之历史,乃将不得幸福而得乱亡;征诸理论,乃将不得自由而得专制。然则吾于共和何求哉,何乐哉?吾乃自解曰:牺牲现在以利方来,社会进化之大经也。……呜呼,共和共和,吾爱汝也,然不如其爱祖国!吾爱汝也,然不如爱自由!吾祖国吾自由其终不能由他途以回复也,则天也;吾祖国吾自由而断送于汝之手也,则人也。呜呼,共和共和,吾不忍再污点汝之美名,使后之论政体者,复添一左证焉以诅咒汝。吾与汝长别矣!"①梁启超在这种语言环境里说出"爱自由"的话,或许是他心灵深处作为一个文士学人的真实表白,但"自由"的含义恐怕不能再作英美式自由解。"牺牲现在以利方来"在此不仅仅是一种"来日方长"的无奈叹息,这里也蕴含着梁启超的思想追随着两位德国思想家继续向保守的方面延伸的伏笔;相反,"社会进化"一语倒像是一种搪塞。这里的"进化"已不再是戊戌期间梁启超表达自己激进思想的一个概念,而像是"日后慢慢再来"的无略、无方、无奈。这反映出了梁启超对中国现实的冷静认识但又找不到出路的一种矛盾心境。

1906年梁启超似乎找到了"牺牲现在以利方来"的方法,这就是他的《开明专制论》。其大致思路是:革命是一种社会形态的转变而不是王朝易姓,中国还不具备实行民主共和和君主立宪的条件,革命不但不能使中国致强致富而且会给中国带来混乱,因而中国近代民族国家的建立应采取和平过渡的渐进方法,须以开明专制为过渡,等到条件发展成熟再行君主立宪或民主共和。用梁启超的话说即是:"与其共和,不如君主立宪。与其君主立宪,又不如开明专制。"②他对开明专制下了这样一个定义:"以能专制之主体的利益为标准,谓之野蛮专制。以所

---

① 《政治学大家伯伦知理之学说》,见《饮冰室文集》之十四,第86—87页。
② 《开明专制论》,见《饮冰室文集》之十七,第53页。

专制之客体的利益为标准,谓之开明专制"。并解释说,这里的"客体"是指国家和人民。前者以路易十四说的"朕即国家"为典型代表,而后者以普王腓力特列所以"国王者国家公仆之首长也"为例子。① 即是说,开明专制是以国家和人民的利益为标准,这既是他的开明专制的基本特征,也是区别野蛮专制的根本标志。他认为开明专制的价值就在于,对"内"可规定个人自由的范围,使每个人有自由竞争的机会;对"外"则有助于中国与西方各国的竞争。他强调指出,在必要的时候,抑制个人的内部竞争而加强外部竞争也是符合开明专制的"立制精神"的。②

这表明,始终使梁启超不能忘怀的是在西方列强日益扩张的形势下中国如何生存的问题。他的忧患意识往往使他容易走向国家主义理论的极端。在他看来,中国社会内部急需的并不是个人间自由竞争,而是团结和秩序。为此,"开明专制"的政府就必须加强强制,以便为"外竞"服务。所以他说,"强制者神圣也"。③ 在他看来,世界历史不但常伴有开明专制现象,而且它还具有远长的一段思想历程。如,中国古代法家、近代欧洲的马基雅弗里、博丹和霍布斯等都是开明专制思想的代表。④ 要是早几年,他会像对待专制主义那样激烈地指责这些思想家,而现在他却在他们身上搜寻中国的药方。

梁启超在区别专制制度与宪制制度时多次阐明,有圣君贤相出而实行开明专制,或可挽救危亡于一时半时,或可强国安民于一代两代,"然不能以此自安,以其不能常也"。⑤ 因此他指出,开明专制时代不宜太长,它只是"立宪之过渡""立宪之预备"。⑥ 既然开明专制本身之能

---

① 《开明专制论》,见《饮冰室文集》之十七,第 22—23 页。
② 同上书,第 21 页。
③ 同上。
④ 同上书,第 23—24 页。
⑤ 《中国法理学发达史论》,见《饮冰室文集》之十五,第 75 页。
⑥ 《开明专制论》,见《饮冰室文集》之十七,第 38—39 页。

否实现尚属疑问,其"过渡"作用当然也就无从谈起。然而,这表明梁启超对开明专制的赞同并不出于真诚,既是说他并不对开明专制本身有兴趣。他看重它,首先是把它作为解决中国生存问题的一个理想和有效的方法而已。但作为一个方法,它能解决问题吗?怎样才能保证君主以"国家和人民的利益"为目的?

当把国家和人民的利益完全交给只能靠独断思想行事的君主手里,这决意是靠不住的,而且开明专制制度本身也无法保证它的开明性质,这一点梁启超似乎已经意识到了。他在1906年7月私下也承认,开明专制论是"有所激而言"的"极端"提法。[①]

为了养成国民的政治能力以入于立宪的正途,他曾指望清政府实行开明专制,以训导国民,曾指望"在野政治家"提挈国民,均属一厢情愿而无从着手。最后借助于清廷所谓政治改革所提供的条件,他提出了建立政党的设想,并利用清廷诏旨,组织合法政党以团结中等社会和锻炼国民能力,这是梁启超为预备立宪而提出的重要设想,也是唯一付诸实施的设想。他对清廷的改革诚意未存奢望,但他幻想着堂堂正正的政党势力将能诱使和迫使清廷就范。以此为跳板,梁启超的宪制观发展演变进入了一个新阶段。

1907年至1911年,中国国内的社会危机进一步激化,革命形势继续高涨。与此同时,立宪运动也从勃兴到衰亡走完了它的既定历程。这是梁启超宪制观臻于完善与成熟的一个时期,也是他从宏远的理论思辨走向具体设计的思想收获期。

政府与国民是任何民主宪制都必不可少的两个要素。然而,在中国这样一个没有民主传统而又要实行宪制的国家,便首先面临着政府的改造与国民的培养这两个相关的问题。如何解决这个问题?

[①] 《梁启超全集》,第20卷,第213页。

梁启超指出,"所谓改造政府,所谓反对专制,申言之,则不外求立宪政治而已。立宪政治非他,即国民政治之谓也。"这一论证隐含着这样一个观点:宪制受益的不是政府本身而是国民单个的个人。个人的自由权利来自于宪法保障和限权政府。梁启超似乎又在疏远德国两位思想家而向他先前的宪制民主思想回归。这固然可以说梁启超生性多变,但也说明多变的近代中国政治给中国爱国知识分子所施加的影响。

与此同时,梁启超也认识到,无论是改造政府还是培养国民都应在建立宪制过程中进行。① 即是说,宪制本身便是改造政府训练国民的最好办法。这和他先前主张的为了将来的宪制民主现在必须先过上一段"黑暗的日子",即行开明专制又大异其趣了。他把立宪和提高国民程度视作同一过程的两个方面,这在理论上解决了新民与新政府孰先孰后的矛盾。在中国这不失为一种较为实际合理的宪制方案。② 同时也意味着他对宪制民主认识的深化。

适应立宪运动的要求,梁启超围绕国会、责任政府和政党问题,对宪制的内容和中国应建立的制度进行了全面而深入的阐发。他参酌欧美各国制度,比较中国的实际,对国会问题进行了系统的研究和论述。认为国会应是代表全国人民不同利益与意志并与国家行政机关相对应的一个机关,它的价值和功用在于奖励自由竞争,协调冲突,保障秩序的和谐和安宁,并能把全国人民的意志上升为国家意志。他强调,在中国设立国会应以左院和右院的两院制为其组织形式。左院相当于欧美国家的上院或参议院,主要由地方上的开明绅士和上层分子组成;右

---

① 《政闻社宣言》,见《饮冰室文集》之二十,第 23 页。
② 后来的胡适进一步阐释了在"宪制过程中训练国民"这一思想。

院,由国民选举产生以代表全体国民。他反对限制选举制,尤其反对财产限制,认为中国的右院应实行普选制。① 关于国会的职权,他博考各国异同,结合中国的国情民情,对改正宪法权和普通立法权也作了精细的论说,并兼顾学理和实施两个方面,提出了中国应采行的条理和制度。②

关于政府责任,他认为,在君主立宪政体之下,政府不应对君主负责,而必须自行对国家负责。他反对政府对议会负责这一提法,指出议会虽然肩有纠察政府的职责,但政府与议会同属于国家机关,所以应同时对国家负责。③ 梁启超国家主义这一根深的情结不时地冒出来,这反映了他对宪制在中国的矛盾态度。在他看来,宪制之于中国,其首要的问题是建立一个强有力的政府,由此便可达到保育国民拯救国家的目的。然而,如果没有政府对议会负责的组织制度以及议会本身的运行机制,"对国家负责"也只能是一句空话,所谓的宪制也只能是专制政治虚饰的外衣。

梁启超着力于政党的理论是在这个时期开始的。他从预备和促成宪制的角度,充分肯定了政党对于"增进国民程度"的重要功用。他认为,在宪制制度下,政党的出现使国会为政党所支配,而且也令官僚内阁为政党内阁所取代。他以垄断议会、独揽政府实权的政党内阁,作为建议弹劾政府的理想模式。他认为,这种独占的权力并不同人民的自由权利相抵牾,因为维护人民的自由权利是立宪政党皆须遵奉的政治信条。④

---

① 《中国国会制度私议》,见《饮冰室文集》之二十四,第 7—14、34、52—53 页。
② 同上书,第 7—14、34、45—47 页。
③ 《责任内阁释义》,见《饮冰室文集》之二十七,第 12—26 页。
④ 《政闻社宣言》,见《饮冰室文集》之二十,第 24 页;《读十月初三日上谕感》,见《饮冰室文集》之二十五(上),第 152 页;《政党与政治信条》,见《饮冰室文集》之二十六,第 52 页。

以政党政治取代官僚政治,这是中国人所能设想的宪制制度下最进步的政治形式,至于这种理想的政治形式一旦化为现实,将以何种惊人的速度与腐败的官僚政治同流合污,这是梁启超和其他思想家在当时都不能预见到的。在屡受挫折之后,梁启超最终认识到,政党必在立宪政体下才能发育,若在专制政体之下,必先改革政体然后才会有政党存在。他甚至提出了在中国,"政党之用,恒远不逮秘密结社"这样一个激进的想法。

清朝政府已到了穷途末路,衰颓破败之象无以复加,同政体变革势难并存。梁启超把宪制建设的努力与这具政治僵尸拴在一起,自难逃为它殉葬的下场。不过,埋葬的是君主立宪的幻想,而不是他的宪制观念和思想。实现宪制以挽救国家,是梁启超一生思考的主题,以此为依托,在革命爆发之后,在形势的驱迫之下,他最终拾起了被他丢弃的民主共和的理想,完成了最后一次戏剧性的思想转折。

五、法治思考的得失

在西方,民主与法治构成了宪制的基本骨骼。民主决定国家权力的来源,法治则决定国家权力的运行状态。没有了它,宪制制度不仅不完整,而且国家权力也会丧失了约束机制,公民个人的自由权利也会失去合法保障的来源,所谓的民主也会演变为一种平民专制或者暴民统治。从这个意义上说,法治则是任何一种宪制不可或缺的要素。在近代中国宪制文化史上,梁启超是第一个把法治纳入宪制构架里的人。他对法治的探讨虽然缺乏完整性与系统性,但毕竟是他开了中国法治理论研究的源头。他对法治的探寻如同他对民主理论的探索一样,对中国近代宪制文化的进程都产生了积极与消极的两种影响。

梁启超对法治的探寻很少从正而切入,也很少从概念、范畴把握法治的内涵以及与民主政治的关系,而是将法治作为评析中国古代政治思想历程的一条基线,这是耐人寻味的。梁启超的基本价值取向是弘扬法治反对人治。他认为,在中国古代儒、道、墨各家的政法理论中,只有法家是倾向于法治主义的。在他看来,在当时,法家顺乎时代,适乎潮流,是中国历史前进中的必然产物。其根据是,春秋战国交替时期,生产水平有了很大发展,但兼并土地之风也随之盛行。在这种情势下,据守于小国寡民是不可能立于竞争不败之地的。因此,"大政治家,莫不取殖产主义、军国主义,即所谓国富强兵者是也。而欲举富国强兵之实,惟法治为能致之。盖非是而国家外部之膨胀,将不可望也。由是观之,则法治主义者,实应于当时之时代的要求,虽欲不发生焉,而不可得者也。"梁启超在此主要还是从富国强兵这一价值目标认同法治的。然而,国家富强与法治之间就像民主与国家富强的关系一样并不总是一致的。他对宪制的认识越深刻,对法治价值的理解就越是迷惑和矛盾。这可以从他对法治主义的分析可以看出来。

梁启超认为,在中国法治主义是与道家的无治主义相对立的。道家认为,国家的治理应该使民清心寡欲,乃至消灭一切欲望。只要人无欲不争,就会社会安定和谐。只要人人有善良之心,遵守约定俗成的道德规范,天下就会大治。梁启超认为这些主张虽然是好的,但是不现实也不可能。人不可能无欲,民不能不争,竞争是生物的天性也是人的本性之一。如果不取法治,单纯消极地劝导人们去欲勿争,社会就会失范而纷乱起。所以,梁启超说,"道德者,只能规律以内不能规律以外;只能规律一部分之人,不能规律全部分之人。故所以标以律民者,非道德而法律也。"即在他看来,从国家的安顿社会的稳定着眼,法律统治比道德约束更富有成效。所以,取法治就必须去人治。他认为,儒家的英雄史观是人治主义的典型反映。在儒家看来,历史由英雄决定,英雄们不但主宰了历史而且也主宰了人们的祸福。英雄越多,社会就越不民主;

所以取法治兴民主首先必须改变这种英雄观念。他还认为，在专制国家虽然可以在遇有英明神武君主之时，会得社会短暂的开明、国家暂时的昌盛，但它缺失了法治的支撑，这种开明与昌盛是不会保持长久的。相反，法治的国家虽然从一个阶段上看它没有那种短暂的繁荣景象，但由于它有法治作为根基，随着日月的积累必会达到国家昌盛人民富足的目标，而且还会给社会带来稳定和秩序。从这个意义上说，法治便是社会安定的一种恒定器。据此，梁启超评价法家说，"法家之论，谓人主无论智愚贤不肖，皆不可不行动于法之范围内。此至精之论也。"

礼治与人治相系，取法治就须去礼治。儒家说："礼者，天地之序也"，"礼，众之经也"。儒家试图用"礼"为规范以维系社会的稳定，确保国家的正常运行。梁启超赞同法家对儒家的指责，而且进一步作了阐释："礼固为一种制裁力，不可诬也。虽然，此社会的制裁力，而非国家的制裁力也。既名之曰国家，则不可无强制组织，而礼制之所取，则劝导之谓，而非督责之治也。语人以礼当率循，其率循与否，惟在各人之道德责任心。若其责任心薄弱，视礼蔑如者，为之奈何！法家则认人性为恶，谓能有完全之道德责任心者，万不得一，故礼治不足为治之具也。又以为人类当其以社会的分子之资格立于社会之下，则社会所以制裁之者，不得不专恃道德责任心。若当其以国家的分子之资格立于国家之下，则国家所以制裁之者，于道德责任心外，尚可以有他力焉。而道德责任心之制裁，实不完全之制裁也。社会之性质，不能为强制的，故不得不以不完全之制裁自满足；而国家既有强制的性质，可以行完全制裁。故不可徒恃道德责任心为国民行为之规律。非惟不可恃，抑亦不必恃也。"梁启超的这一大段话貌似在作礼与法的论辩，实际上他是在为国家作辩护。在他的思想深处，"国家"始终是萦绕心头而挥之不去的东西。无论是对伯伦知理和波伦哈克国家主义的追随还是对自由主义的好感，他看得最重的是眼下中国作为一个国家在世界上的生存。

这是近代爱国知识分子无法解释的一个情结。因此,西方的民主、自由、平等、法治、人权、科学、宗教这些本不属于同一价值的东西,都能被梁启超这样的思想家改造成为中国富强服务的有用的材料。在他的眼里,法治之所以有价值,是因为它能替国家卖命。看起来梁启超并没有从宪制的"宪"字上去把握法治真正意思。毫无疑问,如果只从国家的意义上理解法治,那么礼与法之间就没有任何区别,因为既然国家可以将法作为统治的基础,那它也可以把礼改造成与法同样的东西。然而,下面的材料似乎证明梁启超对法治又有新的理解:

他认为,法治主义是与强制相对立的。用他的话说,法治主义的第四个敌人是势治主义。所谓"势治"就是以势力压制人,绝对的强制,在次序上是先有权后有法。他认为,法治是意味着先有法后有权,权力受法律的约束,而且法律也通过相应的权力得以贯彻和落实。在此,他说出了法治之于宪制最关紧要的一段话:"势也者,权力也,法治固万不能舍权力。然未有法以前,则权力为绝对的;既有法,以后,则权力为关系;绝对的固无限制,关系的固有限制。权力既有限制,则受治于其权力下者,亦得确实之保障矣。"①法治在此意味着法律支配权力。这是法的真义。宪制得之于法治,民主有了规程,政府权力有了约束,公民的自由与权利有了保障。法治是宪制的支撑,抽掉了它,宪制便可倾覆和变形。梁启超在向国家主义迈进的同时也点燃了法治在中国的火炬。

梁启超对法律的探讨与他对民主自由理论一样,充满了矛盾和歧义。他的法治论既给中国近代宪制文化增添了新的一页,同时也给中国的学术界提供了一个错误的信息:似乎中国古代儒家与法家之争就是人治主义与法治主义的对立。这种以西取中的态度给以后的中国政

---

① 《开明专制论》,见《饮冰室文集》之十七。

法学界造成了不少混乱。①

梁启超宪制思想的探寻是他那个时代的中国社会演进的一个缩影。近代中国宪制的艰难历程是在急需解决的一连串危机、一大堆问题面前,经过期望与失望、追求与挫折的多次反复,才以蜗牛般的速度迈开步履的。梁启超没有写过专门研究宪制文化的论著,但综其一生都在为中国的宪制而思考和奋斗。以欧美日为榜样的宪制理想,中国社会专制独裁贫穷落后的现实——两者之间的巨大反差,使梁启超备受煎熬。他追求的是一项难以实现的理想,他面对的却是一个积重难医的现实。他既要激于民族感情,为国家独立富强而向西方寻找真理,又要为社会大众的自由和权利奔走呼号;他既要努力挣脱专制主义的羁绊,谋求中国的民主改革,又不能脱离中国的国情,舍弃历史感情、文化传统和心理平衡。这种历史感情与价值取向、文化传统与西化之间的相斥相纳,撕裂了包括梁启超在内的中国几代思想者的心灵,使他们的思想打上了一种彷徨矛盾的印记。在两难选择中,梁启超综合中西,上下求索,努力寻找中国切实的宪制方案。这种探索本身便构成了近代中国宪制文化的一部分,无论或褒或贬,它已属于历史,而更重要的是它还不断地向前延续……

---

① 梁启超之后,"人治与法治对立"论几乎成了研究先秦儒法两家政治法律观的一条原则。吴经熊的《法律哲学研究》(1933年)宣称:"法治思想是对于前章(指儒家礼治时期)所述人治思想底一个大反动。"陈顾远《中国法制史》(1935年)指出儒家"轻法治、主人治"后,又说:儒家"人治之极端,终不外贤人政治之意味"。杨鸿烈的《中国法律思想史》(1936年)说:"孔子虽不破坏法治,却不满足于法治",荀子则"推尊儒家一脉相承的'人治'而轻视'法治'。"丘汉平的《先秦法律思想》(1941年)写道:"法治主义乃战国末季最流行的学说。实行此种主义最早的有子产、管仲、商鞅等人,而倡明此主义最先的要算慎到了。……韩非……评述法治主义之优点。"儒家的"人治主义是主张'以身作则'的,故当局者须自己恪守礼教规律。"瞿同祖的《中国法律与中国社会》(1947年)对之也持同样看法。(参见俞荣根:《儒家法思想通论》,第二章第一节,广西人民出版社1992年版)有关法治概念的运用方法可参见王人博、程燎原:《法治论》,第六章,山东人民出版社1989年版。

第五章　以自由为体

路易斯·哈茨给本杰明·史华兹的《寻求富强:严复与西方》一书写的序言中曾有这样一段话:"外国评论家的本事在于能够揭示出所研究国家的社会生活中蕴含着思想方面的东西。因为这些评论家往往通过母国文化提供的对照,使异国社会生活中蕴含着的思想显得清晰可见。阿累维之所以令英国人感兴趣,托克维尔之所以令美国人感兴趣,就是因为英国人和美国人通过这两位分别大吃一惊地发现了自己。……西方思想的西方评论家告诉我们的较多的是我们已知的事情;而严复进一步告诉了我们一些我们所不知道的事情。……严复的看法,在极大程度上,很可能最终会成为我们的看法。"[①]严复之于西方,为西方人认识自己的文化提供了一个模本;严复之于中国,他不仅为中国人了解体认西方文化,特别是宪制文化开了一个硕大的窗口,而且通过对西方宪制文化的理解与体认促使我们进一步审视我们自己。

一、进化论中的自由发现

作为开启中国近代宪制文化的戊戌维新运动始终潜有两种力量。虽然国难当头,在救亡图存的麾下,可以把不同的先进人士集结起来,

[①] 〔美〕本杰明·史华兹:《寻求富强:严复与西方》,叶凤美译,江苏人民出版社1995年版,第1、2、9页。

组成一个阵营,但不同的思想观念、不同的政治主张、不同的旨趣,又把这个阵营分成不同的派别。以康有为所代表的维新派人士怀着变政革习的志向,着眼于制度层的实际动作;而以严复为代表的人士则从"治本"着眼,力主观念思想层的文化变革。这两股力量或明或暗,或合或分,始终潜藏于整个维新运动。由于此,维新运动本身亦具有双重意义:作为一个"变法"的尝试,它是一场政治制度的改革运动;作为文化观念的革新,它又是一场思想启蒙的新文化运动。作为前者,它早已成为历史的陈迹,但人们不会忘却的是那些为中国寻求出路而血洒沃土、亡命天涯的志士,他们是中华民族的脊梁和魂;作为后者,它是历史的延续,需要继往开来,中国宪制文化之火需要传递。从根本意义上讲,严复是中国传递宪制文化之火的第一人、第一棒。

与维新时期的康有为、梁启超不同,严复不但亲临西方之国,而且深刻地钻研了西书。他对西方宪制文化或对或误有着更深刻的了解与体认。严复通过对斯宾塞、赫胥黎、穆勒、亚当·斯密、孟德斯鸠等西方思想家著作的钻研,发现了西方强大的根本原因绝不仅仅在于西方的船坚炮利,也不仅仅在于西方繁荣的经济、议院政治。这些不是西方强大的原因,而是结果,其原因应该在思想和价值观的领域里去寻找。严复从这些西方圣人的书中找到了西方强大的秘密,他认为这个秘密就是源于进化中的个人自由观念和价值。而他自己首先要做的,就是在适当的时候,把这一发现传送给中国人,让中国人,特别是官僚及士大夫阶级睁开眼睛,改换脑筋,放下文化自大的架子,真诚地向西方学习。与康有为相比,虽然两人都从关切中国富强问题出发,去观察体认西方宪制文化,或者说两人都把西方的宪制文化看作是富强中国的工具,疗愈中国贫弱的药方,但不同的是,康有为着眼的是制度,希望通过引入西方式的议院制度、立宪制度以改进中国已失灵的国家机器;而严复则真诚而深切地皈依了西方思想家的进化论,并从进化论的理论框架中找到了西方宪制文化中蕴藏着的个人自由所释放出来的活力与西方强大的关系。康有为虽然也赞同进化论,但他所看重的是进化的结果,即西方的立宪制度。而严复则企图寻求西方进化而中国停滞的原因。在严复看来,西方宪制文化蕴含的自由价值不是西方进化的结果,而是原因。正是个体自由所迸发出来的活力才导致了西方的宪制制度及其强大的结果。不同的理论旨趣带来不同的政治主张。这就是为什么严复始终把愈治中国贫弱之病的药方开始于改造"文化基因工程"这上面的主要原因。进化论是严复了悟体认西方宪制文化的切入点或中介,也是严复将西方宪制文化输入引进近代中国的转运站。

严复是这样理解进化论的:"运会既成,虽圣人无所为力。盖圣人亦运会中之一物。即为其中之一物,谓能取运会而转移之,无是理也。彼圣人者,特知运会之所由趋,而逆睹其流极。……于是裁成辅相,而置天下于至安。后之人从而观其成功,遂若圣人其能转移运会者。"[①] "运会"肯定是一个进化的概念,它包含了进化过程的要素。进化既然是一个客观过程,那么"圣人"也是"无所为力"的。即便是"圣人"也只能发现洞明进化之机理,而无法阻隔进化之趋势。社会历史犹如一条由上而下不断流淌的长河,由简单到复杂进化的行程中总是由一种"力"支配着,这种"力"就像"一只看不见的手"(invisible hand),思想的价值是发现运用这种"力",而不能改变它。近代的西方思想发现了这种力,从而使进化动力不受限制地转化为近代社会发展的决定因素。而中国的圣人们不了解这种"向前"运会的进程,并且阻碍了中国社会的进化。"尝谓中西事理,其最不同而断乎不可合者,莫大于中之人好古而忽今,西之人力今以胜古。中之人一治一乱,一盛一衰为天行人事之自然,西之人以日进无疆,既盛不可复衰,既治不可复乱,为学术政化

[①] 《严复集》,第1册,中华书局1986年版,第1页。

之极则。"①在严复看来,"思想就是一种酶,它对进化动力不是解放就是束缚。"②严复对西方的价值与思想深有了解,进化论在19世纪西方风靡一时,主要是由达尔文和斯宾塞的鼓动。严复说,"《物种探源》,自其书出,欧美二洲几乎家有其书,而泰西之学术政教,一时斐变。论者谓达氏之学,其一新耳目,更革心思,甚于奈端氏③之格致天算,殆非虚名"。④ 达尔文在严复的眼里就是回到人间的农神,他不但描述了生物的进化过程,而且也揭示了进化的动力之源。严复是这样评说的:"'物竞'者,物争自存也;'天择'者,存其宜种也,竞得民物于世,樊然并发,同食天地自然之利矣,然与接为物,民民物物,各争有以自存,其始也种与种争,群与群争,弱者常为强肉,愚者常为智役。"⑤这原本是一幅惨然的画面,在这达尔文式的生存竞争的人类世界中似乎正义、公平诸道德法则不起作用。在生物界,弱肉强食是事实,但也不能否认动物间母为子捕食、为护子献身的温情。人类社会弱肉强食、愚者智役这也是事实,也确乎是人性惨淡的一面。但一个健全的社会应当保护弱者、尊重个性,这也是人类生活的道德法则。作为一个有良知的思想家的严复不但不为这种人类惨然的境遇而愤怒,反为这暗淡的画面涂上欢乐的色彩,并为之而欢呼。严复的性格里确乎存有一份冷漠,但在此面对着不争的国人,严复更多采用的是一种策略。所以当他从达尔文的生物界,转向人类社会之后,就这样看待斯宾塞:"斯宾塞者,亦英产也,与达氏同时,其书于达氏之《物种探源》为早出,则宗天演之术,以大阐人伦治化之事,号其为同群学,犹荀卿言人之贵于禽兽者,以其能群也,故同

---

① 《严复集》,第1册,第1页。
② 本杰明·史华兹:《寻求富强:严复与西方》,第40页。
③ 奈端,现译为牛顿。
④ 《原强》,见《严复集》,第1册,第16页。
⑤ 同上。

群学。"① 严复在此抬出斯宾塞,为的是阐明为什么一些国家强(如西方),而另一些国家弱(如中国)的社会法则。"社会有机体"是斯宾塞的《社会原理》的一个核心范畴。它主要包含两层含义:其一,一个社会作为有机体是指它与其他有机体共处在生存竞争的环境中,并为求己生存、发展、取胜而进行不间断的斗争;其二,社会"群体"的质量有赖于"各个单位"即个体或各个细胞的质量。② 严复对此评论说:"一群之成,其作用功能,无异生物之一体。大小虽异,官治相准,知吾身之所以灵长矣。一身之内,形神相资,一群之中,力德相备。身贵自由,国贵自主。"③ 正如史华兹指出的那样,斯宾塞的社会有机体理论是有毛病的。"社会有机体"的概念和强调各个个体的质量两者间的逻辑关系,表面看来似乎有理,实际上是经不起推敲的。如果斯宾塞假定社会是一个有机体,那么就不是个体的质量决定社会有机体的质量,而是相反,并且,在社会有机体中,个体也决不是一个独立的可变之物。④ 对此,严复几乎毫无察觉,他全神贯注于个体作为细胞对社会有机体的贡献这一关涉国家富强的紧迫课题。正是严复对进化论以及斯宾塞的社会有机体的深情依恋,才引出了他对西方宪制文化中的个体自由价值的信仰。

在斯宾塞的社会有机体理论中,既然社会群体的质量被认为是奠基于组成这个群体的个人质量之上,那么严复照样可以把个体的质量高低转化为国家富强或贫弱的问题。在斯宾塞那里,个人被看作是一个具有潜在活力的单位,是体力、智力和道德的结合体。而能够使这些活力运动起来的强劲的原则就是追求个人的幸福与自由。而幸福并不

---

① 《原强》,第16页。
② 参见本杰明·史华兹:《寻求富强:严复与西方》,第51页。
③ 《原强》,第17页。
④ 参见本杰明·史华兹:《寻求富强:严复与西方》,第51页,注②。

是与任何个人相系,它只赐给那些生存竞争中的凯旋者,幸福总是与"能力"的充分发挥相伴随。斯宾塞曾这样描述一个幸福的人:"一觉醒来,跳下床,一面穿衣一面哼着曲子或吹着口哨;面带微笑讥诮微不足道的小事;精力充沛,身体健康;能意识到过去的成功,又凭自己的能力、敏捷、智谋而对未来充满了希望;不是以厌恶而是以欢乐开始一天的工作,且工作效率高,时时对自己感到满意;下班回家仍有相当的剩余精力去消遣、娱乐。"①斯宾塞的这幅自鸣得意的幸福图画无疑是19世纪美国那些在生存竞争中已取得优胜地位的个人的福音书。但对于来自落后的中国的严复来说,这幅幸福图画引不起他多大的兴趣,他感兴趣的是斯宾塞的竞争式的利己主义。在严复看来,只要中国每一个个人都能像斯宾塞描述的那样,为了自己的幸福充分释放自己的活力,那么这种竞争式的利己主义就会为国家富强服务。如何才能使个人的活力充分释放出来呢? 其前提就是个人必须具有自由。在这里,正如史华兹先生敏锐指出的:"自由意味着无约束地发挥人的全部才能,意味着创造一个解放和促进人的建设性能力,以便使人的能力得以充分发挥的环境。但中国圣人们所做的每件事都是在限制和禁锢个人的潜在能力,而近代西方则创造和培育了解放这些能力的制度和思想。调动这些能力的能力在于近代文明意义上的利己。……严复从斯宾塞那里得到的牢固信念是:使西方社会有机体最终达到富强的能力是蕴藏于个人中的能力,这些能力可以说是通过驾御文明的利己来加强的,自由、平等、民主创造了使文明的利己得以实现的环境,在这种环境中,人的体、智、德的潜在能力将得到充分的展现"。②

严复之所以如此看重西方宪制文化中个人自由价值,不在于他对

---

① 《斯宾塞选集》,第536页,转引自本杰明·史华兹:《寻求富强:严复与西方》,第54页,注①。

② 同上书,第55页。

个人自由价值的绝对信奉,而在于他深信不疑地认为个人自由会为国家富强卖命。严复与康有为和梁启超一样都坚持了宪制文化的工具观。不同的是,严复在这一工具中发现了个人自由,而康有为则没有。与此相联系,严复从进化论和社会有机体学说中必然得出这样一个结论:中国要由弱致强,就必须从文化基因的改良入手,即通过移入西方式的个人自由以激发每一个中国人的活力,舍此并无他途。他说:"由是而观之,则及今而图自强,非标本并治焉,固不可也。不为其标,则无以救目前之溃败;不为其本,则虽治其标,而不久亦将百废。……至于其本,则亦于民智、民力、民德三者加之意而已。"①在谈到治本与治标的关系时也说:"果使民智日开,民力日奋,民德日和,则上虽不治其标,而标将自立。何则?争自存而欲遗种者,固民所受于天,不教而同愿之者也。"②关键的问题是怎样才能使"民智日开""民力日奋""民德日和"呢?严复提出了两策:一是推广西学,学习西方文化。他极力驳斥西学为迂涂的看法,指出:"且客谓西学为迂涂。则所谓进化之术者,又安在耶?得毋非练军实之谓耶?开民智正人心之谓耶?而之数习者,一涉其流,则又非西学格致皆不可。"③在他看来,西方与中国的贫富强弱的分别实际上就是西学与中学的不同,④因而当务之急是废除八股而输入西方学术文化。⑤ 其二,截取西方宪制文化中的自由价值:"是故富

---

① 《严复集》,第1册,第14页。
② 同上。
③ 同上书,第46—47页。
④ "然而西学格致,则其道与是适相反。一理之明,一法之立,必验之物物事事皆然,而后定之为不易。其所验也贵多,故博大;其收效也必恒,故悠久;其究极也,必道通一,左右逢源,故高明。"(《严复集》,第1册,第45页)反观中学:"且中士之学,必求古训。古人之非,既不能明,即古人之是,亦不知其所以是。记诵词章既已误,训诂注疏又甚拘,江河日下,以致今日之经义八股,则适足以破坏人材,复何民智之开之与有耶?"(《严复集》,第1册,第29页)
⑤ "天下理之最明而势所必至者,如今日中国不变法则必之是矣。然则变将何先?曰:莫亟于废八股。"(《严复集》,第1册,第40页)

强者,不外利民之政也,而必自民之能自利始;能自利自能自由始;能自由自能自治始,能自治者,必其能恕、能用絜矩之道者也。"①在此,可把斯宾塞的理论模式与严复的心路旨向作一对比,就可进一步理解严复的良苦用心。在斯宾塞那里,正如上述,自由主义是建基于社会有机体的理论假定,然而,斯宾塞理论中个人至上的价值取向并未引起中国严复的重视;相反,由于斯宾塞理论本身的毛病使他误读了斯宾塞。他放眼西方,却胸怀中国,把斯宾塞的"社会有机体优劣"概念偷偷改换为"国家富强与贫弱"概念;把斯宾塞理论中个人自由这样一个自立自足的独立价值从第一位的位置上拉下来,让它成为第二位的工具性东西,并为国家富强效力。而自由之所以能为国家富强效力是因为它能够激发出个人的活力,马达启动了,国家机器就会轰鸣地运转起来的。然而,严复的眼光一旦转向中国,问题就复杂了。中国社会不但事实上不存在自由,而且中国文化里也缺少这个因子。② 所以要移入西方宪制文化中的个人自由价值,首先要改变土壤改造"民种",即学习西方学术文化,变革中国文化,鼓民力,开民智,新民德;而当民体力、智力、德力"三力"具备之日,也就是个人自由落地生根之时,有了个人自由,中国社会的活力就会像火山爆发一样全部迸放出来,中国富强也就指日可待了。这就是严复的逻辑,严复的"文化基因改造工程"。这好比是一个"取羊毛先松土种草"的长期劳作。在严复看来,中国要获得羊毛,靠进口现成羊毛是无济于事,关键是要培植中国能够生产羊毛的条件。

---

① 《严复集》,第1册,第14页。
② "夫自由一言,真中国历古圣贤之所深畏,而从未尝立以为教也。彼西人之言曰:'唯天生民,各具赋畀,得自由者乃为全受。''自由既异,于是群异丛然以生,粗举一二言之:则如中国最重三纲,而西人首明平等;中国亲亲,而西人尚贤;中国以孝治天下,而西人喜党居而州处;中国多忌讳,而西人众讥评。其于财用也,中国重节流,而西人重开源;中国追淳朴,而西人求欢虞。其接物也,中国美谦屈,而西人务发舒;中国尚节文,而西人乐简易。其于为学也,中国夸多识而西人尊新知。其于祸灾也,中国委天数,而西人恃人力。"(《严复集》,第1册,第3页)

这需要先改造土壤,然后种草,草种出来了就开始养羊,等羊长大了自然就获取了羊毛。这的确有点迂阔,且中国的富强是否只有"自由"一途暂且不论,即使非经"自由"一途不可,那也不能冷漠制度层面改革的必要性。康有为一味的"变法"确有短处,但严复把制度改革视为"治标"似乎也不妥当。实际上,思想的启蒙与异质文化的引进应与制度改革相伴而行,两者不能偏废。只重制度改革而忽略新思想的启蒙固然不可取,智力未开,观念滞后,即使一种再好的制度也难真正落地生根;但一味追求思想启蒙而看低制度的改造与新制度的引进,也很难把事业导向成功。社会本身就是一个复合体,物质、制度、观念思想、习俗民情相互交着并存,并非抓住一头其他皆可迎刃而解。按照严复的逻辑,中国富强所需要的宪制制度非要等到中国人的思想观念处于西人的同一水平才能建立,这一结果最终能否达到尚存疑惑,而且这一思想本身也忽视了旧制度变革与新制度建立对思想观念转化的促进作用。

严复那颗令人能够感知的爱国之心与其时代的脉搏一起剧烈地跳动。他的那份智者的冷漠以及那种天生对政治怀有恐惧的性格使他过于看重思想的魅力和价值。进化论、社会有机体论这些只代表西方某一个时期或某一些人的思想成为严复寻求中国富强的不二法门。他从关切中国富强之门开始进而呼出个体自由,实现了他的宪制文化观的价值转换:原本属于西方宪制文化中具有自为自足价值的个体自由由严复而换上富强的标签,从西方转手售给近代的中国。这种价值转换是思考严复与近代中国的宪制文化关系时所不能忽视的。

二、自由与力本论

关于自由,严复曾写下这样一段话:"唯天生民,各具赋畀,得自由者乃为全受,故人人各得自由,国国各得自由,第务令毋相侵损而已,侵人自由者,斯为逆天理,贼人道,其杀人伤人及盗蚀之财物,皆侵人自由之极致也。故侵人自由,虽国君不能,而其刑禁章务,要皆为此设耳。"①"民之自由,天之所畀也。"严复认为,即使是圣人,也不得"得而勒之",圣人所应做的只是"早夜以孳孳求所以进吾民之才、德、力者,去其所以困吾民之才、德、力者,使其无相欺相夺而相患害也",②把人的自由奉还给人本身,"悉所其自由"。这全然不是达尔文式生存竞争的语言,也不是斯宾塞社会有机体说中的自由概念,这倒有些像17、18世纪西方启蒙思想家的自由思想。"民之自由,天之所畀也"几乎是卢梭的语言了。自由首先是一种个体伦理,根源于人的理性。它先于规范化的政治自由而存在,并为政治自由提供基础。严复一开始就注意到了这个问题。他先区别西方的"自由"和中国文化中的"恕""絜矩"时说:"何则？中国恕与絜矩,专以待人及物而言,而西人自由,则于及物中,而实寓所以存我也。"③自由是一种自我肯定,它本身就是一个自足自律的概念而不需要在其外部添加些什么。严复或许并不知道"天赋自由"与斯宾塞社会有机体说中的"自由"并不能和谐共处,所以他向"天赋自由"表示敬意以后又匆匆地投向斯宾塞的社会有机体说。他说:"不观于圬者之为墙乎？与之一成之能,坚而廉,平而正,火候得而大小若一,则无待泥水灰粘之用,不旋踵而数仞之墙成矣。由是以捍风雨,卫家室,虽资之数百年可也。使其为砖也,欹崎甋缺,小大不均,则虽遇至巧之工,亦仅能版以筑之,成一粪土之墙而已矣。廉隅坚洁,持久不败,必不能也。"④于是严复得出结论:"夫如是,则一种之所以强,一群之所以立,本斯而谈,断可识矣。盖生民之大要三,而强弱存亡莫

---

① 《严复集》,第1册,第3页。
② 同上书,第35页。
③ 同上书,第3页。
④ 同上书,第18页。

不视此:一曰血气体力之强,二曰聪明智虑之强,三曰德行仁义之强。是以西洋观化言治之家,莫不以民力、民智、民德三者断民种之高下,未有三者备民生不优,亦未有三者备而国威不奋者也。反是而观,夫苟其民契需恂愁,各奋其私,则其群将涣。以将涣之群,而与鸷悍多智、爱国保种之民遇,小则房辱,大则死亡。此不必干戈而杀伐行也。"① 正是有机体进化的信念使严复在思考自由时,把能否促进个人体力、智力、德力发展看作个人自由的根本条件。② 据此,严复对中国压抑人的能力和自由的制度和文化进行了有保留的批判。他说:"秦以来之为君,正所谓大盗窃国者耳。国谁窃? 转相窃之于民而已。既已窃之矣,又惴惴然恐其主人或觉而复亡也,于是其法与令蝟毛而起,质而论之,其什八九皆所以坏民之才,散民之力,漓民之德也。"③ 他认为,中国历代的政治制度和儒家文化在创设释放个人活力的自由及其条件上不仅没有做出任何努力,反而千方百计地限制和禁抑个人自由。统治者和圣人们高高在上的优越感、俯视众生的主世心态,使他们很难相信"缪民"能有什么创造力,更不相信个人活力的存在,他们"谓是种也固不足以自由而自治也,于是加束缚驰禁,奴使而房用之,俾吾之民智无由以增,民力无由以奋,是蚩蚩者亦长此困苦无聊之众而已矣。"④ 如果说先秦的圣人们对于促进人民的活力和能力做得甚少,那么秦以后的统治者们则在压制它们方面做了最大努力,史华兹在评价严复对待中国文化传统时作如是说。在严复看来,中国历代的圣人和统治者们苦苦追求的

---

① 《严复集》,第1册,第18页。
② 严复说:"至于发政施令之问,要其所归,皆以其民之力、智、德三者为准,凡可以进是之者,皆所力行,凡可以退之者,皆所宜废";"一政之举,一令之施,合于其德、智、力者存,违于其智、德、力者废。"(《严复集》,第1册,第25页)
③ 同上书,第35—36页。
④ 同上书,第23页。

太平盛世其实是一种消解了个人活力而达成的一种朴鄙贫弱的"和谐"。孟子"民为贵,社稷次之,君为轻"所注意的也是君民间关系的平衡与和谐以及统治者对其臣民的怀柔,并未看到个人的自由与活力那块领地。以济世救人自恃的圣人们甚至对百姓读书识字都不感兴趣,所以"学校义废久矣,即使尚存如初,亦不过择凡民之俊秀者而教之,至于穷檐之子,偏户之亡民,则自襁褓以至成人,未尝闻有敦敦之者也。"① 这就造成了礼、义、廉、耻的儒家说教,不过是泱泱之中国的颜面,是专横统治的一层轻柔的面纱,真正内燃启动的是无知与专制。"夫中国今日之民,其力、智、德三者","经数千年层递之积累","导之乎刑政教俗之屡变,陶钧炉锤而成此最后之一境""才未逮,力未长,德未和"。② 无知与专横只能造就奴才,而生产不出有人格的国民。③ 奴才对主人的帖服只是迫于其手中的鞭子,一旦形势有变,法禁不逮,奴才也会对主人不客气。严复警告说,要黎民百姓真正树立起爱国之心,不是用纲常名教作为教鞭让民牢记忠孝二字,在人类智慧的字典里,除了忠孝二字还有许多更有价值的东西,其中最重要的是自由。严复在西方字典里看道:"西之教平等,故以公治众而贵自由。自由,故贵信果。"相反,"东之教立纲,故以孝治天下而首尊亲。尊亲,故薄信果。然其流蔽之极,至于怀诈相欺,上下相遁,则忠孝之所存,转不若贵信果者之多也。"④ 破纲常名教,取法西方的平等;做到人人自由,这才是国家富强的正途。

---

① 《严复集》,第 1 册,第 29—30 页。

② 同上书,第 27、35 页。

③ 严复说:"夫上足以奴虏待民,则民亦以奴虏自待。夫奴虏之于主人,特形劫势禁,无可如何已耳,非心悦诚服,有爱于其国与主,而共保持之也。故使形势可恃,国法尚行,则腼靴薦面,胡天胡帝,扬其上于至高,抑其己于至卑,皆奴为之,一旦形势既去,其所不行。则独知有利而已矣,其起而挺之,又其所也,复何怪乎?"(《严复集》,第 1 册,第 31 页)

④ 《严复集》,第 1 册,第 31 页。

严复认为,民智是健全国民人格的先决条件,也是衡量国民素质的重要标尺,而民智也只能在平等的教育、为生存的自由竞争中才能得到开发和提高。平等潜藏着个人自由和活力。为了民智和民德,严复开始向他先前的"天赋自由"告别,转向一种更"实在"的自由。在西方,原本是属于政治自由范畴的言论自由,其所要保障的不过是公众表达思想的自由而已。它源于"人有说话权利"这一伦理。既然是一种伦理,它也就自足自律,不需要添加什么。说得通俗一点,"人有说话的权利"在伦理意义上并不含有人只能说真话说好话而不能说假话说坏话这一判断。否则"言论自由"在伦理学上便毫无意义。当"人有说话权利"从伦理意义上转化为一种政治意义上的"言论自由"时,言论自由作为一种政治权利也只能是"人有说话权利"的客观化、规范化。如果一个国家的法律规定言论自由只意味着"说好话"的权利,那实际上是对自由伦理的逆反。严复曾这样思考过,但现在却变了。他所关切的不是人是否有说话的权利,而是言论自由对民智、民德的功利价值。他提醒说:"须知言论自由,只是平实地说实话求真理。一不为古人所欺,二不为权势所屈而已。使真理事实,虽出之仇敌,不可废也。使理谬事诬,虽以君父,不可以也。此之谓自繇。"[①]言论自由本身就是最高的"善",是自由生命的真实存在,而严复为此却加进了"平实说话""不为古人所欺""不为权势所屈"等价值尺度。殊不知,有些树木是开花的,但自由之树并不因为人们赏花而活着。就像青草不为绵羊而生长,绵羊也不为人类需要而生存一样。严复颠倒了这一价值关系,进一步论说"青草为绵羊而生长"的道理:"西国言论最难自繇者,莫若宗教。故穆勒持论,多取宗教为喻。中国事与相方者,乃在纲常名教。事关纲常名教,其言论不容自繇,殆过西国之宗教。观明季李贽、桑悦、葛寅亮诸人,至

---

① 《严复集》,第 1 册,第 134 页。

今称名教罪人,可以见矣。虽然,吾观韩退之《伯夷颂》,美其特立独行,虽天下非之不顾。王介甫亦谓圣贤必不徇流俗,此亦可谓自由之至者矣。至朱晦翁谓虽孔子之言,亦须明白讨个是非,则尤为卓荦俊伟之言。谁谓吾学界中,无言论自繇乎?"①也正是在这个意义上,严复看到了自由对增进民智、民德的实用价值:"使中国民智、民德而有进今之一时,则必自实爱真理始。仁勇智术,忠孝节廉,亦皆根此而出,然后为有物也。"②既然严复规定了言论自由的民智、民德的价值尺度,那么一切自由也只能通过民德、民智的增进为国家卖命。

"国家富强"是萦绕于严复一生的情怀,而寻求富强之途则是他永恒的思想主题,当年年轻的严复正是带着这一理想来到了世界最富强的"大英帝国"。经过他独特的观察和长期探思,他从亚当·斯密的《国民财富的性质和原因的研究》(即严译《原富》)中发现了一个秘密:即由《原富》传达出来的并由英国鲜活的事例说明了的经济自由体系是一种达到国家富强而巧妙设计出来的体系。斯密在经济学领域如同斯宾塞在社会学领域一样,他天使般地揭示了经济自由所带来的个人经济活力和能力的解放而造成的富强之功。所以在严复看来,个人自由的伦理一旦走入经济领域,那便转化为通过解放个人活力而为国家富强做贡献的经济自由。他这样评价英国:"政令之曰以宽大"信"守自由商政之效","听民自由,无为汩梗者",倡"明自由平通之义"。③ 而反观自己祖国的历史,严复却看到了另一幅景象:由于圣人和统治者们有意识地压抑了经济自由,所以中国的经济活力一直处在不幸的停滞和束缚之中。而这一切又主要来自中国传统道德的腐蚀作用。严复的老师及好

---

① 《严复集》,第 1 册,第 134 页。

② 同上。

③ 《严复集》,第 4 册,第 897 页。

友吴汝伦也同时发现了中国的这一症结:"不痛改讳言利之习,不力破重农抑商之故见,则财且遗弃于不知。……以利为讳,则无理财之学。"①因此,中国要取法经济自由,首先要在文化上破除传统的"义利观"。严复认为,正当的利和义是不能分割的,"自天演学兴,而后非谊不利,非通天功之理,洞若观火。而计学之论,为之先者焉。斯密之言,其一事者。尝谓天下有浅夫,有昏人,而无真小人。何则? 小人之见,不出乎利。然使其夫见长久真实之利,则不与君子同术焉,固不可矣……。故天演之道,不以浅夫昏子之利为利矣。亦不以谿刻自敦滥施妄与者之义为义,以其无所利也。庶几久利合,民乐从善,而治化之进不远欤!"②严复批判了孟子"亦有仁义而已矣,何必言利"和董仲舒"正谊不谋利,明道不计功"之说,指出"此其用意至美,然而于化于道皆浅,几率天下祸仁义矣。"③其结论是:要富强必利民。为此,政府在政治与法律制度上应为经济自由做出努力,国家不应通过政治法律制度为经济自由设置界域,而应解除束缚,让黎民百姓成为自由的"经济动物。"④这样,严复又把个人自由的伦理引到了政治自由的问题上。经济自由通

---

① 《严复集》,第 5 册,第 1553 页。
② 《严复集》,第 4 册,第 859 页。
③ 同上书,第 858 页。
④ 严复说:"盖财者民力之所出,欲其力所出至多,必使廓然自由,悉绝束缚扣滞而后可。国家每一宽贷,民力即一恢张,而其致力之宜则自与其所遭之外境相剂。如是之民,其出赋之力最裕,有非常识所可测度者。若立新者用其私智,于一业欲有所丰佐,于一业欲有所沮挠,其效常终于纠棼,不仅无益而已,盖法术夫有不侵民力之自由者。民力之自由既侵,其收成自狭,收成狭,少取且以为虐,况多取乎!"(《严复集》,第 4 册,第 888 页)"盖工商民业之中,国家去一禁制,市廛增一鼓舞之神。虽有不使特见于一偏一隅,而民气之所发舒,新业之所导启,为利至众。偿之不止有余,且转移至速,前之不便,瞬息无所。"(《严复集》,第 4 册,第 893 页)严复对政府出令制定利息的做法提出质疑:"以令制息,斯密氏不以为非。然既云息者所以市用财之权,则息者乃价。凡价,皆供术相剂之例之所为;操仿者又乌能强定之耶?"(《严复集》,第 4 册,第 897 页)在严复看来,一个好的国家和政府,它应放手让百姓自己按照自己的意愿发家致富,小家富了,国家这个大家自然就强大起来了。

过国家的法律体制的介入便可转化为政治自由的问题,而在这两者间起中介作用的便是政府权力。既然严复从个人自由伦理中看到了国家富强的奥秘,那么他就可以合乎逻辑地赞同"政府权力有限论"。早在写作《辟韩》一文时,他就对韩愈提出的君臣之伦乃"道之原"的说法表示愤慨,并阐述了政府设立的目的在于通过维持社会秩序以抵御外侵的保障民之自由这一原则。即民"出什一之赋,而置之君,使之作为刑政、甲兵。"①"知民所求于上者,保其性命财产,不过如是而已。更骛其余,所谓'代大匠斲,未有不伤指'者也。"②政府就是一个社会警察,除此而外,国家和政府不能打搅民众的生活。政府最多也只能"去其所以困吾民之才、德、力者,使其无相欺、相夺而相害。"③严复规定的政府是这样一个政府:它只能做好事,不能干坏事。这反映了严复面对中国现实所表现出来的一种矛盾心境:在价值上,严复对好政府就是"管得最少的小政府"这一英国式的自由主义深信不疑,因为在英国这样一个民智已开、民德已进、民力已盛的国度,政府管得太多,只能是对民众的自由碍手碍脚,不利于国家进一步富强的活力增长。相反,在中国这样一个政府凡事都管只有民德、民智、民力不管以致三者皆无的国家,民众的自由还需要国家和政府帮忙,即帮助"去其所以困吾民之才、德、力者"。然而作为一个中国式的自由主义者的严复,生性对国家和政府怀有恐惧:政府在这方面做得太多,势必要侵害民之自由,就像一个突然改邪归正的小偷,看见别人的财物手难免发痒一样,中国政府干了三千年的"小偷"行当,突然改邪归正,谁敢保证他不会去窃取别人的财物?但严复又找不到解决问题的方法,所以他陷入深

---

① 《严复集》,第1册,第33页。
② 同上书,第35页。
③ 同上。

深的迷茫:既要政府少管闲事,以为民理想中的自由留下余地;又需要政府在民的智、德、力方面发挥作用,以使民具有享受现实自由的能力。敢问严复一句:天下果真会有这样好的政府?严复的这一矛盾也反映了一个接受了西方宪制文化的智者在向中国输入这种文化时所必然具有的一种困惑。

但严复的可贵处在于:他没有因为矛盾无法解决便裹足不前,而是宁可走些弯路也要合乎逻辑地到达理想的目的地。他未曾因为中国的民力、民德、民智问题而放弃对自由价值的怀想,他坚持将自由作为评价国家和政府的价值尺度。他认为,民之自由的国家必然是一个富强的国家;民之自由的政府必然是一个好政府。他甚至深邃地提出过这样一个看法:暴虐的国家,民未始有很大的自由,则反是而观,施仁政的政府,其民也未必有很大自由。因为政治的仁暴与政治自由的多寡是两回事:"夫父母慈祥之政府,既能夺其民之自由,则反是而观,暴虐虎狼之政府,即有不夺其民之自由者。"[1]仁政不等于民主,暴虐也不等于专制,这是现代政治一个不争的事实。仁政本身可能就是专制,就像民主缺失了合理的法律机制会变得暴虐一样。自由与政治的仁暴无涉,但与民主(制度)息息相关,严复说:"今假政府之于民也,惟所欲为,凡百姓之日时,百姓之筋力,乃至百姓之财产妻孥,皆惟上之所命。欲求免此,舍逆命造反而外,无可据之法典,以与之争。如是者,其政府谓之专制,其百姓谓之无自由,谓之奴隶。"[2]严复通过以法治而确立起民主制度的宪制国家,看到了民众的自由。因为通过立宪,民众就得到了可以"据以与君上为争之法典。"[3]他强调:立宪是制定确保民众自由的宪

---

[1] 《严复集》,第 5 册,第 1283 页。
[2] 同上书,第 1284 页。
[3] 同上。

法,而非颁行管制民众活动的刑法:"立宪者,立法也,非立所以治民之刑法也。"①严复从自由的观念出发,看到了宪制的价值。在严复的思想里,自由是国家富强的纲,而真正的自由只有在实现了法治的民主宪制制度里才能存活。这就是严复的宪制文化思路,仅就此而言,他比其同时代人都是更深刻的。

关于西方宪制文化中的自由与民主关系,严复一句断语式的话叫"自由为体,民主为用。"②这既是对西方宪制文化的确当点评,也是严复的信念。自由可以牵引出国家富强的活力,民主可以形成公心。而民主制度必须是由民权始。严复认为,民权就是"民有权而自为君者"③,"夫制之所以仁者,必其民自为之。使其民而不自为,徒坐待他人之仁我,不必蕲之而不可得也。就令得之,顾其君则诚仁矣,而制犹未仁也。……在我者,自由之民也;在彼者,所胜之民也。必在我,无在彼,此之谓民权。"④民之自由是第一位的,民权为自由而存在,"不知民之自由者为可悲,不知民权者为至愚。"⑤自由经过民权的中介必然与立宪民主制度发生关系:"夫自由云者,作事由我之谓也。今聚群民而成国家,以国家而有政府,由政府而一切所以治吾心之法令出焉,故曰政府与自由反对也。顾今使之为法,而此一切所以治吾身心者,即出于吾之所自立,抑其为此之权力,必由吾与而后有。然则虽受治,而吾之

---

① 《严复集》,第 5 册,第 1284 页。
② 《严复集》,第 1 册,第 23 页。
③ 严译名著丛刊《孟德斯鸠法意》,商务印书馆 1981 年版,第 96 页。
④ 《严复集》,第 4 册,第 972 页。
⑤ "乃今之世既通矣,处大通并立之世,吾未见其民之不自由者,其国可以自由也;其民之无权者,其国之可以有权也。"(《严复集》,第 4 册,第 917 页)"吾不知以无权而不自由之民,何以能孤引其道以变其夫有所受之法也?……故民权者不可毁也,必欲毁之,其权将横用而为祸愈烈也。毁民权者,天下之至愚也,不知量而最足闵叹者也。"(《严复集》,第 4 册,第 918 页)

自由自若,此则政界中自治 Selfgovernment 之说也。"①自由、自治、立宪民主制度三者间存在必然联系:立宪民主制度是自治的保障机制,而通过自治便可使政治自由成为可能。在严复看来,自治既是民之自由与政府权力间的缓冲器,也是民对政府自觉服从的前提。严复论证说,在外来入侵的情形下,人民奋然而起,执戈御敌,这时候人民会主动地服从一个首领的指挥。这位首领虽有"生杀威严"的权威与权力,但却不能说民之服从其命令是受其驱迫,这一切皆出于"彼之自发心"。自治不是别物,它是社会生活中本来存在的"非由己欲,亦非从人"的一种情况,它"但以事系公益,彼此允诺,既诺之后,即与发起由吾无异。"②严复将自治制度誉为"政界之境诣"。这一"境诣"说明了自治与自由的深刻联系,因为没有自治制度所确保的个人领地,政治自由只能是一句空话。对自由的尊崇必然推至对自治制度的看重。所以导源于立宪民主制度中的自治能否实行被严复看作是能否实现自由的前提。他认为,"地方自治之制,乃刻不容缓者矣"③,"设地方自治之规使与中央政府所命之官,和国为治,于以今亿兆之私为公,安朝廷而奠磐石,则国不容一日缓者也。夫今不图,行且无及!"④更主要是因为,"能自利自能自由始,能自由自能自治始"⑤,"虽然,图国之道,在审已然之势,而求其所可安,……大著以自治为主旨,又以西南总体为自治之权舆,今日排难解纷,恐舍此殆无他途之可出。盖吾国旧义,所谓以贵治贱,以贤治不肖之局,既已推翻,而人怀平等,家称自由,乃于地不与以自治,则向所谓民权之义,安所寄乎?"⑥为什么说自由必须从自治

---

① 《严复集》,第 5 册,第 1300 页。
② 同上。
③ 《严复集》,第 4 册,第 982 页。
④ 同上书,第 986 页。
⑤ 《严复集》,第 1 册,第 314 页。
⑥ 《严复集》,第 3 册,第 727—728 页。

开始呢？第一，自由作为一种制度（政治自由）必与自治相伴而生，"哪里有立宪民主，哪里有自治；哪里有自治，哪里有自由。"第二，自由作为一种价值体系所存在的前提必须是民众愚去智开，而愈愚的最好办法就是自治："上无曰民愚不足任此事也。今之为此，正以愈愚。"[①]严复正是从国家富强的观念出发，发现了潜藏于西方个人自由中的活力与西方强大的必然联系，认为自由是西方强大的动力之源，自由是西方文化的本体。但严复并未就此止步，他又进一步想在个人自由为什么能在西方生存的问题上探个究竟。由此他便发现了由立宪民主所导源的自治制度在西方所具有的价值：一方面，是自治制度为个人自由提供了土壤，也作了担保；另一方面，自治又具有"和国为治"，合"亿兆之私为公"的效用。严复的这一发现是深刻的，也是他对西方宪制文化的体认不同于同时代其他人的重要之处。康有为也曾认为西方民主制度具有"合四万万人之心以为心"的效用，但他并未证说其中的道理。他断然认为，平民百姓生来就具有爱国心，只要平民百姓亲自参与政治，他们就会自发地团结起来，形成公心，为国家富强卖命。而严复则不同，他认为民主制度（自治）导源于人的"自营""自私"的天性。问题在于：人的"自营""自私"的特性在民主政治制度上并不妨害国家、社会的利益，相反它通过立宪民主制度（自治）"合私为公"的功能必然对国家的富强有利。事实上，严复也正是从这一角度去观察西方立宪民主政治的："法令始于下院，是民各奉其所自主之约，面非率上之制也；宰相以下，皆由一国所推择。是官者，民之所设以厘百工，以非徒以尊奉仰戴者也，抚我虐我，皆非所论者矣。出赋从庀工，无异自营其田宅；趋死以杀敌，无异自卫其家室。吾每闻英之人言英，法之人言法，以至各国人之言其所生之国土，闻其名字，若我曹闻其父母之名，皆肫挚固结，若有无

[①] 《严复集》，第4册，第982页。

穷之爱也者。此其何故哉？无他，私之以为己有而已矣。"①

严复之所以把西方宪制文化体认为"以自由为体，以民主为用"，那是因为他把自由看作是有利于力的释放，而民主有利于形成公心。有了"力"和"公心"这两把利剑，西方怎么能不横扫千军呢？

三、"国群自由"与"小己自由"：两个无法协调的概念

个人自由与国家富强是属不同价值范畴的两个东西。自由在本体意义是指不受拘束按己意过活，本与国家富强无涉。就价值而言，自由本身就是一个自足自律的概念，不需要任何其他的价值预设而构成一个独立的价值实体，是人生命意义的重要部分。在西方，导源于宪制文化中的个人自由也许是西方社会繁荣、国家富强的原因之一，但个人自由绝不是为了国家富强而设计出来的，这是毋庸置疑的。而且，西方国家富强之路也决非自由一途。德国现代化道路与英国不同，这是众人所知的，甚或法国也与英国有别。东方的日本成功的现代化经验也非一般意义上的全盘西化的道路。对此，严复并非全然不知，他在反驳孟德斯鸠地理决定论时曾以德国为例，说明德国现代化的起飞并不是自由，也不是地理环境，而是施泰因和沙恩霍斯特的变法。② 可惜的是，严复并没有就此深入下去探讨像中国这样落后国家现代化的道路。他太热爱英国了，曰："在梦里我追寻着你，可你却毫不在意。"以至于严复过分相信"大英帝国"经验了，太相信斯宾塞、穆勒、赫胥黎这些英国圣人了，他不愿意也不想寻找中国富强的其他西方先生。他的执迷导致

---

① 《严复集》，第 1 册，第 31 页。
② 《严复集》，第 4 册，第 983 页。

了他思想的误区:错把思想当作客观实在,把"英国式的自由"误认作人类的普遍经验。他不愿意看到,由于中、英文化的差异所可能导致的现代化的不同道路。虽然中国和英国文化、社会的差异,严复知之甚深,但他宁愿中国现代化的道路通过"取羊毛先变土、种草、养羊"的"文化基因改造"绕路而行,也要走上英国式的现代化之路,而不抄德国、日本的近路。严复之于英国正如梁启超之于日本,他俩都各自从自己热爱的国度为中国富强寻找路径。可以这样说,严复之于中国近代宪制文化价值,不在于他为中国富强所探寻的"自由道路",而在于他通过这种探寻发现了西方自由的宪制文化,并为移入这种文化而孜孜不倦地思考着中国文化传统的改造方案。严复失足的地方正是他的价值所在,就像哥伦布航海错误使他发现了美洲大陆一样。应值得注意的是,正是严复的这种"价值颠倒"又使他对自由问题的思考造成了思想逻辑上的混乱。

如前述,严复是通过进化论,具体说主要是通过斯宾塞发现并信奉自由对国家富强的价值,并在这一基础上形成了严复"工具主义"的、"进化论式"的、"经验式"的自由观。在方法论上,严复主要受惠于穆勒的经验论。严复认为,穆勒的归纳法("内籀")不仅是知识的来源,而且也是克服中国传统文化中的某些消极东西的有效方法。在他看来,集中体现为孟子的"万物皆备于我"的传统先验论和直觉论与中国社会的固步自封、消极、惰性和自满有着直接关联,并由此成为中国衰败的思想根源。相反,西方(英国)由于有了"内籀之术",才由此致强致富:"其为事也,一一皆术诸学术;其为学术也,一一皆本于即物实测,层累阶级,以造于至精至大深,故蔑一事焉可坐论而不足起行者","学问之士,倡其新理,事功之士,窃之学术,而大有功焉。故曰:民智者,富强之源。"[1]这一认识论不仅为严复"一理之明,一法之立,必验之物物事事

---

[1] 《严复集》,第1册,第23页。

而皆然,而后定之为不易"①的立法观念奠定了哲学基础,而且为其注重自由的实际具体运作以及自由实现的渐次进化,而决不可毕其功于一役的信念作了理论上的铺垫。

与此相联系,严复更倾向于从进化论理解自由的本义,而斯宾塞为其提供了一个直接观察的窗口。而且,正由于斯宾塞理论本身的毛病,以及严复对国家富强的终极关切造成了严复对穆勒的《论自由》的误读。这种误读不但表现在他把进化论同自由紧密联系在一起,而且表现在他把穆勒的许多思想塞进了斯宾塞的范畴框架中,把有关自由的问题压缩在"适者生存"这一范围内。然而正如论者所指出的,斯宾塞的古典自由主义理论与进化论之间存在着不可调和的矛盾:社会进化论在解释人类社会的进化时,是从"生存竞争"这一观念出发的,其中虽然可以容纳个人自由的存在,但从中推导不出"每个人的自由以不侵犯他人自由为前提"这一伦理原则。古典自由主义的理论所强调的个人至上原则不是基于生存竞争的原理,而是基于一种个人权利神圣不可侵犯的原理。② 严复或许看到或许没看到古典自由主义理论与进化论之间存在的这种巨大矛盾。既然严复认准了自由是富强之本,那么他首先要做的就是从中国的现实及国家富强的需要出发,把自由的观念引入中国。其最简单的方法就是用卢梭的口吻宣布"民之自由,天所畀也"这样一种不需验证的法则。严复本可以沿着这条路继续走下去,成为中国的卢梭或中国的洛克,或者他本可以不理睬斯宾塞,而把洛克的《政府论》介绍给中国。然而,严复就是严复,他太爱自己的祖国了,以至于在国难当头之际放弃了做一个自由思想家的资格,而首先成了一个爱国者。他面对中国社会进化的状况满怀恐惧,不得不变换理论,借

---

① 《严复集》,第1册,第45页。
② 参见本杰明·史华兹:《寻求富强:严复与西方》,第56页。

用进化论唤醒国人,冀望中国的民众在渐次的进化中等到有了享有自由的条件和能力时,再实现自由。自由观念与自由现实的双重期待,使他不知所措,宣布"民之自由,天所畀也"这一卢梭式的自由法则的是严复,尔后又亲自加以鞭打的也是严复。在他看来,卢梭"民约论"之大经大法的第一条:"民生自由,其于群为平等",实乃"毕胥乌托邦之政论";①卢梭所标榜的天赋自由乃主观臆想之物,并无史实之据。他引用赫胥黎的话说:"所见新生之孩为不少矣,累然块肉,非有保赤之勤,为之时其寒饥,历十二时,寡不死者。是呱呱者,尚安得自由之能力乎?……且不必言其最初,即速稍长,至十五六,使皆处于自然之境,而享其完全之自由,吾不知何等社会而后有此物也。"②于是严复指出:"是故自由平等者,法律之所以为施,而非云民质之本如此也。大抵治权之施,见诸事实,故明者著论,必以历史之所发现者为之本基,其间抽取只例,必用内籀归纳之术,而后可存。"③这无疑是两个严复在打架:一个斯宾塞式的严复向一个卢梭式的严复开战。虽然前者占了上风,但后者并未被完全击倒。事实上,虽然西方近代自由主义可视为西方文化长期演化的产物,但从思想层面而言,它与 17 世纪洛克的自然法理论有着直接的关联,意味着每个人生来就有在尊重他人自由的前提下追求自己自由权利的权利,因为人是有理性的。虽然,根植于自然法的个人自由是一个价值判断而非经验的命题,它无法用经验也无须用经验去验证。严复用"经验"去考察自由意识的起源本无可厚非,但用"经验的自由"去驳斥"先验的自由"这无疑是用科学去批判信仰,是理论上的错位,而无法驳倒自然法的先验命题。

---

① 《严复集》,第 2 册,第 337 页。
② 同上书,第 336 页。
③ 马勇:《严复语萃》,华夏出版社 1993 年版,第 14 页。

然而,严复太了解中国了,当他把自由与中国的进化状况联系在一起时,斯宾塞式的严复就越来越凸现出来,他越来越坚信自由必须与进化相随,而不可先验而生。他说:"物变所趋,皆由简入繁",变法自当"徐而不骤"。他认为康、梁的齐头并进的改革不但不会带来自由,而且本身就是取乱之道。① 他认为,"民主者,治制之盛也,其制有致难用者,何则? 其民主智德力,常不逮此制也。……夫平等必有所以为平者,非可强而平也,必其力平,必其智平,必其德平,使是三者平,则郅治之民主至矣。"②而在目前中国智、德、力无备的情形下,共和之制尽管是"今民今邦之最为演进者",但"非吾种所宜","共和之万万不当于中国。"③在先前,自由还被严复乐观地看作是"天之所畀",现在严复觉得民主之于中国都成问题,遑论自由乎? 自由之于中国那是未来遥远的一梦。根据斯宾塞教导,中国目前要做的不是自由,而是进化的秩序。我们似乎听到了严复这样的悲叹:"为了羊毛,还是先耕土吧!"严复对自由爱之越切,对中国社会的畏惧就越深。天使般的自由如此圣洁,怎能在肮脏的地方落脚呢? 现在的问题已不是自由是"天赋的"还是"进化的",而是中国目前是否有能力接受自由。对此,严复通过甄克思的进化图式得到了这样一个牢固的信念:"夷考进化之阶段,莫不始于图腾,继以宗法,而成于国家,"④"中国社会,宗法而兼军国者也。"⑤而在宗法兼军国的进化阶段,皇帝是不可少的。所以他说,"吾国是应该有君主的舆论,这虽是三尺童子都知道的"⑥,"中国之治,舍

---

① 严复说:"君权之轻重,与民智之深浅成为比例……以今日民智未开之中国,而欲效泰西君民并主之美治,实大乱之道也。"(《严复集》,第 2 册,第 475 页)
② 《严复集》,第 4 册,第 957 页。
③ 《严复集》,第 3 册,第 611、634 页。
④ 严译名著丛刊《社会通诠》,译者序,商务印书馆 1981 年版,第 9 页。
⑤ 《严复集》,第 4 册,第 923 页。
⑥ 同上书,第 929 页。

专制又安与归？"①为了自由，为了国家的富强，中国必须首先过一段专制的黑暗日子，专制的黑暗过去，自由的光明就会到来，中国人只须乘进化之舟在历史的长河里慢慢漂浮而行。

然而，历史又一次捉弄了中国，严复对于专制的预言迅速在中国应验了。共和的理想被袁世凯的复辟和继之的军阀独裁击得粉碎。革命造成的混乱和无序，给武人上台提供了难逢的机遇，强人一旦出现，既可以无序为口实，又可借口民众低能不适宜民主，通过秩序的整肃而结束民主，实行更加酷烈的专制。辛亥革命绕了一个圈，似乎又回到了它的原点：最大的皇帝被赶跑了，但大大小小的"皇帝"却又在各处冒了出来。在严复的"进化"的思想里，一场共和革命无疑是一个大错，因为进化的程序被打乱，自由富国强国的大业必然受阻，事实证明中国还没有接受民主共和的条件和能力。

这样，严复在无法将"天赋自由"和"进化自由"统一在一个理论框架时，只好用进化论去打倒"天赋自由"论，沿着进化的路子走下去。严复自由理论的混乱在很大程度上是由中国社会本身的混乱所致。

辛亥革命以后的严复在论述自由问题时常使用"国群自由"和"小己自由"这两个更加混乱的概念。这两者在西方古典自由主义理论中是根本不存在的。在自由主义者看来，自由只能是个体本位论的。穆勒（又译米尔）说："一切人类存在都应当在某一种或少数几种模型上构造出来，那是没有理由的。一个人只要保有一些说得过去的数量的常识和经验，他自己规划其存在的方式总是最好的，不是因为这个方式本身算最好，而是因为这是他自己的方式。"②他为"趣味上的独特性"（个性）和"行为上的怪癖性"辩护，认为个人自由不惟是那些在进化中的

---

① 马勇：《严复语萃》，第14页。
② 米尔：《论自由》，严复译，商务印书馆1982年版，第72页。

"优胜者"才有资格享有,即便是那些在残酷的生存竞争中的"劣汰者"也有坚持他自己存在方式的权利。个人自由既然是一个自足的概念,他本身就是最高目的,无须为其设定别的价值目标。虽然严复在翻译《论自由》一书中,在很多方面都能正确把握穆勒"个人自由"的思想旨趣,①但他将穆勒对个人自由的强调纳入他所理解的社会有机体说的框架,认为穆勒对少数人的意见和个人自由的保护,同样是出于追求国家富强这一目标的。由此而来,穆勒反复强调的少数人的自由不得受到侵害,其内容虽受到严复的赞许,但其赞许的原因,并不是因为它本身就是一种价值,而在于:这些个体自由构成新民德的一个子项,从而为达到国家的富强所必需。由此出发,严复与穆勒之间在观念上、价值目标上产生了距离,而这种距离恰是严复误读西方思想的根源。穆勒在《论自由》中有一章的标题是:"论个性为人类幸福的因素之一",而严复对此"误译"为:"释行己自繇明特操为民德之本。"穆勒说:"只有通过对这些生动的和有能力的个人冲动的培养,社会才算既尽其义务又保其利益。"而严复的译文是:"有国家者,必知扶植如是之秀民,而后为尽其天职,而其种之名贵,其国之盛强,视之,盖圣智豪杰,必出于此曹。"还有,穆勒认为:"在不影响他人利益的事情上,只因为他人不高兴而受到束缚,这便不能发展任何有价值的东西。"严复把这句话译成:"独至行己自繇之屈,非以有损他人之权利也,而以或触其人之忌讳,则于民德无所进也。"在脚注中,严复概述这几句所在段落的全部内容为"民少

---

① 严复正确地看到,穆勒对个人自由的强调是基于大多数人的意见可能成为侵犯少数人自由的"正当理由"的一种担心,严复认为,这种担心是重要的也是必要的。严复说:"所与争者乃在社会,乃在国群,乃在流俗。"(《严复集》,第 1 册,第 134 页)与此相系,严复对于穆勒强调个人自由的重心不在于多数人的自由,而是如何保护少数人自由不被多数人自由侵害这一点有非常确当的把握。严复说:"使其事宜任小己之自由,则无问君上贵族社会,皆不得干涉者也。"(参见《严复集》,第 1 册,第 134 页)但对穆勒强调个人自由的思想出发点在哪里,严复并没有洞明。

特操,其国必衰"。① 既然穆勒的保障少数人的自由已被严复误看作为新民德出力并最终为国家富强效命,那么当这少数人的自由与国家利益发生矛盾和冲突时,个人自由就必须让位于国家利益,这是符合逻辑的结论。正是由此而发,严复在对待个人与国家、社会的关系问题时,使用了两个令人费解的概念——"国群自由"与"小己自由"。"国群"与"小己"的大小两分,主要还不在于"积"的不同,更重要的是价值的高低。然而,无论个人与国家在价值上有什么不同,也决不能从"自由"上加以分别的。因为只要从个体立论,伦理意义上的自由只能是个体性的,而不可能是国家性的;如果从国家和社群立论,自由只能意味着一个国家或社群相对于比其更强更大的一个"群体"而言的。在这种意义上,严复言指的中国的"国群自由"只能相对于当时由西方列强主宰的国际社会而言,自由首先意味着中国国家有不受列强无理干涉与欺凌,按照自己的生存方式生活的权利。显然,严复并不是在这一意义上使用"国群自由"这一概念的。实际上,严复使用的"国群自由"在更大程度上具有"国家权力"的意蕴。而"小己自由"除去那种价值上的贬斥之外,更多的具有"个人自由"的含义。但这样一来,自由的概念原初的含义已被严复悄悄地偷换掉了,剩下来的是:当个人自由与国家权力运行发生矛盾时,前者须服从后者这样一种价值取向。这就使原本不清晰的自由概念更加令人费解。现在的严复已顾不了这些,他把先前的"天赋自由"的理论与观点抛在一边,用"国群自由"去反对"小己自由":"国处冲散之地,随时有袭之忧,其政令安得不严密?外患如此,内忧亦然。间阎纷争,奸宄窃发,欲求社会安稳,亦不能不减夺自由"②,"小己自由,非今日之所急,而以合力图强,杜远敌人觊觎侵暴,为自存之至计",

---

① 转引自本杰明·史华兹:《寻求富强:严复与西方》,第131—132页。
② 《严复集》,第5册,第1298页。

"故所急者,国群自由,而非小己自由也。"①在这一观念的驱动下,他把国家奉为一种外在的抽象的"小己"效忠对象和权威力量:"邦国之为团体也,吾人一属其中,终身不二,生死靡他,乃至紧要时会,此种团体其责求于我者,可以无穷,身命且为所有,何况财产。"②国家化为政府,"今日之政府,因五族四万万人民政府也,此五族四万万人民,各有保存此国,维持此政府义务,而不得上辞。"③政府化为元首,"夫大总统者,抽象国家之代表,非具体个人之专称,一经民意所属,即为全国致身之点。斯乃纯粹国民之天职,不系私昵之感情,是故言效忠于元首,即无异效忠于国家。"④由元首经政府至国家,"国群自由"已膨胀为霍布斯笔下的"利维坦",而"小己自由"消弭不见了。严复自由思想的病处,恰是中国社会的创伤。辛亥革命的迅速"胜利"与迅速夭折不仅没有给严复带来久望的个人自由主义和国家富强的结果,相反,其对旧制度的冲击所诱发的种种社会问题,随着政治的逆转而空前恶化。于是,人们担心的"隐忧"变成了现实,社会在变态中畸形发展,更为严重的危机弥漫着民初的中国社会。此时许多先进的人物几乎发出了同一种哀叹:中国人为什么有这样多的放诞、姿睢、无忌惮的劣性?⑤ 面对此情、此境,严复更是忧心忡忡,既然革命已越出了进化的轨程,他不得不重新认识自由与国家富强的关系,这其中既有"事后先知"式的责斥,也有对自己理论的真切而痛苦的反悟。早在1909年严复对自由价值就曾有这样

---

① 《严复集》,第 4 册,第 985 页。
② 《严复集》,第 5 册,第 1246 页。
③ 《严复集》,第 2 册,第 344 页。
④ 马勇:《严复语萃》,第 151 页。
⑤ 李大钊悲愤哀叹道:"哀哉!吾民瘁于暗清秕政之余,复丁干戈大乱之后,满地兵燹,疮痍纷目,民生凋敝,亦云极点。"(李大钊:《大哀篇》,转引自陈旭麓:《近代中国社会的新陈代谢》,上海人民出版社 1992 年版)作为革命者的孙中山更是深有痛楚:"夫去一满洲之专制,转生出无数强盗之专制,其为之烈,较前尤甚。于是而民愈不聊生矣!"(孙中山:《建国方略》,转引自陈旭麓:《近代中国社会的新陈代谢》)

一种怀疑:"向之所谓平等自由者,造成其蔑礼无忌惮之风,而汰淘之祸乃益烈,此蜕故变新之时,所为大可惧也。"①怀疑走到尽头不是失望就是挥泪告别。当严复认为"言自由而日趋于放恣",且给社会带来更大的混乱之时,当国家富强的大业不但受阻而且失去秩序之时,严复思想内的逻辑必然会割舍"自由"。严复确信,辛亥革命以后的中国"今之所急者,非自由也,而在人人减损自由,而以利国善群为职志。"②而"利国善群"的前提就是秩序,秩序的恢复与重建是第一位的,即便是专横的秩序也是必需的:"盖专制之立,必有其所立者。究其原因,起于卵翼小民,不使为强暴所鱼肉。如一国之中,强桀小侯林立,必天王专制于上,尊无与并,而后其民有一息之安。"③

如果说,中国民初的社会危机曾使严复对个人自由与富强的关系产生怀疑的话,那么,第一次世界大战则使严复对整个西方文化深感绝望:"文明科学,终效其于人类如此,故不佞今日因观吾国圣哲教化,未必不早见及此,乃所尚与彼族不同耳。"④"不佞垂老,亲见脂那七年之民国与欧罗巴四年亘古未有之血战,觉彼族之三百年之进化,只做到'利己杀人,寡廉鲜耻'八字。回观孔孟之道,其量同天地,泽被寰区。"⑤西方的偶像已被敲碎,中国的圣人自然是对的。

然而,"不管怎样,在这种迷乱与困惑缠绕难解的思想感情中,我们也能发现严复彻底否定西方及其全部著作的痛苦声明。在生命的最后几年里,严复处于绝望之中,起码他的突出的希望已完全落空。他属于生活在最不幸的一段时期里的那一代人。当这位富有爱国思想的中国

---

① 马勇:《严复语萃》,第 55 页。
② 《严复集》,第 2 册,第 337 页。
③ 马勇:《严复语萃》,第 15 页。
④ 《严复集》,第 3 册,第 642 页。
⑤ 同上书,第 692 页。

人,在1921年即将走完他的生命历程之时,作为一个不特别具有乐观、自信气质的人,他看到中国正在陷进一个前所未见的深渊中。进化的力量不仅使中国的进化停顿下来,而且似乎把中国彻底抛弃了。他的信里充满了悲痛与呐喊。他看不到一线希望,也不需要别人的任何安慰。"[1]这是一个西方人对一个倔强的中国老人写下的一段富有人情味的话。为什么我们自己就不能给予"生活在最不幸的一段时期里"的那些有见识的中国人多一点理解和同情呢?

对于严复自由思想里的混乱以及他对自由的"变节",我想在最后强调两点:一,自由概念的某些混乱主要是由于严复所信奉的进化论的导引,对国家富强目标的最高关切所引起的;二,中国社会的多变与混乱使严复这样的爱国者与思想家于一身的人无法始终把自己的理论坚持到底。后一点更为重要。

四、严复的范式:
"以富强为体,以自由宪制为用"

严复向西方思想家寻求富强的心路历程在某一个方面就是近代中国移入、吸收、消化西方宪制文化的过程。作为"生活在最不幸时期"的中国,似乎一切问题的思考必须转换成"救亡图存""国家富强"的命题才具有存在的理由。由民族救亡所引发出来的国家富强企盼犹如一只看不见的手紧紧扼住了思想家的思想走向。即便是一个较为纯粹的文化问题也必须与国家富强建立关系才会被接受。与此相应,在近代中国,西方宪制文化也只有作为一种救亡图存、国家富强的有用工具才会被人们所认同,舍其此,它的存在与讨论就会毫无意义。西方宪制文化

---

[1] 本杰明·史华兹:《寻求富强:严复与西方》,第222页。

之于中国的功利性质一方面人为地模糊了文化观察的视线,另一方面也决定了中国近代宪制文化生成的"非价值理性"特征。事实上,在近代中国一种不需要为任何其他价值服务的独立价值实体的宪制制度从未被真正接纳,一种被视为一个文明社会的必备要素、一种理想生活方式的宪制制度也从未真正存在过。

在这当中,严复提出的应为今人所重视的问题是:西方宪制文化主要是西方强大富足的一种工具,还是西方的一种生活方式或是一种独立的文明形态?这一问题的回答又牵涉到一个更为根本的问题:西方宪制文化的核心要素是什么?在论者辈中,美国学者史华兹尽管精心研究了严复所观察的西方思想家的真实思想与严复观察的距离,令人信服地分析了导致这种"距离感"的缘由。然而,史华兹却有意绕开了上述那两个更为根本的问题。而且对严复的"以自由为体,以民主为用"的西方文化这一把握他也没有正面进行评价。或许这是因为对西方文化在西方也难形成一个统一认识,作为一个严肃的学者,史华兹不愿意冒着"无知"的风险对自己的文化说三道四。只是路易斯·哈茨在为史氏《寻求富强:严复与西方》一书写的序言中有两处谈到西方文化问题。一处是关于自由,他说道:"但在西方,自由阶段是必经的阶段,并且自由的价值观念先于所有其他与近代化有关的观念而产生,随后才有自由阶段的到来。个人主义的规范并不与古典经济学一起产生,甚至也不与文艺复兴一起产生,它产生于古希腊斯多葛派时代,被罗马法和基督教所吸收,并在中世纪时代兴旺了几个世纪。它的伦理是一种个人精神的伦理,这种个人精神超脱了一切,超脱了沉寂与活力,也超脱了国家的贫困与强盛。"[1]哈茨反对或者不赞成严复把西方宪制文化中的个人自由看作是西方富足强大的一种"活力"性工具这样一种功

---

[1] 本杰明·史华兹:《寻求富强:严复与西方》,序言,第9页。

利看法,但他基本上默认了严复关于西方文化中的自由"本体论"观点。另一处是他针对严复把与自由相联系的西方民主制度看作是一种培养并导致"公心"而最终使西方国家富强的一段评论:"勉强的集体协调观念,无论在斯密的自然法则中,还是在斯宾塞的达尔文主义中,如缺少了当时尚未全部消失的中世纪精神中比较有组织的协调观念的实际补充,就不可能在英国工业革命时代得到体现。"①这实际上是进一步从中世纪的文化中而不是从斯宾塞、斯密的理论中寻找"集体协调观念"(公心)的证据证实严复的看法。由此可以断定,撇开西方宪制文化中的个人自由与国家富强的关系这一层不谈,西方学者基本上是赞同至少是不反对严复关于自由在西方文化中的核心地位价值这一文化眼光。仅此而言,严复是配得上鲁迅加冕于他的"十九世纪末年中国感觉敏锐的人"这一荣誉称号。历史总是成全那些值得成全的人,在近代自然科学、社会科学相继东渐之后,西方宪制文化经由严复等人之手合乎逻辑地舶来中国,而严复本人对西方宪制文化的了悟与体认与其同时代人相比,更多了一份睿智和卓识。这标志着西学东渐的一个相对完整时期的结束,而带来的是近代科学意义上的中西文化比较研究在中国的真正开始。对近代的中国宪制文化而言,这是关乎要紧的一点,由于近代中国宪制文化的"外发型"生成模式,它不可能脱离作为"母胎"的西方文化,而且西方宪制文化自始至终都是它最重要的参照物。甚或可以这样说,对西方宪制文化如何观察与体认直接影响了中国宪制文化路途和模式的选择。既然康有为认定西方宪制文化处于核心地位的是"议院",那么中国宪制文化的构建就须从"变法"始;既然严复体认西方宪制文化的核心是个体自由,那么也只能将"鼓民力、开民智、新民德"作为中国宪制文化的入口处。严复为中国宪制文化指的路途未必

---

① 本杰明·史华兹:《寻求富强:严复与西方》,序言,第5页。

正确，但他对西方文化的确当认识却超越了他那个时代的人。是他在西方宪制文化的身上开了一个让国人在正确观察他人的同时又观察自己的窗口，通过这个窗口便可以正确审视自己，找出中西的差异，理性地选择自己的宪制文化之路。这是中国宪制文化最终走上"中国之路"的前提，也是西方宪制文化在中国的"中国化"开始的起点。

对西方宪制文化的确当认识与把握是一回事，而如何使之为中国文化吸收和接纳又是另外一回事。严复清醒地看到了中国文化传统与西方宪制文化的隔膜与冲突，因此，欲要使西方宪制文化为中国文化传统所接纳，文化传统的变革就是必要的。严复的确为中国的文化传统苦恼过，也曾对其进行过艰苦的批判与检省。然而，批判本身虽含有"不满"，但并不意味着诀别。严复并不是一个"民族文化虚无主义者"，他的文化态度是宽容的。在《与〈外交报〉主人书》中，他有这样一段表明自己文化态度的话："继自今，凡可以愈愚者，将竭力尽气鞭手茧足以求之。惟求之能得，不暇问其中若西也，不必计其新若故也。有一道于此，致吾于愚矣，且由愚而得贫弱，虽出于父祖之亲，君师之严，犹将弃之，等而下焉者无论已。有一道于此，是以愈愚矣，且由是而疗贫起弱焉，虽出于夷狄禽兽，犹将师之，等而上焉者无论已。"①并明确提出要"阔其运想，统新故而视其通，苞中外而计其全，而后得之。"即是说，只要有利于中国进步的，不管是中学西学、旧学新学，都要兼容并蓄。这可视为他的宪制文化建设方针。严复的这一开拓性探索由"五四人""吾人之于学术，只当论其是不是，不当论其古不古，只当论其粹不粹，不当论其国不国"②的兼容并包主义作牵接，到毛泽东总结出区分精华与糟粕的科学标准，这一脉超越传统与西化之争的、对中西古今全面开

---

① 《与外交报主人书》，见《严复集》，第 3 册，第 558—559 页。
② 《独秀文存》，安徽人民出版社 1987 年版，第 384 页。

放的文化精神预示了中国宪制文化下一步的走向。应强调的一点是，在中西文化的态度问题上，严复确实提出过"自由为体，民主为用"的文化命题，并批评"中体西用"为"马体牛用"，指出"中学有中学之体用，西学有西学之体用"，但"自由为体，民主为用"的公式只是他对"西学体用"的一种解说，而不是他所主张的中国宪制文化的纲领。他的本意应该是，不论中体、中用、西体、西用，只要有利于中国进步，就都是建设宪制文化的质素。

严复由于信奉进化论，所以在宪制制度与宪制观念问题上主张渐进式，这与孙中山为代表的革命党人选择暴力革命手段，决定共和宪制毕其功于一役的急进确乎有很大的不同。然而，由于中国近代史常常陷入"害之除于甲者将见于乙，泯于丙者将发之于丁"①的怪圈，往往一个单一的因素，于其他所有的因素，如政治进程的挫折，往往是因为经济、思想、学术不够健全……一个单一因素的进步，都可能为其他因素之辐辏而吞没。在这样一种情势下，渐进也好，急进也罢，都只具有相对意义。严复将自己的宪制文化目标确立在改造中国的"文化基因"这一工程上，并以此来动摇中国社会、政治结构中的精神支柱和价值核心，这一主张视似迂阔，实为一种焦灼式的急进；他所选择的经济自由主义，也是导源于迫切要求赶上西方发达国家的危机感。孙中山唏嘘"俟河之清，人寿几何？"固然是一种对实现国家富强只争朝夕的时代紧迫感；严复"惟急从教育上着手"的焦虑又何尝不是出于一种拯救民族危机的责任感的催逼。

与此相联系，虽然严复注重"启蒙"之策，孙中山专注"实行"之路，但"启蒙"与"实行"之于近代中国宪制文化的建设，不只是殊途同归，其中也有交替互补。严复一生博取了"启蒙思想家"的称号，但他并未彻

---

① 《严复集》，第 1 册，第 34—35 页。

底脱离中国士大夫入世的传统,仍究心于政治斗争的风浪。他哀叹"四十不官押皋比",奔波南北四进科场以求仕达,连辞校长职务不专心于教育事业,被拉入筹安会侧身于政治旋涡的中心,都表明"实行"的洪波始终萦环于启蒙家的情怀。可以这样说,严复走过的路子,在某一方面构成了整个近代宪制文化演进的轨迹。无论严复与孙中山有怎样的不同,但他们那一代知识分子无不是以进化论作媒体而接受西方宪制文化的。① 就近代宪制文化而言,由于它始终与民族的救亡图存、国家的富强联系在一起,其自身充满了矛盾和歧义。民主、立宪、共和、自由、平等这些价值质素间的混乱以及制度层面上的脱序,使得整个文化缺失了根性和整体性。然而,由进化论所导向的对国民素质与宪制关系的探索则构成近代中国宪制文化的重要特质。可以说,国民素质的改造和现实制度改革问题一直困挠着几乎所有近代思想家,成为解决宪制文化的主要症结。主张渐进改良的康、梁、严自不待言,即便注重实行倡言革命的孙中山,面对民初西化制度与传统思想的脱序,亲历武昌起义、二次革命、护法运动的相继失败,不得不重新认识严复的"启蒙"之策。护法运动夭折后,他写成了《建国方略之一:心理建设》,针对革命党人之心理被"知之非艰,行之惟艰"之说所役,提出知难行易说作为心理建设的基础;针对"民国之主人,实等于初生婴儿"的国民心理状况,提出训政理论,要党人和革命政府教育、训导民众,做保养民国之主人由初生之婴儿成长的伊尹、周公。严复的思想也给了"五四人"很大

---

① 胡适在《四十自述》中说,《天演论》在"中国屡次战败之后,在庚子辛丑大耻辱之后,这个'优胜劣败,适者生存'的公式确实是一种当头棒喝,给了无数人一种绝大的刺激。十一年之中,这种思想像野火一样,延烧着许多少年的心和血"。(胡适著,海星编:《四十自述》,海天出版社1992年版,第52页)胡汉民曾经说:"自严氏书出,""而中国民气为之一变,即所谓言群言排外言推满者,因学风潮所激发者多,而严氏之功盖益匪细。"(胡汉民:《述侯官严氏最近政见》,转引自陈越光、陈小雅:《摇篮与墓地》,四川人民出版社1985年版,第61页)

的启迪。陈独秀提出的"吾人最后之觉悟"——伦理觉悟；鲁迅致力于改造民情；李大钊提出"以人道主义改造人的精神"都是上承严复所开启的注重国民性问题。

严复的思想告诉了中国人一个平实的道理：由于中国的国民觉悟所决定的在接受西方宪制文化时，无论其观念或是制度都无法毕其功于一役，中国的宪制之路必须由中国人自己走下去。

第六章　初步试验

从1901年到1911年是清王朝统治的最后十年,这十年与其说是旧王朝的崩溃期,倒不如说是新时期的萌芽。社会制度与风气的变革早已开始,而政治灾难的到来则往往在最后。事实上,直到1911年,中国政府一直遵循着19世纪90年代曾经宣喊过的路线亦步亦趋地前进着。1898年,以慈禧太后为代表的保守势力已从光绪帝和康有为手中夺取了统治权,1901年后,他们继续着手实施那些激进的改良措施。因为除此之外,已再无其他任何选择的余地。庚子战争已显示出了单纯排外政策的破产,而反清叛乱的潜在威胁促使清政权不得不采取富有建设性的步骤来拯救自身。于是,保守改良便成了中国社会戏剧中最主要的一幕。① 这是几位西方观察家对本世纪中国社会最初十年的"一幕"所作评说。这一评说或对或错,在此并不重要,重要的是作为清廷"保守改良一幕"中的"预备立宪"在中国历史上的出场。而具有讽刺意味的是,几年前曾扑杀过主张君主立宪的维新志士的人物现在已佟口倡言"立宪",这自然多了一分无可奈何的伪骗。是"骗局"也好,"发奋图强"的真诚也罢,发生于20世纪初的"预备立宪"在中国宪制史上已成为无法抹去的一个标点,它是宪制在中国的一次不成功的试验。

---

① 费正清等:《东亚文明:传统与变革》,天津人民出版社1992年版,第740页。

一、国势交逼与清廷自救

1901年8月20日,清廷以慈禧太后的名义发了这样一个文告:"尔中外臣工须知国势至此,断非苟且补苴所能挽回厄命,惟有变法自强,为国家安危之命脉。亦即中国民生之转机。予与皇帝为宗庙计,为臣民计,舍此更无他策。"①

在这几年前,无论是康有为恳切的变法上书,还是梁启超等人的议院、民主、自由的救国议论都无法感化以慈禧太后为首的清廷。更有甚者,清廷愚蠢地认为只要砍下几个人头,流上几滴血就可以让那些不甚安分的文人学士闭上嘴巴、自缚手脚。它错把一个无可阻挡的历史潮流只当作是几个乳臭未干、识几个洋文或喝过几天洋墨水的毛头小子的无理取闹。而它自认为自己比任何人都圣智,怎能容下几个文人学士对它说三道四?大凡说来,惯于坐在椅子上发号施令的人是不会轻易向平民百姓致歉的,而只有等到自己觉得椅子已开始摇动的时候才会稍把屁股抬一下做个让步,可这时的百姓却已经想要他的命了。权力不仅会产生腐败,而且会使人变得愚蠢,清廷就是这样一些既无能而又愚蠢的人。现在清廷的那把"椅子"已经开始摇动了:庚子之变,西方列强把清廷的"当家人"拉出了深宫,使她在仓皇"西狩"途中亲尝了百姓常受的颠沛流离之苦,几乎丧尽了皇太后昔日那份故作的威严;孙中山革命党人的革命风潮已起,其目的就是要清廷的命;而流之海外的康有为、梁启超的"立宪党"则是要把它变成另一副模样,这等于变相的要结束它的生命。一种求生本能或者说是王朝的自救意识终于把一个油

---

① 故宫博物院明清档案部编:《义和团档案史料》(下),中华书局1959年版,第1327—1328页。

干灯枯的颠颅王朝逼上了无可奈何的改革之路。

　　清廷由"保守改良"走上"预备立宪"之途,实以1905年为导引的。这一年,在中国的身边发生了日俄战争,交战的结果是俄国惨败于日本。俄国之大数倍于日本,而战争的结果却是如此。这场战争本与中国无多大干系,可它从另一个方面触痛了中国人的神经。在时下的许多中国人看来,这场战争不惟是日俄两国之战,而是宪制与专制之战。《东方杂志》称:"甲辰日俄战起,识者咸为之说曰:此非日俄之战,而立宪专制二政体之战也。"自日本"以小克大,以亚挫欧,赫然违历史之公例,非以立宪不立宪之义解释之,殆为无因之果。"①《中外日报》亦称:"甲辰日俄之战,知微之士闻之曰:此非俄日之战也,乃立宪专制二治术之战也。自海陆交绥以来,日无不胜,俄无不败,至于今,不独俄民群起而为立宪之争也,即吾国士夫,亦知其事之不容已,是以立宪之议,主者愈多。"②日俄战争成为触发立宪问题的媒体,于是立宪之议纷起。《时报》著论称:"欲图存必先定国是,立国是在立宪法。""否则日日言更张,道旁筑舍,多谋少成,亦徒滋俶乱而玩愒时日耳。"③时势至此,在戊戌时期只是少数人的立宪思想现已发展为一种社会舆论了:"泰西各国几绝专制之影迹,以故国无大小,莫不立宪法,设议院,以图议国事,用能合众策,聚众谋,而日臻富强……中国苟能立宪法,其利益岂浅鲜哉。其一能使上下相通……其次能使民调和……又次能使筹款易于措置……此数利者就其小者言,若夫大者,则能公是公非,万人一心,上下同德。以守则固,以战则克,以谋内政,足以泯私之见,以谋外交,

---

　　① 《东方杂志》,1905年(丙午)临时增刊,《宪政初纲》,刊印宪政初纲缘起及立宪(纪闻),第1页。
　　② 《中外日报》,光绪三十一年八月二十二日,转见《东方杂志》,1904年第12期。
　　③ 《出使法国大臣孙上政务书》,见《时报》,光绪三十年六月二十六日,转见《东方杂志》,1904年第7期。

足以杜贿赂之源……中国而不欲兴也则已,中国而果欲兴也,舍立宪其曷以哉。"①《南方报》则以"论立宪为万事之根本"为题,对戊戌以来,由士大夫倡言变法到宪制舆潮乍起这一时期的利害得失进行了分理,认为,"甲午以近,士大夫之言变法者,其肩背相望也。然其立论至易,大抵胪举故实,取泰西各国现行之制度,杂然而陈之……已而更历渐广,学说亦渐近,微有鉴于欧美诸国治法之源,其精神固不尽此也……手足而教育之说兴,一切行政之事,亦稍稍有所建革,固自以为治其本矣。然而数年以来,群治之不进也如故,民智之不开也如故。求之政界,则疲玩愈甚,而蒙蔽日深。征诸社会,则奸蠹滋多,而公德益坏……其弊之所至,乃至凡百措施,创之于列邦而为善治者,及其行之中国,几无不与初意大左,而利害适相反焉……其故何在?一言以断之曰:政体不立之害。欲救其弊,固非改定政体不可,则立宪之说是已。治国者如操舟然,必先定其向之方,而后有达陆岸之日,故立宪政体之于国,犹舟之有指北针也。否则迷阴而丧其行矣。"②在这风涌而起的社会舆论里,宪制犹如一个包医百病的神明医手,只要他一到,多年卧床不起的病夫便会起死还生。"宪制菩萨"就这样为人们供奉着、膜拜着。

在社会舆论的促动下,清廷部分有些见识的朝臣疆吏,亦纷纷以立宪为提。驻法公使孙宝琦电奏《上政务处书》,首先表达了立宪自救这样一种焦灼的心情:"溯自庚子以后,维新谕旨,不为不多,督励臣工,不为不切。而百事之玩泄依然,天下之精神不振者,则以未立纲中之纲,而壅蔽之弊未除,无由上下一心,共扶危局也……欲求所以除壅蔽,则各国之立宪政体,询可效法。夫日本之由变法而强,固朝野之所共和也……明治六年确定为立宪政体,至二十二年始发布宪法,

---

① 《时敏报》,光绪三十年十月初六,转见《东方杂志》,1903年第12期。
② 《南方报》,光绪三十一年七月二十三日,转见《东方杂志》,1904年第10期。

于是君民上下一心,遂成巩固不摇之势。欧洲各国,除俄与土耳其外,皆为立宪之国,而尤以英德之宪法为最完备,此英德两国所以能俯视列强,巩成大国也。宝琦尝评考各国之大势,确见夫政体既立,则弱者浸强,乱者浸治。何也?合通国之民共治一国,何弱不可强,何乱不可戢。不立政体,则民气涣散,国势日微,弱者被兼,乱者被取。何也?君臣孤立,民不相亲也。盖国势纵极艰危,苟能团结民心,励精图治,外侮自不足虑。考之英德既如彼,征之日本又如此。日本之立宪,非同欧美各国之迫于他国兵力,或迫于民乱,其势由大以及小,其本由上而命下,故顺而不逆,安而不危……日本立宪政体,所以尊君权而固民态,与我大清一统抚驭全国之宏谟适相吻合。宝琦窃维倡论自下,恐为酿祸之阶,决议于上,乃为致治之本。伏愿王爷中堂大人,思穷变通久之义,为提纲挈领之谋,吁恳圣明仿英德日本之制,定为立宪政体之图。先行宣布中外,于以固结民心,保全邦本。"[1]继后驻英使臣汪大燮,以各国盼望中国立宪,而奏请速定办法;驻美使臣梁诚,因华侨要求立宪,而奏请速定宗旨;其他如学部尚书张百熙、礼部侍郎唐景崇、粤督岑春萱、滇督丁振铎、黔抚林绍年等,亦纷纷奏请立宪。1905 年 7 月,北洋大臣袁世凯、湖广总督张之洞、南洋大臣周馥联衔上奏,也开始"倡言立宪"了。历史转了一圈,又回到了戊戌的原点。略有不同的是,清廷是在时局与政局的压力之下,才"恍然知专制昏乱之国家,不足容于甘裸清明之世界",便欲通过立宪以实现自救。于是,就在南北洋大臣联衔上奏后不到 10 天,清廷即颁布谕旨,特派载泽、戴鸿慈、徐世昌、端方,稍后又加派绍英共五人,随带人员,出洋考察,是所谓考察宪制五大臣。1905 年 9 月 24 日,五大臣登车准备启程,当火车在北京正阳门车站甫经启行时,革命党人吴樾炸伤了载泽和绍英。清廷再改派李盛铎、尚其亨顶替绍英和

---

[1] 《东方杂志》,1903 年第 7 期。

徐世昌,仍为五大臣,于同年十二月初,再次启行。五大臣兵分两路,载泽、尚其亨、李盛铎一行先后前往日、美、英、法等国考察,戴鸿慈、端方一行则考察美、英、法、德等国。五大臣历时半年有余,足迹遍及十几国,于第二年元月末启航返国。

考察大臣归国复命,为清廷分别召见七次,荣庆首先据此请求清廷改行国体,实施宪制,从而在清廷统治集团内部形成了一个主张立宪另一个反对立宪的两个政治派别,两个派别免不了就立宪与专制问题展开唇枪舌战。主宪者自然"痛陈中国不立宪之害及立宪后之利",力主立宪;而反对者则认为,如果将宪制施之中国,则有害而无一利,并指责立宪有害于法度与治安,斥责五大臣违背圣命,其所奏并无裕国便民之计,倒有削夺君主权力之意。[①] 而且认为,宪制还会使"男不尊严父,女不敬父从夫,纲纪陵夷,怪变横出,至四品大员有敢于枪毙本管疆臣而图叛逆之事",使"天下土崩瓦解。"[②]这些反对者的指责,使"泽、戴、端诸大臣,几有不能自克之势"[③]主宪者之所以"几有不能自克之势",是因为从某一个方面说,反对者戳到了其痛处。不管前者如何有意粉饰宪制,但"削君主权力"之实是无法遮盖的。而且宪制本身会"扰乱法度,扰乱治安"也是事实,只不过前面应加以"封建专制的"这几个字样。至于说,宪制会使"男不尊严父,女不从夫"这倒是其要害处。因为真正的宪制绝不会与君君臣臣、父父子子、夫夫妻妻这样的"纲常"发生关系。所以面对反对者的攻击与斥责,立宪者连上奏折,回避纲常问题,只能从"不立宪必至自取覆亡"这样的威吓中寻找根据。载泽等人在《奏请宣布立宪折》里声言:"我国东邻强日,北界强俄,欧美诸邦,环伺

---

① 故宫博物院晚清档案部编:《清末筹备立宪档案史料》,第108—109、139—140 页。下引该书,简称《宪档》。

② 参见《宪档》,第108—109、221—233 页。

③ 中国近代史资料丛刊:《辛亥革命》(四),1957 年版,第 14 页。

逼处,岌岌然不可终日。言外交,则民气不可为后援;言内政,则官常不足资理;言练兵,则少敌忾同仇之志;言理财,则有剜肉补疮之虞。循是以往,再阅五年,日本之气已复,俄国之宪政已成,法国之铁道已通,英国之藏情已熟,美国之属岛已治,德国之海力已完,梦然交集,有触即发,安危机关,岂待蓍蔡。臣等反复衡量,百忧交集,窃以为环球大势如彼,宪法可行如此,保邦政治,非此未由。"在说明了这一堆"立宪保国"理由之后,奏请皇帝立即着手三件大事:一明定国事,祭天誓诰,将立宪大纲,滕黄刊布,使天下臣民,皆以立宪之意为宗,不得稍有违悖;二宣布地方自治,成立地方议会,公选地方官佐;三定集会、言论、出版三律,迅即颁行,以安民志。奏折还要求清廷立即开馆编制宪法,宣布五年实行立宪。① 此折一发,更激起反对者的群起非难。载泽等人对此又上《奏请宣布立宪密折》,言陈利害,切触几微:"宪法之行,利于国,利于民,而最不利于官。若非公忠谋国之臣,化私心破成见,则必有多为之说,必荧惑圣听者。盖宪法既立,在外各督抚,在内诸大臣,其权必不如往日之重,其利必不如往日之优。于是设为疑似之词,故作异同之论,以阻扰于无形。……立宪之利,有最重要者三端:一曰皇位永固……相位旦夕可迭,君位万世不改;一曰外患渐轻……;一曰内乱可弭……"②这个奏折几句话把清廷的立宪目的点得清清楚楚,明明白白。除此以外,端方、戴鸿慈又上了《奏请改定全国官制以为立宪预备折》,奏折依照日本二元立宪君主制,奏请八条改制内容。③ 这一奏折同样也激起了反对者的斥责与攻击。夹在两派论战中的清廷对立宪问题始终是举棋不定,于1906年8月27、28两日,只好令廷臣会商后具

---

① 中国近代史资料丛刊:《辛亥革命》(四),1957年版,第24—26页。
② 《东方杂志》,1905年,临时增刊,《宪政初纲》,奏议。
③ 参见《宪档》,第431—436页。

奏。醇亲王载沣、军机大臣、政务处大臣、大学士及北洋大臣袁世凯等出席会议。有关此次会议情形,《东方杂志》第三年临时增刊宪政初纲,立宪纪闻一节,曾有相当的记载。要而言之,在这个对立宪问题具有决定性意义的会议中,立宪者与反对者又展开了论争。大学士孙家鼐首先发议,认为"立宪国之法,与君主国全异","此等大变动,在国力强盛之时行之,尚不免有骚动之忧,今国势衰弱,变之太大太骤,恐有骚然不靖之象。似宜但革其丛弊太甚诸事,俟政体清明,以渐变更,似亦未迟"。徐世昌则反对孙氏的说法,因为"逐渐变更之法,已行之有年,而初无成效。盖国民之观念不变,则其精神亦无由变,是惟大变,乃所以发起全国之精神也。"继徐世昌之后,孙家鼐又以国民之程度不及为词,指出若遽而立宪,"则恐无益,而适为历阶",所以"仍宜慎之又慎乃可"。尚书张百熙对孙氏此说进行反驳,认为"国民程度,全在上之劝导。今上无法以高其程度,而曰俟国民程度高乃立宪法,此永不能必之事也。与其俟程度高而后立宪法,何如先预备立宪而徐施诱导",以提高国民程度。尚书荣庆则主张参用新旧,待法治观念基础既定,然后徐议立宪。尚书铁良以民智对权利义务缺乏正确认识,实施自治,又恐为地方豪劣所持为虑。袁世凯则就技术原则,以预备立宪乃所以渐开民智,其于自治,则有赖多选循良,扶植善类,以立基础。经过双方论辩,终于达成"预备立宪"之结论。会后,诸五大臣于二十九日上殿而奏,请行宪政。九月一日,清廷颁发明诏,宣布"仿行宪政",预备立宪正式启动。

从清廷预备立宪诏书的内容来看,要点有三:第一,在基本国策上,对于政体,应及时仿行宪政,大权统于朝廷,庶政公诸舆论,以立国家万年有道之基;第二,因目前规制未备,民智未开,所以必须先从改革官制入手,同时广兴教育,清厘财政,整顿武备,普设巡警,作为预备立宪的基础;第三,俟数年后预备立宪工作粗具规模,再为妥议立宪实行之期,视进步之迟速,以定期限之长短。①

即便对这样一个遥无定期的"预备立宪",出于望变求治的翘盼,国人大多还是额手称庆的。就在清廷宣布预备立宪的第三天,北京学界即开庆祝会,上海商界和报界,亦先后举行庆祝立宪会。② 对此,外国舆论也多为文赞许。③ 乐观的情形,好似宪制与富强这对孪生兄弟就要坠地了。梁启超当即表示过,"从此革命问题,可告一段落,此后所当研究者,即在此过渡时代之条理何如"。④ 所以,为了早日促成宪制,康、梁一方面着手将国内保皇会更名为宪政会,海外保皇会改称为帝国立宪会;另一方面,则进一步筹划组织政党。上海绅商郑孝胥、张謇等,亦同时组设预备立宪公会。⑤ 就这样,中国历史上未曾有过的宪制店铺在一班人马的紧锣密鼓声中即要开张了。

二、"预备立宪"的两难境地

清廷的预备立宪直接带来了三个成果:一是成立了"宪政编查馆";二是筹建了资政院和各省咨议局;三是颁行了《钦定宪法大纲》。这三者在近代中国的登场,对清廷来讲虽有"不得已"的苦衷,而且其诞生本身就存在致命的先天不足,但它毕竟是一个新鲜事物,标志着中国宪制文化从观念的启蒙层渐已走到制度层的初步试验,它留给后世的决不仅仅是一种遗产,它本身就构成了中国宪制史上独立的一页,而一切现存的东西,往往会在它自身的历史中找到印迹。

---

① 《光绪实录》,第 8 册,中国台湾华文书局,第 5148 页。
② 郭廷以:《近代中国史事日志》,第 2 册,中华书局 1987 年版,第 1258—1259 页。
③ 《东方杂志》,1905 年,临时增刊,《宪政初纲》,舆论一斑及外论选评。
④ 丁文江、赵丰田:《梁任公年谱长编》,上海人民出版社 1983 年版,第 212—213 页。
⑤ 同上书,第 214—220 页。

"宪政编查馆"设于1907年,存续到1911年5月27日。它是为推行筹备立宪的需要而设置的,其职能类似西方国家的法制局。[①] 宪政编查馆在按统属于军机处,下设编制、统计两局。编制局又下设三科:第一科司掌有关宪法编制之事;第二科司掌法典考订之事;第三科司掌各项单行法规及行政法规的考订事项。统计局亦下分三科:第一科司掌有关外交、民政、财政事务;第二科司掌有关教育、军政、司法的事项;第三科司掌有关实业、交通、藩务之事。除外,宪政编查馆还设庶务、译书、图书三个处。庶务处专司收发文书、款项出入以及各项杂务;译书处"凡各国书籍为调查所必需者,应精选译,其员数多寡,取足备用,不必豫定";图书处负责"收储中外书籍,设收掌二员专司其事。"[②]1908年3月,宪政编查馆又奏设官报局,负责《政治官报》的编辑、校对、印刷、发行事宜。其办事章程规定该官的职权是:议复奉旨交议有关宪政折件,承拟军机大臣交付调查各件;调查各国宪法,编定宪法草案;考核法律馆所订法典草案,各部院、各省所订各项单行法规及行政法规;调查各国统计,颁成格式,汇成全国统计及各国统计比较表。章程还规定,该馆有统一全国法律之责任,各部院、各省法制有应修改及增订者,得随时咨明该管衙门办理,或会同起草,或由该管衙门起草,咨送本馆考核,临时酌定。所有统计事项,应由各部院、各省就其主管事务,派定专员按照该馆颁定格式列表,由宪政编查馆汇齐详核,编列总表。宪政编查馆职责甚广,权力极大,曾被奕劻称为"宪政的枢纽"。

在其存在的近四年中,宪政编查馆为筹备立宪作了许多必要的基

[①] 军机处的奏折说:"各国政府大都附设法制局,以备考核各处法案而统一之。法案已核定后始付议院议决。臣馆职司编制,应一面调查各国宪法成例拟定草案,一面于各部院各省所订各项法制悉心参考,渐谋统一方法。俟资政院设立后,随时将臣馆核定之稿送邮院中,陆续解决。"(《东方杂志》,1905年第1期,内务)

[②] 参见《宪档》,上册,第50页。

础性工作,主要有:起草宪法及起草或核议各项法律、章程、制度,约有近三十项。其中,除《宪法大纲》外,还草拟有《各省咨议局章程》《咨议局议员选举章程》《各省会议厅规则》《城镇乡地方自治选举章程》;《九年预备立宪逐年推行筹备事宜》《修正丞年筹备事宜》也是由该馆拟定的;除此以外,该馆还与会议政务处一同拟定了《内阁官制》《内阁办事暂行章程》;与民政部一并编订了《户籍法》《结社集会律》等。这些法律法规在宪制制度草创时都是不可或缺的规范要素。

负责有关宪政的"法律解释",使宪政在地方得到统一实施。① 议复奉旨交议的有关宪政折件,对各地"新政"实施情况进行督查。为此,宪政编查馆于 1908 年设立了"考核专科"。1910 年 4 月,该馆分两期派人分赴各省考察筹备宪政情形。第一期入直隶、东北、山东、江苏等十三个省,对各省咨议局成立情况、筹办地方自治情况、岁出入总数及试办预算情况等进行考察,并将考察的情况向清廷逐一呈报,作为清廷奖惩的依据。②

清廷在改设宪政编查馆的同年 9 月和 10 月,又命筹建资政院和各省咨议局,作为立议院的基础。1908 年 10 月各省咨议局开局议事;而资政院直到 1910 年 10 月才召开了第一次常年会,次年 10 月召开第二次常年会。资政院和咨议局是预备立宪中的直接产物,实质上也是掺

---

① 1909 年 2 月,东三省总督兼奉天巡抚徐世昌电询咨议局选举中有关"宗室资格"问题,该馆电复解释说:"宗室及岁时均系四品,本可照《咨议局章程》第三条第四项资格,一律有选举权,至被选举权及各项限制,应依照第五、六、七、八条办理。"又同年江西巡抚冯汝骙电询选举资格中"身家不清白"的含义,宪政编查馆电复解释说,身家不清白系指"娼伏隶卒",其本身若改业,其后代即不在此条限制之列。(参见《东方杂志》,1906 年第 3、4、5、6 期,1907 年第 5 期)

② 根据考察的情况,清廷发出谕旨,对奉天民政使张元奇等 16 人实行嘉奖,而对福建兴泉水道郭道直、河南巡警道蒋茂熙以及直隶天津知县胡商彝等人实行处罚。(参见《宪档》,下册,第 796、800 页)

在清廷旧机体中的两个异质因素,它在破坏专制制度促使中国向宪制民主的"新陈代谢"过程中曾起到一种"中介性"的作用。

按照《资政院院章》的规定,资政院第一次常年会于1910年9月13日召开预备会议,10月3日在京城贡院举行正式开幕大典。法定会期为三个月,后因议事未竣,又延长10天,计100天。一般是每一星期内开会议事两次。议案来自政府交议、本院议员提议、地方咨议局提请核议三种。而议案的内容则相当广泛,涉及经济、政治、外交、法律、文化、教育、地方事务等各个方面。议案主要有:商办铁路非经国会协赞不得收为国有案、铁路公司适用商律案、运输规则案、振兴外藩实业并划一刑律案、速开国会案、速设责任内阁案、速立官制提前实行案、昭雪戊戌冤狱案、停止学堂奖励明定学位以正教育宗旨案、著作权律案、报律案、改用阳历案、地方事务章程案、禁烟案、剪发易服案、资政院立法范围案、咨议局困难案等等,不下二十多项。

在这些议案中,最引人注目的是速开国会案。清廷原定9年为期设立国会,对此社会各阶层皆表示不满。孙中山革命党人的革命风潮迭起,立宪人士加紧国会请愿运动,许多省份的督抚出于各种目的也为早开国会施压。在这一情势下开幕的资政院便接到了各省咨议局及各省民众代表孙洪伊、侨寓日本横滨、神户、大阪、长崎四埠中华会馆代表汤觉顿逞递的陈请速开国会的说帖。对此,资政院议员方还、陶峻、罗杰、雷奋、易宗夔等多次催迫议长暂时搁置其他议案,先行讨论速开国会案。在10月17日即农历九月十五日的会议上,易宗夔发言,请求议长改定议事日程,先议决速开国会案,得到大部分入会议员的鼓掌支持。① 虽然在10月19日即在农历九月十七日的第七次会议上,此议案遭到一些钦定议员的反对,但在10月22日即农历九月二十日,议长

---

① 《资政院第一次常年会议场速记录》,第七号。下引该文简称《记录》。

在众议员的纷纷要求下只好停止其他议案讨论,继续议决该案。议员们慷慨陈词,罗杰议员认为,"国会速开一事为我国存亡之问题,……外患日近,非国会担负财政扩张国防,不足以抵制;内政腐败,非国会与责任内阁对付,不足以促其负责任。……现在国民之断指割臂控股相促,皆表示国民以死请愿之决心。"所以主张:"一,此案不决,诸案皆不能决,要求本院议员全体赞成通过;二,要求议长从速上奏;三,要求到院政府及特派员暨我国有气力之人设法使摄政王见信,即允速开。"①在议员们强烈要求速开国会的发言后,议长屈于众势,只好同意用起立表决法对该议案进行表决,表决结果无一人反对,全体通过。对此,有的议员评论说:"今年资政院开会以来,所议之事皆一枝一节之事,惟有今天所议速开国会算是一件要紧之事。"②

之后,资政院又通过了资政院请速开国会奏折,要求清廷"与其维持现状,得偏遗全,不如采取各国通法,径设两院之为愈也。……人心难得而易失,时令一往而不还。"③把对议会富国强国的大业真诚地寄望于清廷身上,这岂止是一种冀望,近乎于一种哀求。然而,愚顽的清廷又一次愚弄了民意,只答应改于宣统五年开设国会,也就是说还要再等3年之久。同时还下令民政部及各省督抚解散请开国会的代表,而且以严厉的态度宣称:"一经宣布,万不能再议更张","此后倘有无知愚氓藉词煽惑,或希国破坏,或逾越范围,均是扰害治安,必即按法惩办。"④这样,资政院唯一获得全体通过的议案被清廷轻易地废弃了;然而,议员们为民主所表现出来的那份真诚却永远留在了中国的历史上。

事实证明,资政院即便只是一个过渡性的机关,它也需要有一个与

---

① 《记录》,第九号。
② 同上。
③ 《记录》,第十号。
④ 《宣统政纪》,卷二十八。

之相对应、相配套的机构,否则,它议决的事案无法真正落实。于是,设立责任内阁便被提上了资政院的议事日程。这便出现了责任内阁议案。这一议案及与之直接相关的弹劾军机大臣议案在中国宪制文化史上也占有地位,它表明即使是一个不甚民主的"民意机关",也不只是一个依附专制权威的御用工具,它一开始就摆出了一个架势要与专制权力分庭抗礼。

设立责任内阁问题是以弹劾军机大臣为契机而提出的。其导火索是对云南和广西两个案件的处理。资政院曾就云南省盐斤加价问题和广西省警务学堂是否要限制外籍学生问题具奏请旨裁夺。而清廷的上谕批示:滇案交督办盐政大臣、政务处察核具奏,桂案交民政部察核具奏。这一上谕在资政院迅速引起轩然大波。议员牟琳说:"我们资政院的章程对于各省核议案照章是请旨裁夺,皇上说可就可,说否就否,这本是君主的大权。若将我们全体议决的事情交到行政衙门去议,试问这个道理安在?"①议员易宗夔则认为,"资政院系立法机关,凡立宪政体之国皆系三权鼎立。……现在这两道阁抄……既是军机大臣拟旨,军机大臣附署,则军机大臣有应负之责任。军机大臣岂不知道这个立法机关是独立的么?既然知道为独立的机关,就不能将立法机关所议决的案子交行政衙门去察核,可见军机大臣是侵犯资政院的权,违资政院的法了。本议员倡议对于此事应该照院章第二十一条上奏弹劾军机大臣为是。"②此言一出,众议员极力响应,要求弹劾军机大臣并请清廷从速组建责任内阁,资政院甚至不惜以全体辞职或清政府解散资政院相威胁。经过表决,到会者124人,其中赞成者112人,以绝大多数通过。弹劾案通过后,资政院提出奏文,控告以庆亲王奕劻为首的军机大

---

① 《记录》,第二十号。
② 同上。

臣"持禄保位,背公营私",提请清廷裁夺并请求迅即组阁。清廷不识时务,又一次忤逆于潮流,再一次使自救的机会从愚顽的手边悄悄滑过,也许这时的清廷利令智昏到自己已不知怎样自救的境地,既不想也无力再向前多走一步,哪怕是跟跄的一小步。面对资政院的民主压力,清廷只能摆出一副装腔作势的样子:"朕维设官制禄及黜陟百司之权为朝廷大权,载在先朝钦定宪法大纲,是军机大臣负责与不负责任,暨设立责任内阁事宜,朝廷自有权衡,非该院总裁所得擅预,所请着毋庸议。"①同日,又下"朱谕"对庆亲王、那桐等"天朝臣子"大加抚慰,盛情挽留,称"该大臣等尽力辅弼,朝廷自能洞鉴。"②清廷想靠几个"天朝臣子"救它的命,其实大厦可危之时最先拆台的就是这些人。因为腐败的政治容不得忠义之人,只会生产无信义的政客。

这个"朱谕"下达后,愤怒的资议院又以102票绝对多数通过再行弹劾军机大臣案。然而,满清的资政院毕竟不是大英帝国的"巴力门"(parliament 即议会),当清廷决定既不准军机大臣辞职,又不解散资政院之时,资政院再没有什么招数了。清廷的这种"骑墙"做法,只不过是想靠军机大臣们作支撑活下去,又想以资政院作为敷衍革命党人和立宪党人不甚闪亮的牌号。这样,资政院在中国宪制文化史上成为一个无言的结局,这多少有些遗憾。

与资政院相比,各省咨议局的活动要轰烈得多。1909年10月到1911年10月,各省咨议局的活动有两年时间,根据《咨议局章程》,各省咨议局的常年会每年10月召开,会期40天,必要时可召开临时会,会期20天,咨议局大多由立宪党人所控制,因而其活动带有很大组织协调性和目的性。1909年各省咨议局代表在上海集会,要求清廷缩短

---

① 《宣统政论》,卷二十九。
② 《政治官报》,谕旨类,宣统二年十一月十八日,第1130号。

9 年预备立宪的期限,速开国会,成立责任内阁;各咨议局还在政治上与本省督抚展开合法斗争,争取民主权利;有些省的咨议局还参加了拒债保路保矿斗争,打击了反动势力;而影响最大、波及而最广的是在 1910 年由咨议局为在 1 年内召开国会成立责任内阁先后组织的三次请愿活动,其影响之深、参加人数之多、规模之大在中国民主运动史上都是空前的。这在缺失宪制民主程序的中国,不啻为一件"不得已"且必要的民主方式,它首开中国和平民主运动的先河,其意义是不能忽视的。

如果说,宪政编查馆、资政院和咨议局算是中国宪制的第一次预演;那么,《钦定宪法大纲》则是中国历史上第一个宪法性文件。这个文件若不以内容计,它在时间上也比英国的《1215 年自由大宪章》晚了整整 693 年。由于出自清廷之手,它自然带有几分讽刺的意味。但要知道,这对于过惯了专制日子、统治者从不知道自己的权力真正来自何处的中国而言,这简单的一纸文字凝聚了从鸦片战争以来中国近 70 年的探索和追求,又怎能简单地用"骗局"二字加以了结?谁敢说这里面不包含几分必然?

由清廷钦定的《宪法大纲》颁行于 1908 年 9 月,对清廷而言,这固然说是国内外相互交逼的结果,然而其中也包含了清廷一点自救图强的真诚。在整个预备立宪过程中,清廷始终无法摆脱立宪与君权的矛盾缠绕,既想通过立宪以图自强,又希望君上大权不受损伤,而清廷的致命处也恰在这里。它从不知道什么是民主的政治妥协,也不知道欲图自强,君上大权必受限制的道理,更不知道立宪的根本就在于否定最高的专断权力这一最基本的原则。所以"老佛爷"煞有介事地声称,立宪之事,只有"俟调查结局",证明对君权"果无妨害",才能"决定实行"。[①] 这既然是清廷立宪的最高指示,自然就成为出洋大臣考察各国

---

① 陈旭麓编:《宋教仁集》,中华书局 1981 年版,第 16 页。

宪制的基本原则。实际上,考察大臣始终以此为主轴进行考察的。他们根据各国宪制的不同运作,归纳出立宪的三种模式,即民定宪法、协定宪法和钦定宪法,并由此而将政制分为三类:分权政治、议院政治、大权政治。在他们看来,以美国和法国为代表的分权政治,根本容不得君主的存在,中国仿行这种宪制模式是绝然不行的;而以英国为代表的议院政治,虽有君王但无实权,自然也是不行的。说来说去,只有日本的"大权政治",才能使君主处于权力的中心,既立宪制之名,又有君主之实,是最值得仿行的。所以他们奏陈清廷,认为惟有日本"以立宪之精神实行其中央集权之主义,其政治尤与我近。"①这一模式的选择是颇合清廷之意的。

这时的日本也出于一种不便直接言喻的目的,起劲地鼓吹"日清同化",为清廷仿日立宪打气,有的甚至还直接建议明治政府按日本的制度"导引中国"。②伊藤博文还对远道而来的清廷考政大臣面授机宜:"贵国为君主国,虽立宪而主权必须集于君主一人之手。"③这是一个对民主怀有恐惧的人,现以老师的身份向他的中国学生传授怎样避开民主的经验。后来清廷第二次派员出洋考政,当考察日本的达寿抵日之时,日本报界又一次大造"日清合流"的舆论,明治政府还派出法学博士向远路取经的中国学生交流刚从西方书本学到的宪制、立法、行政、司法方面的"学问"。这进一步促动清廷认可"日本变法在前,成规具在",中国宜"取法度之善,以为预备之方",定下仿日立宪之策。

清廷钦定的《宪政大纲》分"君上大权"十四条,"臣民权利义务"九条,共计二十三条,另有附属法"议院法要领""选举法要领"。前三项从

---

① 《泽公奏陈政治各书提要折》,见《申报》,1906年12月1日。
② 《外交报汇编》,第4册,广文书局印行,第19、613页。
③ 刘锦藻:《清朝续文献通考》,第393卷,商务印书馆(上海)1936年版。

标题到条文直接抄自1889年的《日本帝国宪法》的前三章。这何止是"仿照",实际上是"照抄"。主项"君上大权"几乎完全抄自《日本帝国宪法》的第一章"天皇",明定君主在国家生活中的各项权力:颁行法律、召集及解散议会、设官制禄、黜陟事宜、统率海陆军、编定军制、宣战媾和、订立条约、宣告戒严、爵赏恩赦、总揽司法等。《宪法大纲》下的君权再大,毕竟不同于传统的皇权。关于这一点,宪政编查馆如是说:"夫宪法者,国家之根本大法也,为君民所共守,自天子以至庶人,皆为率循,不容逾越。"①《宪法大纲》本身就是对君权的一种限制,因为皇帝本人也要遵宪守法了。即便《宪法大纲》第一条规定了"大清皇帝统治大清帝国,万世一系,永永尊戴",那实际上也只能是一种对昔日荣光的怀旧,至多也是对皇权凋零不满的一种幻化的虚设。同样这句话,如果是出自其先祖康熙之口,倒还有几分真实,而现在的不肖子孙连命都难保,还遑论什么"万世一系,永永尊戴"呢?所以清廷不得不在《宪法大纲》里写进这样的条款:"凡法律虽经议院议决,而未奉诏命批准颁布者,不能见诸施行";"(皇帝)委任审判衙门,遵钦定法律行,不以诏令随时更改";"惟已定法律,非交议院协赞奏经钦定时,不以命令更改废止。"前一条款虽然用"虽"字极力贬低议院的地位,但这里也隐含着清廷的苦衷:议院是不能绕越的立法主体,而皇帝只能是"批准颁发"而已。议院与君主的权力两分,这是君主立宪的通例,谁又能说君权不受限制呢?第二个条款明白无误的是把皇帝的审判权拿出来交给了"审判衙门",而皇帝剩下的只有"委任"权了。司法权与行政权的分立与制衡是近代西方宪制民主的基本特征,即便是像美国这样的共和制民主国家,其宪法也是把联邦最高法院的法官任命权留给总统的,而把审判权交给联邦最高法院这个"审判衙门"的。在美国,这一制度反映的是行政权与司法

---

① 《宪档》,上册,第56页。

权间的制约,而在中国,其表现是君权的被削弱。第三个条款则正面规定皇帝无权"废止"议院通过的法律,于无形中凸现了议院的立法地位。

君主立宪制不是君主不理国政,而是通过内阁(政府)而发挥作用,即所谓责任原则。日本人佐藤功在《比较政治制度》一书中写道:"近代的民主,要求实行责任政治,但是承认并追求国王对国政的责任,并且付诸实行,这是与君主制,特别是世袭君主制相矛盾的,作为调和这种矛盾的制度,于是出现了阁员的责任制。"①《宪法大纲》对此虽没有明文规定,但其前言中有这样一句话:"其必以政府受议院责难者,即由君主神圣不可侵犯之义而生"。② 一方面念念不忘"君主神圣不可侵犯";另一方面也导出了政府代君主负责国政并受议院监督的宪制事实。

关于臣民权利,《宪法大纲》规定,"臣民中有合于法律命令所规定资格者,得为文武官吏及议员";"臣民于法律范围以内,所有言论、著作、出版、结社等事准其自由";"臣民非按照法律所定,不加以逮捕、监禁、处罚";"臣民可以请法官审判其所呈诉之案件";"臣民专受法律所定之审判衙门之审判";"臣民之财产及居住无故不加侵扰",等等。这些条款均取之《日本帝国宪法》第二章,但清廷则将其列为附录,并把《日本帝国宪法》中的15个条文减缩到9条,而且抽掉了可按"规程"进行"请愿"一条,另增设了君主有权"以诏令限制臣民之自由"的款项。清廷毕竟不是明治天皇,它在中国遇到的问题要比天皇在日本遇到的问题复杂得多。它不但要巩固皇权,而且还要力保满人贵族的特权,而这两者又是一个问题的两面,其中一项丢掉了,另一项也就难以为继了。所以清廷疑虑重重,睁大眼睛,在许诺了臣民权利的同时,忘不了严加防范。然而,中国的"臣民们"过惯了无权利的日子,现在第一次有

---

① 〔日〕佐藤功:《比较政治制度》,刘庆林、张光博译,法律出版社1984年版,第43页。
② 《宪档》,上册,第56页。

了"恩赐"的权利,特别是"结社自由"一项,无论落实与否,它确乎为中国政党的萌发提供了宪法依据。据此,那些曾经主张过立宪的人们,现在可以名正言顺地合在一起大唱民主了。

　　由上可以看出,清廷仿日立宪既有不得不对君权稍加限制的一面,也有相当大的"保留"。关于议院的地位、权限、议员的组成等问题上的"保留"自不必言,①重要的是在推行宪制的具体操作上,两者大不一样。明治政府推行宪制所依靠的中坚力量,既有像三条实美、岩仓具视等开明的少数贵族,也有大久保利通、木户孝允、伊藤博文、大限重信等积极推动改革进程的大批藩士。这些藩士占了明治中央政府全部官员的三分之二,并事实上成为政府的核心。②而清末"预备立宪"的主导者,仅限于被迫以仿宪寻找出路的统治集团上层的部分人,并未包括真正为以宪制立国而奔走呼号的"立宪党"人。可怜这统治集团上层的部分人,只能代表他们自身,而其自身的宪制素质又太差。他们在"预备立宪"中大权在握,却严重缺乏为立宪而进行"预备"的能力。一些身居要职者,在确实力不从心时,也曾暗中求助于立宪派人士。但从清廷整体来讲,绝然不肯对立宪党人予以信任。诚然,立宪党人并不满意于"预备立宪"仅仅模仿日本明治宪制,但对"预备立宪"本身还是欢迎的,他们急切希望能伸出手来,推动清廷进行立宪大业。而清廷自己内心

---

①　关于君主在议会闭会期间所发布的可代替法律的紧急敕令,《日本帝国宪法》规定,到下次会期在帝国议会提出,若议会不予承诺,政府则当公布敕令失效;清廷钦定的《宪法大纲》则变为"惟至次年会期须交议院协议。"(《日本帝国宪法》,第8条;《宪档》,上册,第58页)关于议会的立法权限,日本议会可提出的议案为一切法律案(《日本议会法规》,第4页),而清廷的资政院则只限定于税法及公债事件、修改法典事件三项(《宪档》,第632页);日本议会可根据敕令议决宪法修正案(《日本议会法规》,第4页),清廷的资政院则在可议决的法典修改范围中,明文规定"宪法不在此限"(《宪档》,第632页)。在宪政机构的人员组成、议员的选任方面,清廷都"巧"做了手脚。(参见《日本议会法规》,第103页;《宪档》,第361、559、577、579、632页)

②　刘天纯:《日本改革史纲》,吉林文史出版社1988年版,第68页。

空虚,总害怕立宪党人伸手太长,后来竟不顾一切地将立宪党人推到了自己的对立面。

这样,结束"预备立宪",理论上应是从君主专制向君主立宪过渡,实际全然未像日本那样,使能促进君主立宪的新兴政治力量登台发挥应有的作用。比较起来,日本明治宪制可以说是"权力与能力合一"模式,即藩士改革派既有立宪能力,又被委以实际权力;而清廷的"预备立宪"则是"权力与能力分离"模式,即立宪党人有能无权,而统治集团上层那部分人则是有权无能。这种区别,既是两者宪制基础的不同反映,又成为两者立宪成败的因素之一。

清廷之所以在《宪法大纲》以及整个"预备立宪"过程中有很大的"保留",甚至比二元君主立宪制的《日本帝国宪法》还往后再退一步,这是因为清廷比日本明治天皇有着难以名状的"苦衷",它的处境与日本明治时期有很大的不同:日本作为"大和民族",具有很大的单一性,其君主政体一姓相传,千年未变。明治天皇在幕藩体制的崩溃中,受到"王政复古"形式的拥戴,从登基之日起而在一批维新人士推动下锐意进取,国内政务因此显露出一种犹如新朝开国的勃勃生气,维新事业的拓展与统治秩序的稳定相互促进。然而,中国境内民族兹多,君主政权虽多次换"姓",但主要是在占人口绝大多数的汉民族中"变来换去"。清王朝是满洲贵族入主中原后所建立的全国政府,"以满治汉"的方针基本为其两百多年的统治一以贯之。而到了王朝末年,满族统治者的腐败与无能导致外患加深,国内民族矛盾激化,以汉民族为主的各族人士便采取各种形式进行抗争,革命党人以暴力推翻满清统治为己任,立宪党人则以改变满清的君主专制为目标,而清廷统治集团中的部分汉族大员,也纷纷以立宪为言,奏请消除满汉界限。满洲贵族原有的统治根基动摇了,旧秩序受到新势力的严重挑战,使原本就比较复杂的满汉关系如今更加复杂起来。如上所言,清廷在几种势力同时夹击之下,为自救所计，不得不开放原本属于自己专利的政权，然而它又无法摆脱立宪与君权、汉族与满族的矛盾缠绕。既想立宪以自救，又要不失掉"君上大权"；既想安抚汉人，又不想失掉满清贵族的特权。不管它新定什么政策，下多大决心改制变法，在汉民族人口数量、文明程度和政治能力都占绝对优势的情形下，势必要暗设防线，以确保满族王朝的统治不致因立宪而大权旁落。基于此，清末两次改定官制，又是规定对皇室、八旗事等"五不议"，又是借口"满汉不分"，将中央部衙官缺由原来的"满汉平列"先后变成了"满七汉四"和"满九汉四"，①并由满人占住要职。这种"以退为进"式的改革，当然无法与日本的明治宪制相提并论。②

三、营造宪制的社会氛围

如果说清廷的"预备立宪"从开始就缠绕于立宪与君权的深刻矛盾而缺少诚意，那么立宪党人则自始至终都在为中国的宪制作真诚的努力。一方面，他们真切希望清廷通过"预备立宪"实现自我调整、自我革新，担当起推进宪制大业的主角。这样，既可使宪制得助于"传统合法性"的支持，而不至于打乱进化的秩序，又可避免迫在眉睫的革命所造成的代价；另一方面，他们自身通过发动和参与"国会请愿"，以和平手段推动立宪进程，把宪制的探求引向了深入。

他们认为，要真正实行立宪，必须召集国会，"有国会然后可举行宪政，无国会，则所谓筹备者皆空言，"③所以，当发现清廷没有实行

---

① 《民报》，第 10 期，第 57 页。
② 罗华庆：《清末"预备立宪"模仿日本明治宪政论》，见《走向近代世界的中国——中国社会科学院近代史研究所建所 40 周年学术讨论会论文集》，成都出版社 1992 年版，第 174—176 页。(以下简称《走向近代世界的中国》)
③ 《各省咨议局议员孙洪伊代表上第二次请愿国会书》，见《时报》，宣统二年五月二十五日。

他们认为的那种立宪诚意时,他们便联合起来向清政府施压了。1907年9月,由宪法讲习会熊范舆及沈钧儒、葛光宇等领衔上请愿书于朝廷,要求速开国会。1908年春夏,河南、江苏等数省陆续派员入京请愿。康、梁领导的政闻社、帝国宪政会,张謇、汤寿潜等人领导的预备立宪公会都积极展开活动,于是,要求速开国会一时成为国人的中心舆论。然而,清廷对此却深感疑惧,寻机平息。7月,便将要求三年即召开国会的法部主事陈景仁革职,8月又下令查禁政闻社。随后宣布定期九年召集国会,并颁行了《宪法大纲》和九年筹备事宜清单。

1909年10月,各省咨议局成立,大多为立宪党人所控制。他们以此为基地,再度发起了国会请愿运动。1910年1月,由十六省议员代表组成并由直隶议员孙洪伊领衔的赴京请愿代表团,进京请愿,要求一年内即开国会。未果之后,他们又组织起国会请愿同志会,部署下一次请愿。5月,各省代表持有数万人签名的请愿书赴京,向都察院上递了10份言辞激昂的请愿书。然而,立宪党人的一腔热情换来的是清廷一纸"毋得再行渎请"的上谕。面对如此愚顽的清廷,立宪党人忧愤交集:"国民所以哀号迫切再三吁诉者,徒以现今之政治组织循而不改,不及五年,国家大乱以至于亡;而宣统八年召集国会为将来历史上所必无之事也。"①于是,他们决定再次请愿,提出"不开国会,不承认新捐税",甚至以不开国会咨议局同时解散相威胁。到资政院开议前后,请愿运动达到高潮,各省先后举行了数千人集会游行,要求督抚代奏请愿稿。然后便有了上文所说的资政院奏请速开国会的议案。这种压力之下,清廷决定先设内阁,而将开国会的期限仅提前三年。1911年1月,清廷向全国下达了镇压学生请愿运动的命令,宣称:再有学生聚众请愿,要

---

① 梁启超:《论政府阻挠国会之非》,见《国风报》,第一年第十七号。

从严惩办,连办学人员一并重处,且"惟该督抚是问"。① "大清帝国"如此之大,却容不下让它改过自新的几个庶民学生。清廷或许不知道,当它用武力绞杀这个运动的同时,自家的性命也不长了。

由立宪党人发动的国会请愿运动本身就是一次民主试验。他们欲图以和平手段将专制政治改变为立宪政治,这一路途的选择于满清未必正确,但其努力与探索并非毫无意义。他们如此看重议会,如此急切地希望"速开国会",除了达到以宪制阻止暴力革命的目的之外,还在于他们在理论上将议会看作是宪制的中枢,"没有议会便不可能有宪政",这是其坚定信念。② 正由于此,他们在请愿运动中始终将议会的论说置于一个凸现的位置。他们首先抓住了清政府的资政院这一被清廷看作是"以立议院基础"的机关加以剖析,认为它与国会有着根本不同:议员之于国会须为民选,而资政院议员非民选,其中一半是钦定,另一半却要先由各省咨议局在其成员中选出两倍于当选名额者,再由负责互选的地方督抚按额从中加以复选,这貌似民选,实为官定;议长之于国会须为议员推选,而资政院总裁则由钦命大臣担任,致使其形同于清廷衙署,且钦命的总裁只能对君主负责,而不能对议员负责;国会必有行政、财政的监督之权及立法之权,而资政院于这三项权力,或则没有,或则极不完全。③

所以,他们眼中的议会是这样的机关:"国会为监督内阁负责任之法定机关。其官僚若不得国会之拥护,即无组织内阁之资格。……君

---

① 《宣统政纪》,卷三十。
② "惟有召集民选议院,使制定民刑各法,以为司法独立之地步,则人民之生命财产有所保护,社会之安全秩序或可维持。"(《官绅熊范舆等联名上请愿书》),见《时报》,光绪三十三年九月初十)马相伯论,国会"乃我人民生命财产保险之护照也"。(马相伯在国会成立大会上致祝词,见《时报》,光绪三十四年六月十五日)
③ 吴冠英:《资政院果是为国会之基础乎?》,见《宪政新志》第三号;《国会请愿同志会意见书》,见《国风报》,第一年第九号。(《宪档》,第 632 页)

主虽私其所爱憎,不可得也。""立宪国国会之所以能监督行政而不被蹂躏,首在君主不负责任,纯以国会与内阁相对付。故君主对于国会只有不裁可所议之事之权,绝无强迫以遵命议事之权。""凡国会所不协赞者,政府即不得而施行之。"①这样的国会全然不同于清廷的资政院,也有别于明治国会,它是英国的议会政治下的议会模式。

在这种模式之下,议会首先应享有的就是财政监督权。英国如是,中国也应如是,因为在无议会监督之下,"国家地方之行政经费,彼得以为所欲为,商人不敢过问,……人民对于国家只有担任义务之劳,永无安享权利之望。而商界则尤为直接受病之最巨者也。"②他们说,"租税者,人民之膏血也。欲多立名目,吸取人民膏血,非得人民之同意决无其他苛敛之方。倘苛敛之,则大乱蜂起,危及国本矣。欧美各国于前代征收租税时,曾屡激成变乱,故特召集国会,畀以监督财政权。按监督财政权其必规定宪法不可缺少者有三种:一为预算案之决议;二为决算案之承认;三为额外支出之追认是也。"③

立宪党人的这些议会论说与戊戌时期相比有了很大的发展。在戊戌期间,维新人士大都从"君民共主""团结一心"立论,阐释议院的功能与价值,且对议院的具体主张在理论上亦较为朦胧与模糊。而在国会请愿运动中,他们通过实际操作和思考不仅廓清了国会的价值,而且也具体提出了符合自己利益与要求的国会立法权、行政监督权、财政监督权的"一立二监督"的具体主张。这说明中国宪制已从浅层的启蒙达至

---

① 《国会请愿同志会意见书》,见《国风报》,第一年第九号。
② 《华商联合会联合海内外华商请愿国会公告书》,见《时报》,宣统元年三月二十三日。
③ 《国会请愿同志会意见书》,见《国风报》,第一年第九号。张謇在其所写的《预计地方自治经费厘定地方税界限应请开国会议》一文里说:"税则者,自治之根源而人民之大命也。各国更定税法有不经国会协议者乎?""筹治须财,筹财须税,筹税须定系统比率,定系统比率须国会。"(《时报》,宣统二年二月初九)

理论上具体设计的"应用型"阶段了,标志着中国宪制文化一个阶段的相对终结,一个新时期的开始。这一新时期伴随着立宪与革命的论战,直至共和诞生而达到高潮。

国会请愿运动就其本身目标而言是失败了。但由此而给中国社会带来的正面震动要比清廷的"预备立宪"强烈得多。既然他们希望实行自己想要的那种宪制,自然就会对清廷"预备"中的那种"立宪"进行愤怒的抨击。他们认为,清廷的"预备立宪"只是"聊以涂国民耳目,饰友邦之玩听",所以"日言融合满汉,而种族之界限益严;日益预备立宪,而中央集权之谋益亟"。① 清廷如此作为的动机就在于:"以改革敷衍外国,愚而已矣;以改革敷衍国民,其心术乃不复可问。……待国民而用外交手段,是不啻以敌意于国民;故敌民者,民恒敌之;桴鼓之应,其安能逃?"② 梁启超对它更不客气,认为如此做"立宪"的"预备",其本身就说明了清廷的昏庸与贪鄙。③ 这些勇敢的言论不啻为革命党人的"革命"作免费的理论广告。这说明在对清廷的预备立宪问题上,立宪党人与革命党人持有相同或类似的看法。不同的是,前者始终固守进化论,认为现阶段的中国离不开"君主"这一人格化的权威作为统摄社会秩序的最高"合法性";后者则乐观地确信革命所确立起来的"共和"本身就会成为社会秩序存在的"最高合法性"。④ 当然,历史最终既嘲弄了立宪党人,也愚弄了革命党人,这是后话。但有一点须说明,立宪党人与革命党人虽然对宪制的路途选择不同,但对宪制的信仰与追求都是真

---

① 《时报》社论:《论搜捕乱党》,光绪三十三年六月十四日。
② 一民,《改革之动机安在》,见《政论》,第一号。
③ 他骂清廷"心如虎狼,行如禽兽","其心目中未始有国家也,未始有君父也,未始有人民也,所见者权位耳,金钱耳"。他们"宁亡国灭种而必不肯舍一时之富贵利禄……以官职为传舍,以国家为利。……国亡之后挟腰囊以走租界,或作赘子妾妇于外国,犹不失为富家翁"。(《为国会期限问题敬告国人》《国会期限问题》,见《国风报》,第一年第十七号)
④ 参见"立宪与革命论战"有关节、目。

诚的。事实上，一些立宪党人经过国会请愿运动的失败，也产生了革命的意向。①

由立宪党人发动与直接参与的国会请愿运动虽没有动员社会一般大众的直接参与，但通过"运动"第一次把宪制理念扩展到几乎所有的识字阶层。② 它所营造的社会氛围超出了"请愿"本身，使宪制在中国成为一种不可阻挡的历史洪流。

四、"立宪"需不需要"预备"？

由于近代中国始终缺乏成熟的社会条件，因而宪制文化不可能自然长成，只能通过一些人的观念与行动把西方宪制文化急火火地推行于中国社会，这就是理念与社会现实之间存在着无法穿越的隔膜。由清末"预备立宪"所表现出来的问题不仅仅是清廷的无诚意或故意地宕延"预备"的进程，而且由此所关涉的"中国要不要有一个立宪的预备？""中国社会能够承受什么样的宪制模式？"等等问题更发人深思。不能把"立宪"试验的失败全部归因于清廷的"欺骗"，实际上这一"骗局"恰

---

① 请愿失败时，立宪党人主办的《时报》发表社论说："苟犹有以为不足者，势非另易一办法不为功，然今日国民之实力，恐亦未易语此也。"（《读初三日上谕感言》，见《时报》，宣统二年十月初七日）《咨议局联合会宣告全国书》也透有同样言思："议员等自愧诚未至，不能见信君父，惟为我父老作聋舌，绵力所及，只如此数。辜负望治之深心，又无呼吁之余地，不得不以诸父老之所言者，而报告于诸父老。"（见《国风报》，第二年第十四号）《国民公报》主编、请愿运动的参加者徐佛苏后来回忆说："第三次请愿书中，措词则甚激昂，略谓'政府如再不恤国民病苦，不防革命祸乱，立开国会，则代表等惟有各归故乡，述诉父老及政府失望之事。且代表等今后不便要求国会矣'等语。……其言外之意，多谓政府如再不允所请，则吾辈将倡言革命矣。"（徐佛苏：《梁任公逸事》，转引自《梁任公年谱长编》，上册，第 314 页）

② 据不完全统计，在请愿运动期间，单是预备立宪公会编辑的有关宪法、议院选举法、地方自治以及普及宪制知识的书籍就达十余种，有的发行量数以十万计。与宪制时事有关的报刊诸如《时报》《中外日报》《国民公报》《国风报》《中国新报》《预备立宪公会报》《东方杂志》等宪制舆论更是活跃，登载的有关文章更是不计其数。

好掩盖了中国宪制文化极不成熟这一客观真实。正如本书反复论说强调的：自中国开始接受西方宪制文化的那一天起，宪制在中国一直被看作是推进中国国家富强的一种工具，而宪制文化之于其本土的西方来讲，它与国家富强的目标并无干系。既然近代中国是通过追求国家富强而接受了西方宪制文化的，那么它就应该将其转换成与富强这一目标相关的另一种价值体系。共和制的宪制之于美国，君主立宪制的议会政治之于英国，或许在结果上与其最终成为强大的国家有关系，但共和制、议会制本身也只有融于其传统成为其文化的一部分，至少不为其文化传统相排斥，才能成为其国家强大的一个因子。而近代中国的宪制文化则一开始就认定了致西方强大的宪制因子必然也会成为中国强大起来的要素。从林则徐的《四洲志》、魏源的《海国图志》、徐继畬的《瀛环志略》对西方议会制度的零散介绍，中经王韬、郑观应一代知识分子对西方宪制中的"君民共主"的发现，直到康有为、梁启超的君主立宪和孙中山的共和革命的主张，虽然对西方宪制的体认程度以及中国宪制路途的选择有很大不同，但在宪制价值取向上大都没有溢出这一思想的轨迹。于是便在宪制理念与中国社会现实之间形成了一个很长的距离。

撇开清廷的"预备立宪"是不是一个"骗局"这一点暂且不谈，问题是：在二十世纪初年的中国若要实行宪制需不需要有一个"预备"的过程？对于这个问题，立宪党人和革命党人都抹去了理想与现实的界限，共同表现出了一种对"中国尽快强大起来"的焦灼，立宪党人埋怨清廷的"预备"进程太慢，而革命党人不屑一顾，目标要推翻满清，建立共和。无论是立宪党人的议会理论、地方自治的主张、分权制衡的制度设计，还是革命党人的共和、自治的信念，哪怕在当时的西方世界里也算是先进的东西。把这些东西生吞活剥地搬到在政治文化经济各方面都比西方矮半截的中国，果真能达到像其鼓吹者要达到的那样一种结果？假若清廷的"预备立宪"真像立宪党人希望的那样,中国就能成为像英国那样的君主立宪的富强国家?历史虽不能假设,但革命党人的革命实践却验证了一个事实:孙中山的"中华民国"决不是华盛顿的美利坚合众国,也不是法国人的法兰西共和国。近代中国制度不断地演进,社会却是老样子。理想与现实毕竟是两回事。有一点应注意:在"预备立宪"过程中,清廷决意仿照日本,而立宪党人虽然对日本战胜沙俄颇感敬佩,但他们对日本明治宪制并无多少好感,希望清廷能够仿行更为先进的英国君主立宪制度。作为一个理想,这本无可厚非,但在现实操作上仿英是否可行,立宪党人从未作进一步的深究。实际上,曾经在甲午之战中打败中国的那个东洋小国,已经证明了它已胜出了中国,然而它从1868年的维新直到1889年才颁行了宪法,其立宪的"预备"整整用了21年的时间。21年的"预备"过程最终出现的也并非英国式的议会政治,而是比英国落后的普鲁士式的二元君主制。明治宪制的保守与落后固然反映了日本封建传统势力的强大,但这本身就是无法抹去的社会现实。经过了57年的沧桑,日本在1946年宪法中又重新确立了它的君主立宪制,使人颇费思量。

清末预备立宪所引发的国会请愿确乎为一场波澜壮阔的民主运动。然而其中暴露出来的问题也说明了中国宪制文化的不成熟。

关于议会问题。"速开国会"这是立宪党人最为关切的目标。但对于怎样在中国速开国会,"速成的国会"能否达到他们希望的目标,并未作进一步的深究。他们对议会性质、价值、功能作的探讨,亦并未越出英国议会政治的视野。在这一问题上,中国和日本不同。日本人较实际,中国人则多为崇尚理念。日本并不是不知道英国与法国宪制的先进,但它宁可选择与自己的国风民情更为接近的实际上又较为落后的德国宪制模式。这其中,日本也曾有过与中国相类似的经历。明治维新后,日本首先看好的是先进的法国,法律制度的西化惟法国马首是瞻。然而实践证明,法国式的法制并没有给日本带来欲想的结果,反而造成社会的动荡,于是日本人变得实际起来,经过20余年的摸索最终走上了德国化的道路,并取得成功。中国从戊戌开始,维新人士看好的是先进的英国,康、梁暂且不论,严复虽曾意识到德国道路对中国的意义,但他宁愿绕路也要使中国走上英国式的宪制之途。从戊戌到辛亥,那些先进的中国人对中国落后现实的焦灼,促成了观念上的急进,"要么就不学,要学就要学最好的",追逐英国和法国不能不成为一种不能置疑的政治时尚。谁要是对革命党人说,"革命未必能带来法国革命的结果",他们一定会说"不";谁要是对立宪党人说:"速开国会未必能使中国成为英国式的君主立宪国",他们一定会说"不"。立宪党人看重的"议会"与革命党人信奉的"共和"实际上都是一个东西,即理念中的圣物。遗憾的是,中国虽然经历了戊戌维新、短命的"预备立宪"、共和革命这些急剧变化的时期,但从未出现过一个像样的议会、一种真正的"共和"。

关于分权与制衡。立宪党人要求速开国会的目的之一,是想通过建立一个英国式的议会,创制一个以议会为主体的制约君权的分权制衡制度。"行三权鼎立之制"这是立宪党人的一贯主张。这一理论的大旨并无大错,以英美为代表的西方分权制衡制度的运作主要是针对君权和行政权的,这已是定论。然而,在中国,由于宪制问题始终与国家富强扯在一起,分权制衡制度的创设能否达到国家富强的目标是不能不加以深究的,这关涉到民主与效率的价值选择问题。现代化的理论研究表明:"后发"现代化的非西方国家在从传统向现代化转型的阶段,最为需要的是一个具有"合法性的最高权威",通过它可以动员起各种社会资源,组织起各种力量,把现代化导入成功之路。晚清的中国所面临的最大问题就是由"权威的合法性危机"带来的国家最高权力的虚弱。在中央,以西太后为代表的清廷已使"君权"这一中国传统的"最高合法性权威"式微,而清廷内部的满汉贵族的矛盾与斗争以及清廷本身的腐败与无能使得国家权力这部机器已锈迹斑斑,无法正常地转动。在地方,由镇压太平天国起家的那些汉族的"封疆大吏"的"后代"们实际上已取得了"军阀式的自治"权力,成为清廷中央政权的一大心病。在这种情势之下,欲图国家富强,是通过分权制衡继续分割权力,还是通过强逼清廷内部的自我更新完成自身的"现代转换"以使国家的权力集中起来,立宪党人并没有再向前探究一步。

关于地方自治。早在戊戌维新时期,维新人士就提出过地方自治这一主张。1897年冬,谭嗣同等在湖南倡导成立南学会,次年由黄遵宪、谭嗣同、梁启超等"轮日演说中外大势政治原理行政事等,欲以激发保教爱国之热心,养成地方自治之气力",必须使民"习于政术,能有自治之实际。"①黄遵宪则说:"必须自治其身;自治其乡。再由一乡推之一县一府之省,可以成共和之郅治,臻大同之盛规。"②

在清末预备立宪过程中,地方自治又被立宪党人作为一项重要制度提了出来。这一时期,译介西方和日本关于地方自治的书渐多,其中主要有《地方自治制论》《普鲁士地方自治行政说》《地方自治财政论》等。如此重视地方自治,主要是源于这样的认识:"世竞言民权,然非有地方自治之制则民权即无基础。条顿民族之民权所以独盛者由其自治之有素也。今世界列国中虽以俄罗斯之专制,然亦已有地方议会。盖此基一立则于政治之实力思过半点……"③而康有为则照实地说,偌大之中国,病在何处?曰:"官代民治,而不听民自治。""救亡之道,听地方自治而已。"欧美诸国之所以日益强盛,"横于大地,剪

---

① 梁启超:《戊戌政变记》,中华书局1954年版,第137—138页。
② 《黄公度廉访南学会第一、二次进义》,见《湘报》,第5号,1898年3月11日。
③ 《新民丛报》,第21期。

灭东方","乃由于举国之公民,各竭其力,尽其智,自治其乡邑,深固其国本故也。"①梁启超更是笔飞墨洒地论说地方自治对国家富强的好处。他认为,美国是共和制成功的典型,又是一流的富强国家,这主要归因于它的地方自治。由于地方自治,所以人民有两重爱国心,既爱大共和国(联邦),又爱各自的那四十四个小共和国。这犹如建筑,先有各不相同的无数小房子,后在这结构各异的小房上集砌为一座大楼,它可以翼蔽小房,而小房的本体亦无丝毫的损害,此所谓"盖小房非恃大楼而始存立,大楼实恃小房而始存立者也。"恰遇大楼亡塌,诸小房亦不致损坏,稍加修葺便足以蔽风雨而有余。这小房与大楼就是美国的省与联邦,省远发生在联邦之前,即令联邦政府倒垮,各省这些"小房"仍能单独存在。这无疑是美国共和政体能够长久存在,并使美国成为一个一流的国家的原因。② 不管梁启超的这种描述是否恰当,地方自治即便能使美国成为一流的强国、共和制度长存,那也并非就一定能成为中国独立富强的灵丹妙药。

　　事实上,在清末预备立宪中,最为支持地方自治的是那些拥兵自重的武人。问题是,中国地方上本来就已形成武力割据的局面下,地方自治真的能成为中国宪制的一项民主制度？果真能通过这一制度达到中国富强的目标？地方自治是英美民主制度的重要部分,这是事实,而且美国的民主制度本身就是从乡镇制度自下而上地发展起来的,"乡镇"是民众直接参与政治的场所,是权利义务聚集的中心,通过它,普通民众可以学会自己管理自己的方法,由"乡镇"到市然后直达各州,这种层层"分立式"的自治制度构成了美国民主制度的基石。③ 然而,无论是

---

① 康有为:《公民自治篇》,见《新民丛报》,第5、6、7期。
② 梁启超:《新大陆记》,湖南人民出版社1981年版,第158—159页。
③ H.S.康马杰:《美国精神》,光明日报出版社1988年版。

英国还是美国,地方自治从来都与国家富强价值目标无关,它只不过是人作为社会的一个单元自己管理自己的一种方式,即一种民主制度。然而,晚清的中国非同英美,它要自立于世界,成为一个名副其实的大国,首先应通过一个强有力的中央政府,把分散的各种力量凝聚在一起,成为一个近代化的国家。日本的明治维新首先是"改革藩制",通过"倒幕"而"奉还版籍",明治中央政府通过属于幕府的立法、司法、税收统权等权利而实现了国家近代化。中国的各地督抚们为了自己的权力赞同地方自治是不难理解的,但以国家富强为己任的立宪党人在这种局面下提倡地方自治就令人颇费思量了。进而言之,即便地方自治不为国家富强服务,只是作为一种独立的民主制度,在晚清的中国就能实现吗?在亮丽的西方民主词藻下掩盖不了中国平民百姓"民智"未开的现实。说来说去,地方自治终究还是脱离不了督抚们更为残暴的"官治"。

应强调的一点是,立宪党人、革命党人对宪制的信念是真诚的,他们与清廷的"预备立宪"有着天壤之别。但理想不能代替现实,当他们把自己的理想付诸实行时,若能多对中国的现实社会多作些实证研究,中国的宪制文化本会更早地成熟起来的。

第七章 革命选择

革命与宪制是贯乎于 20 世纪初和中国的一个鲜明主题，是中国社会路途的抉择，是中国宪制及其文化的走向。历史成全了那些值得成全的人，它给了革命党人"革命"的条件，却不给立宪党人试验的机会。1911 年是一块界碑，它标示了共和在中国的不可阻挡之势，同时也刻就了后来中国宪制近百年的沧桑。在革命的遗产中，既可以找到共和的无悔信念，也有宪制自身未熟的果实，其中还存有由根发于社会的激荡和冲突而撕裂整个国家的危险。虽然革命与立宪的争夺随着武昌枪声烟去，尘埃早已落定，然而其中所关涉的问题似乎并未远走，不时地浮返于中国宪制文化的岸头，击打着现代人的心。

一、论战：是民主形式的论辩还是富强之路的争吵？

1903 年，曾以"彼此均属逋客；应有同病相怜之感"，并谋求同立宪党人合作以实现中国社会变革的孙中山在《敬告同乡书》中公开宣布："革命、保皇二事决分两途，如黑白之不能混淆；如东西之不能易位。"[①]既然战斗的序幕已经拉开，那就预示了在思想理论上最终要

[①] 《孙中山全集》，第 1 卷，中华书局 1981 年版，第 232 页。

见个分晓。1905年以《民报》和《新民丛报》各为一方的两个派别正式摆下了阵势,要为中国的前途而进行理论上的决战了。这场大论战所涉问题甚广,其论旨由建立一个什么样的国家为核心,涉及到与中国宪制有关的理论和实践。

其前提是:要不要用暴力的手段推翻满清王朝?中国应立君宪之体,还是走共和革命之路?

对这些问题的不同主张来自对中国现实的不同体察。同盟会的革命纲领是这样写的:"(一)驱除鞑虏。今之满洲,本塞外东胡。……灭我中国,迫我汉人,为其奴隶,……我汉人为亡国之民者,二百六十年于斯。……义师所指,覆彼政府,还我主权……(二)恢复中华。中国者,中国人之中国,中国之政治,中国人任之。驱除鞑虏之后,光复我民族的国家,敢有为石敬瑭、吴三桂之所为者,天下共击之。"①纲领就是旗帜,革命党人的革命理论就是聚集在这面旗帜下的,其旗手是孙中山。早在1903年,孙中山即以"扑满而兴汉"为职志。② 1910年他指斥张扬"立宪可以图强"的人"卑劣无耻,甘为奴隶",并抨击教育、实业救国论时说:"于光复之先而言此,则所救为非我之国,所图者乃他族之强也。"③"光复"是革命党人论战中常使用的一个字眼。章太炎对此解释说,"改胡同族,谓之革命,驱除异族,谓之光复。"④在"光复"的麾下,不可能全是革命的理想,难免杂有像"反清复明""光复汉室"这种堂会式的味道。虽然在革命党人内部对革命理想存在歧义,但"光复"却是他们凝聚的统一的意识形态。黄兴说:"吾辈以排满为宗旨,今恃党纲,请

---

① 《辛亥革命》(二),第14页。
② 《孙中山全集》,第1卷,第232页。
③ 同上书,第442页。
④ 《章太炎政论选集》(上),第193页。

立宪,乃是君主奴隶尔。"①汪精卫则认为,"满洲人非中国之人民","各国革命有至君主立宪而止者,而我国今日为异族专制,故不能望君主立宪。""对于异族政府,无论其为立宪、为专制,亡国均也;纵令满洲政府下令组织国会,而自亡国之民视之,亦与满洲政府同气类者耳。"②由于此,革命之谓,便是以"去满洲为第一目的,以去暴政为第二目的。"而且,"大辱未雪,大欲未偿,亦复何心以商此事?"汉人"不可以与满洲人去此侪处,无论以立宪饵之边,即有共和极制,非与满洲为群无从得之者,亦有舍置之而已。""故今日中国而欲立宪也,必汉族之驱并满洲而后能为之"。③胡汉民和秋瑾也表达了类似的看法。④而极端化的革命党人士则明确表示要"光复汉族,剪灭满族","遇满人皆杀",只要"杀尽满人,自然汉人强盛,再图立宪未迟。"⑤这不只是一句过头话,而且是一种仇恨的心结,它足以煽起汉族和满族之间的仇视的火焰。孰不知,复仇并不等于革命。

针对革命党人这些带有血腥味的排满言论,立宪党人则进行了论辩。康有为认为,满汉两族"于今日无可别言者也,实为一家者也。"满人与汉人"合为一朝,同化中国,教化礼乐,言语服饰无一不同","故满洲在明时则为春秋之楚,在今则为汉高之楚,纯为中国矣","虽非为同母之兄弟,当亦比于同父异母之兄弟,犹为一家也。""所谓满汉者,不过如土籍客籍贯之异耳。其教化文义,皆从周公、孔子,其礼乐典章,皆用

---

① 转引自侯宜杰:《革命派反对在中国实行君主立宪制理论之评议》,见《走向近代世界的中国》,第186页。

② 《民报》,第4、12期。

③ 蛰伸:《论满洲虽欲立宪而不能》,见《民报》,第1期。

④ 胡汉民认为,满洲是窃取了统治中国之权的异种异国之人,"故以满政府不倾,而遂许其同化者,以狐媚为虎怅,无耻之尤者也。"(《民报》,第25期)秋瑾也反对立宪,认为首先应"大举报复,先以雪我二百余年满族奴隶之耻,后以启我二兆万里天府之新国。"(《辛亥革命》(三),第78页)

⑤ 《申报》,1907年7月30日;《辛亥革命》(三),第80页。

汉、唐、宋、明……，盖化为一国，无复有徽之别久矣。"他指出，时下国人心目中的满汉之分，实源于孔子在《春秋》中提出的夷夏之别。而孔子的夷夏之别实主要是指文明与蒙蛮的区别，是文化上的差异。① 他力主应把满人与清廷的顽固分子区别开来，"今者割地鬻民，赔款剥民，诚可痛恨，然此但太后、荣禄一二人之罪耳，于满洲全籍人无与也。……革命者日言公理，何至并现成之国种而分别之？是岂不太悖谬哉？"②梁启超与其师一样，不同意把满洲人视为外国人，并坚决反对革命党人的排满论。他在《论正统》一文中指出，"不论正统则亦已耳，苟论正统，吾敢翻千年之案而昌言曰，自周秦以后，无一朝能当此名者也。"③申明并断定："满洲人在明时，实为中国臣民"，"中国自有史以来未尝亡国。谓爱新觉罗氏之代朱氏，乃易姓而非亡国"。爱新觉罗氏"以中国臣民而篡中国前代君主之位。此历史上所数见不鲜者，而亡国问题，安自发生耶？"④"亡国"也是革命党人时常论说的一个观点。因为即有了"亡国"，才会有所谓的"光复"。那么，何谓亡国呢？明末清初的思想家顾炎武在其《日知录》里就有亡国、亡天下的分别。"易姓改号谓之亡国，仁义充塞，而至于率兽食人，人将相食，谓之亡天下"。中国传统意义上的亡国，就是指"易姓改号""宋亡明兴、明亡清替"这本是简单明了的。章太炎对之深有味其言，但又改正说，顾炎武所讲的保国应叫"保一姓"，而所谓"保天下"应当叫"保国"。⑤ 而他在《排满平议》中又说："排满者，排其皇室也，排其官吏也，排其士卒也。若夫列为编之民，相从耕

---

① "夫夷夏之别，出于春秋。照孔子春秋之义，中国而为夷狄则夷之，夷而有礼义则中国之"。
② 康有为：《辨革命书》，见《新民丛报》，第16期。
③ 《新史学》，《饮冰室文集》之九，第25页。
④ 《答某报第四号对于〈新民丛报〉之驳论》，《饮冰室文集》之十八，第56—59页。
⑤ 《章氏丛书》，别录，卷一，《革命道德说》。

牧,是满人者,则岂欲割刃其腹哉?……所欲排者为满人在汉之政府"。这种不时改变论点的做法,无法让人把握"亡国"的真正意旨了。"亡国"一说本是模糊的,革命党人在这模糊的一说里又加进刚从西语中拾得的"民族"一词,这就更是让人捉摸不定了。孙中山在《民报发刊词》中说:"今者中国以千年专制之毒而不解,异种残之,外邦逼之。民族主义、民权主义,殆不可须臾缓"。这意味着,虽有"异种之残""外邦之逼",但"异种"并不等于"外邦",中国也并未"亡国"。然而,他在《民报》周年演说里,先是大讲清朝统治使中国人变成了"亡国之民","想起我们汉族亡国时代,我们祖宗是不肯服从满洲的。"接着又说了与前相反的话:"尚有一层最要紧的话,因为凡是革命的人,如果存一些皇帝思想,就会弄到亡国。……今日中国正是万国眈眈虎视的时候,如果革命家自己相争,四分五裂,岂不是自亡其国。近来志士都怕外人瓜分中国,兄弟的见解却是两样。外国人断不能瓜分我中国,只怕中国人自己瓜分起来,那就不可救了。"①对这一问题的矛盾与混乱,来自于革命党人对"民族与民国、民权"关系问题上的理论底气的不足,对"共和"体认的偏差。② 与之不同,作为立宪党人的梁启超则是清醒的。在他看来,不仅满族和汉族同为中国的民族,而且除其外,蒙、回、藏等民族也是中国大家庭里的一员。并依此见识为基础,他提出了"大民族主义"和"小民族主义"之说。③

梁启超认为,革命党人的"排满为先"的主张属"种族革命"的范畴。

---

① 《民报》,第 10 期。
② 参见刘大年:《评国外看待辛亥革命的几种观点》,见《近代史研究》,1980 年第 3 期。
③ 梁启超说:"吾中国言民族者,当于小民族主义之外,更提倡大民族主义。小民族主义者何? 汉族对于国内他族是也。大民族主义者何? 合国内本部属部之诸族以对于国外之诸族是也。"中国应当"合汉合满合蒙合回合苗合藏,组成一大民族,提全球三分有一之人类,以高掌远跖于五大陆之上。"(《政治学大家伯伦知理之学说》,《饮冰室文集》之十三,第 75—76 页)

他警告说,中国当前最大的危险并不是满洲政府而是帝国主义,因此目前面临的最大问题是"大民族危亡",是"救国"。"苟以救国为前提,则无论从何方面观之,而种族革命总不能为本来手段,为直接手段,"①他认为,救国与"种族革命"不能相容,因为种族革命必进行复仇主义的暴力革命,必导致"不完全之共和",而"不完全之共和"的结果就是招致列强的干涉,使列强们"必象义和团善后方法一样,拥护旧王统,实行机会均等之效果"②,中国目前需要的不是汉族对满族的武力讨伐,而是内部各民族的团结和整合。

满清的去留问题是论战的前提。与此相联系,是通过排满革命实现共和,还是通过渐次的改良行君主立宪,便成为论战的一个焦点。革命党人既然认定满清王朝乃至满人是中国富强的大障,所以力主排满革命而实现共和。

那个舍身掷弹刺杀清廷出洋考察宪制五大臣的吴樾曾坦直地说,"满洲政府,实中国富强第一大障碍。欲救之而思扶满,直飏汤止沸,抱薪救火","及至之世,而欲救瓜分之祸,舍革命末由。"③孙中山从"民族主义,民权主义,不可臾缓"的前提出发,主张"举政治革命、社会革命毕其功于一役"。④并进一步解释说,"推倒满洲政府,从驱除满人那一面说是民族革命,从颠覆君主政体那一面说是政治革命,并不是把其分做两次去做。……照现在这样的政治论起来,就算汉人为君主,也不能不革命。"⑤《民报》也声明:"居今之中国,所谓革命之本义为何,则仇一姓

---

① 《申论种族革命与政治革命之得失》,《饮冰室文集》之十九,第3页。
② 同上书,第60页。
③ 复生:《革命今势论》,见《民报》,第17期。
④ 孙文:《民报发刊词》,见《民报》,第1期。
⑤ 《孙中山全集》,第1卷,第325页。

不仇一族也。夫为我汉族不共戴天之仇者,就广义而言之,厥为满族,更进而言之,实则满族中之爱新觉罗一姓。"①

排满与共和之间有许多环节,也有一定的距离。排满的成功并非就必然是共和政治。"共和制"的建立,在时下的中国除了革命一途而外,还需要其他许多条件。如,经济的成熟形态,组织设施的完善,社会心理结构的健全,等等。革命党人在感情和理智上可以不容忍一个满人的皇帝,可这并不能代替对共和做应有的现实和理论的思考与筹划,那么革命党人为什么要力主实行共和呢?

孙中山在论及自己的政治理想时是这样说的:"余以人群自治为政治之极则,故于政治之精神,执共和主义。"②以此为出发点,他进一步解释说,"我们为志士的总要择地球上最文明的政治法律来救我们中国"。在他看来,共和比君宪更先进,"何不为直接了当之共和,而为此不完备之立宪乎?"③他对立宪派人士在戊戌时期提出并风行一时的日本君宪模式颇为反感:"日本之文明非其固有者,前则取之于中国,后则师资于泰西"。与此相系,日本的君宪也并非是好榜样,"取法乎上,仅得其中"。而且,"君主立宪之不合乎中国,不待智者而后决"。因此,中国应取"最文明"的共和制度为目标:"中国政治革命的结果,是建立民主立宪政体。"④在这里,"最文明的政治法律"能否救中国暂且不论,对什么是"最文明的政治法律"这一点也可不究。问题是:对比日本还矮了半截的中国而言,共和制之于中国社会一定比君宪制更"文明"更进步?革命党人反对君宪是对中国社会现实的体认,还是源于仇满的心结?陈天华这样回答道:"今日满不去,则中国不能以复兴,以吾侪之所

---

① 阙名:《仇一姓不仇一族论》,见《民报》,第 19 期。
② 《孙中山全集》,第 1 卷,第 172 页。
③ 《孙中山选集》,上卷,人民出版社 1956 年版,第 67 页。
④ 《孙中山全集》,第 1 卷,第 280—282 页。

以不欲如日本之君主立宪,而必主张民主立宪者,实中国之势宜尔"①。革命党人的革命逻辑就是这样简单:因为皇帝是满人,所以就不能搞君主立宪,就必须"择地球上最文明的政治法律救中国"。这不像一群革命者的革命原则,倒像是跑出学堂走上街头抗议政府的大学生口号。

立宪党人坚决反对革命,依据的并不是与革命党人的同一个逻辑。他们并不是出于对满清的热爱,也并不是坚信满人比汉人更有政治才能,而是源于一种本能式的恐惧心理。他们认为,排满革命不但不会给中国带来共和以致中国富强,而是混乱和解体。康有为在《法国革命史论》一文中这样警示世人:"革命之举,必假借于暴民乱人之力,天下岂有与暴人乱民共事而能完成者乎?终亦必不过举身家国而同毙耳"。梁启超则从体察中国农民造反的历史中,对"排满革命主义"更感无限恐惧。他认为,革命必赖于大多数人,"而吾见夫所欲用之以起革命之多数下等社会,其血管内皆含黄巾之遗传性也。"从这样的观点出发,梁启超攻讦革命党人把"居民中最大多数"的"无恒业无学识之人"煽动起来,"非煽动人民之好乱性,举现在秩序而一切破坏之,则不能达到其欲至之目的。"②

立宪党人认为,在理论上说,共和制是最理想的政体,但在实际政治生活中未必如此。杨度举例说,西方世界固然有民主国胜于君主立宪国的,如美与德,但也有相反的情况,如英与法。纯粹的理想和法理论说无异于空谈。③ 他认为一个国家选择何种政体不仅要从理想出发,更应从世界大势、本国传统和现实出发。立宪党人断言君宪政体更符合世界潮流,为大多数近代国家所接受。全球十余个强国中,除了俄国为专制政体,美、法为共和政体外,余者皆君宪国家。而且这些君宪

---

① 思黄:《论中国宜改创民主政体》,见《民报》,第1期。
② 梁启超:《中国历史上革命之研究》,见《新民丛报》,46—48合本。
③ 参见杨度:《金铁主义说》,见《中国新报》,第1卷第5期。

国家都是国泰民安。而共和国家除美国外,"未有不大乱无己者也。"美国之所以行共和而成功,在他们看来这主要得之于美国的历史传统。美国在开国前即无旧俗和旧制的拘勒;开国者们通情达理和思想开明;十三州原无君主而有议院,三百万国民多受议会制度和自治磨炼久矣,实有自由民主意识与政治能力,等等。而这些恰是能够保持共和国成长的要素。①

与是相应,为什么中国就不能行共和之制呢? 这关涉到对中国历史与现实的评估。于是,关于中国有无共和资格的问题便成为双方论战的又一个核心。立宪党人认为,目前的中国还不具备共和的条件。因为中国专制历史悠久,专制主义根深蒂固,社会于共和难容;另一方面,国民深受专制政治的噬食,民智、民力、民德低下,缺失公益心和自治力,即不具备共和国民的资格。梁启超总结中国人有四大缺点,"一爱国心之薄弱","一独立心之柔脆","一公共心之缺乏","一自治力之欠阙"。② 由于此,中国之急不是推倒现行政府行共和之制,而是改造国民自身。"故我国勿徒怨政府詈政府而已,今之政府,实皆公等所自造,公等不好造良政府,而好造恶政府,其又谁也?"③梁启超把"恶政府"的罪责加在老百姓头上,如果不是一种矫枉的说法,便是一种以先知先觉自恃的"贼民"心态。他们认定了在中国只有"部民"资格而无"国民"资格时,革命非但无法达共和之理想,而且其本身就是取乱之道。因为惯乎生活在专制制度下的民众,一旦失去君主,头上便无超然权威,心理将失去平衡,各种矛盾也将无从调适,必成动乱。而且动乱过后必会出现一种更为黑暗的专制。因为民情决定政治走向,动乱中

---

① 参见《康有为政论集》,第 670、676 页。美国人 H.S.康马杰表达过与之相似的观点。(参见 H.S.康马杰:《美国精神》,光明日报出版社 1988 年版)
② 《论中国国民之品格》,见《饮冰室文集》之十四。
③ 《敬告我国民》,见《饮冰室文集》之十四。

必会出现一种"非常之豪杰"借军队的力量以"动乱"为口实把国家权力聚集于自己一身,并以宪法、选举、议会作为粉饰的招牌。梁启超称这种政体为"人民选举终身大统领之共和政体",是"共和专制政体","最后之结果必变为最可恶的君主专制政体。"① 这是一种警喻式的占卜,但不幸在后来的中国却成了事实。

因此,在他们看来,最好的办法就是实行君主立宪。一方面,因势利导,保留"无责任"君主使其为国家的象征,超然于一切机关之上,这样既不妨碍民权,又可以免除国民因推翻君主而流血,更重要的是继续发挥其调和矛盾、稳定民心的功能。梁启超认为,共和虽为最高理想,但君宪制是中国"过渡时代实然","未能适宜于民主者……则君固不可以不立。"② 而康有为则认为,对于民智未开的底层人民,保留君主的作用似如来佛,是"无用之大用"。③ 另一方面,为了使民众知道立宪,并希望和要求立宪,须"普及国家思想,养成自治能力"。④ 他们的信念是:国家是由国民集成,有什么样的国民就会产生什么样的国家。"各国改革之成例,无不以民力为前驱",期待政府自觉进行改革是靠不住的。⑤

针对立宪党人所谓的国民资格问题,革命党人一改过去的进化主义,而奉行杰弗逊主义,认为"自由、平等、博爱三者,人类之普通性也"。⑥

---

① 《新中国建设问题》,见《饮冰室文集》之二十七,第 36 页。
② 《君主无责任义》,见《饮冰室文集》之十,第 62—66 页。
③ 《康有为政论集》,第 676 页。
④ 《时报》,1905 年 9 月 8 日。
⑤ 参见黄可权:《国会论》,见《政论(上海)》,第 1 期。
⑥ 杰弗逊坚信人是具有理性的,因而人的天生"良感"在任何地域空间都会即刻见效。而进化主义者则认为,人的潜在智力只能通过长期而辛劳的教育过程才能得到开发。(参见本杰明·史华兹:《寻求富强:严复与西方》,第 78 页注①)

在这以前,革命党人曾发出过与立宪党人相同的声音,认为改造国民性造就健全之人格是中国兴亡的前提条件。他们把中国人的奴性与冷漠视为国病之根,革命之碍,并提出要取得法国、美国革命那样的成功就得像法、美那样培养起百千万亿兆拿破仑、华盛顿式的豪杰,塑成"国民新灵魂"。① 而此时的革命党人出于共和在中国可行性的理论需求,一反过去对国民劣根性的痛斥而转盛赞国民的优良性。陈天华认为,中国人"有各民族不及之特质",国民义务感和勇武精神不亚于甚或还优于其他国家。② 汪兆铭则信说国民思想、权利义务思想等皆"我民族之所固有者",与西方相比只有"精与粗"的不同,断无质的分别。所以中国人"必能有为共和国民之格者也"。③ 孙中山也声称"中国人民的程度比各国还要高些",早就"禀有民权之性质""自由之性质"和自治的传统。④ 因此,他们认为采行"至平等"的民主共和制度已成为"一般社会之心理"。⑤

"至平等"的共和理想就这样建立在假想的中国现实之上。至于这种"至平等"的共和制度,与其说是一种革命党人的理论设计,毋宁说是一种小资产阶级的政治乌托邦。

在英语中,"共和国"被写作 Common Wealth,意即公共的财富。西方文化中的宪制价值在很大程度上是建筑在这样的国家观念之上的。而革命党人的"共和"理想是人人平等。"国家之存在,乃为全体平民幸福之存在","人人同守此公平之法律,即君主、官吏亦当同立于此

---

① 参见邹容:《革命军》;壮游:《国民新灵魂》,见《江苏(东京)》,第5期;《与同志书》,见《游学译编》,第7期。
② 思黄:《论中国宜改创民主政体》,见《民报》,第1期。
③ 精卫:《驳〈新民丛报〉最近之非革命论》,见《民报》,第4期。
④ 《孙中山全集》,第1卷,第235—236、280页。
⑤ 汉民:《民国之六大主义》,见《民报》,第3期。

法律之下而不能或越。国家之问题,当使平民与闻之;平民已身之权利,能对国家请求之。君主如是,官吏亦如是。是之谓政治上之平等。"政府之于共和国即为"平民的政府",包括:"一切之平民皆有为国家最高机关之地位","皆有参与国权行使之权",这便是"以平民而行国家主体之实"。① 而有的革命党人并不满足于这种"平民政治平等"的共和模式,而走的更远,要求"平民事实上平等"。陶成章如是说:"(革命)成功以后,或是因为万不得已,暂时设立一总统,由大家公举;……或者用市民政体,或者竟定为无政府,不设总统,也未可知。……但无论如何,皇位是永远不能霸占的。列位有大本领的出来,替大家办事,……到那时候,土地没[公]有,也没有大财主,也没有苦百姓,税也轻了,厘捐税关也都废了,兵也少了,从此大家有饭吃了,不愁冷了,于是乎可以太太平平,永远不用造反革命了,这才是我中华国民的万岁。""要把田地改作大家公有财产,也不准富豪们霸占;使得我们四万万同胞,并四万万同胞的子孙,不生出贫富的阶级,大家安安稳稳享福有饭吃呢"。② 这哪是为共和国而筹谋,这简直是在做李自成式的"天天吃饺子""天天过年"的美梦。

辛亥革命后,孙中山在论及民众与国家的关系时说,在专制制度下,国家不过是君主一家一姓的私产,民众没有国民资格,"现在君主专制既已推翻,凡我同胞,均从奴隶跃处主人翁之地位,则一切可以自由,对于国家一切事件,亦有主权矣。"③在专制制度下,民众处于奴隶的地位,这是千真万确的事实,但是,把共和制度下的民众理解为国家的主人是有问题的。无论在理论上把国家的主人定义为多少,毕竟为国家

---

① 鸿飞(张钟瑞):《对于要求开设国会者之感喟》,见《河南》,第 4 期。
② 《龙华会章程》,见《辛亥革命》(一),第 538、540 页。
③ 《孙中山全集》,第 2 卷,第 537 页。

设定了所有者,在这一意义上,国家就不可能是公共的财富。事实证明,只要用所有观念理解国家,宪制的真义便是大可怀疑的。

这场论战的成败得失,后来的中国社会已经做了结论。但这场论战所关涉的宪制模式及文化走向的问题远不是这样简单。中国近代史家在论述这场论辩时认为两者具有"不同性中的同一性",[①]这是确当的。事实上,论战的双方都顺乎了世界宪制民主的大势,将西方宪制文化作为观察中国政治和社会的不二法门。他们具有共同的出发点,相同的理论旨趣:君宪也好,民主共和也罢,它们都被视为救国的药方、复兴的工具。他们不是从人的意义上体察现实社会,而是把民族的"救亡图存"作为思考的重心。他们与戊戌时期的知识分子一样,对宪制的渴求主要是出于对国家落后挨打现实的焦灼,而主要不是对人的关切。不管君宪与共和在理论设计上有什么不同,其主旨和精神没有多大的分别,君主专制政治同是他们诅咒的对象,并将其视为救国复兴的大障。而西方宪制文化中的民权、平等、自由价值元素都被视为克服中国专制政治的法宝,同是他们信仰的真义。他们几乎同是从西方的圣人那里汲取精神的养料:孟德斯鸠、卢梭、达尔文不但为梁启超提供了思想的灵感,而且也是孙中山攻讦立宪党人的理论武器。西方——立宪与共和的共同摇篮,梁启超心中的英雄,孙中山师学的榜样。

论战之于立宪党人是其进化主义理念的进一步拓展和深化。在他们看来,进化过程中的质量转化是自然界与人类社会共有的定律,量变是质变的基础,没有一定的量变,就无质变发生的可能。在人类社会发展中,由君主专制而君主立宪而民主共和是不能逾越的进化阶段,因为每一个新阶段的到来,都是各种力量在旧机体中长期量变的结果。他们坚信:中国社会如果没有达到一定量的积累,就不可能真正确立立宪

[①] 参见陈旭麓:《近代中国的新陈代谢》,第290—295页。

政体,更不可能达到民主共和。民主之量积聚得越大,建立民主宪制的可能性就越大,反之则不然。事实上,进化的轨程并没完全否定立宪党人的进化哲学,清末的中国社会也不是全然没有君主立宪的可能。一味的反对"暴力革命"固然不足取,但"革命是历史的火车头""暴力是一切孕育着新社会的助产婆"也并非全然否定量变的作用。无论是"革命"还是"暴力",它要发挥"火车头""助产婆"的功效,也只有新社会的诸种因素已在旧社会的母胎中孕育成熟或基本成熟,它才能促使新社会顺利地降生,否则降生的也只能是一个夭折或先天不足的婴儿。

论战之于革命党人,既是他们的革命宣言,也是对民主共和的理论设计。虽然在"革命"问题上,革命党人为了政治上需要,把排满上升到一个不适当的位置,并流露出一种不当的民族心态。然而,也恰在这一点上,革命党人对满清王朝腐朽性的认识比立宪党人更为清醒,因而其立场与态度更为坚定。其实,无论是立宪还是民主共和,并不取决于双方的主观选择,君宪和民主共和在很大程度上都只是双方的一厢情愿。事实上,在当时中国社会条件下,英国式的君宪制并不现实,民主共和更是缺乏必要的条件。在双方论战激言烈辞的背后也隐含着这样的一丝悲凉。就立宪党人来讲,他必须同时要在两条线上作战:既要同革命党人在理论上作战,又要在实际上同清廷斗争。当他们发动的轰轰烈烈的国会请愿运动失败以后,他们曾对清廷极度失望,有的则义无反顾地转向了革命;对革命党人来讲,当他们设想革命成功后"人人有饭吃,人人有衣穿"的时候,这意味着他们对民主共和的懵懂、新社会信念的缺失。不成熟的近代中国给那一代及后来的知识分子带来了双重困惑:立宪不成,暴力革命似乎也不是唯一的法门。梁启超把这种尴尬形象地称作"两头不靠岸"。

正因为如此,论战的双方的理论主张更多地并不是基于中国社会的现实,而是从自我的理念出发。立宪党人明明看到了清廷连仿行日宪都成问题,他们偏偏要它一步跨到英国式的"君无责任"的立宪制;而革命党人则坚信只要推翻了满清,中国自然也就达到了民主共和。这种似是浪漫的情调,实际上包含了双方对中国尽快独立并强大起来的一种共同焦灼。这说明,无论是革命党人的民主共和信念还是立宪党人的君宪制理想,主要不是由中国社会直接孕育出来的,而是在民族危机的刺激下,接受了西方宪制文化的结果。他们争吵所使用的"语言"不是中国化的,而是西方式的。他们都狂热地学习西方,而不大注意将其所学应用于中国的问题。革命党人在论战中更注意土耳其、波兰和葡萄牙的爱国运动,而不大关心广州和上海的爱国运动。当他们热烈讨论民主和社会正义的时候,通常是用外国思想家的名词——这些名词更适用于外国的问题,而不是中国的问题。立宪党人更多的是以英国君宪制为榜样,根据德国的政治理论和日本的实际来讨论立宪制。革命党人曾谈到俄国的革命党人,讨论过他们使用恐怖和政治暗杀的问题,但很少提及俄国与中国之间的区别,以及他们自己和俄国革命人士之间的区别。他们劲头十足地讨论无政府主义和社会主义,其志趣在于用以解释西方的思想和政治问题(如英国工党的前途),而不是讨论怎样发展中国的社会主义的问题。孙中山曾探究过土地国有化、土地政策和税收政策之间的关系这些对中国来说是极关重要的问题,但就是这类讨论也往往旨在反映西方问题,而不是反映中国问题。因此,革命党人重视的是要赢得这场辩论,不大重视解决有关共和政体、土地政策和外国人在中国现代化中的作用等棘手问题,所以他们得不偿失:"打赢了意识形态的一场小遭遇战,却丢掉了争取对新中国的领导权。后来,当清廷已倒而排满思想已达目的时,他们就再也没有什么东西可以提供给国家了。合起来看是个笑话,在1911年以前忽视了他们的共同目标、利益关系和价值而彼此视同切齿之仇的改良派和革命派即将在1911—1912年携手并肩地推翻清廷。因此,这些辩论表明了1911年以前对反清运动是多么没有准备。"①

二、共和革命中的隐患

近代史家陈旭麓在论述辛亥革命时,曾引用少年瞿秋白"皇帝倒了,辫子割了"这八个字,认为这是辛亥革命的两大功绩。他说:"在中国,不懂得皇帝的权威,就不会懂得辛亥革命打倒皇帝的伟大意义。""剪辫与否本身不会给社会生活带来多大影响,但在近代中国它显然又带有观念变革的意义。"从此以后,"谁敢帝制自为就成了人人讨伐的对象,谁还拖着辫子,抱着老皇历自居于潮流之外就成了封建余孽。"②辛亥革命的意义确乎是伟大的,但其留下的遗憾也同样刻骨铭心。

就拿打倒皇帝来说,打那以后皇帝在中国的皇位上确实没有了,但是抽掉了皇位,换上其他椅子的现象在中国屡屡再现,名目很多,其实依然存在实际上的皇帝。中国可以再也容不下一个名正言顺的皇帝,但人们仍可容忍花样翻新的"强人"。袁世凯在窃取了民国的名器之后,本可仍以"大总统"的名义行集权之功,继续做他实际上的皇帝,但他愚蠢到真的黄袍加身,自称洪宪之帝。这极为愚笨的举动给了小小的蔡锷一个成名的机会。革命打倒了一个昏聩的王朝,换来了一个黑暗的民国。中国有了民国的名号,却并无宪制之实。

再说剪辫子。辫子本是女真人的一种风俗习惯,而非"汉官威仪"的应有之物。但随着满族的兴起和努尔哈赤的向外拓展,留辫与不留

---

① 〔美〕费正清、刘广京编:《剑桥中国晚清史》,下卷,中国社会科学出版社1993年版,第573页。

② 陈旭麓:《近代中国社会的新陈代谢》,第315、322页。

辫,遂由风习问题一变而为满汉民族间的一个严峻的政治问题。1621年,努尔哈赤攻下辽沈后,便大规模地强迫汉人剃发留辫。1644年,清兵入关,在攻占北京,尤其是攻占南京之后,厉行剃发令,"叫官民尽剃头",违抗者"杀无赦"。当时不仅有"留头不留发,留发不留头"之令,而且还有"一个不剃全家斩,一家不剃全村斩"之令。汉人自古注重冠服,"披发左衽"是最不能容忍的奇耻大辱,更何况"身体发肤,受之父母"。因剃发留辫违背了汉民族的历史传统和感情,曾演化为满汉民族间的一种激烈对抗,于是而有"扬州十日""嘉定三屠"等民族惨剧。清朝统一后,剃发留辫凭借政权的力量由满族的风习变成了满汉民族共同的风习。①

辫子本只是一束毛发,然而在当时的中国它却维系着家家户户同王朝和传统的一种历史联系,因此辫子的剪与不剪不啻是一种严肃的政治问题。而且,满族本是一个少数民族,它要统治以汉族文化为主体的若大中国,它就不能不强行让汉人改习换俗,以取得它对汉人统治的合法性。

然而,辫子剪与不剪对于以民主共和为己任的革命者来说,大可不必以其人之道,还治其人之身,将其上升为一种强烈的意识形态。1912年3月,已宣告成立的中华民国南京临时政府大总统令内务部:"兹查通都大邑,剪辫者已多。至偏乡僻壤,留辫者尚复不少。仰内务部通行各省都督,转谕所属地方,一体知悉。凡未去辫者,于令到之日,限二十日一律剪除净尽。"②该命令没有说明不剪者该受何种惩罚,但用行政法令的形式强行剪辫本身就具有了非同寻常的意味。革命者所信仰的宪制价值是"平等、自由、博爱"。不论他们在何种意义上理解"自由",

---

① 参见陈旭麓:《近代中国社会的新陈代谢》,第320—321页。
② 《中华民国史档案资料汇编》,第2辑,转引自陈旭麓:《近代中国社会的新陈代谢》,第321页。

我们皆可从这道剪辫的命令中感觉到另一种"自由"的存在。鲁迅先生曾不止一次地说过,他感谢辛亥革命,因为从此可以有不带辫子而自由了。可先生并没有更深一层地去深究这种"强迫自由"所隐藏着的"反自由"的危险。满清王朝给了汉人强迫留辫的"自由",而革命者又强加给他的人民剪辫的"自由"。他们是西方宪制的真诚信奉者,但并不是一些及格的学生。孰不知,西方宪制下的自由就在于这辫子"剪与不剪"之中。陈旭麓曾这样看待剪辫子:"孙中山割辫子于1895年广州起义失败之后,显示了一个革命先行者同王朝的决裂。黎元洪割辫子于武昌起义的枪口逼近之下,显示了一个旧官僚在推搡之下的政治转折。袁世凯割辫子于就任民国大总统之前夕,显示了一个'名义上是共和主义者,但内心却是专制君主'的人舍鱼而取熊掌的权衡。梁启超有个厨子在买菜途中被人割了辫子,因此而大哭了几天,这是一种生于积习,既说不清又剪不断的恋旧之情。而吃过很多洋面包的辜鸿铭在辛亥革命很久以后还拖着辫子,自诩'残雪犹有傲霜枝',傲然走上北京大学的讲台。这又是一种自觉的遗老意识"。① 辜鸿铭不惟是"吃过很多洋面包",且熟谙西方宪制文化。他在剪辫子上的固执,并敢于留着辫子"傲然"走上中国近代文明象征的北京大学的讲台,似乎不全是"一种自觉的遗老意识",也有一份对这种"强迫自由"的"自觉"的抗争。

在中国文化中,发式与服饰从来都不只是一个美学问题,而带有极为强烈的政治色彩。"中山服"曾在政治上代表了中国的一个时代,而"西装"的时尚则代表了另一个时代的开始。但无论怎样说,"去辫"尽可以明志,但它并不必然地代表着一种新的宪制观念的诞生。从宪政方面看待辛亥革命,可以这样说,它打倒了皇帝,割了辫子,但并没有真正建立起民国,也并没有发展起来一种成熟的宪制文化。这可追溯到

---

① 陈旭麓:《近代中国社会的新陈代谢》,第322页。

革命开始的过程。

早在 1894 年,孙中山就组织了革命的第一个组织——兴中会。虽然这个组织的章程载明了"恢复中国,创立合众政府",但参加这个组织的大都是对"创立合众政府"不甚明了也不甚感兴趣的"局外人"。秘密会党的会员是其主要骨干,也包括流浪的劳工、丧失了土地的农民、被遣散了的士兵以及丧失生计的人们,另外加上土匪、海盗、小偷、走私贩子和其他一些更不体面或更易铤而走险的人。在其存在的初期还吸收了一些科场失意的士子,甚至还吸收了某些绅商人物及其他个别家道殷实或体面的人士。① 由于会内成分复杂,其成员对会章有着各自不同的取舍,因而它缺乏应有的组织。1903 年以后,孙中山已开始注意到农民阶级的力量,试图去寻求他们的支持。但由于其政纲的模糊不能引起农民们的兴趣,他除了和不甚可靠的秘密会社有联系之外,和农民们并未建立起联系。

1905 年 8 月,经过十多年的努力,各个秘密的革命组织联合组织一个单一的反清革命组织——中国同盟会。同盟会的英文公章是 The China Federal Association。革命者们经过考虑并最后决定在组织名称上不用"排满"或"革命"字样。② 该组织除设在日本东京的本部外,在国内有东西南北中五个支部,各支部之下,按省设立分会,在国外华侨中有南洋、欧洲、檀香山和美洲四个支部。同盟会成立后 1 年多,各地加盟者就越万人。几乎各省在同盟会中都有代表,其初大约四分之三的会员是在日本的留学生。在同盟会的会员中,像兴中会一样,广东人仍比其他省份的人多,湖南列第二,两省的人数就占了总人数的三分

---

① 参见费正清等编:《剑桥中国晚清史》,下卷,第 537 页。
② 参见冯自由:《记中国同盟会》,见《革命文献》。

之一。另外两个"兵团"是湖北人和四川人;其余会员分属其他十三个省份,其中五个省只有十名或不足十名会员。① 知识阶层的会员自始至终都是它的骨干力量,而且也是它最大的组成部分。但实际上同盟会也是一个"伞型"的松散联合组织。除学生之外,会党和华侨仍占有很大比例。不同阶层的会员之间对革命纲领有着不同的认同,很难达成共识。就知识阶层的会员来讲,既有蔡元培、吴稚晖、章太炎和刘师培等较年长的知识分子,更有"乳臭未干"的青年学生。对"革命"不仅存有不同的理解,而且还存有思想上的"代沟"。前者大都有深厚的国学修养,甚至还拥有传统的功名。他们代表着极其复杂的思想,这些"长者"间有时彼此还严重的形成对立。吴稚晖和章太炎之间就有很深的个人宿怨。有些人对孙中山抱有猜疑态度,有些人对他又很亲近。有些人与秘密会党的头头紧密合作,有些人却与西洋人和日本人密切协作,还有些则主要与学生配合工作。这些人都是为了推翻满清而集结在同盟会这把"伞下"的,但他们彼此对于怎样建设共和政体并没有形成一个共同行动纲领。"章炳麟对共和制的价值及其是否符合中国国情表示异议;主张社会主义的人争论国有化应该实行到什么程度;无政府主义者攻击一切形式的有组织的权威;《民报》则悉心推敲在涉及多数人意见与'普遍民意'时的少数人和个人的权利问题。"② 同盟会从来没有用一个声音说话,政治主张的不同,最终使同盟会走上了分裂。其中有些人在对共和政体这一宪制理论问题的认识上是很成问题的。章太炎曾写过《代议然否论》一文,其中写道:"代议政体者,封建之变相。""我去封建远。去封建远者,民皆平等;去封建近者,民有贵族、黎庶之分。与效立宪而使民贵族、黎庶之分,不如王者一人秉权于上,规

---

① 参见费正清等编:《剑桥中国晚清史》,下卷,第561—562页。
② 费正清等编:《剑桥中国晚清史》,下卷,第570页。

模廓落,则苛察不遍行,民犹得以纾其死。""是故通选亦失,限选亦失,复选亦失,进之则所选必在豪右,退之则选权堕于一偏。要之,代议政体必不如专制为善。满洲行之非,汉人行之亦非,君主行之非,民主行之亦非。"①从反对君宪一直到反对民主共和的代议制,这反映他对宪制的无知。章太炎成为革命者更多的不是出于对民主共和的信仰,而是基于民族的偏狭心理。他自幼受到家庭的严格的民族主义教育,自己也曾说:"予年十三四,始读蒋氏东华录,见吕留良、曾静事,怅然不怡,……弱冠,睹全祖望文,所述南田、台湾诸事甚详,益愤然欲为渐父老雪耻,次又得王夫之黄书,志行益定"。② 像章太炎这种思想的知识阶层会员在同盟会不是少数。③

上述只是对知识阶层的会员而言的,而从会党来的会员有无共和宪制思想更是大可怀疑。当时有知识的革命党人常见使用一个新潮概念——"中等社会",与之相对应的便有"上等社会"和"下等社会"这些颇为时髦的新词。1902年,主张革命的杨笃生写了本《新湖南》小册子,他声明其书是写给湖南的"中等社会"的。书中说:"诸君在于湖南之位置,实下等社会所托命而上等社会之替人也。提挈下等社会以矫正上等社会者,惟诸君之责,破坏上等社会以卵翼下等社会者,亦为诸君之责。"④1903年,留日学生出的《游学译编》杂志上说,中国历史上的农民起义,农民革命都是"云兴鼎沸,糜烂生民,不可收拾",其原因在于"无善言革命之教育"。这个作者认为,只有"中等社会"能够教育下层社会进行"有意识之破坏""有价值之破坏",因此他说:"下等社会者,革

---

① 太炎:《代议然否论》,见《民报》,第24期。
② 《光复军志·序》。
③ 冯自由、黄兴、谭人凤等人的家世上都曾与清王朝有过间隙,这是将他们引向排满革命的媒触和心理动机。
④ 杨笃生:《新湖南》,第2篇,1903年。

命事业之中坚也,中等社会者,革命事业之前列也。"1905年,陈天华在《民报》上写道:"泰西革命之所以成功者,在于中等社会主持其事",这是指西方近代的民主革命的胜利;"中国革命之所以不成功者,在无中等社会主持其事",这是说中国历史上的农民造反。陈天华不久后自杀,他留下的遗书中说:"今日唯有使中等社会皆知革命主义,渐普及下等社会,斯时也,一夫发难,万众响应,其于事何难焉?"①

"中等社会"是一个不易说清的概念,按杨笃生的解释,它包括"商"与"士"两个阶层,其核心是知识界。"下等社会"这概念,上引《游学译编》中的解释,主要包括三个阶层:"秘密社会""劳动社会"和"军人社会",而为革命者特别看重的是"秘密社会",即会党。革命者已注意到在"破坏""上等社会"即民主革命中,"中等社会"的地位,并提出了"提挈"和"卵翼""下等社会"的必要性,因为"下等社会"是民主革命成败的关键。这一点,就连反对排满革命的梁启超也注意到了,他说反满口号是"以民族主义感动上流社会,以复仇主义感动下流社会。"②实际上以"中等社会"自居的革命知识分子要"提挈"的主要是"下等社会"中的"秘密社会",即会党,而不是"劳动社会"。正是"复仇主义"唤起了会党的民族情感,使他们投身于排满革命的洪流并在行动上支持了革命。然而,秘密社会有它自己赖以生存的土壤、自己的组织和作风,本身就是一个动摇的阶层,不但"缺乏建设性,破坏有余,而建设不足,在参加革命以后,就又成为革命队伍中流寇主义和无政府思想的来源。"③而且由于其自身的江湖义气、山头主义、分散主义的组织特点和作风很难使他们成为民主宪制的建设力量。他们本身对民主宪制也并不感兴

---

① 参见胡绳:《辛亥革命中的反帝、民主、工业化问题》,见《历史研究》,1981年第5期;陈旭麓:《近代中国社会的新陈代谢》,第十四章"中等社会"。
② 梁启超:《答和事人》,见《新民丛报》,第42、43期合订本。
③ 《毛泽东选集》,第2卷,人民出版社1991年版,第646页。

趣:与其当有选举权的公民,还不如当"出头的老大",这是他们的普遍心态。

在1906年萍、浏、醴的革命起义中,在萍乡一带主持起义的会党首领龚春台,因为有同盟会革命党人参加领导,所以他的起义宣言好像是由革命党人打的草稿,全然不是会党式的语言,宣称:"本督师只为同胞谋幸福起见,毫无帝王思想存于其间;非中国历朝来之草昧英雄,以国家为一己之私产者所比。本督师于将来之建设,不但驱逐鞑虏,不使少数之异族专其权利;且必破除数千年之专制政体,不使君主一人独享特权于上,必建立共和民国,与四万万同胞享平等之利益,获自由之幸福。"①这是何等壮美的语言,可在这民主共和的言词后面谁又知道他在想什么呢?与此同时在浏阳举义的会党首领姜守旦既然没有革命党人的约束,所以话自然说得坦直明白。他的旗号换了,不是以民主革命的名义,而是以"新中华大帝国南部起义恢复军"的名义发布檄文说,督府公卿"有能首倡大义,想切同胞者",将来即戴其为"世袭中华大皇帝"。檄文还说:"勿狃于立宪、专制、共和之成说,但得我汉族为天子,即稍形专制,亦如我家中祖父,虽略示尊严,其荣幸犹为我所得与;或时以鞭扑相加,叱责相遇,亦不过望我辈之肯构肯堂,而非有奴隶犬马之心。我同胞即纳血税、充苦役,犹当仰天三呼万岁,以表悃忱爱戴之念。"②姜守旦不过是个准备拥戴别人做皇帝的人;据孙中山说,在革命党人中甚至还有不少想自己做皇帝的人。③

会党支持了革命,但革命所建立起来的政治结构无法将其加以吸收与消化,其最后成为共和宪制的极大破坏力量。辛亥革命后兴起的

---

① 《辛亥革命》(二),第477页。
② 同上书,第479页。
③ 参见《孙中山选集》,下卷,第675页。

白朗军全然不是排满时期的"排满革命军",而是一支造成社会动荡的重要因素。白朗军虽然自称"公民讨袁军",但组成这支队伍的多数都是遣散的军队及无业游民。白朗起事时,正值"共和告成裁汰军队,白朗乃派部下招集被裁之兵士,购置军械,组织大队;又以豫省连年荒旱,民生凋敝,铤而走险者日益众。于是乌合景从,闻风归附⋯⋯。"①这些人既是讨(袁)贼,也是求生存;既有正当性,也有动乱性。早在1912年4月12日,《神州日报》即载文指出:"今日足以为中国前途之隐忧者,军队问题则会党是也。⋯⋯长此不治,则充吾二十二行省皆成会党世界。"后来的历史不幸地证实了这一预言。辛亥革命之后,湖南会党明目张胆,遍布乡间,拉人入会,掳掠村庄;陕西会党飞扬跋扈,居功自傲,广设码头,"办支应,理词讼,直代县官行政,甚至公然以地方主人自居,鱼肉良懦,苛派钱款,乡民畏惧,直似满人入关时驻防,同志见此情形,莫不扼腕叹息,不意闹成会党世界"。贵州省遍开堂口,匪党横行,掳掠奸淫,全省糜烂,"盖匪焰盖张,民生日蹙,商不得市,农将失时,学堂尽变山堂,军府都成盗薮,方且日夕密计大举劫掠,洗富室以饱囊橐,焚贫户以牵救护。"②此种行径,在当时极为普遍,几乎各省都时有发生。会党成为民国时期十分突出而又相当棘手的社会问题。"他们曾参加过辛亥革命,但革命之后仍然动不思静;他们从土地上游离出来,但职业的惯性又使他们无法重新回到土地中去;他们在天下大乱之时卷入革命,并有力地支援了革命,但他们是按自己的意愿来理解革命的;他们各自都有严密的组织,然而在本质上他们又都是天然的无政府主义者。所以,当夭折的革命无以吸收和消化他们的时候,他们便非常自然地成

---

① 中华民国史资料丛刊《白朗起义》,转引自陈旭麓:《近代中国社会的新陈代谢》,第372—377页。
② 以上资料均取自陈旭麓:《近代中国社会的新陈代谢》,第373页。

为社会的动乱的因素。"①魔瓶既已打开,若要把魔鬼再装进瓶子里似乎已是不可能的了。

会党自始至终都是共和革命的一个棘手问题。为了动员起排满的各种力量,革命党人大肆张扬狭隘的民族主义在策略上是必要的。不这样,便不可能吸引包括会党在内的那些不甚懂得也不想懂得民主共和的人参加到革命阵营中来。然而,将策略上升到不适当的位置,便会有丢掉革命原则的危险,事实上也会模糊原本就不清晰的革命目标。汪精卫的看法在当时极有代表性,他说:"驱除异族,民族主义之目的也,颠覆专制,国民主义之目的也,民族主义之目的达,则国民主义之目的亦必达。"②这既是一厢情愿,也是图省事的做法,反映了宪制理论的不成熟。当时的孙中山也急切地希望革命使"民族主义和民权主义毕其功于一役"。作为革命领袖的孙中山在当时虽然提出过"建立民国,平均地权"的民主革命主张,但他对如何建立一个民国、一种宪制制度并没有成熟的理论,自然缺失了能够将其同志们凝聚在共和宪制旗帜下的正确指导思想。参加过革命的李书城后来回忆说:"同盟会会员对孙中山先生所提'建立民国,平均地权'的意义不大明白,以为是革命成功以后的事,现在不必推求。……因此,同盟会会员在国内宣传革命,运动革命时,只强调'驱除鞑虏,恢复中华'这两句话。……辛亥武昌起义以及各地顺应起义所用的共同口号,只是排满革命。"戴季陶也持有同样说法:"当时三民主义旗下的人,大都是一民主义——不完全的一民主义——这时候革命党所用的量尺,仅是以排满复仇主义作材料制造出来的。用这一把量尺,来量全国的人,合格的便是革命党,不合格的便是非革命党;换句话说,就是以排满复仇为民族主义全部意义,是

---

① 陈旭麓:《近代中国社会的新陈代谢》,第374页。
② 精卫:《民族的国民》,见《民报》,第1期。

革命党的必修课,民权主义是随意科,民生主义,仅仅是科外讲演。"①作为见证人的柳亚子在回忆中也表达了这一看法,"同盟会是提倡三民主义的。但是实际上不消说,大家对民主主义都是莫名其妙,连民权主义也不过装装幌子而已。一般半新不旧的书生们,挟着赵宋、朱明的夙恨,和满清好像不共戴天,所以最卖力的还是狭义的民族主义。"②正是由于"民权主义"不自觉中让位于"民族主义",所以在当时即使像孙中山这样的革命领袖,也将推翻满清王朝视作与共和革命是同一个东西。辛亥革命后,孙中山在辞去大总统的当天发表了一个这样的演说,"今日满清退位,中华民国成立,民族、民权两主义俱达到,唯有民生主义尚未着手,今后吾人所当致力的即在此事"。③ 此后,他便离开政治干他的实业去了。当袁世凯掌管了民国的最高权力之后,孙中山和他的同志们试图在政治上还想做些什么,但实际上他们既不能为新生的民国提供新的东西,在力量上也缺少本钱。

"皇帝倒了,辫子割了",可没有了辫子的脑袋里未必有成熟的宪制观念。

三、《中华民国临时约法》是一个用心很苦的文件

革命本身是通过协商解决的。这就为日后的共和国留下了巨大隐患。革命后的中国始终存在两种难以相容的力量:一种是力求实现共和保全民国;一种是要行中央集权以恢复秩序,后一种力量中还夹杂着个人的权力野心。以孙中山为首的共和主义者在革命胜利初期,试图

---

① 《中国革命与中国国民党》,中国文化服务社 1941 年版,第 13—14 页。
② 柳亚子:《自传》,见《时人自述与人物评传》,第 233 页。
③ 《孙中山全集》,第 2 卷,第 319 页。

调和两种力量,既践行革命的诺言实现共和,同时又想建立一个较有力量的中央政府为中国的复兴和富强担当起领导者的重任。这双重期待的心态表现在革命后第一个宪法性文件——《临时政府组织大纲》中。

《临时政府组织大纲》共四章 21 条,着重对总统、议会、行政各部这些构成国家权力的重要机关作了原则性规定并划出了宪制的粗略轮廓:临时大总统由各省代表选举产生,具有统治全国,统率陆海军之权,经参议院同意得实施宣战、媾和、缔约及任用行政各部部长;立法机关为参议院,以各省都督府所派的三名参议员组成,派遣方法由各省都督自定。其职权有:议决宣战、媾和、缔约、通过对行政各部长的任命,议决政府预算、税法、币制、发行公债、议决暂行法律等。参议院所议决的事项,临时大总统"如不以为然",可在规定期限内交参议院复议。复议中,如到会参议员三分之二以上仍持前议,临时大总统应发交各部执行;行政机关设外交、内务、财政、军务、交通五部,各部设部长一人,由总统经参议院同意任用;司法机关为临时中央审判所,但其组织机构并未作规定。这无疑是一个"两权分立"的共和制方案,总统于其中的重要地位是凸现的,而其内容是不完整的。

大纲的第一章是临时大总统,第二章参议院,第三章行政各部,第四章附则,而对国家权力机构重要组成之一的司法机关只有"设立中央临时审判所"一语。这好比是一个受伤的新兵丢弃了拐杖,不能不摔倒。新生的民国只靠立法与行政两条腿,而不注意司法机关这个"平衡器",其本身就是一个隐患。以孙中山为代表的共和主义者是民主宪制的真诚信奉者,但他们对西方的宪制理论与运作未来得及作更深入的思考。他们拾得了宪制的表象,而忽略了宪制的精义。在西方,宪制的根基不在于有一位民选的总统,也不在于有替民说话的议员,因为总统若不受宪法和法律的约束照可滥用民意,议员也会颁布粗暴的法案,迫使总统、议员服从民意的最好办法就是要让他们遵守宪法和法律,一个像样的司法机关就是不可少的。西方宪制中的"三权分立"是政治上的三条腿走路，而且是相互牵制式的走路，只有这样，总统才不至于随意向百姓挥舞刀枪、炫耀武力；议员们也不能通过立法随意操纵百姓们的钱袋。宪制既意味着最高行政长官、议员和法官们小问题上的各行其是，也意味着国家权力等大方面趋向于"善"。大纲忽略了司法机关，反映的不仅仅是立法上的时间仓促，而更重要的是"司法衙门"并不为共和主义者们所看重。

大纲受美国宪法的影响，基本上采用的是总统制。但其思路并不十分清晰。就行政与立法的关系而言，行政各部在政府中的地位以及与总统的关系，尤其是总统与参议院的关系，它都未作规定。在美国的总统制之下，国务人员对总统负责而不是对议会负责，总统则对全体国民负责而不对国会负责，国会与行政互相分离，独立行使职权。《临时政府组织大纲》没有规定大总统对参议院负责，这表明大总统不必对议会负责，国务人员与大总统的关系规定为"辅佐大总统办理本部事务"，便是对大总统负责而不对议会负责；在议会职权中亦未列入对国务人员的不信任投票权，这说明国务人员只要获得大总统的信任便能继续留任。从这些规定来看，共和的信念坚定不移，虽然对其精义所求不深；同时，又希望通过设立一个美国式的总统，在国家的事务中发挥作用，以实现一定程度上的中央集权。这一设计，在当时条件下是一个两难的问题。以孙中山为代表的革命党人的革命只在南方几省取得了胜利，而北方的大片国土实质上是在袁世凯的股掌之下，当共和政制与国家的统一这两个在当时彼此并不相互一致的问题出现时，共和主义者开始犹豫了。为了避免旷日持久的内战，革命党人做了悲壮性的让步。1911年11月，革命力量的代表和袁世凯的朝廷开始讨论议和，最后，满清王朝最终被袁世凯出卖，皇帝被推翻了。在三个月内，新的国家统治机器便在北京开始启动，而它的主人却是袁世凯。这样，国家统一的目标实现了,这时的革命党人虽然口袋里的本钱不多,但还是希望通过宪制制度的设立和作用以保全共和,而这一目标的达成又必须以牺牲中央集权的目标为代价。因为革命党人相信袁世凯在政治操守上是一个不大靠得住的家伙。于是,共和主义者开始修改自己的宪制哲学,试图以模糊不清的内阁制取代总统制以迫使袁世凯能够支持保全共和国。这便有了一个新的宪法性文件——《中华民国临时约法》。

1911年12月,各省都督府代表联合会通过和颁布《中华民国临时政府组织大纲》。不久以后,它便变得不合时宜了。革命党人认为无论是形式还是内容它都存在着许多严重缺陷。主要是:没有规定国民的权利和义务,仅为政府的规制而非为民国的规制;而且,规定限六个月内由临时大总统召开国会,为期太促,难能办到。1911年12月11日《民立报》评论说:"此草案不适合者颇多,如人民权利义务毫不规定,行政官厅之分部则反载入,以制限其随时伸缩之便利。又如法律之提案权不明,大总统对于部长以下文官吏之任免权不具,皆其失处也。"所以孙中山提出了另制新法的主张。他在给参议院的咨文中说:"查临时政府现已成立,而民国组织之法尚未制定,应请贵院迅为编定颁布,以固民国之基。并据法制局局长宋教仁呈拟《中华民国临时组织法草案》五十五条前来,合并咨送贵院,以资参叙。"[①]但参议院拒绝了这一提议。认为组织法的名称不能包括人权的内容,主张制定一份名为"临时约法"的文本;更有甚者,参议院认为接不接受这种制法的提议是关涉到参议院的立法地位,立法如"受命于政府,有损立法独立之尊严",主张由临时参议院自行起草。1月31日,参议院将原案退回政府,自2月7日起,召集临时约法起草会议,各为编辑委员会,着手起草临时约法,不久便拟定出《大中华民国临时约法草案》。这个草案分总纲、人民权利

---

① 《南京临时政府公报》,第三号(元月三十一日)。

义务、临时大总统副总统及国务员、参议院、司法、附则共六章四十九条。其主要内容除继续援用大纲中的国家制度、政府机关采用权力分立原则、实行总统制外,在第二章中规定了国民的权利和义务。

然而,就在这紧锣密鼓的制法过程中,发生了将由袁世凯接任临时大总统的新情况。南北议和,总统易人,革命与反革命的妥协,共和国的这种矛盾也正是后来出台的《中华民国临时约法》的矛盾。应当指出,不能把这一矛盾仅仅归结为孙中山的拱手相送的"馈赠",或归于袁世凯之鼠窃狗偷,确实还蕴含有一份历史选择的必然。1912年2月15日黄兴致袁世凯的电文中说:"本日午后二时,参议院全体一致公举先生为中华民国临时大总统,亿众腾欢。民国初基,赖公巩固。"①"亿众腾欢"不只是一种恭维话,多少也有一分真实。袁世凯是选举出来的,于法有据。孙中山后来常以让位于袁为一大失误,清监国摄政王载沣在退位后的四十个春秋中,也常追悔罢了袁世凯的官而没有把他除掉。"正反两面都视袁世凯为政敌,却都没有奈何他。这不只是袁世凯个人及其集团能挟持武力、财力以君临天下,也不仅仅是袁世凯善于玩弄权术,纵横捭阖,更重要的是中国那个时候的社会心理。"②这种社会心理就是革命之后人们普遍希望出现一个能迅速结束动乱、稳定政局的人物,一个在专制政体倾覆之后能重建和平与秩序的人物。"在当时人的心目中,与孙中山相比,袁世凯更像是这样一个人物。孙中山的声名是同他的革命经历相联系的。而革命派又常常被目为专事'流血破坏'之业的'乱党',与历代草寇、盗贼无异。……立宪派对革命的态度,反映了实业家惧怕革命的心理。武昌起义后,革命席卷全国,但并不能泯灭立宪派的这种态度和心理。何况革命的英雄们能否成为治国之能人也

---

① 《中华民国史档案资料汇编》,第2辑,第84页。
② 陈旭麓:《近代中国的新陈代谢》,第337页。

还是一个未经证实的疑问。这种态度、心理、疑问,决定了立宪派与革命派的合作不可能是长久的,一旦要他们在激进的革命形象与稳健的立宪之间做出抉择的时候,便十分自然地倾向于后者。而当时的袁世凯远不像后来那样臭名昭著、声名狼藉。他不仅手握重兵,而且有过庚子之变时在山东'保境安民'的形象;有过新政时期力倡立宪的名声;有过宣统时被满人排斥归山的历史。这种形象、声名和历史,比一百篇文章更能影响人心。在这里,打人、整人是一宗政治资本,被打、被整也是一宗政治资本。所以那时'非袁莫属'的声浪不仅喧嚣于立宪官僚和外国公使、领事,而且在起义军和同盟会内部也有共鸣。"[1]

在孙中山与袁世凯之间,立宪党人选择了袁世凯,帝国主义基于他们对南北形势的判断以及他们在中国建立起来的现实利益也选择了袁世凯,而更多的中国人则出于对"乱党"的不信任而无意识中也倾向于后者。

在这种情势面前,以孙中山为代表的革命党人自觉地退让了,以民国政府的巨大利益换取了袁世凯的"永不使君主政体再行于中国"的承诺。共和革命便在这无声息中结束了。临时约法的创制还在进行,但临时大总统既已易人,宪制的进程也便急转直下。事实上,革命党人从一开始就不信任袁世凯,正像当时湖南的一个参议员所说:"现在满清的君主专制,虽然已经推翻,但是我们把建设的事业,委托给他们官僚,他们能够履行我们党的主义,替人民谋福利吗?这种期望,我不免有些怀疑。尤其是就袁世凯的历史上说,他的政治人格,有好多令人难以信任的地方。他从小站练兵,戊戌政变,以至于今日南下作战与进行和议的过程,所有的行动,都是骑着两头马的行动。一旦大权在手,其野心可想而知。本席的意见,原是反对议和,主张革命彻底。只因民军的组织,太不健强,同志们的意见,又不一致。为保全国家的元气,减少民众

---

[1] 陈旭麓:《近代中国的新陈代谢》,第338页。

的牺牲起见,不能不迁就议和。今天改选总统,把革命大业,让渡于一个老奸巨猾的官僚,这是我很痛心的事,也是我很不放心的事。……临时约法,这时还在讨论中,我们要防总统的独裁,必须赶紧将约法完成,并且照法国宪章,规定责任内阁制,要他于就职之时,立誓遵守约法。"①为此,革命党人便寄希望于制度上的设计,以僵套袁世凯这匹"野性难驯"之马。于是参议院决定将原案内的总统制,增改为责任内阁制,并把原草案章次作了增改调整。其议决情况如下:

一、议决凡案内冠于中华国上之大字均删去。

二、议决第一章原文。

三、议决第二章人民权利义务,删权利义务四字。

四、议决第三章改为第四章。临时大总统副总统及国务员,删及国务员四字,另为一章。

五、议决第四章改为第三章,余仍原文。

六、议决增第五章,改称国务员为内阁。

　　甲、议决内阁总理由参议院推举三人,总统得于三人中委任之。

　　乙、议决任命内阁国务员须得参议院之同意。

七、议决第五章改为第六章,余仍原文。②

临时约法基本制度从总统制向责任内阁制的这一急速变化,说明约法主要是"对人"而"不对事"的。所以才有"因人立法,盖有不得已之苦衷在也"之说。但参与制定临时约法的谷钟秀、吴景濂后来否认"因人立法"之说,而认为纯属制度上的考虑,"关于取美国制度,抑取法国制度,当时争论甚多,""并非为袁氏要做临时大总统,故定此约法,以为

---

① 蔡寄鸥:《鄂州血史》,龙门联合书局1958年版,第186页。
② 《参议院议事录:参议院议决案汇编》,二月十三日下午记录,北京大学出版社1989年版,第38—39页。

牵制。"①定临时约法本身固然不可说全然是为控制袁世凯,但急变总统制为内阁制就不能说与临时大总统位移于袁世凯没有干系了。而研究政治史的学者则多数也认为"与其谓制度上之选择,无宁认为基于人事之考虑。"②"《临时约法》在不同的情况下抛弃总统制而采取内阁制,用心是很好也是很苦的"。③ "好"在革命党人交出民国之后还保留了一份警惕,"苦"在除了制度上的设计之外,革命党人再也拿不出一种更像样的东西。3月10日,袁世凯在北京就任临时大总统。11月,孙中山在南京以临时大总统名义颁布《中华民国临时约法》——这是革命党人剩下的唯一指望了。

《中华民国临时约法》分为总纲、人民、参议院、临时大总统、副总统、国务员、法院、附则等七章,共56条。与《中华民国临时政府组织大纲》相比,它向前迈进了一大步。但它仍是一个充满矛盾的文件。这种矛盾既是革命本身矛盾的再现,也是中国复杂社会条件的反映。

建立了代议制,但并未形成普通民众政治参与的通道。约法规定,国家主权属于人民,主权由国会、总统、内阁及司法部门来行使。"中华民国人民,一律平等",人民享有人身、言论、著作、集会、结社、书信秘密、居住迁移、保有财产等项自由,请愿、诉讼、应文官考试、选举及被选举等项权利。约法以近代西方宪制模式取代了古老的政府体制,人民被允诺的自由和权利,其广泛性在中国历史上是空前的,它是共和主义者信念的宣示,理想的许诺,这无疑是激进的。然而,整个这些条款仍然隐含着革命的激进主义与现实的保守主义的巨大矛盾。代议制不是现实形成的而是由约法建立的,人民的权利与自由不是拥有的,而是宣示的,它是由一批先进的革命党人从法国和美国的宪法及宪法性文件

---

① 《辛亥革命回忆录》(八),文史资料出版社1982年版,第412页。
② 钱端升等:《民国政治史》,上册,上海书店1946年版,第8页。
③ 李新主编:《中华民国史·中华民国的创立(下)》,中华书局1982年版,第439页。

摘抄下来传达给中国民众的,而不是在中国社会的实际进程中中国民众自己已实际拥有的自由权利的一种明证和标志。约法就像一张无法兑付的空头支票,中国的百姓拿不到自由与权利的"现金"。理想的激进并未取代现实的保守。由约法确立起来的新的政治体制没有而且也不愿意将"上等社会"从他们优越的地位上替换下来。相反,旧的统治阶级不仅未受到任何损伤,而且还相当积极。在四川和陕西,尽管秘密社团及其下层支持者对政治参与表现的十分活跃,但他们并没有对军官、政客、地方自治政府领导人的政治优势构成威胁。后者是社会的上层人物,他们大都是一些士绅。在革命者内部,无论在具体观点上有什么不同,但他们都同意将政治权力控制在上层阶级,特别是士绅们手里。1911年10月底,当湖南的革命都督焦达峰开始依靠秘密会社建立其政权时,他被杀害了。同时,一个以省议会领导人谭延闿为中心的,就社会意义而言更为保守的集团摄取了权力。1912年3月,当贵州革命政府坚持与下层阶级成员结盟时,又被邻近省份(云南)的武装力量推翻了。[①]

实行国家权力的分立制,但其分配方式却含混不清。约法规定,"中华民国以参议院,临时大总统,国务员,法院,行使其统治权。"参议院既是一个代议机构也是国家的立法机关,其职权包括议决法律、预算与决算、议决税法、币制和度量衡之准则,同意对国务员及外交使节的任命,选举临时大总统、副总统及国务员,同意宣战、媾和、缔约、大赦等等。这种规定类似于英国的"议会主权"模式又不完全实行"议会至上"原则。因为约法没有规定参议院对内阁的信任权问题,也没有规定内阁对参议院的要求解散问题。因而立法与行政权制约关系是模糊的。

---

① 参见〔美〕费正清主编:《剑桥中华民国史》(第一部),章建刚等译,上海人民出版社1991年版,第224页。

而且,行政权的含混也为权力的实际运作带来困难。临时大总统及国务员被规定行使国家行政权,临时大总统虽然代表临时政府总揽政务,统率全国海陆军,但它又不负实际责任。约法规定,国务总理及各部总长均为国务员,其职责是"辅佐临时大总统,负其责任"。并规定大总统公布法律、发布命令时应由国务员副署。名义上是"辅佐"实际上是代行其责,临时大总统只是一个虚位。而这个虚位恰恰又是为握有实权的袁世凯准备的。共和主义者把临时大总统的位置让给了袁世凯,又企图把他置于一个空位,用参议院和内阁捆绑住他的手脚。除去袁世凯的野心这一点暂且不论,当时的中国确实需要一位强有力的总统在国家事务上发挥作用,这一点约法起草者们不是不知,只是他们不希望把总统制下的总统这个位置给予袁世凯。这种因人立法反映出了革命党人在国家政治问题把握上的矛盾,这为以后约法的实施留下了无穷的隐患。

在中央与地方的权力关系的规定上,约法采取了回避的态度。而对这一问题是绝不能沉默的。革命党人大都是地方自治的热心支持者。然而,革命的胜利又向革命的领导者提出了国家必须统一的目标。统一的中国是面对西方列强必须做出的紧急的、现实的抉择。然而,国家如何统一呢?在这一点上,一些重要的人物竭力主张中央集权制,如袁世凯。而革命者的大多数则希望完成地方自治以实现联邦式的统一。而后一看法在革命后的几个月里是占了绝对的上风。大多数省份在革命后事实上也实行了自治,他们不想放弃其日益增长的特权,包括指挥地方军,规定税收自留额及选择地方和省级官员的权力。事实上,民国初期的中国已基本形成的就是这样一种各省联邦的形式。而在西方列强不断向中国主权凌侵的情形下,这种松散的结构已嘎嘎作响不堪重负。无论革命者看到还是没有看到这一点,由于他们不信任袁世凯,所以他们不希望袁世凯改变现状,也不想他在中央集权化方面有所作为,只让他作为一种国家统一的象征这一点就够了。现实的重压与革命党人在主观上好恶取舍的矛盾没能在约法中正确处理这个问题,以至于中央集权化的努力必须在约法之外寻求完成。

规定了对约法的严格修订程序,但并没有设置实施约法的专门机构。为了防止新总统上任后擅自涂改约法,所以在附则中特别规定了修改约法的严格程序,修改约法必须"参议员三分之二以上或临时大总统之提议,经参议员五分之四以上之出席,出席员四分之三以上之可决。"这一规定固然从程序上使约法难以修改,但并不能在事实上保证它不遭破坏。约法既然是为了对付野心家的,它就不能没有一个实施的机构。然而,遗憾的是,约法本身只是一个文本,它的效力全仗于参议员、临时大总统、国务员等官员政客的良心与善行。当《中华民国临时约法》交到袁世凯手里,让他依靠自己的政治操守去保护实施的时候,悲剧事实上已经开始了。

《中华民国临时约法》既想淡化临时大总统的责任和义务,同时又希望他能保全革命和共和,这种含混与矛盾注定了它的悲剧结果。外国评论家这样评论道:在《中华民国临时约法》里,"一个总统,他既是合法的,但又不承担明确的革命或共和义务,这就注定成为一个巨大的隐患。"[①]

《中华民国临时约法》的颁布在中国宪制史上是一件值得纪念的大事,它扬起了中国宪制的航帆,因而受到了后人的尊敬。中国马克思主义的经典作家们对它作了科学的评价,在此不作赘述。它的功绩与它自身的缺陷同样使后人铭心刻骨,指出这一点是重要的。

[①] 费正清主编:《剑桥中华民国史》,第一部,第 222 页。

第八章 探索中的方案

在近世中国,虽然宪制的理论形态和具体方案有很大不同,但在那些有良知的知识群体里始终能听到一个共同的声音——民族的独立与国家的富强。不管作为一个伟大革命者的孙中山与康有为、梁启超、严复等人在中国强盛之路的选择上有什么不同,但在救亡图存、追求国家富强的旗帜下,他们似乎都有着相同的心路历程:作为理论家的严复和梁启超尽可以在思想的海洋里弄潮,但要化成语言还需用"富强"的笔触来写作;作为革命家的孙中山尽可以把自由、平等、博爱写在他的共和革命的旗帜上,但其归宿还是那个魂牵梦绕的民族复兴大业。"富强"就是一把悬于理论家和革命家中间的达摩克利斯之剑,它斩断了理论家一切"非理性化"的思考,强迫革命家回到民族主义的立场。从这一层上说,孙中山的民权主义宪制方案实际上就是对中华民族复兴方案的设计与探索。

一、为民族复兴寻找近路:孙中山的共和制方案

"民权主义"在孙中山的宪制思想体系里是一个很难界定的概念。它相当于今人所说的民主(democracy)。所以有时人们也把孙中山的民权主义称为民主主义,与其民族主义、民生主义相对。而"民权"一词

则是当时思想界一个颇为流行的提法,实际上也与"民主"一词没有多少分别,只是更突出了"民主权"这一层含义。"民主权"既是孙中山孜孜以求的终生理想,也是他的共和革命欲要达到的一个目标。但在孙中山的思想深处"民主"的理想更多地摆在了迅速改变中国,使之成为富强国家这一更大目标之下。民主在一定程度上是一个目的。对人民权利的保护、国家权力的制约与平衡以及自治联邦还是中央集权的选择问题,孙中山都给予了极大的关注。然而,他之所以如此珍视民主制更多的是由于它似乎能与国家的强盛联系起来。正像严复和梁启超所看到的最强大的国家是君宪制的英国一样,孙中山注意到最强大的国家是民主共和的国家,美国就是很快暴发起来的最典型例子。"取法乎上",这是孙中山借民主共和欲达国家富强这一最高目标始终未变的一个视点。与此相联系,民权主义在孙中山的整个思想体系里主要还是处于一种"工具主义"的位置,宪制方案也只是整个国家富强建筑中的一张小小的图纸而已。明乎于此,我们便可发现,宪制方案在不同时期有不同的设计和修改,但贯乎于其中的仍是国家的富强问题——它串起了孙中山一个又一个新思想、新主意,并耗尽了他一生理论思考的情趣。

早在 1894 年孙中山就成立了第一个革命团体,并给这个组织取了一个饶富意味的名字——兴中会。从此以后,"振兴中华"便成了他的己任,开始了他革命的生涯。他之所以要兴共和革命,首先在于他对满清政府有着不同于康有为、梁启超的认识。他认为,中国国家主权的丧失和国运的衰败应由满人统治者负责,因为清廷不但丧失了推进中国进步的领导能力,而且它的存在本身就是社会发展的桎梏。它维护现存的陈腐的生产关系,从而阻碍了生产力的发展;它实行专制主义,剥夺了人民的基本自由权利,以至于丧失了国家强盛的活力。要共和革命首先就要把中国那个倒霉的专制制度拿来鞭打一番,梁启超、严复、谭嗣同等人都如此这般的鞭打过。应注意的是,孙中山对专制制度批判,目标是清晰的,鞭子也异常准确:专制制度罪该万死的是它阻碍了中国国家的强盛。兴中会宣言里是这样谴责满清政府的:"上则因循苟且,粉饰虚张,下则蒙昧无知,鲜能远虑。……庸奴误国,荼毒苍生,一蹶不振,如斯之极。"①尔后,他把矛头从满清王朝直指整个专制主义制度了:"支那国制,自秦政灭六国,废封建而为郡县,焚书坑儒,务愚黔首,以行专制。历代因之,视国家为一人之产业,制度立法,多在防范人民,以保全此私产;而民生庶务,与一姓之存亡无关者,政府置而不问,人民亦从无监督政府之措施者。"②要从中国专制制度中找几条罪状并不难,而树立一个集中的目标,然后全面出击,这是孙中山批判专制主义为共和革命张目的一个特点。他曾在《支那问题真解》一文中,运用美国《独立宣言》的笔法具体清列出满清王朝的十大罪状,③其主罪便是它导致了国家贫弱,消磨了能够为国家富强出力的那些积极因素。罪状的宣示无疑是对满清王朝的死刑判决书。

在孙中山看来,中国的君主政体、专制制度、传统文化是与整个国家民族的利益格格不入的,它不仅造成了中国社会政治经济的野蛮和落后,而且必然带来中华民族的衰败与耻辱。他认为,君主政体的最大弊害就在于君主是"把国家当做私人的财产",专断独行,恣意欲为;而民则"素为专制君主之奴隶",可以听任摆布,随意压榨。君主政体就是建立在不平等基础上的"特殊阶级"对民的暴虐统治。这样,君主与专

---

① 《孙中山选集》,上卷,第19页。
② 《孙中山全集》,第1卷,第220页。
③ "(1)盘据政府以自利,而非以利民。(2)阻止民人物质、思想之进化。(3)驭吾人如隶圉,而尽夺一切之平等权及公权。(4)侵害我不能售与之生命权及财产自由权。(5)容纵官吏以虐民而腴削之。(6)禁制吾人之言论自由。(7)定极不规则之税则,而不待民人之认可。(8)用极野蛮之刑以对囚犯,逼供定罪。(9)不由法律而可以剥夺吾人之权利。(10)放弃其责任为吾人所托生命财产者。"见《孙中山全集》,第1卷,第245—246页。

制之间便具有一种必然的联系。他在《民权主义》一文中这样说:"由秦以后,历代皇帝专制的目的,第一是要保守他们自己的皇位,永远家天下,使他们子子孙孙可以万世永享";"父兄做皇帝,子弟承父兄之业,虽然没有能干,也可以做皇帝"。为了永远做皇帝,专制君主必然采用高压手段,实行独裁统治。他说,"专制皇帝因为要保守他们的皇位,恐怕反对党来摇动,便用很专制的威权,极残忍的手段,来打消他们的反对党";"对于人民的行动,于皇位有危险的,便用很大的力量去惩治。故中国一个人造反,便连到诛九族。用这样严重的刑罚,去禁止人民造反,其中用意,就是专制皇帝要永远保守皇位。"①由于皇位的固守被上升为首要任务,所以专制君主政体的劣根性就在于它的极端守旧和盲目自信。眼前的满清王朝便提供了一个极好的例证。满清政府之所以反对任何革新弊政的行为,那是因为改革本身就是削减专制君主的特权。这样,君主专制制度便在政治上堵塞了国家富强的通道。

不宁惟是,君主专制制度在文化上的专断不仅消弭了人民积极向上的精神,而且也导致了国家的散沙状态。他认为,文化专断的严重弊害,首先表现在"堵塞人民之耳目,锢蔽人民之聪明",其结果便是虐杀了科学技术的发展,致使中国落后于西方百年,使整个国家成了西方列强搜刮掠夺的竞技场。他在《伦敦被难记》一文中这样哀其中国文化上的不幸:"不幸中国政体,专制已久,士人束发受书后,所诵习者,不外四书五经及其笺注之文字;然其中有不合于奉令承教、一味服从之义者,则任意删节,或曲为解说,以养成其盲从之性。学者如此,平民可知。"文化专制主义所致的一个严重后果就是禁锢人民的创造精神,压抑了国家强盛、社会进步的活力。"最大的是思想不自由,言论不自由,行动

---

① 《孙中山选集》,下卷,第 682、790 页。

不自由",这种"不自由"便养成了国人的"盲从附和"的"奴性"。而且"奴性已深,牢不可破"。① 正是这种积习已深的奴性使得千百万长期处于分散闭塞中的中国人养成了墨守成规、听天由命、安于现状、因循守旧的心理,表现为对专制君主的迷信与盲从。而这率由旧章、麻木不仁、一切按祖宗章法办事的传统与习俗反过来又给中国科学文化的发展、经济的繁荣、国家的强盛带来了很大的阻难。

如果说对文化专制的批判主要是为了彰明中国社会进化活力的缺失,那么,对专制主义遏制经济增长的揭露则是指陈君主制度对国家富强的直接危害。在孙中山看来,专制制度本身就是中国社会经济长期停滞的原因,而满清王朝则是最为典型的例证。他曾把以满清王朝为代表的专制君主形象地比作"不善治家"的"富家翁",悲诉了专制统治给本来富饶的祖国带来贫穷落后的灾难性后果。他说:"中国之为国,拥有广大之土地,无量之富源,众多之人力,是无异一富家翁享有广大之田园,盈仓之财宝,众多之子孙,而乃不善治家,田园则任其荒芜,财宝则封锁不用,子孙则日事游荡,而举家则饥寒交迫,朝不保夕,此实中国今日之景象也。呜呼!谁为为之?孰令致之?"②谁应对这一局面而负责?不是别的,正是那个该死的君主专制制度。专制君主对外固守"闭关自守之局",以"天朝"自居,"素自尊大,目无他国,习惯自然,遂成为孤立之性","故不能取人之长,以补己之短";也正是专制君主那只黑手,斩断了与经济繁荣、国家强盛的联系,使中国社会经济窒息于自然经济的桎梏中不能自拔。"是犹孤人之处于荒岛,其所需要皆一人为之,不独自耕而食,自织而衣,亦必自炊而后得食,自缝而后得衣,其劳苦繁难,不可思议"。基于此,他把专制制度及其必然产生的"官吏

---

① 《孙中山选集》,上卷,第157页。
② 同上书,第164页。

贪污""政治腐败"称之为中国贫弱的"国害",大声疾呼:"国害一除,则国利自兴,而富强之基于是乎立。是中国今日欲富强则富强矣,几有不待一跃之功也。"①对君主政体的仇视,对专制制度的憎恶,发根而起的就是孙中山坚信:君主专制制度已完全失去了它推进国家昌盛、社会进步的合法性,而它对权利的压制、文化精神的摧残只不过是这种丧失的一个注脚而已。

既然专制制度已经溃疡到无法修复必须割除的地步,操起革命的手术刀就是天经地义的事情。然而,革命是一回事,革命要达到的结果是另一回事。在中国历史上革专制主义之命的伟大壮举辗转过不止几回,但每一次农民革命之后中国社会的性质又几乎重新回到它的原点,革命常新,革命的结果照旧。孙中山则认为,他的革命和以往任何一次革命都不同,他坚信自己不但找到了革命的全新手段,而且也认识和掌握了革命的结果,他自信地认为,这个结果不但能在中国彻底扫除君主专制制度,而且它本身就是国家走上正路的开始。他把他的革命称作"共和革命"。"共和"不但是革命要达到的目标,而且它本身就是中国国家兴旺发达的不二法门。对国家富强的真诚信念,使孙中山看到了民主共和的巨大价值。自鸦片战争以来,一代又一代的先进知识分子肩负着同一个使命,忧世伤生,隐去自己的苦痛,真诚地探寻中华民族的出路、国家富强的药方。王韬、郑观应那一代人发现了西方议会的"君民共主",并把它奉为中国国家的希望;康有为、梁启超曾坚信君主立宪制度能够救中国;严复则认为中国富强的奥秘潜藏于西方圣人的思想里,中国的君主只要坚持改革,逐渐培养起人的自由精神和公心,中国社会必然充满活力,国家也必然带来生机。到了孙中山这里,革命家的秉性使他坚信:中国独立富强的希望需要革命,在于革命所造就的

---

① 《孙中山选集》,上卷,第 163 页。

共和。"独立与富强"是中国近代社会新陈代谢中最为耀眼的问题,它超越了不同阶层、不同党派,是每一个有良知的中国人的共同心事,不同的人们,哪怕是那些大人物都可以用这同一种思维方式思考问题。它成了孙中山宪制方案探索中的一个出发点。

孙中山常说的一句话是"取法于人""取法乎上"。前者是说,中国要富强就必须向西方学习,用西方的学说与制度取代中国的旧学说旧制度;后者是讲怎样学的问题,孙中山主张"要学就学最好的""从高处下手""迎头赶上""万莫取法乎中,以贻我四万万同胞子子孙孙的后祸。"[1]前半句话不能说不对,而后半句话则是有毛病的。首先在于"什么是最好的",不同的标准可有不同的观察。"取法乎上"如果指的是国家的强弱,那么可以说美国是头等的,法国至多也只能和那个正在走下坡路的"大英帝国"处于同一个层次。孙中山要"乎上"的不是美国强盛的结果,而是"取法"致美国强大的共和制度和价值。在孙中山看来,共和制度是当今最先进的东西,中国要致国家富强"取法于人"就必须一步到位,这反映了作为革命家的孙中山急于摆脱国家贫弱地位的一种焦灼心理。实际上,单从理论上很难证明共和制必然比君宪制更先进。谁也不致说非洲的共和国就必然比英国的君宪制更能把非洲国家引向富强的成功之路;谁也不敢说法国的共和制就一定比英国的君宪制更完美、更进步。一个国家适合走什么道路,建立何种权力结构模式始终离不开自己的文化和传统,这早已成了一个不争的事实。撇开中国是宜行君宪还是宜行共和这个曾经争论的问题不谈,"取法乎上"也只能是学习别人时的一种心理,而不能成为学习的原则,因为离开本民族国家的文化传统,"取法乎上"未必就能达到"迎头赶上"的结果。相反,"取法乎中"若适合于自己国家和民族也未必就不是一条平实踏当的

---

[1] 《孙中山全集》,第1卷,第281—282页。

路。别人最先进的东西未必能成为救己的药方。然而,孙中山就是怀着这样一种焦灼而美好的愿望开始了他的宪制方案设计,并且,"取法乎上"成了他学习西方一生不变的宗旨。

　　孙中山在他的共和宪制方案设计中,首先认同的是早已存在于英国后又被美国、法国鼓动张扬的自由、平等和博爱对中国革命以及革命欲要达到的富强目标的巨大价值。早在1906年孙中山讲到他的革命性质时曾说过这样一段话:"今汉人倡率义师,殄除胡虏,此为上继先人遗烈,大义所在,凡我汉人当无不晓然。惟前代革命如有明及太平天国,只以驱除光复自任,此外无所转移。我等今日与前代殊,于驱除鞑虏,恢复中华之外,国体民生尚当与民变革,虽纬经万端,要其一贯之精神则为自由、平等、博爱。故前代为英雄革命,今日为国民革命。"①这一段话既表明了国民革命与历史上的农民革命的承接关系,又指出了两者间的性质差别。这个差别的要紧处就在于国民革命要争取的不但是一个汉人掌权的王朝,而且是一个为民争得自由、平等、博爱的民主政治。在有的情形下,"自由、平等、博爱"又被孙中山不尽严格地统称为"人权",并把这代表"自由、平等、博爱"的人权的存否看作是国家兴亡、贫富、强弱的根本。他说:"西方之人,其心幻中有天国,庄严华妙而居之者皆天人,盖欲造神圣庄严之国,必有优美高尚之民,以无良民质则无良政治,无良政治则无良国。吾见夫人权颓敝者,其民多恭弱,祸害倚伏,无由而绝。"②人权既然有如此大的功效,那么为人权而革命就是天经地义的一桩神圣事业。③

---

　　① 《孙中山全集》,第1卷,第296页。
　　② 同上。
　　③ "吾人鉴于天赋人权之万难放弃,神圣义务之不容不尽,是用诉之武力,冀脱吾人及世世子孙于万重羁轭",因而,"革命者乃神圣之事业、天赋之人权,而最美之名辞也。"(《孙中山全集》,第2卷,第8页;《孙中山全集》,第1卷,第442页)

倘若把人权剥离开来,再还原为自由、平等、博爱的问题,那么便可发现同一个时期的孙中山在面对不同问题时,他对自由的信念以及对自由的诠解是非常不同的。他在反驳康、梁关于中国民众民主素质低下、故不能进行共和革命的改良观点时曾说:"彼又尝谓中国人无自由民权之性质,仆曾力斥其谬,引中国乡族之自治,如自行断讼、自行保卫、自行教育、自行修理道路等事,虽不及今日西政之美,然可证中国人禀有民权之性质也。又中国人民向来不受政府之干涉,来往自如,出入不同;婚姻生死,不报于官;门口门牌,鲜注于册;甚至两邻械斗,为所欲为:此本于自由之性质也。彼此反唇相讥曰:'此种野蛮之自由,非文明之自由也。'此又何待彼言?仆既云性质矣,夫天生自然谓之'性',纯朴不文谓之'质';有野蛮之自由,则便有自由之性质也,何得谓无?夫性质与事体异,发现于外谓之'事体',禀赋于中谓之'性质';中国民权自由之事体,未及西国之有条不紊,界线秩然,然何得谓之无自由民权之性质乎?惟中国今日富于此野蛮之自由,则他日容易变为文明之自由。倘无此性质,何由而变?是犹琢玉,必其石具有玉质,乃能琢之成玉器,若无其质,虽琢无成也。"① 孙中山虽然拾得了西方宪制文化中的自由之名,但并无暇去探寻其精义。既然存在于中国宗法族制中的积习已被视作自由,那么兴共和革命的意义就是大可怀疑的。因为中国既然有"自由之质"的存在,那么照理是可以通过改革式的"琢玉"之功得到西式自由之精美的。然而,孙中山已经把自由视作一种无节制的放纵,这便意味着关于自由会带来国家的独立与富强的信念终是不会坚持多久的。当"自由"的肆虐离国家富强越来越远时,孙中山会毫不迟疑地放弃"自由"的怀想,这已是注定了的。

但这时的孙中山仍沉醉于"自由、平等、博爱"伟大价值的怀想中,

---

① 《孙中山全集》,第 1 卷,第 235—236 页。

他相信这些价值会为中国的富强效命。同时,孙中山也知道要把自由、平等、博爱转化为国家强盛出力的东西,就必须为之设计出一个最先进的、合理的制度,一种全新的价值体系与一种最先进的制度结合必然会产生出一种意想不到的结果。这一制度就是被孙中山称为"最先进的"美国式民主共和制。有了这种奇妙的结合,中国就自然会"迎头赶上",甚至还会超过美国呢!孙中山在1906年就开始按照美国的图纸设计他的宪制方案了:"今者由平民革命以建国民政府,凡为国民皆平等以有参政权。大总统由国民公举。议会以国民公举之议员构成之。"①这一方案虽是一个草图,但大致可以看出它的美国风格。在孙中山看来,只要建立了像美国那样的代议政治,民权的落实便无可发愁。首先应该有一个像山姆大叔那里的国会,它由人民选出来的议员构成,并代表人民订立法律,有了这样的机关和法律,就可实现"民国则以国家为人民之公产,凡人民之事,人民公理之"②的政治理想;民国政府应是一个对民负责且有效率的政府,因而应像美国那样行总统之制而弃责任内阁之制。总统就像一个饭铺里的总管或领班,他的一声号令,伙计们便可各司其责。况且一个民选的总统其号令是决计不会错的;鉴于"中国各大行省有如美利坚合众国诸州"的国情,孙中山主张民国应采取美国那样的国家结构。"中国革命之目的,系欲建立共和政府,效法美国,除此之外,无论何项政体皆不宜于中国。因中国省份过多,人种复杂之故,美国共和政体甚合中国之用,得达此目的,则振兴商务,改良经济。发掘天然矿产,则发达无穷。初时要借材外国,方能得收此良好之结果。"③

---

① 《孙中山全集》,第1卷,第297页。
② 同上书,第318页。
③ 同上书,第563页。

宪制的方案既然已经有了草图,那就只等以后根据社会的进化状况去不断地涂抹修改了。

二、疏离西方民主

1911年在武昌的枪声中一个油灯枯干的封建王朝倒下了,"民国"取代了专制制度,孙中山为之奋斗了几十年的民权主义似乎已经在这烟去的枪声中实现了,作为革命家的孙中山怎能不为之欢欣鼓舞呢?对此,他踌躇满志,对未来的中国充满了自信。他曾如此乐观地认为,辛亥革命的胜利,必定会使得"专制政体"乃至"帝王思想""不谋而绝迹于天下"。[①] 甚至断然地认定,"今满政府已去,共和政体已成,民族、民权之二大纲已达目的。今后吾人之所急宜进行者,即民生主义"。[②] 基于对国家形势的这样一种判定,孙中山把权力交给袁世凯后,自己便欣然就任"全国铁路总监"的空头职务,为"民生主义"干实业去了,并且许诺以在野之身用20年时间修铁路20万里。好像中国民众已坐稳了天下,只等迅速脱贫过好日子了。

然而,袁世凯是一个不守信用的家伙。时局的迅速逆转无情地击碎了孙中山的强国梦。1913年以袁世凯为首的武人刺杀了国民党领袖宋教仁,扯下了拥护民主共和的面纱;1915年袁世凯砸烂了民国的招牌,把共和踩在自己的皇位之下,做起了洪宪皇帝;1917年张勋率辫子兵进京,拥戴清末代皇帝溥仪复辟,中国又有了满清皇帝……贪婪、卑鄙、肮脏、混乱、杀戮、复辟取代了孙中山为民族复兴国家自强的一切努力。中国社会不仅失掉了民主共和生存的机会,而且黑暗已经挡住

---

① 《孙中山选集》,上卷,第94页。
② 《孙中山全集》,第2卷,第338页。

了国家富强的去路。孙中山面对这样一个国家、一个社会,不能不为之悲怆,为之震撼:是西方宪制的价值和制度不适宜中国,还是这些东西已经过时,不为中国的社会所容纳?尽管孙中山对此模糊,但这已经预示了他的思想行程将发生重大的转折,与之相应的宪制方案也将被大刀阔斧地修改。

思想的转折与方案的修改是一个问题的两面,而这一切都取决于孙中山对中国历史的重新体察和革命实践中的经验与教训的总结。辛亥革命前,像近代中国先进知识分子一样,孙中山也是达尔文主义的真诚信奉者,相信竞争进化的原理。当他论及民族的危机、革命迫切性和必要性时也常以达尔文主义作为理论武器。他曾这样告诫世人:今日"为竞争生存之时代,……今之时代,不争竞则无以生存,此安南、印度之所以灭也;惟争竞独立,此美国、日本之所以兴也。……吾党以顺天行道为念,今当应时而作,不可失此千载一时之机也。"[①]进化论之于中国,不仅要求整个民族团结合群,以与西方列强在世界舞台上抗衡竞争,而且更需要社会为每一个个体创造条件,使他们充分释放自己的能量为国家的独立和富强出力。基于此,西方意义上的自由与平等必然被看作是中国国家独立富强的有用价值。然而,现在一切都变了。中国社会的种种混乱、纷争与倒退,特别是中国民众的麻木、散漫以及革命队伍的涣散和分裂,动摇了孙中山那种乐观的竞争进化信念,与之相伴的自由、平等价值也出现巨大的裂缝。当孙中山这位革命家以现实的目光重新体察中国的社会和历史时,便对进化的法则进行了极大修正:"从前学说,准物质进化之原则,阐发物竞生存之学理。野蛮时代,野兽与人类相争,弱肉强食,优胜劣败,弱者劣者,自然归于天演淘汰之例。故古来学说,只求一人之利益,不顾大家之利益。今世界日进文

---

① 《孙中山全集》,第 1 卷,第 260—261 页。

明,此种学理,都成野蛮时代之陈谈,不能适用于今日。今日进于社会主义,注重人道,故不重相争,而重相助,有道德始有国家,有道德始有世界。"①

现在的孙中山坚信:进化的竞争必然导致强权和混乱,而只有道德的互助才会使中国团结合群。虽然孙中山并未彻底放弃进化论,但他现在做的是要消弭竞争的信念,把进化论变为一种道德论。为此,他进一步把世界的发展划分成"物质进化""物种进化""人类进化"三个彼此不同的时期,并对后两期进化作了如下的阐析:"由生元之始而至于成人,则为第二期之进化。物种由微而显,由简而繁,本物竞天择之原则,经几许优胜劣败,生存淘汰,新陈代谢,千百万年,而人类乃成。人类初出之时,亦与禽兽无异;再经几许万年之进化,而始长成人性。而人类之进化,于是乎起源。此期之进化原则,则与物种之进化原则不同:物种以竞争为原则,人类则以互助为原则,社会国家者,互助之体也;道德仁义者,互助之用也。人类顺此原则昌,不顺此原则则亡。此原则行之于人类当已数十万矣,然而人类今日犹未能尽守此原则者,则以人类本从物种而来,其人于第三期之进化为时尚浅,而一切物种遗传之性尚未能悉行化除也。然而人类自入文明之后,则天性所趋,已莫之为而为,莫之致而致,向于互助之原则,以求达人类进化之目的矣。人类进化之目的为何?即孔子所谓'大道之行也,天下为公',耶稣所谓'尔旨得成,在地若天',此人类所希望,化现在之痛苦世界而为极乐天堂者是也。"②为什么人类的进化应当以互助为原则呢?孙中山认为,因为人类有知识,所以可以趋利避害求得自身的生存与发展。于是,人类就不得不互助,不得不合群,久而久之,习与性成,组成社会,由

---

① 《孙中山全集》,第3卷,第25页。
② 《孙中山全集》,第6卷,第194—195页。

野蛮达至文明。① 孙中山没有解释人类为什么要竞争,而只用道德论来解释人类进化的客观过程,这是靠不住的。其实,孙中山现在要点破的是这一点:中国人只有团结互助才会组成一个合群的民族国家,如果人人都为自己的"自由"而竞争,中国就不会改变目前这种"散沙"状况,在世界进化的脚步下,中国就会失去民族复兴的希望。只要孙中山记起了道德,并把道德论装在进化论的口袋里,这就蕴含了中国传统文化对他的吸引力,特别是儒家修齐治平的人格理想对他更有着独特的魅力。一个团结合群的中国毕竟离不开自己祖宗的教诲。而西方近代的那一套自由、平等学说离国家富强的目标则越来越远了。

于是,孙中山便在1919年提出了"道德仁义者,互助之用也"的中国式命题,并将道德的功用抬高到一个非常吓人的高度。他说:"大凡一个国家所以能够强盛的原故,起初的时候都是由于武力发展,继之以种种文化的发扬,便能成功。但是要维持民族和国家的长久地位,还有道德问题,有了很好的道德,国家才能长治久安"。② 当然,中国的历史从正反两个方面都提供了很好例证。到了晚年,孙中山的这种"道德救国论"更多散发着中国传统道德的幽古芳香。他认为,救中国危亡的根本办法,在于自己先要有团体,用三四百个宗族的团结来顾国家。而只有先把固有的旧道德恢复起来,固有的民族地位才有望得以恢复。

什么是"中国固有的旧道德"呢?孙中山认为,首先是忠孝,次是仁爱,其次是信义,再次是和平。他要求国民忠于国家,忠于人民,要为四万万人去效忠。"讲到孝字,我们尤为特长,尤其比各国进步得多。《孝

---

① "盖以人类由动物之有知识,能互助者进化而成。当其蒙昧,力不如狮虎牛马,走不如犬兔,潜不如鱼介,飞不如诸禽,而犹得自保者,能互助,故能合弱以御强;有知识,故能趋利而避害也。"见《孙中山全集》,第5卷,第212—213页。

② 《孙中山全集》,第9卷,第242页。

经》所讲孝字,几乎无所不包,无所不至。现在世界中最文明的国家讲到孝字,还没有像中国讲到这么完全。所以孝字更是不能不要的。国民在民国之内,要能够把忠效二字讲到极点,国家便自然强盛"。讲仁爱,他引证"仁民爱物";讲信义,他说"中国古时对于邻固和对于朋友,都是讲信的","中国所讲的信义,比外国还进步得多"。他说,中国更有一种极好的道德,是爱和平。中国人几千年酷爱和平,都是出于天性,之于个人便是重谦让,之于政治便说是"不嗜杀人者能一之",和外国人便有大大的不同。总之,"这种特别的好道德,便是我们民族的精神。我们以后对于这种精神不但是要保存,而且要发扬光大,然后我们民族的地位才可以恢复"。①

不仅如此,孙中山还把中国传统的人格理想看作是关乎社会进步和国家富强的主要条件。这个人格理想就是"《大学》中所说的'格物致知,诚意,正心,修身,齐家,治国,平天下'那一段话。把一个人从内发扬到外,由一个人的内部做起,推到平天下止。"他认为,"正心、诚意的学问是内治的功夫,从前宋儒是最讲究这些功夫的。修身、齐家、治国那些外修的功夫,恐怕我们现在还没有做到。"中国现在落后,是因为国人不讲修身了。"孔子以前说'席不正不坐',由此便可见他平时修身虽一坐立之微,亦很讲究的。到了宋儒时代,他们正心、诚意和修身的功夫,更为严谨。"总之,对于这样一个"精微开展的理论,无论外国什么政治哲学家都没见到的,都没有说出"的,而只在"我们政治哲学的知识中独有的宝贝,是应该要保存的。"只有这样,中国才能够"用固有的道德和平做基础,去统一世界,成一个大同之治,这便是我们四万万人的大责任"。②

---

① 《孙中山全集》,第 9 卷,第 245—247 页。
② 同上书,第 253 页。

对于西方近代民主学说和制度的失望使孙中山不得不靠去吹胀中国道德的方法给泄了气的民族和国家鼓劲。问题是,对于一个来自于西方文化中的宪制方案,首先剔除了它的自由、平等等价值元素,然后通过灌进中国的旧道德去维系它的根基,呵护它的成长,这是否靠得住?难道旧道德就不会蚕食"民权至上"的共和制度?孙中山曾为国人重新设计了一个更加急进的民权方案,但同时又希望中国的旧道德对其发生作用,这从一个方面反映了他缺乏对西方文化的深刻把握,同时也表现出他对中西文化在中国政治层面的调适与整合的惶恐和矛盾。倘若一个国家移入一种新制度,不是去改造自己的本土文化使之生根,相反,而是将其栽植于原有的伦理土壤里,那么这一制度是不可能真正生存的。事实证明,一种好的制度被移入一种异质而无改造的文化土壤,要不是形同虚设,就是走样变形。这或许就是"逾淮为枳"的道理。实际上,孙中山不仅没有为其修改的宪制方案找到新的伦理基础,而且理论上也存有漏洞和矛盾。

这一矛盾既来自孙中山对中国传统文化的怀旧,也有对革命失败教训总结的不适当成分。而这两者又是互相缠绕,互为表里的。

孙中山在总结革命教训时曾这样说过,"共和之坚固与否,全视乎吾民,而不在乎政府与官吏。盖共和国与专制国不同,专制国是专靠皇帝,皇帝贤,尚可苟安;如不贤,则全国蒙祸。而共和国则专恃民力,使吾民能人人始终负责,则共和目的,无可不达。若吾民不知负责,无论政府官吏如何善良,真正之共和必不能实现也。"[①]固然说,共和革命的成败与国民的素质的高低有关系,但一味地把革命失败的责任算在老百姓头上是不公平的。民主政治一个最为重要的原则是政府须对民负

[①] 《孙中山全集》,第3卷,第349—350页。

责。孙中山将其颠倒过来,认为只有国民人人负责,才会产生对民负责的良政。如果不是抬杠,我们也可以说只有良政才会产生负责的国民。实际上,官吏的善与不善与"真正共和"有着极密切的关系,如果当政之人能下问民瘼、体察民情、时时顺从民意,国民自然拥护政府,而国民对是否为"真正共和"的评价往往是以政府的好坏为尺度的。后期的孙中山为了产生一个"人人负责的"国民,极力主张"训政",其实首先要"训"的不是民,而是"官"。官不正,民难能不歪。如果当官的自己握着权力,享受着"民主政治"给他带来的好处,而去教导老百姓热爱这种"民主政治"是办不到的。况且,老百姓负不负责任主要的还不在于给他们讲"忠孝仁爱信义"的旧道德,而在于让他们真正看到民主政治对他们的好处。要他们负责任,就必须首先落实权利,因为老百姓是最讲实在的。孙中山不但忽略了这一点,而且进一步从国民责任方面寻找民主革命失败的原因:"国中大多数之劳动界国民不知政治之关系,放弃主人之天职,以致甘受非法之压制、凌侮而吞声忍气,莫可如何也。"①

既然他认定国民素质低下是革命失败的重要原因,那他就定会把国民问题视作他的宪制方案修改的入口处。②

在晚年,孙中山的这种认知越来越强固,同时也使他的宪制方案越来越趋于"民治主义"。他说,"八年以来的中华民国,政治不良到这个地位,实因单破坏地面,没有掘起地底陈土的缘故。"③他说的"陈土",

---

① 《孙中山全集》,第 5 卷,第 44 页。
② "今建中华民国,亦与古国不同。既立以后,永不倾仆,故必筑地盘于人民之身上,不自政府造起,而自人民造起也。"(《孙中山全集》,第 3 卷,第 326 页)"迩者世界潮流群趋向于民治。今日时事维艰,然最后之成败,自以民意之向背为断。吾人苟能务其远大,悬的以趋,虽勉不懈,总不患无水到渠成之日耳。"(《孙中山全集》,第 5 卷,第 92 页)
③ 《孙中山全集》,第 5 卷,第 125 页。

是指官僚、军阀和政客三者。所以要"建筑灿烂庄严的民国,须先搬去这三种陈土,才能立起坚固的基础来。这便是改造中国的第一步。"①而要搬去这三种"陈土"最终还是要依靠国民,求助于民智的发达。②如果不是有意的揭短,我们仍可忆起在辛亥革命前孙中山和他的同志们围绕中国能否行革命问题曾与立宪党人就"民智"的有无高低展开过激烈的辩说,那时他认为中国的民智不但很高,而且有些地方还超过了欧美。而革命走了一圈以后,他似乎也回到了严复和立宪党人的立场。中国的历史就这样喜欢捉弄人,即使像孙中山这样的先知先觉者照样会被捉弄。稍有不同的是,严复和立宪党人把民智的开发寄希望于满清政府的改革,而孙中山则是寄希望于自治和国民党人的"训政"。③

关于训政的方法,孙中山举了这样一个例子:"美国林肯放奴,这是何等的一件好事!论理,这奴隶要怎样的感谢林肯。他不但不感谢,反把林肯做了他们的仇敌,以为把他们现在的生活弄掉了,竟至把林肯刺杀了。这不是习惯难改吗?还有那坐牢的人,坐到十年之后,他就把牢狱当他的正当生活;一旦放他出来,他很不愿,因为要他去自寻生活,他就没有办法。所以国家并要替他们设个收养所,去教训他。这不是很奇怪吗?中国奴制已经行了数千年之久,所以民国虽然有了九年,一般人民还不晓得自己去站那主人的地位。我们现在没有别法,只好用些强迫的手段,迫着他来做主人,教他练习练习。这就是我用'训政'的意思。"④在这里,姑且不说林肯是不是被奴隶们杀死的,而后来的美国南

---

① 《孙中山全集》,第 5 卷,第 126 页。

② 他说:"今日欲维持民国,须于地方上开通民智,振起民气,使知民国乃以人民为主人,使各地之人皆知尽主人之义务,则国事万有可为也。"(《孙中山全集》,第 5 卷,第 40 页)

③ 孙中山认为,要想矫正国民不知为主人的错误,"没有别的法子,就须人民研究自治,实行自治,研究实行民治的自治"。(《孙中山全集》,第 5 卷,第 174 页)

④ 《孙中山全集》,第 5 卷,第 401 页。

部各州所颁布的歧视黑奴的《黑人法典》恰是出于孙中山所讲的同一个理由。每当读到孙中山关于"训政"的这个例子，我就想起主人对奴隶手中的那条鞭子。正像奴隶创造了美国南部文明一样，孙中山也企盼中国老百姓能够创造他所希望的那样一个民国。

中国社会的黑暗与军阀的猖獗使孙中山在民主问题上有些懵懂；而中国民众责任心的冷漠则使他感到失望，并依此对革命失败的教训做了不够十分恰当的总结；"好的不存，坏的不去"的尴尬局面迫使他不得不去寻找新路，而新路难求的焦虑又使他怀旧：启用中国的旧道德也许是民国成长的希望，说不定还能为民族的复兴、国家的独立与富强帮忙呢！正是对民族复兴的企盼，又使他急速地向中国文化传统回归，并给它在民主共和政体里留了一个不甚恰当的位置。这一切都蕴含着孙中山宪制方案的修改和定夺。

三、合群取代自由：
无法排遣的民族主义情结

孙中山要修正的首先是自由、平等。1906 年当他讲到共和革命与汤武英雄革命的区别时，说了共和革命是要为国民争自由平等的话。而现在，他要重新审视这两个价值了。他曾回顾自己一生的坎坷对投身革命的年轻人讲过这样一段语重心长的话："我们以往革命之失败，并不是被官僚武人打破的，完全是被平等、自由这两个思想打破的。""中国的革命思想，本来是由欧美的新思想发生的，为什么欧美的新思想发生了中国的革命，又能够打破中国的革命呢？"孙中山认为那主要是因为大多数人误解了平等、自由的真义，消解了团体的力量。①

---

① 《孙中山全集》，第 11 卷，第 266—267 页。

这里涉及彼此相关的两个根本问题:为什么对自由平等的倡扬与追求使欧美民主政治走上了成功,而中国却失败了呢? 自由平等这个源于西方文化的价值元素其本意到底是什么? 孙中山对第一个问题做了回答,而对第二个问题则没从正面给予解释,而是委婉地谈了自己的看法。他认为,欧洲人之所以把争自由放在首位,是欧洲特殊的社会历史条件造成的。他说,欧洲先前君主专制发达了极点,人们没有思想、言论、行动等自由,他们"深感不自由的痛苦,所以他们唯一的方法,就是要奋斗去争自由。""欧美两三百年来人民奋斗的所要竞争的,没有别的东西,就是为自由。"①而中国的情况则与欧洲有很大的不同:"中国人的自由,老早是很充分了。"他甚至认为,中国古代流传的诗歌"日出而作,日入而息,凿井而饮,耕田而食,帝力于我哉",就是一首"自由歌"。从这首"自由歌"便知中国自古以来,虽无自由之名,确有自由之实,并且是很充分的,不必再去多求了。② 他认为,欧洲争自由的斗争把民主政治导向了成功,赢得民权的发达,而中国原先自由太多,则早已成了国家与民族发展的祸害。他断言:中国正因为一贯"人人有自由,人人都把自己的自由扩充到很大,所以成了一片散沙。"③自由太多,便没有团体主义,没有抵抗力,所以民族、国家遭受外来的欺辱。欧洲是因为没有自由要革命,中国则相反,"中国人自由太多,所以中国要革命。"④基于此,孙中山决然宣称:"中国用不着自由"!中国所需要的,是"国家自由",而非个人的自由。为了使国家得到完全自由,个人的自由非但不能扩大,还需严加限制,要大家牺牲自由。"在今天自由……如果用到个人,就成一片散沙,万不可再用到个人上去,要用

---

① 《孙中山全集》,第 9 卷,第 271—275 页。
② 同上书,第 281 页。
③ 同上书,第 272 页。
④ 同上书,第 281 页。

到国家上去。"①

与自由在中西历史的这种不同遭遇相联系,孙中山还认为,欧洲没有革命以前,自由的缺失与其专制的酷烈是紧密联系的,它直到两百多年以前,还实行着贵族等级制、世袭制等,所以其专制要比中国厉害得多。欧洲人民不能忍受专制的苦痛,于是拚命去争自由,打破阶级专制的不平等;中国则不然,"中国古时的政治,虽然是专制,二千多年以来,虽然没有进步,但较以前改良了很多,专制淫威也减了不少,所以人民便不觉得十分痛苦"。孙中山认定了中国与欧洲的这种差别,所以中国人决然是不能争自由的。②

那么,什么是自由呢?他是这样看的:"自由的解释,简单言之,在一个团体中能够活动,来往自如,便是自由。"③为此,他从政治层面进一步作了解释:"政治里面有两个潮流,一个是自由底潮流,一个是秩序底潮流。政治中有这两个力量,正如物理之有离心力与归心力。离心力之趋势,则专务开放向外;归心力之趋势,则专务收合向内。如离心力大,则物质必飞散无归;如归心力大,则物质必愈缩愈小。两力平均,方能适当。此犹自由太过,则成为无政府;秩序太过,则成为专制。数千年的政治变更,不外乎这两个力量的冲动。"④诚然,在自由的本意上,确含有个体在其生活的群体里"来往自如"这一层意思,有了它,民主政治才能健康生长,社会生活才能彼此和谐。而且,在有的情况下,自由与秩序于民主政治中确实存在着对立和冲突,宪制制度的设置就是将彼此冲突的两个要素置于一个暂时获得了平衡与和谐的框架中,

---

① 《孙中山全集》,第9卷,第282页。
② 孙中山说:"中国今日的弊病,不是在不自由、不平等的这些地方。如果专拿自由、平等去提倡民气,便是离事实太远,和人民没有切肤之痛,他们便没有感觉,没有感觉,一定不来附和。"(《孙中山全集》,第9卷,第289页)
③ 《孙中山全集》,第9卷,第272页。
④ 《孙中山全集》,第5卷,第491页。

而每一次的平衡被打破,都意味着民主政治的再一次演进,然后取得新的平衡与和谐。孙中山认识到这一点,并深刻地指出了宪法"就是调和自由与统治底机器"这一真义。①

然而,孙中山对自由的历史体察和对自由的认识是存在问题的。自由在西方文化中作为一种独立价值首先意味着个体权利的神圣性。在伦理意义上,自由意味着自我约束的行为方式;在政治意义上,自由意味着个人的价值和尊严受到尊重的权利。虽然,在西方文化中对自由一词的解释彼此很不相同,但它的内核不外乎是个性的尊重、言论与行为选择的权利等,而绝不意味着无政府主义的任性。其实,自由与秩序在政治生活中也绝不是互相排斥的两极,在更多的情况下是彼此互相提携、并行不悖的良友。自由必须在秩序中实现,秩序本身应是自由的秩序,这是民主政治的大义。自由与社会中的价值也并非等于物体内的离心力,也不一定造成社会的沙型状。在这一点上,孙中山不如严复,严复不但看到了自由可以给社会带来活力,而且还看到了自由有利于公心。② 孙中山更多的是注意了自由的消极面,常把自由比作"离心力""一片散沙"和"放荡不羁",视自由为民族和国家最危险之敌,这就歪曲了自由的本意,改变了它的价值。

既然孙中山主要是从"任性"一面去认识自由,那么毫无疑问,自由对民族的复兴和国家的独立就是极其有害的。最切近的是它残害了民族的凝聚力,抑制了团结合群精神的成长,使国家成为不堪一击的沙邦之国。从救亡图存,国家强盛的理念出发,根除这种"自由",重新阐析对国家民族有用的自由概念便成了当务之急了。孙中山的自由方案就从这里开始了。

---

① 《孙中山全集》,第 5 卷,第 494 页。
② 参见本书第五章。

他与严复的晚年一样,把自由区分为"个人自由"(严复称"小己自由")与"国家自由"(《严复谓"国群自由"》)。这种区分的价值指向是非常明确的,即要限制个人自由,争得国家自由。为什么要争国家自由呢?那是"因为中国受列强的压迫,失去了国家的地位,不只是半殖民地,实在已成了次殖民地,比不上缅甸、安南、高丽。缅甸、安南、高丽不过是一国的殖民地,只做一个主人的奴隶……中国现在是做十多个主人的奴隶,所以现在的国家是很不自由的。"①在这里,自由的含义完全被调换了。如果个人自由被理解为一种"任性",那么"国家自由"的"任性"又是怎样理解呢?其实,孙中山从未把国家自由理解为"国家的任性",否则西方列强对中国的凌辱就是他们的"国家自由"了。孙中山在使用"国家自由"一词时,实际上早已有了价值定向,首先意味着中国国家的独立,即中国独立的自由。这样一来,就无法避免自由概念上的模糊和混乱,这种混乱恰是严复晚年的自由概念曾出现过的。作为革命家的孙中山无暇在自由概念上下功夫,他的伟大事业使他认准了中国的国家自由即国家的独立是无可争议的最高目标,它构成了思考其他政治问题的出发点。然而,自由与国家独立毕竟是两码事。

那么,又怎样争取国家自由呢?没有办法,只好牺牲个人自由的"任性",把个人做成一个像堡垒似的团体,国家的独立才会有希望。②为了将"自由"同国家的独立建立联系,他把法国革命的自由、平等、博爱的三大原则与他的三民主义相对应,武断地做了这样的结论:"究竟我们三民主义的口号,和自由、平等、博爱三个口号有什么关系呢?照我讲起来,我们的民族可以和他们的自由一样,因为实行民族主义就是

---

① 《孙中山全集》,第9卷,第282—283页。
② "要将来能够抵抗外国的压迫,就要打破各人的自由,结成很坚固的团体,像把士敏士参加到散沙里头,结成一块坚固石头一样。……外国革命的方法是争自由,中国革命便不能说是争自由,如果说争自由,便更成一片散沙,不能成大团体,我们的革命目的便永远不能成功。"(《孙中山全集》,第9卷,第281—282页)

为国家争自由。"①问题是,通过牺牲个人自由的方法,去组织强大的团体以争得一个独立共和国的存在是否靠得住?且不说,假若共和制度消解了个人自由的存在能否还称得上"共和国",就是去净了个人自由也未必能争得"国家自由"。人毕竟不同于蚂蚁。国家的基础是一个个活生生的个体。这些个体之所以不同于蚂蚁,是因为他具有个性;国家之所以不是蚂蚁的集合体,也是因为有了各具不同个性的人作为它的基础。据说,蚂蚁在三千万年以前已经形成了组织化很强的群体。所有这个群体的蚂蚁,统一指挥,统一步伐,统一行动,去相同的地方,做相同的事情,每一个都是恪守职责的好榜样。然而,蚂蚁社会的模式只能是蚂蚁本性的产物。人作为一种和蚂蚁完全不同的动物,若要按蚂蚁模式来建立自己的关系结构,那就不能不压制和否定自己自由人格和尊严。和一切被封闭在大自然界线以内没有出路的动物相反,人之所以为人,就因为他解放了而不是压制了自己的自由和个性。可以有一万只相同的蚂蚁,却没有两个相同的人。要把无数个活生生的人纳入一个像蚂蚁群体那样的国家和社会,完全没有可能;倘若可能了,那么人类的历史也就停止了。三千万年以来蚂蚁的历史没有前进一步,就因为它们做到了这一点的缘故。孙中山先生或许并不知道:"人的自我丧失"都是首先从个体自由的丧失开始的。

实际上,中国的历史和社会不但缺少真正的集体主义,而且也没有真正存在过西方意义上的那种自由。然而,孙中山先生已发明了"国家自由"这一概念,就不能不把它坚持到底。所以他就须继续向个人自由讨伐,向团结合群的那种"服从的自由"再三致意。他说,"中国人现在因为自由太多,发生自由的毛病,不但学校内的学生是这样,就是我们革命党里头也有这种毛病。所以从前推倒满清之后,至今无法建设民

---

① 《孙中山全集》,第9卷,第282页。

国,就是错用了自由之过也。我们革命党从前被袁世凯打败亦是为这个理由。……说到袁世凯,他有旧日北洋六镇的统系,在那六镇之内,所有的师长、旅长和一切士兵都是很服从的,号令是一致的。简单地说,袁世凯有很坚固的团体,我们革命党是一片散沙,所以袁世凯打败革命党。"①共和革命的失败是因为缺乏一个统一指挥、统一行动的坚强凝固的领导组织是真,但也不能把组织的涣散、团体的无战斗力的账全算在自由的头上。自由与武人的割据称雄、国人责任心的缺失、革命党内部的纪律涣散并不是一个东西。相反,从某种意义上讲,中国之所以武人不倒,民众麻木、革命者的纪律松弛正是因为近世中国的民众从未真正受到西方意义上的那种自由观念和精神的洗礼,中国也从未诞生过像近代西方那样的自由民主制度的缘故。

就革命者内部而言,为了革命的成功强调团体的纪律和个人对团体的无条件服从是必要的。中国革命要比欧洲革命繁重得多,他们只与专制主义作战,而中国必须同时在两条战线上作战:既要推翻专制制度,又要面对整个民族的敌人——西方列强,争得国家的独立,所以中国革命者身上的担子就更重。这要求他们不但要有铁的纪律,而且更需要一面能够将千万斯人团结在一起并肩作战、勇于牺牲自己的闪亮旗帜。如上文所言,中国虽有了革命的纲领,但汇聚其下的许多人则各怀动机,也不乏自己要做皇帝的人。革命的结果打倒了一个昏聩的王朝,但捞尽好处的仍是武人、官僚和政客,而革命纲领中那些激动人心的原则和许诺并未向普通民众兑现。在这一情形下,一味强调服从纪律、团体至上很难有补于世事。退一步说,既然将个人自由视作革命组织和团体的敌人,并将放逐于外,革命者内部也就很难养成民主制,家长制作风的滋长必然使革命组织向专制主义靠拢。即便由这样的组织

---

① 《孙中山全集》,第9卷,第281—282页。

建立起了民主政体,普通民众的自由与权利能否得以真正落实也是很成问题的。

在孙中山眼里,"国"与"群"是两个不同概念。他有时也把自由放置在"群"里,要它与代表"群"的民权发生联系。他的这一认识不是基于对中国社会的分析所得的一个结果,而是对西方自由的一种体认。他认为,西方人争自由所得来的结果,并不是毫无节制的自由,而是民权。这是因为,自由需要制度上的保障,而代表民权的民主共和体制恰是自由落脚的地方。同时也认为,民权制度的设置能纠正自由太过的流弊。自由是属个人的,而民权则是为"群"即全体国民而设立。要维护"民权",对个人有损于群的自由施加限制就是正当的,"一个人的自由,以不侵犯他人的自由为范围,才是真自由;如果侵犯他人的范围,便不是自由。"[①]然而,孙中山并不满意西方对自由所设的这个界标。西方的同行们无论怎样表达,都没有越出本位的自由藩篱。而他的态度是,要巩固民权制度,政府就必须积极地限制个人自由。一个代表民意的民主政府必须以保障群体利益为根本,个人自由必须依此为标准。当个人自由与群体利益发生冲突时,政府必须毫不含糊地以强有力的方式维护后者。在孙中山的思想深处,"群"代表了崇高和神圣,个人自由必须从它那里寻求生存的理由。

如果说民权是每一个人的自由权利最高的体现,那么它的实现还有待于将自由权利落实到每一个人的头上。失去了个人,"群"便无处藏身。就自由与民权论,真正的民权必定是一种自由制度,过多地限制和剥夺个人自由,民权只能意味着众人的专制。不无遗憾的是,对历史的误会和救国于危难的焚急,造成了孙中山感情的偏激。他想用"国家自由"作为照亮中国暗途的路灯,然而这一点光亮使那照不到的地方越

[①] 《孙中山全集》,第9卷,第278页。

发显得有了危险,在这路灯的身后,留下的是大片的阴影。

更意味深长的是,与自由相比孙中山更看重平等。他曾把他的学说用三个字进行概括:"争平等"。在晚年,他曾这样简捷明快地告诉世人:三民主义的一贯精神就是"打天下之不平等"。详言之,"民族主义者,打破种族上不平等之阶级也";"民权主义者,打破政治上不平等之阶级也","夫民生主义,则打破社会上不平等之阶级也。"①作为反专制主义的战士,孙中山把平等赋予比自由更为重大的社会意义。他把平等问题提到了这样的高度:"欧洲各国从前革命,人民为争平等和争自由,都是一样的出力,一样的牺牲。……更有许多人以为要能够自由,必要得到平等,如果得不到平等,便无从实现自由。用平等和自由相比较,把平等更是看得重大的。"②他自己也谴责中国的暴政"不给我们平等的权利和特权"的罪恶,指出这种状况"不是平等的国民所堪受"的,并把建立一个"人人平等"的国家作为民权主义的主要标志之一。在他手拟的一个文件中,孙中山阐述了"国民平等之制"的含义,即国人一切平等,不管贫富有多大差别,人人在权利义务上一律平等。孙中山虽然接过了西方前辈们手中的武器,并将平等视为最神圣的原则,但是他的平等观却有着不同于西方的价值指向。

辛亥革命以后,当他认定平等和自由一样没有给中国国家带来好处时,他便在探寻平等路途上来了一个急转弯。他特别申明,平等非但不是中国的当务之急,即便在西方,它同自由一样也生出了许多流弊,认为平等两个字在西方已走到了极端,人们把平等地位不放在立足点,而放在"平头点",那就是"假平等"。为此,他断言,鉴于西方的平等所生的流弊,中国不应重蹈他们的覆辙,不能专为平等去奋斗,而要为民

---

① 《孙中山全集》,第 6 卷,第 27 页。
② 《孙中山选集》,下卷,第 691 页。

权去奋斗。只有民权发达了,才会有"真平等"。

真假平等的分别,是孙中山的新发明,什么是真、假平等呢?他认为西方的"天赋平等说"是假平等。而在这以前,孙中山还像欢迎"天赋自由"一样欢迎过"天赋平等",而现在他要亲自加以讨伐了:"自人类初生几百万年以前,推到近来民权萌芽时代,从没有见过天赋有平等的道理。"并以事物的差别为例进行论证,①并由此得出结论说:"自然界既没有平等,人类又怎么有平等呢?天生人类本来也是不平等的,到了人类专制发达后,专制帝王尤其变本加厉,弄得结果比较天生的更是不平等了。"②

要举出世间万事万物的天生不相同、不平等那是再容易不过的事情,但这种讨伐似乎并没有捅到"天赋平等说"的痛处;而是一种错位"。③ 事实上,"天赋平等说"与"天赋自由论"一样是一种价值判断,而非事实陈述,要想用事实去打倒价值这本身就是理论上的错位。况且,"天赋平等说"并非不承认人的差别,卢梭和济克都鼓吹"天赋平等",但两人却完全不同,但这不能否定两人理性上的平等。按照"天赋平等"的说法,平等不产生于"相同",而是根源于人的理性。

孙中山在反对天赋平等的同时却肯定了人的天赋不平等。他认为,"真平等"是承认始初起点地位的平等,但同时又要承认根据各人天赋聪明才力不同所造的自然上的不平等,而不承认人的聪明才力的不

---

① "用天生的万物来讲,除了水面以外,没有一物是平的,就是拿平地来比较,也没有一处是真平的。……再就眼前而论,拿桌上这一瓶花来看,此刻我手内所拿的这枝花,是槐花,大概看起来,以为每片叶子都是相同,每朵花也是相同,但是过细考察起来,或用显微镜试验起来,没有哪两片叶子完全是相同的,也没有哪两朵花完全是相同的……由此可见天地间所生的东西总没有相同的。既然都是不相同,自然不能够说是平等。"(《孙中山全集》,第 9 卷,第 284 页)

② 《孙中山全集》,第 9 卷,第 284 页。

③ 参看本书第五章有关评价严复对"天赋自由论"的批判部分。

同,追求的平等就是"假平等"。他还根据人的聪明才力的不同把人分为三类八等。三类是:先知先觉、后知后觉、不知不觉;八等是:圣、贤、才、智、平、庸、愚、劣。为此,他写下了一段令人深思的文字:"说到社会上的地位平等,是始初起点的地位平等,后来各人根据天赋的聪明才力自己去造就,因为各人的聪明才力有天赋的不同,所以造就的结果当然不同,造就既是不同,自然不能有平等。像这样讲来,才是真正平等的道理。如果不管各人天赋的聪明才力,就是以后有造就高的地位,也要把他们压下去,一律要平等,世界便没有进步,人类便要退化,所以我们讲民权平等,又要世界有进步,是要人民在政治上的地位平等。因为平等是人为的,不是天生的;人造的平等,只有做到政治上的地位平等。故革命以后,必要各人在政治上的立足点都是平等,"底线"一律是平等的,那才是真平等,那才是自然之真理。"①

这段文字大致有两层含义:其一,真平等是人为的平等,即后天所达到的起点上的平等,而不是结果上的平等;其二,真平等是以民权立足,即政治地位的平等。② 由此可知,"民权发达了,平等自由才可以长存;如果没有民权,什么平等自由都保守不住。所以中国国民党发起革命,目的虽然要争平等自由,但是所定的主义和口号还是要用民权。因为争得了民权,人民方有平等自由的事实,便可以享平等自由的幸福,所以平等自由,实在是包括于民权之内。"③

孙中山否定了"天赋平等",就必须为他的平等观寻找新的理论依据。问题是:既然人的聪明才力各不相同,也不存在天赋的平等,那么

---

① 《孙中山全集》,第 9 卷,第 286 页。
② 他曾以美、法的革命为例,论说他的平等观,认为他们虽然开始都主张争个人自由平等,"但是争得的结果,实在是民权。因为有了民权,平等自由才能存在,如果没有民权,平等自由不过是一种空名词"。《孙中山全集》,第 9 卷,第 294 页)
③ 《孙中山全集》,第 9 卷,第 294—295 页。

为什么后天的有聪明才力的人要与那些没有聪明才力的人平等呢？对此没有别的办法,只好去求助于道德。他告诉我们:"天之生人虽然有聪明才力之不平等,但人心则必欲使之平等,斯为道德上之最高目的,而人类当努力进行者。"①那么为什么以前不能平等而现在能够平等了呢？那是"由于过去利己思想发达,有聪明才力的人去夺取别人的利益,渐渐地积成专制阶级,生出政治上的不平等。而民权革命以后,重于利人的思想发达,有聪明才力的人以谋他人的幸福,渐渐地积成博爱的宗教和诸慈善事业。不过宗教之力有时而穷,慈善之事有时不济,就不得不实行革命,推翻专制主张民权平人事之不举。"怎样才能造就平等呢？孙中山认为,"巧者拙之奴",越聪明的人越要为多数人服务。其结论道:虽天生人的聪明才力有三种不平等,而人类由于服务的道德心发达,必可使之平等了,这就是平等的精义。②

这是一种现身说法,比如孙中山本人就属于有聪明才力的为他人谋幸福、争平等的那类。其实,从道德上寻找理论基点,这无济于事。据说,英国曾有一位乐善好施的贵妇人,她的善良、她的德行、她那博爱之心赢得了众人的尊敬,她属于孙中山所说的既有聪明才力又有善德的那类人。然而,在家里她可以当着男仆的面换衣服。据她说,那是因为她从未把她的男仆当作人。聪明人的善德与平等原本上是两码事。退一步说,如果平等真是靠那些聪明人的道德心发达便可以达到,那么,这里的平等绝不是权利,而是恩赐,而服务道德心的发达则是这种恩赐的条件。这种平等说的形成是孙中山认为人天生有圣、贤、愚、劣之分的必然结果,因为既然不平等是天生的,那么任何制度都是无用的,只有那些天生的"巧者"愿意做"拙者"的奴才,愿意为"拙者"服务才

---

① 《孙中山全集》,第 9 卷,第 298 页。
② 同上书,第 298—299 页。

有平等的可能。现在的孙中山已经脱下了西装,回到中国传统里去了。在中国文化里,圣、贤、愚、劣之分即公开承认人的社会地位不平等,曾被认为是天经地义的事。孟子说,人皆可以为尧舜;荀子说,涂之人可以为禹;王阳明说,满街是圣人,讲的是人人在道德面前的平等,而不是社会地位的平等,这是鼓励人们忍受政治、经济上的苦难以换取道德上平等的最高箴言。道德可以使人成为圣人,也可以杀人。

孙中山认为西方争平等争到的结果是民权也不尽然。"民权"是一个比较模糊的概念,孙中山也未曾对其作过法理性界定。他在使用这一概念时表现出一些随意性。有时它与君权相对立,指的是人民主权;有时指的是民主制度;有时又把它表达为一种权利体系,指的是国民权利的集合体。但不管具有何种含义,它与平等始终是分属于不同的价值范畴。在西方,以个人为单位的平等首先意味着一种分配权利的正义,它构成了民主制度建立与运营的主要原则。如果一种民主制度的建立不能确立和保障平等自由的价值,那么在西方人看来这种制度根本就不值得实行。这与孙中山讲的平等蕴于民权之中有着性质的不同。在孙中山这里,平等既然以民权立足,依附于民权,那么民主制度所维护的权利(力)主体就不是西方意义上的个人,而是社会群体,因为"民"始终是一个群的概念。

对待平等和对待自由一样,孙中山要做的是要把它赋予一种不同于西方的群体意义,以便让它为国家的独立和民族的复兴出力。这样一来,"平等"就完全变成了另一副模样:在政治上,平等被看作是民权的一部分;在经济上,他主张四万万人"无有贵贱之差、轻重厚薄,无有不均"的以集体精神为核心的民生平等;[①]在民族问题上,对外主张国不分大小,主权一律平等[②];对内反对民族压迫和民族特权,主张各民

[①] 《孙中山全集》,第 9 卷,第 368、409 页。
[②] 《孙中山全集》,第 5 卷,第 296 页。

族地位平等。①

在近世的中国,无论是康有为、梁启超、严复还是孙中山,对自由平等的价值的接受并非根发于中国社会的内在需求,而是基于救亡图存的民族需要从西方移植而来。尽管孙中山较早地接受了西式教育,相对于其他一些人对西方文化有较深的了解,但是,中国文化传统对他们仍有持久的影响力,当诸如自由平等与中国的国家问题发生矛盾时,他更多的是从传统文化和国家的意义上去体认这些价值,以至于在一定程度上又歪曲了这些价值。在救亡高于一切的近世中国,当自由平等从一开始就是被当作救亡的手段而被接受的情形下,价值转换为手段必然受到扭曲,这是一个带有普遍性的问题。

四、"五权宪法"的混乱与矛盾

自由平等这两个独立的价值实体既然已被融化于民权并成为它的一个组成部分,那么设计出一种既能体现直接民权又能保证国家权力的高效运作这样一种两全其美的宪制方案就非常必要了。孙中山常说,建立民国有许多重要的事情要做,但"劈头第一事,须研究一部好宪法"。因为国家必有好宪法,"始能使国家前途发展,否则将陷国家于危险之域。"②"国家宪法良,则国强;宪法不良,则国弱。强弱之点,尽在宪法。"③唯其如此,一个完美的宪制方案必定是一个能使国家富强的良策。宪制方案,像是一座宝库,收藏了孙中山民权主义的一切精华,其中最为重要的是权能区分、五权宪法、革命程序、地方自治、中央与地方的均权等学说。这些学说是一个彼此和谐的整体,分别由中西文化

---

① 《孙中山全集》,第 9 卷,第 118—119 页。
② 《孙中山全集》,第 3 卷,第 5 页。
③ 《孙中山全集》,第 4 卷,第 337 页。

串连着。由于篇幅所限,本篇只分析前三个部分。

作为一个明确的概念,"权能区分"是孙中山在1924年提出来的,但其发端则是在1916年。① 稍后,他把共和国比作"公司",人民比作"股东",或是皇帝,而大总统、各部总长、国务员等,都是一切办事人员,是股东的公仆。1922年在他发表的《中华民国建设之基础》一文中,他进一步阐述了上述原则:政治主权在于人民,或直接以行使之,或间接以行使之。其在间接行使之时,为人民之代表者或受人民之委托者,只尽其能,不窃其权。予夺之自由仍在人民。直到1924年,他才把"权能区分"的理论最终定型化。

"权能区分"理论既是孙中山革命实践的总结,也是他对西方民主制度进一步观察体认所得的一个结果。护国运动之前,孙中山的宪制方案还只是一张粗糙的草图,没有超出西方代议政治的图纸。虽然有时他也谈到五权分立,但它仍是属于西方三权分立的一个仿制品,两者没有太大的分别。个中原因,孙中山后来多次谈到,他说,当时只想到"救国保种",推翻满清,并没有对未来的国家建设进行仔细的统筹构划。现在不同了! 中国社会的复杂使代议政治出了问题,而在西方世界,民主制度似乎也出了毛病,于是,瑞士、美国在政治上有了新发明。这一切对于抱定"取法乎上"宗旨的孙中山来讲,他必须从西方现实世界里寻找新的思想材料,以完善自己的宪制方案。由此,他对西方民主制度及其本身所包含的矛盾的认识进入了一个新阶段。这种认识使他从仿行代议政治一跃在主观上要否定、摒弃它,而另辟新径。

"取法乎上"就不能取法在孙中山看来在西方已经过时的代议政治,而应寻求更新的东西。他多次强调不能照搬欧美的代议政治,并告

---

① 此年8月孙中山在浙江省议会的演说中提出了人民责任和政府责任这两个不同概念。同年,他还提出了"直接民权"概念。见《孙中山全集》,第3卷,第345页。

诫人们:"如果我们仿效外国的政治,以为也是像仿效物质科学一样,那便是大错。……外国政治的进步,比较物质文明的进步,是差得很远的,速度是很慢的。"况且,"欧美对于民权问题,还没有解决的办法,今日我们要解决民权问题,如果仿效欧美,一定是办不通的。欧美既无从仿效,我们自己便应该想一种新办法,来解决这个问题。"①

为什么欧美的代议政治现在不值得仿效呢?孙中山认为,代议政治在西方实行的结果不但与其倡扬的主权在民还有很大一段距离,而且它本身也出现了问题。② 他指出,"欧美人争民权,以为得到了'代议政体',便算是无上的民权,……大家都知道现代的代议士,都变成了"猪仔议员"。有钱就卖身,分赃贪利,为全国人民所不齿。……大家对于这种政体,如果不去闻问,不想挽救,把国事都付托到一般'猪仔议员',让他们去乱作乱为,国家前途是很危险的。所以外国人所希望的'代议政体',以为就是人类和国家的长治久安之计,那是不足信的。"③

孙中山对西方代议政治矛盾的揭露与批判是深刻的,西方代议制确乎有异化的一面,但任何夸大这种矛盾和冲突的做法,对解决中国的政治问题并无多少帮助。事实上,西方的代议制与中华民国的政治有许多不同,前者固然有民选的议员滥用权力的现象存在,但并没有像后者那样都变成了"猪仔"。与其说,中国政治的混乱是代议制所致,莫如说,是中国从未形成真正代议民主制度的缘故。政府权力滥用,这是到目前为止人类社会普遍存在的现象,迄今也没有根治这种痼疾的有效

---

① 《孙中山选集》,下卷,第 727、733 页。
② "考察欧美的民权事实,他们所谓先进的国家,像美国、法国,革命过了一百多年,人民到底得了多少民权呢?照主张民权的人看,他们所得的民权,还是很少。""欧美革命,有了两三百年,向来的标题都是争民权,所争得的结果,只得到男女选举权。"《孙中山选集》,下卷,第 707—708、714 页)
③ 《孙中山选集》,下卷,第 721—722 页。

方法。然而,在西方,由于它有长久的民主传统,民众的权利意识、法治意识相对较强,又存有一套行之有效的监控机制,所以政府滥用权力的现象并没有伤及代议民主制度的根本。毫无疑问,代议制并非是人类所发明的最好的一种政治体制;但它是目前西方人能够找到的一种比较适合于自己的政治体制。或许一种完美无缺的政治体制原本就不存在。

孙中山已经认定了代议制在西方已经走到了尽头,所以中华民国万万不能"取法乎下""取法乎旧",而是取法乎上,走在他们的前头。"……我们国民党提倡三民主义来改造中国,所主张的民权,是和欧美的民权不同。我们拿欧美已往的历史来做材料,不是要学欧美,步他们的后尘,是用我们的民权主义,把中国改造成一个'全民政治'的民国,要驾乎欧美之上。"[①]

那么,"全民政治"是什么呢?即"权能区分"的政治。孙中山对政治一词作了与众不同的解释:"政是众人之事,集合众人之事的大力量,便叫做政权;政权就可以说是民权。治是管理众人之事,集合管理众人之事的大力量,便叫做治权;治权就可以说是政府权。所以政治之中,包含有两个力量:一个是政权,一个是治权。这两个力量,一个是管理政府的力量,一个是政府自身的力量。"[②]"政权"(权)必须完全交到人民手里,并由人民直接管理国事和政府;"治权"(能)必须完全交到政府手里,并由政府去直接治理全国事务。这样,人民有了权,政府有了能,这样的国家怎么能不富强呢?这就是孙中山的"全民政治",他的"权能区分"的基本理论模型。

孙中山所说的"权"就是赋予国民四项权利,并把国民直接享有四

---

① 《孙中山选集》,下卷,第722页。
② 《孙中山全集》,第9卷,第345页。

项权利的政治形式称为"直接民权",或谓"全民政治",以区别于西方只给民众选举一权的代议政治,或曰:"间接民权"。这四项权利是:选举权、创制权、复决权和罢免权。这四权又可分为对人、对法两个方面。对人即"管理官吏",包括选举和罢免两权。作为"直接民权的第一个"是选举权,其内容是普通制,而废除"以资产为标准之阶级选举",同时,"一切重要官吏要人民有权选举";罢免权是人民罢免政府官员的权利。他认为,这两权合用可以收使臂使指的效用,人民"对于政府之中的一切官吏,一面可以放出去,又一面可以调回来"。① 对法即"管理法律"。包括创制、复决两权。创制权是人民直接立法的权利。它与一般立法权的区别在于,它不经议会,而经由提议人起草议案,在征得一定数目的附议人后交付全体选民投票表决,获得通过后即成为法律。当然,孙中山教导说,使用这个权利必须严肃而郑重,否则会出乱子的。复决权是民众修正、否决法律权,它包括两个方面的内容:其一,对于颁布的旧法律,若被认为不利于人民,人民便可以修改;其二,对立法机关所立法律,人民"因其不便",也可以否决废止,类似于西方的"违宪审查权",只不过是,人民要否决废止的理由不是"违宪",而是"因其不便"。② 以上"四权",孙中山认为不宜在一省范围内实行,而最好以县为单位。如果所涉及的对象带有全国性,那么还可把后三权委托给国民大会的代表行使,可见,"全民政治"具有直接民权与间接民权相结合的特点。正是在这个意义上,孙中山多次把"全民政治"与"地方自治"联系起来,因为,它们具有大体一致的范围。

为什么要把这四权交给人民呢?那是因为孙中山要"用人民来做皇帝。"③那么,为什么要"用人民来做皇帝",而不让人民直接行使治权

---

① 《孙中山选集》,下卷,第 759 页。
② 《孙中山全集》,第 5 卷,第 476 页。
③ 《孙中山全集》,第 9 卷,第 270 页。

呢？对此,孙中山不得"不把从前对于人类分别的新发明再拿来说一说。"这一说,话就长了:"我对于人类的分别,是何所根据呢？就是根据各人天赋的聪明才力。照我的分别,应该有三种人:第一种人叫作先知先觉。这种人有绝顶的聪明,凡见一件事,便能够想出许多道理;听一句话,便能够做出许多事业。有了这种才力的人,才是先知先觉。由于这种先知先觉的人预先想出了许多办法,做了许多事业,世界才有进步,人类才有发明。所以先知先觉的人是世界上的创造者,是人类中的发明家。第二种人叫作后知后觉。这种人的聪明才力比较第一种人是次一等的,自己不能够创造发明,只能够跟随摹仿,第一种人已经做出来了的事,他便可以学到。第三种人叫作不知不觉,这种人的聪明才力是更次的,凡事虽有人指教他,他也不能知,只能去行。照现在政治运动的言词说,第一种人是发明家,第二种人是宣传家,第三种人是实行家。天下事业的进步都是靠实行,所以世界上进步的责任,都在第三种人身上。……世界上如果没有先知先觉,便没有发起人;如果没有后知后觉,便没有赞成人;如果没有不知不觉,便没有实行的人。世界上的事业,都是先要发起人,然后又要许多赞成人,再然后又要许多实行者,才能够做成功。所以世界上的进步,都是靠这三种人,无论是缺少了哪一种人都是不可能的。"[①]

当然,先生本人是属第一类人的,而"人民"属哪一类呢？显然,人民不应该属于第一类人,否则是可以直接行使治权的。关于这一点,他举了这样一个颇有些意味的例子:"诸葛亮是有能没有权的,阿斗是有权没有能的。阿斗虽然没有能,但是把什么政事都付托到诸葛亮去做,诸葛亮很有能,所以在西蜀能够成立很好的政府,并且能够六出祁山去北伐,和吴魏鼎足而三。用诸葛亮和阿斗两个人比较,我们便知道权和

[①] 《孙中山全集》,第 9 卷,第 323—324 页。

能的分别。"①这是中国妇孺皆知的三国时期庸君与良相的动人故事。本来诸葛亮是可以坐在阿斗那个位置上的,因为既然诸葛亮有能有德,为什么就不能将权与能统于一身呢?实际上,诸葛亮已经这样做了,他留给阿斗的只是一个空位子。而诸葛亮本人既落得了一个忠君保主的好名声,又实际上掌握了权力,这真是两全其美的好事情!这或许正是令"小周郎"至死感慨的他不抵诸葛亮的地方。

人民是否属于"阿斗"这种不知不觉之人可以暂且不谈,但孙中山的这种"权能区分"却涉及一个不可逾越的问题:倘若人民就是"阿斗",那么,为什么还要人民来做"皇帝",要人民来主权呢?这在理论上,是很难说通的。其实,孙中山的这一"区分"有着与西方代议民主政治不同的思路。在西方,"人民主权"的根底是来自"人是有理性的"这一理论假定,也可以用孙中山批判过的"天赋平等"来表达。因为人是有理性的,人是生而平等的,所以人的政治就应向全体成员开放。西方现实社会怎样可另当别论,但在理论上,西方的代议政治就是"人人可以做总统","人人可以做诸葛亮",政府是由一般的人所组成,而不是由那些特别的人所掌握,任何官员在理论上他只能是普通民众的一员,而并不比人民更有德行。显然,孙中山的"区分"理论主要不是来自西方的民主理论,而更多的是来自于中国传统文化。这一点后面还要谈到。在中国,治国之人是那些具有才德的人的事情,这是根深蒂固的观念,"内圣"而"外王"这是中国的最高人格理想。孙中山把这一理想嫁接到他的"全民政治"设计中,但最终还是没能解决"为什么要人民来主权"这一根本问题。按照孙中山的思路,把"政权"交给那些有德有能的人,而把"治权"交给另一些有德有能的人,或许会更好。

在孙中山的"权能区分"理论中,政府是被看作"有能的人"所组成

---

① 《孙中山全集》,第9卷,第326页。

的政府,就像"主权"由那些"无能的人"行使一样。在他看来,只有由"专门家"和"有能的人"组成的政府才会是一个"为人民谋幸福的万能政府"。① 当然要指望这些"有能力的人"为人民谋幸福,由人民这些傀儡式的"皇帝"是无法保证的,主要得靠"有能力的人"的德行。为什么要造一个"万能政府"呢?他又举了一个全然不同于"阿斗"的例子,认为只要有了一个"万能的政府",中国就可以驾乎各国之上,中国就可无敌于天下。② 为了说明其中道理,孙中山又反复讲述了诸葛亮与阿斗、车夫与车主、经理与股东的关系。指出,"民国的大事,也是一样的道理。国民是主人,就是有权的人,政府是专门家,就是有能的人。由于这个理由,所以民国的政府官吏,不管他们是大总统、是内阁总理、是各部总长,我们都可以把他们当作汽车夫。只要他们是有本领,忠心为国家做事,我们就应该把国家的大权付托于他们,不限制他们的行动,事事由他们自由去做,然后国家才可以进步,进步才是很快。如果不然,事事都是要自己去做,或者是请了专门家,一举一动都要牵制他们,不许他们自由行动,国家还是难望进步,进步还是很慢。"③

据此,孙中山又把西方代议政治拿来作靶子进行射击,以便为自己"万能政府"的成说找些更实际的材料。他认为,西方虽有了二百年的

---

① 《孙中山全集》,第 9 卷,第 321 页。
② "我们造新国家好比是造新轮船一样,船中所装的机器,如果所发生的马力很小,行船的速度当然很慢,所载的货物当然很少,所收的利息当然是很微。反过来说,如果所发生的马力很大,行船的速度当然是极快,所载的货物当然是极多,所收的利息也当然是极大。……创造国家也是一样的道理。如果在国家之内,所建设的政府只要他发生很小的力量,是没有力的政府,那么这个政府所做的事业当然是很小,所成就的功效当然是很微。若是要他发生很大的力量,是强有力的政府,那么这个政府所做的事业当然是很大,所成就的功效也当然是极大。假设在世界上的最大国家之内,建设一个极强有力的政府,那么这个国家岂不是驾乎各国之上的国家;这个政府岂不是无敌于天下的政府?"《孙中山全集》,第 9 卷,第 346 页。
③ 《孙中山全集》,第 9 卷,第 331—332 页。

民权历史,但他们并未处理好人民有权与政府有能的关系。他异乎寻常地发现,越是民权发达的国家,一般说来政府越是无能的;相反,越是民权不发达的国家,政府常常倒是有能的。为什么会这样呢?他告诉我们说,这主要是因为,民权发达国家的民众害怕政府有能力不好管理,所以处处防范政府,不许它有能力,更不希望它"万能"。之所以会出现这种状况,那主要是因为西方的民众争得的自由平等过于发达,没有了限制,把有关自由平等的事情做得很充分,而政府却什么也不能做。这样一来,国家虽有政府,但和无政府没有什么两样。由于此,西方虽有二百年的民权历史,但其社会进化缓慢,吃亏的终究是人民。现在西方有一些学者看到并希望改变这种状况。于是便提出了造万能政府并归人民使用,让它为人民谋幸福的主张。但是他们并未找到解决问题的方法。① 这一方法为孙中山找到了,只要把权与能分开即可,让人民行"四权",政府有"五能"(立法、行政、司法、监察、考试)。政府虽有了这"五能",但必须由人民的"四权"来控制:"五权宪法如一部大机器,直接民权又是机器的制扣","人民有了这样大的权力,有了这样多的节制,便不怕政府到了万能没有力量来管理。政府的一动一静,人民随时都是可以指挥的。"只有这样,民权问题才算真正解决。而做到这一点,中国"便可以破天荒在地球上造成一个新世界。"②

孙中山先生非常满意自己的这个权能区分的理论设计,认为这一设计是"世界上学理中第一次的发明",解决了西方两百年都没能解决的一道难题。对孙中山先生这种大胆尝试与探索的精神,任何一个有爱国心的中国人都不能不由衷地敬佩。然而,这一设计的缺陷是显而易见。诚如孙中山先生自己所言,人民权利的发达必然是对政府权力

---

① 《孙中山全集》,第 9 卷,第 330—333 页。
② 《孙中山全集》,第 5 卷,第 497 页;第 9 卷,第 354—355 页。

的抑制,但他既希望把体现主权的四项权利交给他认为是阿斗式的人民,又希望造一个万能的政府,并让人民"不限制他们的行动,事事由他们自由去做",这本身就是一个无法克服的矛盾。虽然,他希望人民用四权去控制政府的五个治权,但千万不能忘记,人民已经做了阿斗,且不说"阿斗"会不会用那四种权利,即使会用,那些"有能的"官员和政客就能听从"阿斗"的调遣和使唤吗?在这种情况下,能够保证由"有能的人"组成的"万能政府"听从"阿斗"的指挥,只有靠中国文化中的那个"忠"字,但在政治场合,政治家的德行往往是靠不住的。退一步说,既然"人民"是由"阿斗"这类人构成的,政府是由"有能的人"即诸葛亮式的人物组成的,那么当人民的意见与政府的意见发生了矛盾,应该听谁的呢?如果听从前者,那为什么"有能的人"偏偏要听"无能的人"的意见呢?难道这就是民主的本义?如果听从后者,那么,所谓的"制扣"与控制只是驾空"人民"的一个委婉的说法而已。孙中山先生或许并不知道,权力的过分发达,必然意味着专制。我从不怀疑孙中山先生对人民权利的真诚,对祖国独立与强大的殷切之情,是人民的苦难使他真诚地为民寻找出路,是祖国受尽的欺辱使他揪心裂肺,用尽一生探求国家独立与富强的方案。为了人民,他思考直接民权的真谛,为了祖国强大,他希望造一个"万能的政府"。从某个方面说,他伟大的一生包含了近世中国美好思想的一切。然而,民权与富强原本上就不是一个东西。

与"权能区分"理论密切相关的另一个问题是政府的五个治权之间应如何安排。对此,孙中山提出了"五权宪法"的理论方案。它既是纠三权分立体制之弊的成说,也是采撷中国古代政治精华的结晶。孙中山认为,在西方,虽然有文宪法是美国的最好,无文宪法是英国的最好,但"英是不能学的,美是不必学的"。前者不能学的原因是,英宪无文无法学,而且英国的三权分立体制虽有六七百年的历史,但界限不清,实为"一权政治"。后者"不必学"的原因在于,美国宪法已运行了百余年,机器朽旧,不能为现代生活所适用,而且本身的弊害也不少:一没有考试制度,官吏的选任缺失标尺,造成政府工作的代效能,官僚腐化习气趋烈;二是监察权力不独立,议员们常以此挟制行政权力,形成议员专制。[①]

孙中山认为要纠偏西方三权分立之弊就必须汲取中国古代的考试和监察两制度,集中西政治智慧之精华,[②]或"五权宪法"之说。这样,在西方的立法、行政、司法三权之上再加上中国的考试、监察二权便是孙中山"五权宪法"的模型。他把"五权宪法"理论看得很高,认为不但各国制度所未有,而且学说上也为各国至今所未见。由"五权宪法"组织的政府机关,既可各司其职,又能彼此照应,真是"一个很好的完璧","像这样的政府,才是世界上最完全、最良善的政府。国家有了这样的纯良政府,才可以做到民有、民治、民享的国家。"[③]有前面"权能区分"理论作底子,真不知这种"纯良政府"与"民有、民治、民享"之间有多大关系。

看起来,"五权宪法"与三权分立制没有多大不同,最多也是三权与两权的简单相加,但由于前面有了"权能区分","五权制"与三权分立制便有了重大差异。西方的三权分立诚如孙先生所言,它重视的国家权

---

① 《孙中山全集》,第5卷,第500页。
② 他认为中国古代的御使台制度可为民权政治所汲取:"自唐虞、赓歌飏拜以来,左史记言,右史记事,行人采风之官,百二十国宝书之藏,所以定纲纪、通民情也。自兹以降,汉重御史大夫之制,唐重分司御之职,宋有御史中丞、殿中丞。明清两代御史,官品虽小而权重内外,上自君相,下及微职,儆惕惶恐,不敢犯法。御史自有特权,受廷杖、受谴责在所不计,何等风节,何等气概!譬如美国弹劾权,付之立法上议院决议,上议院三分之二裁可,此等案件开国以来不过数起,他则付诸司法巡回裁判官之处理贪官污吏而已。英国弹劾亦在贵族、平民两院,关于皇室则在御前议政院,亦付诸立法也。如我中国,本历史习惯弹劾鼎立为五权之监察院,代表人民国家之正气,此数千年制度可为世界进化之先觉。"见《孙中山全集》,第1卷,第444—445页。
③ 《孙中山全集》,第9卷,第354页。

力的分立与彼此的相互牵制，以防止权力的滥用。然而，在"五权宪法"中，由于"权"已归于众，政府的"五权"实际上是政府权能的分工与合作。而一个"万能政府"必然要求它的权能的集中统一。彼此的任何掣肘，都是"能"的分散。由此可见，"五权宪法"在"权能区分"的体系中，主要的一面已不是权力的制约，而是分工下的集权。

与此联系，在西方的三权分立体制下，理论上享有立法权的国会是居于首位的，因为它代表了"人民主权"，并以此来防范行政权的膨胀和滥用。但在"五权宪法"中，享有立法权的"立法院"并不是一个代表"人民主权"的机关，[①]它只是五个政府机关中的其中一个，而居于首位的是"行政院"，不是"立法院"。这与孙中山对民主制度的"误解"有关，他总认为，西方代议民主制是"议会专制"，所以他要把监察权从国会中分离出来，其本意即在削弱国会的地位与权力。这样一来，"五权"就不可能做到平衡，它只能是以行政权为中心的一种集权体制。这与"立法至上""议会至上"的议会民主制有着不同的价值取向。

由此而论，"五权宪法"是一种新思想、新发明。但其理论上的问题仍须进行探究。国家权力的划分应有一个比较统一的标准。历史上，首先对国家权力进行分类研究的是英人约翰·洛克。他在其《政府论》一书中，曾把国家权力划分为立法权、行政权和外交权。[②] 法国人孟德斯鸠在此基础上进一步划分为立法权、行政权和司法权，这一划分为世人所接受，一直沿用至今。但"五权"的划分则缺少一个统一的标准，而分类标准的不统一往往带来理论上的混乱和实际操作的困难。如，代表民权的"国民代表大会"，其代表是民选的，而行使立法权的"立法院"的议员也是民选的，但后者又必须对前者负责。这说明人民自己选举

[①] 按照孙中山的设计，代表人民主权的机关在中央为"国民代表大会"。
[②] 参见〔英〕洛克：《政府论》，下篇，商务印书馆1964年版，第70—141页。

的代表,一部分可以代表他们行使民权,而另一部分代表则不能,在理论上这是一个矛盾的论题。又如,行使监察权的"监察院"在理论上应对"国民代表大会"负责,那么它对"国民代表大会"的活动能否进行监督监察呢?如果回答是否定的,那么,它应由哪个部门进行监督监察?是否由它自己来监督(察)自己?如果回答是肯定的,那么两者的关系在理论上便发生了混乱。而在理论上,考试权与行政权的独立设置更难协调一致。从法理意义上说,"五院"的官员都应由人民选举产生,但选出之后还须经过"考试院"的考核,这本身即是对民权缺乏信心,对人民缺少信任的表现。在实践中必然出现"由人民选出的一部分官员去考核人民选出的另一些官员"这样一种尴尬局面。不知,"考试院"的官员是由哪一个机关来"考试"呢?

在孙中山思想的深处,他真切地希望给人民以直接民权,以达到真正的民主共和的理想,又希望造一"万能政府"使中国尽快强大起来。这难以兼得的理论方案相伴于孙中山整个晚年,而民主与富强的共同需求,又使他的理论充满了矛盾,他的"五权宪法"只是这一矛盾的一个小小注脚而已。

"权能区分""五权宪法"都是孙中山民权主义这根长藤上的瓜,而"革命程序论"则是他对人民的悲观主义思想的必然延伸。

以革命手段推翻封建专制制度和逐步地建立"民主政治",乃是孙中山民主革命的基本内容之一。而颇有特色的是他把这个过程分为军政、训政和宪政三个时期,表明了民主革命的阶段性。从 1905 年到 1924 年间,孙中山一直未曾中缀关于革命程序的论述,因此作为一个方案便有了鲜明的历史轨程。早在同盟会时期,孙中山已将革命程序分为"军法之治""约法之治"和"宪法之治"三个阶段。[①] 在辛亥革命后

---

① 《孙中山全集》,第 1 卷,第 297—298 页。

"艰难顿挫"的那些日子里,痛感革命程序惨遭背弃的孙中山更坚定了"革命程序"的信念。同时,随着他民权思想的日臻完善,"革命程序"的方案也不断地具体和明确,最终把这一过程概定为"军政""训政""宪政"三个时期。① 在这个方案中,引起是非争执、颂誉诋毁最多的是插在"军政"和"宪政"中间的那个别出心裁的"训政"。按照孙中山自己的解释:"训政"在于人民还不会做主人,须由革命党人来训导他们,就像"伊尹训太甲"那样。② 这样,"训政"就必然成为"以党治国"的政治体制。孙中山也多次强调政党在民权革命与建设中的地位和作用。③ 他认为,民国虽已建立,但"民国之主人者,实等于初生之婴儿耳,革命党者即产此婴儿之母也。即产之矣,则当保养之,教育之,方尽革命之责也。此革命方略之所以有训政时期者,为保养、教育此主人成年后还之政也。""要改造国家,非有很大力量的政党,是做不成功的;非有很正确共同的目标,不能够改造得好的。我从前见得中国太纷乱,民智太幼稚,国民没有正确的政治思想,所以便主张'以党治国'"。④ 按照孙中山的设想,训政的时间为 6 年,6 年一过便由"训政"转为"宪政",即还政于民。为了明确"训政"的"以党治国"的含义,他做了这样的解释:"以党治国,并不是要党员都做官,然后中国才可以治;是要本党的主义实行,全国人都遵守本党的主义,中国然后才可以治。简而言之,以党治国并不是用本党的党员治国,是用本党的主义治国……至于本党党员若是确为人才,能胜大任的,自当优先任用,以便实行本党的主义。倘若有一件事发生,在一个时机或者一个地方,于本党中求不出相当人才,自非借才于党外不可"。⑤

---

① 《孙中山全集》,第 6 卷,第 204 页。
② 《孙中山全集》,第 5 卷,第 400—401 页。
③ 《孙中山全集》,第 2 卷,第 393、397 页;第 3 卷,第 4、43 页。
④ 《孙中山全集》,第 6 卷,第 211 页;第 9 卷,第 96 页。
⑤ 《孙中山全集》,第 8 卷,第 282 页。

对孙中山"训政"理论,中国近代史家早已从正反两个方面给予了评价。但应注意的是,这一方案与其"全民政治""五权宪法"以及"万能政府"理论之间有着必然的逻辑联系,它是孙中山整个民权主义体系的一个重要组成部分。在孙中山的思想深处,当民权与富强这两个价值目标不能同时达到时,已潜藏着舍去或架空民权而追求"强力政府""一党专政"这样一种专制主义危险。最值得玩味的是,孙中山曾对梁启超的"开明专制"主张进行过严厉批判,但后来又回到了相同的那点。从严复的"开民智"、梁启超的"新民说""开明专制论"到孙中山的"以党治国"论,中国的宪制文化似乎最终向着一个方向流动。这是否意味着近世的中国思想主线已对民主制度与国家富强的关系产生了怀疑?为什么康有为、梁启超、严复、孙中山从对西方民主制度的信奉最终走上儒家文化的回归之路?也许西方的宪制文化在近代中国原本就没有被真正信奉过,思想家们要取的不是它的"文化",而是对国家民族成长有用的符号。

第九章 宪殇

孙中山激进而充满矛盾的宪制方案最终也无法在中国实现,因为混乱的中国没有提供这方面的条件。共和革命由于普通民众的冷漠也并未带来预想的那种结果,相反,革命对旧秩序的冲击犹如打开了潘多拉的盒子,大大小小的坏东西都从盒子里跑了出来。靠枪杆子起家的那些武夫已把"宪法"作了他们练习射击的靶子,所谓的"共和国"被他们挑在杀人的刺刀上。这意味着,中国一个比满清王朝更坏的黑暗时代的到来,武夫干政宣告了还没有来得及发育成长的宪制制度在中国过早的夭折,以至于以后的中国不得不再一次使用武力把它从牺牲的十字架上救赎回来。

一、军阀政治权力控制的非制度性

从不同的角度,可以对北洋军阀统治有不同的认识。西方的学者们认为,北洋军阀的"北京政府始终是中国国家主权和人民瞩望的统一的象征。虽然没有封建王朝,缺少强有力的人物和执政党,但北京政府仍旧代表着国家观念。尤其是有一种对于宪政的普遍信仰,一种在世纪之交伴随着民族主义之崛起而萌生于爱国者中间的信念,极大地支持了这一观念"。[①] 恐怕最能"支持"北洋军阀统治的"国家观念"的不

---

① 费正清主编:《剑桥中华民国史》(第一部),第270页。

是中国的民族主义者,而是为了自己的在华利益的西方列强。就中国的民族主义者而言,他们首先"支持"的并非是北洋军阀所代表的"国家观念",而是宪制信念。这两者之间是有区别的。在民族主义者看来,一个合宪政府的存在,既是国家统一的前提,也是一种象征。无论中国的宪制理念与西方有什么重要的不同,宪法首先都被看作是现代国家标志的一部分,并为统治者的法统提供依据。不同的是,中国的民族主义者还把宪法看作是能够唤起集体力量以达到某种社会目标的根本性东西,视作能够促成国民的某些重要共识,支持政府为国家的独立与富强所进行的努力。对北洋军阀们而言,虽然宪法之于其统治也是不可或缺的,但宪法的信念却有根本性的不同。自中国最后一个王朝被推翻以后,"皇帝"在中国已成为过去时代的旧物,任何一种统治很难再从"皇帝"身上寻求其存在的合法性,似乎唯有挂出"宪法"的招牌,才能换取社会层面的认同与支援。袁世凯和张勋二人不信这一点,搞起皇帝复辟,结果都成了臭狗屎。现实的中国再也不能容忍名正言顺的皇帝,尽管在宪法名义下的"皇帝"几乎可以为所欲为。对此,再愚笨的武人也会发现宪法对其统治的这种便捷的实用价值。

然而,军阀政治本身就是对宪制的反动,它不仅摧毁了宪制所依存的社会秩序,而且它用武力绞杀了宪制的基本价值。

"军阀"是一个比较难以界定的概念。英文中 warlord 是由"军事""战争"和"土地"两种要素组成,其特征一是专恃武力,二是割据地方。近代史家陈旭麓认为,"军阀是一种封建势力,但又有着异乎寻常的特点。一,在他们手里,本是国家的统治工具的武装、军队变成了一己私有之物;二,私有的武装、军队又分割地方,形成了私有的地盘。没有无军队和地盘的军阀。因此,军阀统治的实质是实力之下的武治,它比寻常的封建统治带有更多的动乱性和黑暗性。"①国内外的一些学者对之也有不同的界说。有的认为,军阀的含义包括军人领导绅士控制政权,不保卫国家主权的完整,自筹军饷,拥有防区或行政区等几层意思。②有的则将其解释为:在以宪法为根据建立国家之前的国家政权及其军队都具有军阀性质。③ 显然,这是从军阀行使权力的特点进行延伸的宽大解释。类似于这种解释的还有:大凡政治权力建立在武力之上,使用这种权力的人物就是军阀。④

其实,对军阀的识别似乎更应从其行使权力的方式与其服务的目标的结合上进行。即是说,军阀是一个政治概念,而不是一个单纯军事性的概念。无论是拥有私兵还是割据地方,这只是军阀政治建立的必要条件,而不是其政治特征。如果从政治角度进行分析,其特征那就非常明显:军阀政治的权力控制是军事性的而非制度性的。它无法使军事性的权力向有效的政治制度层面转化。即便有些军阀可以建立起对全国大部分地区实行控制的全国性政权,但它无法给政府权力提供一个真正公民的基础层面。军队和武力是其唯一的本钱,穷兵黩武的本性使它无法动员人口中最重要的成员(公民)以某种形式强化政府的政治制度。既然军队是它的支柱,那么士兵则是它的唯一选民。尽管它有时也可能建立起具有近代意义的国家政府机构(如段祺瑞政府),但它只会用军事力量表明其权力,而这种权力最后必然被更强大的军事力

---

① 陈旭麓:《近代中国的新陈代谢》,第358页。
② 参见陈志让:《军绅政权——近代中国的军阀时期》,生活·读书·新知三联书店1980年版。并说,蒋介石的政权基本上是军绅政权,因为国民党的政权最高政治领导是由蒋介石本人操维而不是以宪法为根据的。
③ 参见波多野善大:《中国近代军阀的研究》日本河出书房新社1973年版。作者认为,在现代国家政权和支持它的武装部队尚未建立起来之时,比较地不受国家政权约束的私人军队,亦即军阀的出现。
④ 这一观点是由美国北卡罗来纳大学齐锡生和韦慕廷教授提出来的。参见莫济杰:《军阀的基本特征和新旧桂系的比较研究》,1984年西南军阀史学术讨论会论文。

量所消除,而由更为强大的军事力量建立起来的政府机构最终也逃不出其前任的命运。这是一个无法割断的恶性循环。军阀政治的弱点不在于它对权力的无限贪欲,而在于它把权力构成看得过于狭隘,而不能促进其非军事性因素的发育成长。由此而论,军阀政治的特征主要不在于它是"武治"还是"文治"。固然说,武治是其最基本的政治形态,但这并不意味着它都是赤裸裸的暴力,它也可以组织"人才内阁"这样的"文治"政府,甚至可以用宪制相标榜,让国会发生某种作用,然而在这温情脉脉的背后,总是以武人自己控制的私家武装作后盾,阁员或议员只是他豢养的奴才。是奴才者可以奉之高官,不听话者可以随时敲掉其饭碗。

同样,军阀混战与其说是其武治的表现,毋宁说既是其取得政治权力的手段,又是军阀政治的延续和最高表现形式。军阀的剥民与残民也不全是一种"武治",而是军阀用以维护其政治的一种残暴方式。从这一意义上说,军阀政治比传统的专制政治确乎有着更多的动乱性和黑暗性。

1918年,孙中山以这样的痛苦心情悲诉着军阀政治的黑暗:"夫去一满洲之专制,转生出无数强盗之专制,其为毒之烈,较前尤甚。于是而民愈不聊生矣!"[①]李大钊更是悲愤满怀:"哀哉!吾民瘁于晚清秕政之余,复丁干戈大乱之后,满地兵燹,疮痍弥目,民生凋敝,亦云极矣。""蒙藏离异,外敌伺隙,领土削蹙,立召瓜分,边患一也;军兴以来,广征厚募,集易解难,饷糈罔措,兵忧二也;雀罗鼠掘,财源既竭,外债危险,废食咽以,财困三也;连年水旱,江南河北,庚癸之呼,不绝于耳,食艰四也;工困于市,农叹于野,生之者敝,百业凋蹶,业敝五也;顽梗未净,政俗难革,事繁人乏,青黄不接,才难六也。"[②]"边患"

---

① 《孙中山选集》,上卷,第104页。
② 《李大钊文集》(上),人民出版社1984年版,第1、6页。

"兵忧""财困""食艰""业敝""才难",这是军阀政治为中国带来社会性灾难的真实写照。对此,西方学者也持有相同或相似的看法,认为军阀政治孕育了全国性的饥馑,延缓了中国经济的发展,影响了中国民族主义的形成。[1]

军阀政治为中国社会带来的灾难既是经济性的,也是政治性的。它阻滞了国家的统一,绞杀了宪制民主的成长。事实上,在整个北洋军阀统治时期,除个别情况以外,北洋政府仍以"共和国"作为其存在的合法形式,在很大程度上也代表着中国"国家"行使着那残缺不全的主权。而且,国会、总统、内阁这些宪制民主制度的元素都被保存下来。然而,军阀政治虽可冠以"宪法"之名,但决无宪制之实。因为军阀政治本身是与宪制不相容的。军阀政治之所以有"宪法",那是因为它只要一件"合法"化的外衣,可暂时把其他的军阀阻隔在国家权力的门外;之所以有"国会",那是因为它需要几个不带枪杆子的人为其撑撑门面,以取得那些体面绅士的认可,就像一个腰挎盒子枪的武夫可以拍拍文人学士的肩膀成为知交一样。一种最残暴的统治都希望把自己打扮得体面、斯文一点。而且,赤裸裸的暴力并不都是可能的,就像主人对奴隶的持续鞭打也会产生反抗一样。所以,军阀政治有时也表现出武力与金钱相结合的特征。也许"国会"这个民主政治的堡垒是唯一能够与军阀政治相抗争的一个机构,而事实上,在金钱与武力相结合的政治中,议员们也很难保住自己的民主气节,最后不得不变成一个个的"猪仔议员"。以武力作后盾,以金钱开道,军阀政治最终也扭曲了国会的价值。

段祺瑞就是这样做的。当辫帅张勋导演的满清王朝复辟的闹剧收场以后,段以"再造共和的英雄"重新出任国务总理。而早在内阁供职

---

[1] 参见费正清主编:《剑桥中华民国史》(第一部),第 335—337 页。

时，国会就是段祺瑞眼中的钉、手上的刺，便下决心更换这个不听话的国会。现在他借口挫败张勋政变是第二次反满革命，要重新起草新的国会组织法和国会议员选举法。段为了操纵国会选举，指使亲信徐树铮组织安福俱乐部，以选举符合自己心意的议员为宗旨。选举分两步进行，先确立各省初选人，然后，再从中选出国会议员。在江苏，众议院的初选和终选分别定在 1918 年 5 月 20 日和 6 月 10 日，参议院分别定在 6 月 5 日和 20 日。据当时西方的观察家说，众议院第一阶段的选举是"贿赂与流氓行径的大暴露"。"'象大米、豆饼和其他可出售的商品一样，当地报纸每天都登有选票的行情及市场波动情况'。选举监督人留有一大打本该发给已登记选民的选票，他或者填上捏造的姓名将其投入票箱，或者'雇佣乞丐、小偷、算命先生、乡下人'等诸如此类的小人物'前来投票'，而这些都不足为奇。要不然就由选举代理人将一大堆选票卖给候选人，由他自己如法炮制。那些没钱购买足够选票的候选人，就雇上几个流氓在投票站抢选票。更有人向其他候选人付钱，要后者退出选举。在第一阶段参议院的选举中，据翟比南报道，事情进展更为顺利些，因为投票人少，不难买到所有的选票"。

"在选举的第二阶段，候选人'开始认真地竞相叫价竞争'。这期间，众院的选票达 150 元到 500 元不等。由于不断地进行讨价还价，选举不得不一再推迟。从一篇来自天津的报道可以看出，如果说天津与江苏的城市有何共同点的话，那就是，由于候选人款待潜在的支持者，利用各种场所达成选票交易，而使得茶馆、酒楼、妓院等从每年春节后的清淡中兴旺起来。一位天津的作家问道：'谁说小人物不能从选举中获益？'"①

据西方一位观察家估计，安福俱乐部在江苏为参议院的选举耗资 10 万元，而另一位观察家则估计 16 万元。这个俱乐部还通过向无力

---

① 费正清主编：《剑桥中华民国史》（第一部），第 290 页。

购买国会席位的候选人提供资助,比让他们自筹资金在安福旗帜下当选,更有把握在未来国会中获得更多的支持。① 经过这番努力,安福俱乐部取得了重大胜利,在国会 470 个议席中占据了 342 席,剩下的 128 席也就不怎么碍事了。而通过这些途径当选的议员,在设有普遍贿赂的情况下,其收入是 5000 元政府年薪,外加每月 300 元从俱乐部领取的酬金,酬金部分付支票并只能在俱乐部的会计部兑现。对各省代表团的头目和其他担任重要工作的成员,俱乐部额外再付 300 元到 400 元。重要议员还可以担任政府闲职进一步增加收入,如各部参事,政府咨议委员会委员。另外,安福议员还经常能将其亲友安插在裙带风大盛的众院秘书厅。由于俱乐部成员不能通过收取贿赂的惯常方式来弥补为谋取议员席位所支出的费用,他们只得努力维护俱乐部在国会的统治,以使其头目保持影响力和政府职务,这是能获取每月酬金和政府闲职的重要保证。

议员就这样选出了,新国会也就在这夹杂着铜臭味的恐惧气氛中诞生了。然而,由这样的议员所组成的国会如何去履行其"代议"的职能是可想而知的。北洋军阀们不但用武力和金钱玷污了"国会"这一民主政治的神圣机关,而且也腐蚀了作为代表民意的议员的灵魂。

同样的军阀政治,曹锟就不像段祺瑞这样"文雅"。曹锟本是一个昏聩粗野、愚顽无知的家伙,但他野心很大,一心想攫取最高政治权力。当直系军阀独揽北京政权后,曹锟就开始设法谋取总统的位置。1922 年 6 月,曹锟与吴佩孚搞起了所谓"法统重光"的活动,即以恢复旧国会和由黎元洪复任总统为名,用逼宫的手段,威逼段祺瑞安福国会选出的大总统徐世昌下野。黎元洪虽然复任大总统,但武力和由武力支配的军政大权都在曹锟和吴佩孚的手里,大总统只是直系军阀的一个小木

---

① 费正清主编:《剑桥中华民国史》(第一部),第 291 页。

偶。曹锟再也按捺不住想当总统的欲望,于是便直唆其弟曹锐出面用金钱收买国会议员,为"驱黎拥曹"做准备。1923年6月6日,在曹锟授意下,直系军阀、政客迫使国务总理张绍曾辞职,使政府陷于瘫痪;6月7日,又策动军警三百多人,向黎元洪索饷并组织"公民团"请愿,要黎立即下台;6月10日以后,连日雇佣流氓和便衣军警游行示威,围困黎元洪住宅,断水断电,对黎实行"逼宫夺印"。黎元洪被迫于6月13日下野,并于当日狼狈地逃出北京,并宣布要在天津继续行使总统职权。但他的火车在杨村遭到曹锟部队的拦截,黎被围困十多个小时之后,便用电话通知北京交出大总统印章,并签署了辞职的声明。虽然他一到天津英租界安全区即否认其声明的效力,但北京已由看守内阁摄行了大总统职。这期间,为了当上总统的曹锟便进行了大规模的贿选活动。为了凑够选举总统的国会议员的法定人数,曹锟出手非常大方,许诺对来京参加选举总统的议员支付旅费并按周付给非正式国会的"讨论会"的参加者丰厚的出席费;将修改国会组织法,允诺国会议员的任期无限期延长,直至新国会产生;参加总统选举的议员将得到5000—10000元的酬金。这样,曹锟兑付了承诺,以5000—10000元一张的选票,贿赂收买了五百余人。据计,曹锟的贿选费用大约为1356万元。10月5日,这批发了财的"猪仔议员"在刺刀和金钱的威逼利诱下,把曹锟选为大总统。10月10日曹锟就职,同一天颁布了新宪法。据说,当曹锟下令强迫民众为他举行总统就职庆典时,不少地方敲丧钟、披黑纱,庆典成了丧仪。

　　杀戮(明杀或暗杀)、威逼、恐吓、贿赂收买这些人性中最丑恶的东西都被军阀们用在政治上。如果政治就是靠武力的一种分赃,选举是金钱多寡的一场较量,那么,军阀统治就是最为出色的一种。军阀政治的卑劣不仅在于它直接用枪弹射程的远近去衡量权力的距离,而且还在于枪弹够不着的地方它用金钱去延伸。在这里,所谓宪法,那只不过是武夫们用以证明自己武力强大的一个标签;所谓国会,那也只是一个用武力进行分赃的合法化地方;所谓议员也只是一些博取了主子的欢心而发了财的奴才。宪制中的那些起码的道德,那些为政的基本操守,那些基本的价值准则全被军阀们踩在了脚下。从根本上说,军阀政治就是一种既无规则也无价值目标的一种体制,攫取权力本身就是它唯一的目的。因而,在北洋军阀的统治之下,不管军阀们颁布过多少部宪法,组织过多少届国会和内阁,选举出多少届大总统,而军阀政治早已把宪制的那些价值放逐于"共和国"之外,并用枪杆子加以扭曲和绞杀。它为以后中国的宪制发育成长带来无穷的后患。"虽然军阀已证明他们自己不能锻造出国家的政治权力,但同时他们又妨碍了各种非军事集团去这样做。这样他们就使中国政治进一步地军事化了,军阀统治造就的只是更多的专制军人。国民党不得不建立一支强大的军事武装以对抗军阀,在这个过程中,军队逐渐控制了党。而后,共产党人也不得不创建一支强大的军队,与国民党及1928年后依旧残存的军阀势力抗衡"。[1] 有的西方学者更认为,"军阀给出了一个事实,即在现代中国,政治力量不可能与军事力量分离……以至于没人能开出从中国政治屏幕中心消除军队的秘方"。[2] 这一观点未必正确,但又不能不引起人们的注意和思考。

二、刺刀下的宪制救助方案

面对着军阀统治下的政治黑暗、社会价值的沦丧,那些有良知的知识群体是决不会自甘沉默的。虽然他们分属不同的派别,对政治的看

---

[1] 费正清主编:《剑桥中华民国史》(第一部),第337页。
[2] 同上。

法也不尽相同,但对国家、民族的命运与前途的关切又使他们结成一个爱国的阵营。他们中的许多人手无寸铁,无法与手握锋刀利刃的军阀相抗衡,而他们凭着自己的良知和信念真诚地探寻着救弊济世的方法和路径,与邪恶的政治作理性上的抗争。他们大都是和平主义者,差不多都指望能在合法的框架内用和平的方式消除兵祸,安顿社会,使中国真正成为一个国家而走上宪制富国之路。也许他们的主张有些迂阔,但谁也不会怀疑他们对宪制信念的执着。从这个意义上说,他们的不同探寻都应被视为那个黑暗时代的宪制救助方案。

在这黑暗了无尽头的日子里,就连发誓不谈政治的胡适先生也坐不住了。他和他的自由主义同志们于1922年发表了题为《我们的政治主张》的宣言,开始倡口谈政治问题了。在这个宣言里,他们希望北洋军阀政府能够实行最起码的政治改革,要求建立一个"好政府"。按照胡适的解释,所谓"好政府"有两方面含义:在消极方面是要有正当的机关可以监督防止一切营私舞弊的不法官吏;在积极方面主要有两点:(1)充分运用政治的机关为社会全体谋充分的福利;(2)充分容纳个人的自由,爱护个性的发展。宣言还进一步谈到政治改革的三个基本原则:第一,要求一个"宪政的政府",因为这是使政治走上轨道的第一步;第二,要求一个"公开的政府",包括财政的公开与公开考试式的用人等等,因为他们深信"公开"(publicity)是打破一切黑幕的唯一武器;第三,要求一种"有计划的政治",因为他们深信计划是效率的源头,而一个平庸的计划胜于无计划的瞎摸索。除外,宣言还对当时的具体问题如南北议和、裁兵、裁官、选举等表示了意见。[①]

这个宣言发表后,在社会上引起广泛的反响,许多读者对宣言提出的基本目标表示赞同。其缺陷是没有提出切实的实施途径。

[①] 参见《胡适文存》,二集卷三,黄山书社1996年版,第297—299页。

自由主义者们之所以提出这样一个方案,是因为他们深信:中国败坏到如此地步的一个重要原因是"好人自命清高","好人笼着手,恶人背着走",所以,政治改革的第一步在于好人必须要有奋斗的精神。"凡是社会上的优秀分子,应该为自卫计,为社会国家计,出来和恶势力奋斗。"①丁文江更极端地认为,"只要有几个人有百折不回的决心,拔山倒海的勇气,不但有知识而且有能力,不但有道德而且要做事业,风气一开,(时代的)精神就要一变。……只要有少数里面的少数,优秀里面的优秀,不肯束手待毙,天下事不怕没有办法的……最可怕的是有知识有道德的人不肯向政治上去努力!"②基于这样一种信念,他们主张改良为先,辅之以必要的革命手段。"可改良的,不妨先从改良下手,一点一滴地改良他。太坏了不能改良的,或是恶势力偏不容纳这种一点一滴的改良的,那就有取革命手段的必要了。"③他们的这种渐进式的和平努力确实带来了一些成果。1922年9月,三位曾在《我们的政治主张》宣言上签名的人被任命为内阁成员。其中,受过英美教育的法学家政治学家王宠惠被任命为总理;受过英国教育的法学家罗文干被任命为财政部长;曾在日本留学的医学博士汤尔和被任命为教育部长。他们属于英美派,被称为无党无派的"好人",因此王内阁有"好人政府"之称。胡适对这样一个"好人政府"更是寄予厚望。当王内阁成立之初,胡适就发表短评,重提《我们的政治主张》中的三个基本要求,即要求一个宪制的政府,要求一个公开的政府,要求一个有计划的政府。并特别强调:"我们现在对他先提出第三个要求,我们希望他先定一个大政方

---

① 《胡适文存》,二集卷三,第297—298页。
② 丁文江:《少数人的责任》,见《努力周报》,第67期(1923年8月12日)。
③ 《胡适文存》,二集卷三,第302页。

针,然后上台;我们希望他抱一个计划而来,为这个计划的失败而去。无计划的上台,无计划的下台,是我们决不希望于王氏的!"①

天性善良的自由主义者有一个共同的致命弱点,总认为像军阀这样的恶人或多或少也有一点如他们一样的那种天性。所以,他们希望由他们这样的人组成的"好人政府"能在"兵营里"为武夫们卖弄宪制治国的本领。军阀毕竟是军阀,他们天生就是靠枪杆子吃饭的,怎能容得下碍事的宪制"计划"?事实上,王内阁成立不久,就为曹锟所不满,因直系内部曹(锟)、吴(佩孚)之间又存在着矛盾,1922 年 11 月 18 日,忠于曹锟的国会议长吴景濂借口财长罗文干有纳贿之嫌,迫使黎元洪总统下令步兵统领拘捕罗文干,接着曹锟及直系军阀纷纷通电,要求严惩罗文干、王宠惠等人,吴佩孚不得不发电声明,拥护黎元洪、服从曹锟,王内阁失去靠山,于 11 月 25 日宣布全部辞职。这样"好人政府"从成立到垮台,仅仅存在两个月零六天就夭折了。"无计划的上台,无计划的下台",胡适最不希望于王内阁的最终成了事实。此间,又有曹锟贿选,胡适一班人的谴责无济于事,便深感失望。②

自由主义者曾满怀激情地召唤人们出来为政治的改革"努力",而努力的结果却是政治的更加黑暗。"好人政府"的主张不仅受到"误解",而且也受到了时人的责难。有人认为,在军阀统治之下,"想以好人努力的方法将政治整理向宰割势力利益的反面,这不是呆小子的梦想,便是骗子手的许诺。"③"若忘记现状,以为改变一种政体就可以止

---

① 《胡适文存》,二集卷三,第 392 页。
② 胡适此间在写给北京朋友的信中表达了这种失望的心境:"此时谈政治已到'向壁'的地步,若攻击人,则至多不过于全国恶骂之中,加上一骂,有何趣味? 若撇开人而谈问题和主张——如全国会议、息兵、宪法之类——则势必引起外人的误解,而为盗贼上条陈也不是我们爱干的事。"(《胡适文存》,二集卷三,第 365 页)因此,他建议他们"谈政治"的主要阵地——《努力周报》暂时停刊。
③ 君宇:《王博士台上生活应给"好人努力"的教训》,见《响导》,第 5 期(1922 年 10 月 11 日)。

乱定国,那不得乱源嫁于政体,便将政体认为是止乱的方法,胡适之先生完全犯了这种错误。"①

此时的胡适先生心中回荡的业已不是激情而是愁绪和惆怅了:

> 树叶都带着秋容了,
> 但大多数都还在秋风里撑持着。
> 只有山前路上的许多梅树,
> 却早已憔悴的很难看了。
> 我们不敢笑他们早凋;
> 让他们早早休息好了,
> 明年仍赶在百花之先开放罢!②

与"好人政府"的主张相比,"废督裁兵"的主张更具现实意义,因而更能博取社会各阶层的拥护与支持。其形成的时间要比"好人政府"早一些,它是1918年底在北洋军阀政府进行"和议"的准备阶段,作为和平运动的口号提出来的。其基本含义是要求废除督军,裁减兵额。此后,"废督裁兵"主张发展为一种政治思潮,颇有社会影响。

1918年底,随着南北战争的军阀们准备和议,全国各地也形成了许多促进和平统一的社会团体,其中商会和教育会扮演了重要角色。社会舆论也纷纷以"废督裁兵"为是,《民国日报》《晨报》《改造》杂志、《东方杂志》等报刊相继发表社论和时评,将"废督裁兵"的口号发展为一场政治运动,并对军阀产生了一定的政治压力。然而,"和议"实际上

---

① 蔡和森:《武力统一与联省自治——军阀专政与军阀割据》,见《响导》,第2期(1922年9月22日)。

② 《胡适文存》,二集卷三,第366页。

是南北军阀们的分赃,谈判最终破裂,这给希望军阀实行"废督裁兵"的人们浇了一盆冷水,于是"废督裁兵"的运动一度低落沉寂。

从 1922 年夏开始,南北和议破裂后,随之而来的是更加频繁、规模更大的军阀战争。于是"废督裁兵"运动再度高涨起来。全国主要城市都出现了群众性的集会、游行;各种新闻媒体亦以此为中心话题。① 7 月 1 日,各省区自治联合会发出通电,要求:各省区召开国民废督裁兵大会,请北京政府下令现任督军制等军官即行解职,永远废除督军制及军区制;组织裁兵委员会,限制国军饷额;督军等官如不解职,国民应即与宣战,实行抗捐罢市等。随后,北京和许多省市,都先后成立了国民裁兵促进会。10 月 10 日,北京"废督裁兵"大会的召开,把这一运动推向了高潮。参加大会的有 5 万多人,来自各个阶层。工人、士兵、妇女代表都在大会上发了言。大会主席蔡元培说,"今日裁兵运动,为全国国民反对兵与军阀的一种表示,亦为国内政治史上破天荒的现象",它"一方面宣告军阀之死刑,一方面唤醒为军阀奴隶之兵士。"② 与此同时,上海、武汉、重庆等城市也召开了类似的群众大会。在此期间,孙中山也连续发表了一系列有关废督裁兵的宣言、通电和谈话,进行政治上的声援。

当然,结局往往并不站在正义一边。虽然"废督裁兵"的运动,"宣告了军阀之死刑",但它并没有掌握执行死刑的物质力量。军阀政治仍然活着,而且更加肆虐,这本身就说明了这一运动的悲壮与失败。作为一种合法的和平政治运动,"废督裁兵"除了依靠民意和舆论之外,还希望宪制能给予支持的力量。《民国日报》说,"欲实行裁兵废督,应先崇尚民治,国会即应自由行使职权,省长改由民选"。③ 有的还要求"由中

---

① 1922 年 7 月 2 日《晨报》。
② 1922 年 11 月 8 日《晨报》。
③ 1919 年 1 月 7 日《民国日报》。

央特派大员,会同各省,组织特别机关","由代表全国民意机关立法规定军队应留名额,请其裁兵,整理财政办法并速制宪"。① 他们希望用"理财"来遏制军阀的横征暴敛,用"制宪"反对军阀的无法无天,用"民治"克服军阀专制,这是理性的抗争,是正义的信念向邪恶的暴力宣战。而对非法的暴力,用非暴力的合法手段去反抗,虽缺少力量,但并非全无意义。然而,军阀统治下的"宪制"是靠不住的。事实上,也只有剪除了军阀,宪制才会得以真正的生存。对手段与结果的混淆,说明了"废督裁兵"运动本身的矛盾。清醒的人士早就看到了这一点:"用和平方法去与军阀谋裁兵是做不到的,必须用革命手段根本破坏旧军事组织,由民众武装去解除旧支配阶级——军阀的武装。"②

也许正是因为"废督裁兵"的运动方式太缺乏力量,所以它和另一种政治思潮——"联省自治"相穿插,彼此照应,相互提携,以达到补救宪制、除祸救国的目的。

"联省自治"思潮,早在清末维新时代就已萌发。维新人士以及后来的革命党人、立宪党人都提出过采行联邦制的主张,以后陆续有人提出,1920年以后至1923年间,便演化生成了一个规模很大的联省自治的政治浪潮。"联省自治"有两层意思:一是由各省制定省宪法,组织本省政府,实行省自治;二是在各省自治的基础上,各省选派代表组织联省会议,制定联省宪法,成立联邦国家。"联省自治"思潮的兴起有着与"废督裁兵"大致一样的社会背景。1920年7月,直皖战争爆发,8月,南方又爆发了粤桂战争。战争不仅消耗了军阀的军事力量,使任何一方靠武力统一中国成为不可能,而且给中国社会带来了无穷的灾难:兵祸所及,死亡流离,道殣相望,疾首蹙额者,涟涟泣涕,鹄面鸠形者,嗷嗷

---

① 《上海总商会月报》,1923年第2期。
② 蔡和森:《四派势力与和平统一》,见《响导》,第18期(1923年1月31日)。

哀鸣。为救乱世之弊,解民众于水火,不少人重提联邦制的救助方案,主张先行"省自治",即由各省制定宪法,选举省长,由本省人管理本省事务。后由各省组成联邦政府。只有这样,才能"解时局之纠纷","去国家之宿弊"。① "可以助长人民参政之智能","阻遏野心家之专擅","为今日实行民主和统一的和平方法"。② 由此鼓荡起"省自治",进而"联省自治"的浪潮。

1920年11月,章太炎发表了《联省自治虚置政府议》一文,全面地析说"联省自治"的有关问题。他认为,中国近世致乱的原因主要在于中央政府集权,引起军阀们为争夺最高权力的厮杀。对此,唯一的救治办法就是由各省自治,后面达到联省自治。详而言之,即各省人民颁行省自治宪法,文武官员以及地方军队皆由本省人统之,县长乃至省长悉由人民直接选举产生,督军则由营长以上各级军官推选。中央政府只享有颁授军官勋章之权,其他事务不能干涉。他把这种体制称为"联省自治虚置政府"。③ 此后,全国各地成立了各种自治运动的团体。如在北京成立的江苏、安徽、江西、山东等十二省和北京市代表组成的各省区自治联合会;直隶、山东、河南、山西等十四个代表组成的自治运动同志会;在天津成立的直隶、河南、山东、热河等五省一区自治运动联合办事处;在上海成立了旅沪各省区自治联合会。这些团体以及各方人士把这一思潮炒得沸沸扬扬。

1922年11月,《东方杂志》出版了两期《宪法研究号》,认为,造成大小军阀专制的原因主要在于中国没有制定宪法,所以要克服军阀专制就须急速制宪以立国本。④ 同年,胡适在《努力周报》上发表《联省自

---

① 宁协万:《宪法宜采联省民主制》,见《东方杂志》,第19卷第21期。
② 潘树藩:《中华民国宪法史》,商务印书馆1935年版,第106页。
③ 参见《章太炎政论选集》,下册。
④ 参见《东方杂志》,第19卷(1922年11月10日出版)。

治与军阀割据》一文,指出"根据于省自治的联邦制是今日打倒军阀的一个重要武器",[①]支援和支持"联省自治"运动。与此同时,浙江、四川、广东等省相率组织省宪起草委员会,起草省宪。云南、广西、贵州、陕西、江苏、江西、湖北、福建等省,或由当局宣言制宪自治,或由人民积极运动制宪;北方的顺直(今北京市和河北省)省议会还电请各省议会选派代表赴沪举行联省会议,共同制订省自治法纲要。各群众团体和各省还派遣代表到京请愿,要求实施自治。1922年10月在上海召开的中华民国八团体国是会议上,主张由各省自制省宪,再由各省联合制定中华民国的国宪。会议还组织了一个"八团体国是会议国宪起草委员会",试图通过制宪把北洋军阀把持的中央政府权力分割于地方团体,以谋取全国的和平统一。

在联省自治运动中,地方军阀大多是持支持态度的,其原因是不难理解的。如果说,民众要求联省自治是为了消除军阀之祸,那么军阀们的倡导和支持主要是为了保住自己的地盘,再"民主"的"自治"也只能在他的枪口下讨生活。在他们眼里,联省自治只是联督割据的合法化表达而已。当然,由于各地军阀所处的环境不同,其倡导或支持这一运动的具体原因也有所差异。

湖南是首倡"省自治"的省份。先有谭延闿,后有赵恒锡都是力主"自治"的军阀,而且这一运动在湖南搞得有声有色。1922年湖南还颁布了《湖南省宪法草案》,并依此选举产生了新的省政府。实际上,督军谭延闿之所以大搞"制宪自治",固然有不敢过于违拂众意的一层,但更多地还是为自己的地盘考虑,因为"湘省自治"是他割据湖南对抗中央的一块有用的牌子。与此相类似的还有浙江督军卢永祥。他本来对联省自治并无诚意,却又虚张声势地大搞"省自治",也只不过是借制宪自

[①] 《努力周报》,第19期(1922年9月10日出版)。

治来拒挡北洋军阀的压迫而已。

有的军阀高唱联省自治是把它作为防止外省军阀染指本省地盘而行割据的自卫手段,如贵州军阀卢焘;有的军阀借口"联省自治",是为了驱逐境内的外来势力,以巩固自己的地位,如四川军阀的"自治";有的军阀响应联省自治,目的是为了阻止革命军北伐,如广东的陈炯明。所以当时就有人清醒地指出了问题的实质:"所谓联治,不过联省自治其名,联督割据其实,不啻明目张胆提倡武人割据,替武人割据的现状加上一层宪法保障","徒增长乱源"。①

"联省自治"思潮与"废督裁兵"一样,是在军阀统治下谋求统一出路的一种合法化运动。稍有不同的是,前者主要通过恢复和建立地方宪制的方式达到在宪制制度下国家统一的目标。这至少说明,对宪制的信奉已深深植根于许多中国人的自觉意识中。如果说宪制在前一阶段主要被看作是国家独立与富强的必备要素,那么在这里,宪制已被提高到消除军阀之祸的最有用工具的高度。一部宪法也许并不能解除军阀的武装,但良善的人们总是希望在尽可能的范围内,宪法能将武力转化为一种制度层面的政治权力。而实际上,在一个像中国这样不重视政治秩序的国度,要把宪制信念客观化为制度往往会遇到不少麻烦的问题,军队问题只是其中之一,"宪制观"也是很成问题的。近世中国虽然接受了西方的宪制,但植入的主要不是西方的宪制文化,而是一种信念,即宪制必能强国的信念。这一信念阻滞了中国宪制文化的正常发育,以至于许多人只求其名,少求其实。这就出现了一种令人不解的现象:似乎越是在相对平和的社会环境里,宪制越是懵懂不知往何处去,而到了军阀肆虐的时候,宪制的目标倒是清晰起来。须不知,宪制主要是一种政治方式而已,它似乎没有救国救民那样大的能耐。

---

① 陈独秀:《对于现在中国政治问题之我见》,见《东方杂志》,第 19 卷第 15 期。

也许正是由于中国不重视政治秩序,政治问题最终不得不靠武力去解决。而与此相关的合法化的和平努力往往被看得一文不值。如果大多数人都学会把政治问题纳入合法化的程序中加以解决,即便不求宪制之名也可得宪制的真义。从这个意义上说,近代这三次合法化的反抗军阀斗争就是去求得宪制真义的有意义的尝试。当然,军阀的本性最终撕裂了合法化的期望。问题是,用武力解决了军阀的武力之后,仍面临着如何将摧毁军阀统治的武力转化为制度层面的政治权力这同一个问题。近世的中国已经不幸地证明:用武力消除了军阀之后的中国未必就是一个真正的宪制共和国。

三、军阀政治的社会文化根源与忠诚纽带

军阀政治久治不愈,能够在近世中国长时间的肆虐,这本身就说明了宪制文化发育的不全。其中,旧文化的剥落虽去了外壳,但里层的核肉并没有被新文化掏吃掉。相反,从西方舶来的新文化只是浮在社会的表面,无法深入到大多数人的心里去,维系社会基本联系的仍旧是自己祖宗传下来的旧东西。共和革命打乱了旧秩序,新秩序又无法在旧秩序倒下去的地方立起来,潜藏于旧秩序中的那些隐患便在新旧的夹缝中冒显出来。新式工厂的烟囱已在不少城市的上空冒出了烟,为了赚钱的商人也早已贩卖由这些工厂生产的商品,这一类属的商人的人数正在不断增加。然而,大部分居住在乡村的人们则仍旧在自己的田园里用三千年前就有的牲畜耕田,有的甚至连牲畜都没有,只好自己当牲畜。天灾人祸,连年收成的不济,无法讨口的人数越来越多,而为数不多的城市工厂又无法为比它多多少倍的这些吃不起饭的乡下人提供饭碗,于是这些人就成了农村中的"剩余人口"。林林总总,都成了军阀能够存长的空地。

人们习惯于把军阀称作封建军阀,意思是说军阀们要控制一支属于自己私人的部队,靠的就是一种封建纲常礼教。甚或可以说,军阀本身就是中国伦理型文化的产物。诚如时下有人所言:"对伦理价值的充实与发扬——不管一个人的思想是如何地走在时代的前列,他也不能否认或抛弃中国人对家庭以及亲情的重视。中国人在朋友关系上讲道义信用,在家庭关系上讲父慈子孝,是因为在其中可以得到自我的满足。"①这其中也道出了军阀成长的文化根源。② 尽管军阀首领中不乏目不识丁的老粗,各集团成员中也没有多少受过正规的传统教育。然而,人们对于传统文化的接受,不仅在于正统的经学研谈和学堂里的摇头晃脑,更为普遍的是旧戏、说唱等中国式说教的潜移默化的影响,戏台上、鼓词里忠臣孝子、义夫节妇的形象,往往较刻板的伦理教化更能动人心魄。袁世凯祭孔,孙传芳投壶,连不知道自己有多少兵、多少钱和多少姨太太的张宗昌也大刻《十三经》,其余大大小小的军阀无一例外地张口五常闭口八德。使集团成员的头脑在愚忠的题目下僵固化,是全体军阀共同求达的目标。③

"忠"是军阀维系的精神纲领。当袁世凯还在小站练兵时代就为他手下总结出"忠国、爱民、亲上、死上"四义,认为部下忠于他也就忠于国。而秀才出身的吴佩孚对传统的纲常伦理更有一套。他认为,现在的民国时代虽然没有了君主,但君臣之纲并没有中绝,君臣、父子、夫妇、兄弟、朋友这五伦也并不因此缺了一伦,因为"君臣即上下之意,所

---

① 成晓军:《曾国藩与中国近代文化》,湖南出版社1991年版,第3—4页。
② "军而成阀,总是成串成团,单独存在不能称阀,它上有源,下有根,上上下下自成系统,系统内下级要服从上级效忠上级。"(来新夏:《关于军阀史研究》,见《西南军阀史研究丛刊》(三),第4页)
③ 参见张鸣:《武夫专制梦》,国际文化出版公司1989年版,第10页。

以示差别也","在学校里,先生对于学生为君臣,在军队里,长官对于部下亦为君臣"。① 说来说去,就是要他的部下像臣忠于君那样忠于他。所以他要军人以"忠孝为体"。什么是"忠"呢？他说,忠,即中心:"凡我中心之奉为主宰者,皆应以中心之诚恪对待之。中心之认为天理人情所当奉仰者,亦应以中心之诚实赴之。"② 当然,在他的军队里,他就是"中心",部下就应"以中心之诚实赴之",去为他卖命。

光有这种理论上的"忠"是靠不住的,对于投身于军阀门下的兵士们来讲,自家的性命比"忠"于主子还重要。所以要把"忠"的问题落实到实处,还须依赖能够产生"信任"关系的人伦。因为信任同自己有着某种确定关系的人,要比信任那些只是相识的来得可靠。即便是比较疏远的关系,也有助于建成一种稳固联系,因为它区别长幼,严格地规定了一个人有权要求什么,以及可以从别人那里期待什么。

血缘是产生"忠"的效应的最重要一种。军阀部队与黑社会势力差不多,它本质上是一种首领人格化的武力,既无共同、明确的信仰系统,也无合法化的规则约束,因而基于血缘产生的忠诚关系就显得尤为重要。"打架要靠亲兄弟,上阵需看父子兵"这是军阀们共同恪守的信条。张作霖依张学良为干将,曹锟以曹锐、曹瑛为心腹,张敬尧手下有"舜、禹、汤"三弟,四川军阀杨森干脆把机枪大炮都交由其侄杨培元、杨汉忠把管。有才干的"兄弟子侄"可作军中的顶柱,而那些酒囊饭袋的亲戚则可充斥于像参议、参谋、顾问以及军需官之类的军中闲差,最少可以起到"耳目"的作用,替主子监督、监视以避免反叛不轨行为的发生。

同乡或同地区的人是另一种重要关系。由于不同地区语言和文化上的差异,彼此相同或相近的语言文化背景的人更容易聚合在一起。

---

① 《吴佩孚先生集》,第 191 页。
② 同上书,第 100 页。

对于缺乏规则化控制手段的军阀来讲,这种乡土认同感虽比不上血缘归属来得可靠,但它也可起到融汇上下,凝聚团体的作用,而且它本身又是一个比血缘领域宽得多的圈子,能够广泛地建立起忠诚的纽带。张作霖的奉军,从官到兵多为东北人,据说他本人在做奉天督军时曾将所有在奉天任职的南方人解递出境;阎锡山的晋系军阀部队多为山西人,"学会五台话,就把洋刀挎"(阎锡山是山西五台人),这是当时流行的话;湘系军阀何键是"非醴勿视,非醴勿听,非醴勿用"(何为湖南醴陵人);张作霖的奉军里则有"妈拉巴子是护照,后脑勺子是路条"的说法(张作霖是辽宁海城人,"妈拉巴子"和"后脑勺子"均为海城方言);据说,黔系军阀固西成在控制贵州期间,把他家乡桐梓县能识字的人几乎都拉出来做了官,以至于乡间连个能写信的人也找不出来。①

　　教育过程中的师生关系可以产生又一类的忠诚。那些就读于同一老师,毕业于同一学校的,都认为彼此是同学,这种关系有时比兄弟关系更为紧密,也更为亲近。这些同学也对自己从前的老师和监护人怀有神圣的和终生的忠诚。除了这些自发形成的关系外,或者说,作为这些关系的替代,军阀还可以通过保护人与被保护人的关系,或结拜兄弟关系,建立起更为广泛的忠诚纽带。段祺瑞是较为典型的一种。由于段祺瑞早年在袁世凯训练新建陆军的天津小站任过炮兵学堂总办兼炮兵队统带和随营学堂监督,所以凡从北洋军阀早期各系统的各种陆军学堂出来的人,在名义上都被看作是他的学生。段祺瑞的皖系主要是由跟他关系较长的学生构成的松散联盟。如,靳云鹏、傅良佐、吴光新、曲同丰、陈文远、马良、郑士琦等均是他在小站时代随营武备学堂的学生。此外,通过亲手培植和提拔部下,从而建立起保护人与被保护人、上司与下属这种忠诚纽带。像曹锟与吴佩孚、吴佩孚与张福来、肖耀南

---

① 参见张鸣:《武夫专制梦》,第27页。

等人、冯玉祥和手下的"十三太保"等等均属此类。这是一种准父子式的关系,它往往比同乡、同学间的关系更为牢固。换金谱的结拜也是军阀建立忠诚纽带最为常用的伎俩。如奉系军阀旧派的张作相、张景惠、吴俊开之辈与张作霖的关系,鲁军张宗昌与部下主要军官的关系均属此等。结拜关系是一种由家族关系拟制出来的社会关系,军阀利用这种放大了的"家族关系"以强化彼此的联系,或是在军阀之间制造某种联盟以巩固自己的地位。事实上,军阀往往采用同乡加师生再结以恩义以及联姻和结拜等多重关系重合的方法加强部属与自身的联系,以维系对军队的私人控制。

军阀本性上是自私的。① 军阀都只强调下属对自己本人的忠诚,而对他名义或实际上的上司对其手下的越级干预都怀有极大的敌意。对他们来讲,来自敌对营垒的威胁与来自同一阵线别一派系的威胁同样可怕。当军阀们借助于中国传统的人伦关系来达到其控制目的时,这已蕴含了一个无法克服的矛盾。因为他的下级也常常与他们的属下有着同样的控制手段。一些军阀的首领试图弱化这种次一级的忠诚,希望将所有的忠诚集于自己一身,这是不可能的。这种二级忠诚的模式构成了军队组织的致命弱点,"因为它允许一个变节的下属带着他的同伙和同伙的同伙一起走。这就是为什么军阀大战中招降纳叛成了一项重要策略的原因。"②

如果说,没有剥落尽净的中国传统纲常人伦为军阀提供了军事控制的技术手段,是军阀得以存长的文化土壤;那么,动荡不安的社会则

---

① 西方学者认为,"一位尽职尽责地将其部队带到上司指定前往地点的部队指挥官通常不是军阀,而能对部队的行止自行裁断的部队指挥官才会是一个军阀。""如果一位总指挥与他那些重要军官私人之间有某种情感、忠诚、恩惠的关系重叠于他们的组织关系之上,那么这位总指挥很可能就有了这种独立的权力。"(费正清主编:《剑桥中华民国史》(第一部),第303页)

② 费正清主编:《剑桥中华民国史》(第一部),第304页。

为其提供了充足的兵源。民初的中国社会,随着西方资本主义的全面入侵与国内豪强势力的盘剥,造成了中国农村的普遍破产,兵匪之祸连结,天人灾相继,更加剧了农村破产的过程。对于一般的破产或濒临破产的农民来讲,其出路是极其狭窄的。起义造反不能成为农民的出路,更不是解决问题的根本办法。改从其他行业既无长技也无本钱。从各方面考虑,当兵则不失为一条较好的出路,虽有风险,但不需本钱,只要不丢掉性命就不会赔本,而"当兵吃粮"这是不成问题的。

据胡汉生对四川地区军阀的研究,清军每月平均银二两五钱,一年共30两,可买十三石黄谷(净重5850斤),这至少可以养活四口之家。民初一般士兵与清兵差不多。[1] 唐学锋的研究表明:当时班长月饷是9元3角(每元折银七钱一),排长是25元9角,当兵的最低月饷也有5.4元,广东地区的士兵则达12元。而当时的手工业工人一般月薪仅为5元,商店店员为3元,农村雇工与店员差不多。如果遇到战事的士兵再搞点顺手牵羊的打劫,[2]那收入是相当可观的。而且只要召集了十几个人,就可以当上班长、排长之类的小头目。通常是一个人在军队里呆了几年,通过积累或抢劫聚集了一笔钱财后便"开小差"溜掉。当时,有好多家庭是依靠在外当兵的丈夫或儿子来生活的。据统计,一个旅里有68%的士兵把钱寄回去养家。[3] 这样,军队就比其他职业对农民更具有吸引力。正是贫穷的经济现状造成了民初这个时期的农民不但不把当兵看作灾祸,而是避免饥饿和绝处逢生的机会。实际上,越是

---

[1] 参见胡汉生:《四川军阀割据时期之兵源考》,见《西南军阀史研究丛刊》(二),第137页。

[2] 这是士兵们最常干的勾当。林虎部将黄业兴曾把打劫发财作为攻击的命令:"你瞧!几多当铺,打入去任你们发财。"

[3] 参见唐学锋:《试论军阀割据的社会基础》,见《西南民族学院学报(哲学社会科学版)》,1990年第4期。

贫穷的地方，这个地方的农民就越想去当兵。当然，拉壮丁式的强行征兵的情况也存在，但它并不是那个时期军阀的主要兵源。

另外，由于科举制度的废除中断了中国知识分子传统的仕途，所以在民国初年，对那些仕途被堵的知识分子来讲，弃文从武则是舍难就易之路，这也为军阀提供了一部分兵源。这些人或充任中下级军官，或充任文职秘书幕僚等，成为军阀最重要的支柱。有的甚至爬到了军阀的位置。当然，这部分人毕竟是兵源中的少数。

然而，也正是因为农民构成了军阀的主要兵源，才使得军阀永远无法找到军队的有效控制手段。且不说由于经常克扣军饷无法建立信任关系，即便给农民士兵很高的粮饷，也无法足以让他们甘心为军阀卖命拼死。军阀无信仰，他只想换取更大的权力；士兵无信仰，他们只想吃饭、发财；他们共同信奉一种哲学——"有奶便是娘"。为了捞到更多的油水，士兵们开小差到敌对的阵营这是军阀军队无法根治的痼疾。而且，对于农民出身的士兵来讲，有时候问题的关键不在于待遇是否优厚，而是分配的均不均，"不患寡而患不均"这是农民固有的心态，而军阀军队的性质决定了它无论如何也无法满足这种均平的心愿。从根本上讲，有钱才能养兵，有地盘才能有钱，争得地盘守住地盘又需要兵。战争的破坏消耗了殆竭的财源，而维持下去的办法又只有靠战争扩大地盘，战争的升级使农村的破产加速，又进一步破坏了军阀赖以生存的经济基础。这种灾难性的恶性循环是军阀永远无法摆脱掉的。

军阀能够存长的土壤恰恰是中国宪制无法生存的地方。中国传统的宗法伦理可以产生维系军阀的那一类忠诚，但它不能构成维系宪制的忠诚纽带。军阀之于他的军队就像一个专横的家长，他要把一支军队变成自家的东西就必须依赖传统的那种纲常伦理，而这一点对宪制来讲却是致命的。大凡宪制都是以政党政治作为支点，政党及政党政治发育的好坏关乎着宪制的生命。一般说来，政党是以不同阶级、阶层和利益集团为社会基础的政治团体,它是在现行政治体制内部运用合法手段和程序从事政治竞争的政治团体,或者说是"私"的集团化、合法化、制度化。因此,政党政治必须依托健全的道德体系和政治行为才能正常运作和发展。然而,军阀统治下的中国,军阀们除了把政党、政党政治、国会当作争夺权力与利益的工具之外,对其正面价值从不感兴趣。相反,他们不但用枪杆子进行蹂躏本未发育完全的政党政治,而且还把中国传统的纲常伦理注入其中,使政党实际上成为一个个不同的宗派小团体,成为不同的军阀在军队外可以依靠的"私党"。由于军阀们之间的利益冲突,使各党派间常常极端敌视,无法进行合法的公平竞争。本来,在民初政党勃兴时期,许多人士期望能用明确的党纲、一贯的宗旨、合法的手段作为政党活动的原则和党员忠诚的纽带,以形成类似于西方的竞争政治。梁启超曾给政党下过这样一个定义:"政党者,人类之任意的继续的相对的结合团体,以公共利害为基础,有一贯之意见,用光明之手段为协同之活动,以求占优势于政界者也。"[①]然而,军阀统治的确立,打破了政党政治的这种理想。靠投机或宗法人伦维系的各个派别,既无政治操守,也缺乏忠诚的维系力量,就像军阀部队里的开小差一样,经常发生一个人从这党跳到那党这样的现象,而有些"背景""关系"的人物还可以身跨几党。政党之间既无有效的公民监督和制约,所以竞争时常成为讨伐,借助于所依靠的军阀力量压制反对党。政党和政党竞争不能决定政府,而军队以及由军队支持的政府反凌驾于政党之上。而且,由于政党的竞争往往是军阀争夺权力的反映,所以处于极端敌视情绪的各党自然缺乏政党应具有的妥协精神,而敌视的进一步升级则演变为暴力的暗杀,从肉体上进行消灭。暴力事件的增加反过来又加重了敌对情绪,成为一种恶性循环。

[①] 《敬告政党及政党员》,见《饮冰室文集》之三十一,第5页。

宪制之于社会，它既不是一种人格化力量的象征，也不单是一套抽象的制度或程序，而是一个活生生的过程，包含着它每一个成员的理性活动。如，对社会合理秩序的理解，对自由、平等的价值取向，对权利、义务的了悟，对正义的思考，对人之关系的看法，等等。如果人们体味到它的价值，便认为它是好的政治形式，好的社会生活方式，自然产生对它的忠诚。说到底，宪制应是"大家的公共财富"，这一共同信念把一群群陌生人集合起来聚集在它的旗帜之下，并从中求得自己作为它的一分子所应具有的价值和尊严。所以，宪制的忠诚纽带主要来自公民对它的信仰与尊奉，而那种基于个人情感联系所产生的忠诚对它起不到什么好作用。从军阀赖以生存的文化土壤的分析中，我们至少可以得出这样一个结论：基于中国传统宗法伦理所产生的军阀维系力并不能转化为宪制的忠诚纽带，相反，它会像蚕食政党一样，吞噬整个宪制。不彻底改造中国文化中的纲常伦理，宪制就永无生存的道德基础。从这个意义上说，军阀所依赖的文化恰恰是宪制不能生长的东西。这一点，首先是被"五四人"发现的，由此掀起了一场"伦理革命"，这或许是对军阀统治带来的灾难的一个小小的补偿。

第十章　伦理革命

中国近世的历史是不断认识自己又不断探寻西方的一个交融涌动的过程。从洋务运动的器物层的"师夷长技"到戊戌、辛亥时期制度层的君民共主、君主立宪和共和革命，有见识的中国人在这上面寻找民族出路的时间已用去了半个世纪。这期间，与之相伴随的必然有对自己文化传统的认识与反省，但大体上没有越出器物与制度两层的眼量。认识自己，探寻西方，中国每向前越出一步都要付出高昂的代价。洋务运动的破产，变法维新的失败，共和革命后的黑暗与苦难，中国这部已运转了几千年的庞大机器在强大的西方面前出现的毛病到底在哪里？有觉悟的中国人不能不作进一步的探求与思索。"五四"一代知识青年不再仅仅服膺西式的宪制制度，也不再仅仅把触角伸向传统的专制制度，而是用从西方盗来的"科学与民主"之火与自己的祖宗算总账，把传统的价值信仰锤烂、烧掉，为待建的宪制制度植入新的伦理基础。这一场新文化运动的发生预示了中国宪制文化一个新时代的到来。

一、"五四"的反传统与传统的转化

梁启超在《五十年中国进化概论》中说："革命成功将近十年，所希望的件件落空，渐渐有点废然思返，觉得社会文化是整套的，要拿旧心理运用新制度，决计不可能，渐渐要求全人格的觉醒。"这段话明白地点出了"五四"新文化与辛亥革命的内在脉络。从近处说,辛亥革命后社会黑暗的现实直接成为"五四人"反省的起点。他们清醒地看到"共和政治,不是推翻皇帝,便算是了事"。"换了一块共和国招牌,而店中所卖的,还是那些皇帝'御用'的旧货,绝不谓革命成功"。① 在他们看来,这些"御用的旧货"不是别的,恰是袁世凯复辟帝制所依恃的传统伦理。所以,"巩固共和国体,非将这班反对共和的伦理文学等旧思想,完全洗刷得干干净净不可。否则不但共和政治不能进行,就是这块共和招牌,也是挂不住的"。② 从远处论,新文化是对洋务运动、戊戌维新与辛亥革命半个世纪以来文化传统批判检省的继续与超越。

早在戊戌时期,何启、胡礼垣就对传统的三纲之说产生了怀疑与责难。③ 之后,谭嗣同、夏曾佑、梁启超一般人从排荀入手,对中国的文化—政治秩序进行了初步清理与批判。谭嗣同认为中国从秦以来的政道学术的败坏都与荀子有关:"故常以为二千年之政,秦政也,皆大盗也。二千年之学,荀子也,皆乡愿也。惟大盗利用乡愿,惟乡愿工媚大盗。二者交相资,而阙不托之于孔。"④梁启超对此持有与谭嗣同相似的看法。⑤ 夏曾佑则从中国的历史实践,以及荀子对后来的影响着眼,对荀子传统所造成的恶果进行了极具说服力的论证:"今亲秦政之尤大者,则在宗教。始皇之相为李斯,司马迁称'斯学帝王之术于荀子'。斯既

---

① 高一涵:《非君师主义》,见《新青年》,第5卷,第6号。
② 陈独秀:《旧思想与国体问题》,见《新青年》,第3卷,第3号。
③ "君臣不言义而言纲,则君可以无罪而杀其臣,而直言敢谏之风绝矣;父子不言亲而言纲,则父可以无罪而杀其子,而克谐允若之风绝矣;夫妇不言爱而言纲,则夫可以无罪而杀其妇,而伉俪相庄之风绝矣。由是官可以无罪而杀民,兄可以无罪而杀弟,长可以无罪而杀幼,勇威怯,众暴寡,贵凌贱,富欺贫,莫不从三纲之说而推。足化中国为蛮貊者,三纲之说也。"(《〈劝学篇〉书后》)
④ 《仁学》,二十九,见《谭嗣同全集》,下册,中华书局1981年版,第337页。
⑤ 他在《论支那宗教改革》一文中说:"二千年政治,既出于荀子矣,而所谓学术者,不外汉学、宋学两大派,而其实皆出于荀子。"

知六艺之归,则斯之为儒家可知。……始皇既以儒者为相,则当有儒者之政,观其大一统,尊天子,抑臣下,制礼乐,齐律度。……无不同于儒术。惟李斯之学出于荀子,……始皇父子雅信韩非。韩非之学,亦出于荀子。……观荀子《非十二子篇》,子思、孟子、子游、子张,愈加丑诋,而已所独揭之守旨,乃为性恶一端。夫性既恶矣,则君臣、父子、夫妇、兄弟、朋友之间,其天性本无所谓忠孝、慈爱者,而弑夺杀害,乃为情理之常,于此而欲保全秩序,舍威刑却制末由矣。本孔子专制之法,行荀子性恶之旨,在上者以不肖待其下,无复顾惜。在下者,亦以不肖自待,而蒙蔽其上。自始皇以来,积二千余年,中国社会之情状犹一日也。社会若此,望其乂安,自不可得。"①这已不只是对荀子的抨击,而是把从秦以来二千年的中国政道学术,从汉人的今古文经学、宋明的理学直至清代的考据学重新进行论说和评判。到了革命党人那里,他们已不拘泥于荀子传统的警言指陈,而是把矛头直指以孔子为代表的儒家的文化—政治系统。章太炎的《诸子学略说》根据《墨子》与《庄子》书中对孔子言行的记载,揭批了孔子的言行不一,认为后世那些尊奉孔子的儒者实际上只是些醉心于功名利禄、政治上庸懦无能之辈。他称孔子为"国愿",意指孔子比他平日攻击的"乡愿"还要坏。至于孔子的后学也只有"淆乱人之思想"的功用而已。程朱陆王诸子更是"有权而无实"。刘师培比章太炎还要激烈,他的《攘书》直接否定三纲之说,认为三纲的谬说是后儒"舍理论势,以势为理,舍是非而论顺逆",于是便有了这以强凌弱,以空理相诘责,钳锢民心,束缚才智的现实。他认为,孔学信人事而并信天事,重文科而不重实学,有持论而无驳诘,执己见而排异说。正是孔学的这些弊害抑制了中国社会的正常发展,带来了在西方面前的窝囊和衰败。

---

① 夏曾佑:《中国古代史》,第一篇,第一章第六节,三联书店 1955 年版。

这种对文化传统的哀怨和愤嫉是戊戌以来伴随着制度层面的西化而产生的,其着力点主要在文化—政治秩序层面上。不管是排荀还是对孔子及其整个儒家的不满和批评差不多都是基于政治专制和由此而来的民族生存危机的现实而发,它没有越出文化—政治系统的关注,并不表征着传统价值信仰系统的崩坏。然而,当辛亥革命以来的民族危机加深以及政治的黑暗和腐败,已使得制度层面的西化彻底失败以后,文化上的反省就再也不会仅仅困陷于文化—政治系统,而不能不对这一制度所依存的伦理基础产生疑惑。当疑惑发展为强烈的不满,整个信仰系统的价值也靠不住了。从这一意义上说,"五四"新文化既是对历史的超越,同时也是对戊戌以来文化传统体察、反省、批判的一种承续,后者直接为其提供了思想资源。

　　陈独秀说:"自西洋文明输入吾国,最初促吾人之觉悟者为学术,相形见绌,举国所知矣;其次为政治,年来政象所证明,已有不克守缺抱残之势。继今以往,国人所怀疑莫决者,当为伦理问题。此而不能觉悟,则前之所谓觉悟者,非彻底之觉悟,盖犹在惝恍迷离之境。吾敢断言曰:伦理的觉悟,为吾人最后觉悟之最后觉悟。"①"盖伦理问题不解决,则政治学术,皆枝叶问题。纵一时舍旧谋新,而根本思想未尝变更,不旋踵而仍复旧观者,此自然必然之事也。孔教之精华曰礼教,为吾国伦理政治之根本。其存废为吾国早当解决之问题,应在国体宪法问题解决之先。今日讨论及此,已觉甚晚。"②在这里,用"孔教"代替了"孔学",这一字之差,"五四人"在对待文化传统上与前人有了根本性的不同。"孔教"代表的是一种信仰,"孔学"代表的是知识,这表明五四人不是求得孔子及儒家文化传统的实证研究,而是首先在信仰上把孔子及

---

① 陈独秀:《吾人最后之觉悟》,见《青年杂志》,第1卷,第6号。
② 陈独秀:《宪法与孔教》,见《新青年》,第2卷,第3号。

儒家学说钉死在十字架上。

他们从驳责"尊孔"一说入手,反复论说孔教与帝制之间无可离散的根由。认为孔子与宪制如同水火,尊孔必蹈复辟之辙,祀孔必致专制之患。祀孔不但违背了宪制中的自由原则,而且也与信仰的本义(信仰自由)相抵牾。在他们看来,宪制之祀孔犹如专制国之祀华盛顿、卢梭一样荒诞不经。"主张尊孔,势必立君;主张立君,势必复辟。"①这既是他们的逻辑,也是他们的信念:正是孔子为袁世凯、张勋的复辟提供了理论上的口实。事实上,袁世凯利用孔子摆弄帝制与孔子所代表的儒教文化传统是根本的两回事。既然"五四人"已强行将孔子与民国的黑暗政治发生关系,并要他对当前的现实负责,那么他们也只有"打倒孔家店铺"一条路了。倒孔教,去传统,民国的宪制便会一片光明。"冲决过去历史之网罗,破坏陈腐学说之图圄",②这既是青年人的责任,也是中国的希望所在。

虽然孔子与专制制度脱不了干系,但"五四人"已不再把将其归结为孔学的弊害,而是提升到纲常伦理的层面。他们发现孔子及其后来的继承者所确立的纲常伦理不但成为专制制度的支柱,而且也被历代统治者倡扬为一种普遍信仰。正是这种信仰蚕食了宪制的灵魂,使宪制不能立行。它是使宪制不能根固于国民心中的最大碍物。五四人说:"孔教的教义,乃是教人忠君、孝父、从夫。无论政治伦理,都不外这种重阶级尊卑三纲主义。"③"孔氏主尊卑贵贱之阶级制度,由天尊地卑演而为君尊臣卑,父尊子卑,夫尊妇卑,官尊民卑,尊卑既严,贵贱遂别。"④这种严尊卑别贵贱的纲常伦理实际上正是专制主义在中国能够

---

① 陈独秀:《复辟与尊孔》,见《新青年》,第 3 卷,第 6 号。
② 李大钊:《青春》,见《新青年》,第 2 卷,第 1 号。
③ 陈独秀:《旧思想与国体问题》,见《独秀文存》,第 1 卷,安徽人民出版社 1987 年版。
④ 吴虞:《儒家主张阶级制度之害》,见《新青年》,第 3 卷,第 6 号。

长盛不衰所依存的"奴隶道法":"君为臣纲,则民于臣为附属品,而无独立自主之人格矣;父为子纲,则子于父为附属品,而无独立自主之人格矣;夫为妻纲,则妻于夫为附属品,而无独立自主之人格矣。率天下之男女,为臣,为子,为妻,而不见有一独立自主主人者,三纲之说为之也。缘此而生金科玉律之道德名词,曰忠,曰孝,曰节,皆非推己及人之主人道德,而为以己属人之奴隶道德。"①"奴隶道德"与"主人道德"绝然两分,犹如专制与宪制水火一样。前者是专制制度最深厚的伦理基础,而后者则是宪制的根基。在他们看来,吞噬人的个性这是"孔门伦理"最为本质的东西:"看那二千余年来支配中国人精神的孔门伦理——所谓纲常,所谓名教,所谓道德,所谓礼义,哪一样不是损卑下以奉尊长?哪一样不是牺牲被统治者的个性以事治者?哪一样不是本着大家族制度下子弟对于亲长的精神?所谓孔子的政治哲学,修身齐家治国平天下,'一以贯之'全是'以修身为本';又是孔子所谓的修身,不是使人完成他的个性,乃是使人牺牲他的个性。"②"孔门伦理"与家族制度是孪生的兄弟:有了家族制度,"孔门伦理"得以根固;有了"孔门伦理",家族制度得以滋养和衍生。二者合而为一便是"专制主义之根据","孝悌二字为二千年来专制政治与家族制度联结之根干。"③儒家所以立"孝"为天经地义,百引之本,提倡"忠孝并用""君父并尊",在家"事亲为孝",出仕在朝"事君为忠",完全是因父权、族权、君权相通相系,家族制度构成了专制制度的社会基础。这样的礼法必定是"片面之义务,不平等之道德,阶级尊卑之制度"。④ 这样的道德必定是"不尊重个人之权威与势力",

---

① 《独秀文存》,第1卷。
② 《李大钊文集》,下册,人民文学出版社1984年版,第178页。
③ 吴虞:《家族制度为专制制度之根源论》,见《新青年》,第2卷,第6号。
④ 陈独秀:《宪法与孔教》,见《新青年》,第2卷,第3号。

以"阶级的精神视个人仅为较大单位中不完全之部分,部分之生存价值全为单位所吞没",①实是大悖人权平等之真义。他们指出,儒家"教孝""教忠","就是教一般人恭恭顺顺地听他们一干在上的人愚弄,不要犯上作乱,把中国弄成一个'制造顺民的大工厂'。"②正是这个"制造顺民的大工厂",把中国人的智慧和创造力消磨殆尽,使人丧失了人的特性成为滞呆的机器。这样的道德无疑是伪善的吃人;这样的纲常则是"非杀人吃人不能成功"的礼法。以这种被传统道德伦理或吃或杀的国民处于 20 世纪激荡生存竞争之下,岂有不亡国灭种之患;以这样的伦理和信仰去实行宪制怎能没有取乱之忧!

既然孔门伦理有这样深的毒素,那么解毒以还中国健康的机体就是他们义不容辞的责任。"五四人"专注于排孔反儒正是来自于这个更为深层的对进化论的信奉。他们认为,"孔子之道已不合于现代生活",即所谓"本志诋孔,以为宗法社会之道德,不适于现代生活",并从进化论的角度重新估定孔教的价值。陈独秀说:"孔子生长于封建时代,所提倡之道德,封建时代之道德也;所垂示之礼教,即生活状态,封建时代之礼教,封建时代之生活状态也;所主张之政治,封建时代之政治也。封建时代之道德、礼教、生活、政治,所心营目注,其范围不越少数君主贵族之权利与名誉,于多数国民之幸福无与焉。"③他一再声言,他们反对孔教,并不是反对孔子个人,也不是说在古代社会毫无价值。"不过因他不能支配现代人心,合乎现代潮流,还有一班人硬要拿他出来压迫现代人心,抗拒现代潮流,成了我们社会进化的最大障碍。"④这是两个方面的问题之一方面,孔子本人于中国古代社会的价值不能漠视:"孔

---

① 《李大钊文集》,上册,第 560 页。
② 《吴虞集》,四川人民出版社 1985 年版,第 173 页。
③ 陈独秀:《孔子之道与现代生活》,见《新青年》,第 2 卷,第 4 号。
④ 《独秀文存》,第 1 卷。

子于其生存时代之社会,确足为其社会之中枢,确足为其时代之圣哲,其说亦确足以代表其社会其时代之道德。"①另一方面,孔教及由此形成的宗法伦理对现代社会的损伤和危害更不能低估。因为"道与世更"这是进化之理,要用旧时代宗法社会之礼教来整肃人心,独尊一说,"以为空间上从必由之道,时间上万代不易之宗,此于理论上决为必不可能之妄想。"②

"五四人"并不糊涂,他们并非全然的历史虚无主义者。但他们只相信一个真理:古代社会有价值的东西并不必然成为今天的宝贝。相反,在他们看来,过去可口的粱肉可能恰是现代的糟糠、毒药。孔子所倡导的纲常礼法于袁世凯、于北洋军阀就提供了一个极好的例证。虽然,五四人并没有把孔子本人与野心家能利用的孔子加以清晰地区分,然而,只要孔子进入了中国的政治层面又怎能区分得了?即便文人学士们把孔子净了身,对那些抱定要"尊孔"的政治家来说又有什么用处呢?当学者们发现孔子是一个讲"仁"讲"大道"的孔子时,这个"仁"和"大道"定会为政治家根据政治之需要进行新的诠解。谁又能说文人学士的孔子是真,而政治家的孔子就必定是假?真真假假老百姓又怎能分得清楚?说句冒犯的话,孔子之所以为政治家所利用,他自身肯定有不干净可为别人利用的地方。说到底是后人创造了孔子而不是其父母生了孔丘,就像人们创造了上帝,不是上帝的母亲生了上帝一样。五四人使用的刀法极其简单。他们只相信一点:孔门伦理既然为军阀政客用来残害百姓,弄得中国社会没有了光明,那么打倒军阀政治的前提就必然首先推倒"孔家店铺"。胡适曾把"五四"的这种精神称作一种"新态度",并把这种新态度称作"评判的态度",即重新估定一切价值的怀

---

① 李大钊:《自然的伦理观与孔子》,见《李大钊文集》,上册,第263—264页。
② 陈独秀:《孔子之道与现代生活》,见《新青年》,第2卷,第4号。

疑态度。胡适说:"评判的态度,简单说来,只是凡事要重新分别一个好与不好。仔细说来,评判的态度含有几种特别的要求:(1)对于习俗相传下来的制度风俗,要问:'这种制度现在还有存在的价值吗?'(2)对于古代遗传下来的圣贤教训,要问:'这句话在今日还是不是错吗?'(3)对于社会上糊涂公认的行为与信仰,都要问:'大家公认的,就不会错了吗?人家这样做,我也该这样做吗?难道没有别样做法比这个更好,更有理,更有益的吗?'"①"五四人"要做的工作在今天看来是极其简约化的,他们省去了许多费心伤神的实证考求,而是首先把价值定位以后去"重估价值"。我们尽可以指责"五四人"的武断和专横,但也正是在这种态度之下,"那些世世代代习以为常的天经地义之物一个接一个发生了动摇,神奇化为臭腐,玄妙化为平常,神圣化为凡庸。在这过程中,产生了为数众多而又前所未有的'问题'。从孔教问题、妇女问题一直到劳动问题、社会改造问题,从文字上的文学问题一直到人生观的改造问题,从贞操问题、婚姻问题一直到父子、家庭制度问题,从国语统一问题一直到戏剧改良问题,都在这个时候兴起。而每个问题又各自会带来一场争鸣。易卜生戏剧就曾引起过当时中国人对'娜拉出走之后'经久不息的讨论。对娜拉命运的关注,正寄托着他们从娜拉身上寻找中国女子解放出路的希望。问题和争鸣的层出不绝,是'五四'前后新文化运动的一种特色。这种特色反映了中国社会在观念形态变革之中的深思苦想。"②

应指出的是,"五四人"从批判传统伦理到"重估一切价值",并不等于"整体性(或全盘)反传统"。在海外执教的林毓生教授在他的《中国意识的危机——五四时期激烈的反传统主义》一书中曾把"五四"新文

---

① 胡适:《新思潮的意义》,见《新青年》,第7卷,第1号。
② 陈旭麓:《近代中国社会的新陈代谢》,第383—384页。

化运动概定为"整体性反传统主义"。"反传统"是真,但说"整体性"或"全盘性"则是过实了的。其实,问题的实质还主要不在于是否"整体性反传统",而在于"传统"应不应该"反"。1988年中国大陆的三联书店出版了林毓生教授的另一本有关"五四"的书,叫《中国传统的创造性转化》。虽然此书没有正面批评"五四人"反传统的文字,但字里行间流露出对这种"反传统"的不满。① 从该书书名可以看出,林先生是主张"传统的创造性转化",而不是"反传统"的。实际上,任何传统的转化都包含了"反"或扬弃的成分,否则根本就谈不上"转化"。中国传统本身的演化就是一种反守糅合的有机过程。照直说来,"反传统"并非是"五四人"的发明,中国思想史上反儒家传统的也并非几人。魏晋时代的孔融对儒家孝道的非难远比"五四"那个"只手打倒孔家店的老英雄"吴虞的批判更为激烈。似乎是,每一个新的前进步骤,都必然是加于某一种神圣事物的凌辱,都是对于一种陈旧衰颓但为习惯所崇奉的秩序举行的反叛。旧传统不能突破就不能有新文化的生成,每一种新文化的育出,都是对旧文化的扬弃与否定。不同的是,"五四"所面临的旧物并没有衰颓,相反,倒是盘根错节,豺踞枭视,始终顽强地挺立着。所以,与西方的启蒙运动相比,"五四"对传统的反叛就得使出加倍的力气。那种以西例中,对中西两种启蒙运动强之一律而责备"五四"反传统用力过猛的做法是不公正的。

---

① 林毓生教授这样写道:"在这种文化大解体之后,中国传统的一元论式的思想模式却因种种原因被推动至其极限,变成有机整体式的思想模式(organismic-holistic mode of thinking);根据这种思想模式去看传统,发现他们所厌恶的传统成分,都不是单独的事件。实与中国文化的特质有关,而中国文化的特质导源于中国最基本的思想;所以,只攻击所厌恶的某些传统规范、教条,对五四反传统主义者而言实在不够深刻。不打倒传统则已,要打倒传统,就非把它全部打倒不可。而这种整体性的反传统主义所要求的首要之务,就是'思想革命'。"类似于这样的评论随处可见。(林毓生:《中国传统的创造性转化》,生活·读书·新知三联书店1992年版,第231—232页)

自然,剩下的就是"五四"是否"整体性反传统"的问题。从上文不厌其烦的引证中可以看出,"五四"没有全盘性的反传统问题,他们所"反"的主要是儒家的"吃人礼教"。"五四人"并不否认儒家在传统文化中的地位,但他们不满意于定儒学为一尊的格局。林毓生教授为了说明"五四"的全盘反传统,多次引证陈独秀《答俞颂华〈宗教与孔子〉》一文,但却省略了这篇重要文章最后一段极重要的议论。陈独秀说:"中外学说众矣,何者无益于吾群?即孔教亦非绝无可取之点。惟未可以其伦理学说统一中国人心耳。"①这段文字有两点必须注意:(1)陈并非不分青红皂白地全盘性反孔教,承认孔教亦有"可取之点"。(2)陈之所以激烈地批评孔教,是因为有人力图承续王朝的圣贤事业,以孔教统一中国人心之具。20世纪以来,"道与世更",孔教已不能适应现时代的需要,因而也不足以继续统一人心。陈独秀自己也承认孔教对人心的收摄力,但他明确反对定儒学一尊而排除百家的传统。陈独秀说:"孔教为吾国历史上有力之学说,为吾人精神上无形统一人心之具,鄙人曾绝对承认之,而不怀丝毫疑义。盖秦火以还,百家学绝,汉武独尊儒家,厥后支配中国人心而统一之者惟孔子而已。以此原因,二千年来迄于今日,政治上,社会上,学术思想上,遂造成如斯之果。""记者之非孔,非谓其温良恭俭让信义廉耻诸德及忠恕之道不足取;不过谓此等道德名词,乃世界普遍实践道德,不认为孔教自矜独有者耳。""中国学术,隆于晚周,差比欧罗巴古之希腊。""我中国除儒家之君道臣节名教纲常以外,是否绝无他种文明?除强以儒教统一外,吾国固有之文明是否免于混乱矛盾?以希望思想界统一故,独尊儒学而黜百学,是否发挥固有文明之道?""窃以无论何种学派,均不能定为一尊,以阻碍思想文化之自由发展。况儒术孔道,非无优点,而缺点则正多。尤与近世文明社会绝

---

① 陈独秀:《读荀子书后》,见《新青年》,第3卷,第1号。

不相容者,其一贯伦理政治之纲常阶级说也。此不攻破,吾国之政治、法律、社会道德,俱无由出黑暗而入光明。"①

在"五四人"中间,鲁迅算是一个比较"激进"的人物,他用文艺作批评旧传统的投枪,往往充溢着愤激之情。但细看他那些文章,每篇都有所指言,有所激发。他对那些利用传统害人,自己玩赏着传统堕落下去的人满腔义愤。但每一篇也都流露出对被损害的"下等人"的同情。他塑造了闰土、祥林嫂等那样一些纯朴、善良的普通中国人的形象。因为有了这样一些人,他对已延续了几千年的中华民族充分自信。他曾写下这样一段深具言味的话:"我们自古以来,就有埋头苦干的人,有拼命硬干的人,有为民请命的人,有舍身求法的人……虽是等于为帝王将相作家谱的所谓'正史',也往往掩不住他们的光辉,这就是中国的脊梁。这一类的人们,就是现在也何尝少呢?他们有确实,不自欺;他们在前仆后继地战斗,不过一面总在被摧残,被抹杀,消灭于黑暗中,不能为大家所知道罢了。说中国失掉了自信力,用以指一部分人则可,倘若加于全体,那简直是诬蔑。要说中国人,必须不被搽在表面的自欺欺人的脂粉所诓骗,却看看他的筋骨和脊梁。自信力的有无,状元宰相的文章是不足为据的,要自己去看地底下。"②这既是一种信念,也是一种渴望;渴望在剥开那足以害人并使害人者堕落的旧传统的同时,掘发那被掩埋于普通人心灵中的真正优美的中国传统。诚如他自己所言:"新文化仍然有所承传,于旧文化也仍然有所择取。"③他治中国小说史、关心民俗艺术,都包蕴着如此深心。

与前面两个人物相比,胡适是最具"西化"气质的人。但他从未

---

① 《新青年》,第3卷,第1号;第3卷,第5号;第4卷,第4号;第5卷,第3号;第2卷,第5号。
② 《鲁迅全集》,第5卷,人民文学出版社1981年版,第118页。
③ 《鲁迅文集》,第7卷,第355页。

讲过一句全盘否定中国传统的话。他对中国旧礼俗,有改良之意,决无废绝之心。而对中国古代学术则更是饶有兴味。虽然他同国粹主义、尊古主义、民族自大主义论辩时讲了某些带有激愤的片言只语,但在中国文化的出路问题上仍保持着一个冷静的学者所具有的那种清醒。在他看来,中国人在文化上所面临的"真正的问题可以这样说:我们应当怎样才能以最有效的方式吸收现代文化,使它能同我们的固有文化相一致、协调和继续发展。"①这一主张,胡适一生都不曾放弃。如果说"传统"可以"创造性转化",那么胡适的这一主张可算是最为典型的代表。

应当指出,"五四人"对传统的批判,在个别观点上确有激愤式的过火。这种"过火"不能说明"五四"新文化运动是"全盘反传统主义",而更多的是出于国家民族存亡的一种焦灼,带有一种"贬损憎恨情结"。这种情形在中国历史上不只一次的出现过。辛亥革命时期,革命者面对昏聩颟顸的清王朝说过"杀尽满人,中国自然富强"的过头话;"五四人"也说过:"二千年来用汉字写的书籍,无论哪一部,打开一看,不到半页必有发昏做梦的话。"②并因此而看到:我们"事事不如人,不但物质不如人,不但政治制度不如人,并且道德不如人,知识不如人,文学不如人,音乐不如人,艺术不如人,身体不如人"。要拯救我们这个"又愚又懒的""一分像人九分像鬼的不长进的民族",唯一的出路就是"死心塌地去学",学习"西洋的近代文明。"③这些确实过了头,然而不置身于那个腐朽愚顽的清王朝,绝体味不出"杀尽满人"所蕴含的那种愤愤无奈之情;没有亲历过辛亥革命后中国社会的那种黑暗,绝不会理解"五四

---

① 胡适:《先秦名学史》,学林出版社1983年版,第8页。
② 钱玄同:《中国今后之文学问题》,见《新青年》,第4卷,第4号。
③ 《胡适文存》,卷首。

人"的那份痛苦和失望。当人们责备"五四"小青年说话过火时,千万不能忽略了这一点:正是中国社会的极度腐烂才使人说话都走样。

二、发现"青年"的符号意义

许多研究"五四"的人,不大注意作为新文化起点的《青年杂志》这个刊号。为什么一个旨在发动一场文化更新运动的刊物要用"青年"相标榜?这是不能不深加推究的。更值得注意的是,《青年杂志》(后改为《新青年》)创刊号封面上印着一排坐着的学生,上面用法语写作"La Jeunesse"(青年)。对这个法语的标题,人们往往忽略。而国外一些研究者却给予相当的重视。有一本著作这样写道:"这个副题的选择不是偶然的。它本身是法国文化和法国革命民主思想深远影响的反映,不仅影响了陈独秀,而且也影响了许多他的同代人。"[①]"青年"这一符号的选择,说明五四与法国文化或者西方文化的联系这一点是无疑问的,但其中还有更深层的意义。

1915年9月,《新青年》创刊。陈独秀在带有发刊词性质的《敬告青年》一文中,向青年提出了这样的希望:(一)自主的而非奴隶的;(二)进步的而非保守的;(三)进取的而非退隐的;(四)世界的而非锁国的;(五)实利的而非虚文的;(六)科学的而非想象的。显然,这种排列是有明确指向的。如果把《新青年》的反传统联系起来,那么这便是一种隐喻:前者表征着人类进化最高阶段的西方文明,后者则是中国停止不前落后于西方的明证。要使中国赶上西方,就必须按照进化的程式,以西方文明为坐标来改造中国文化传统。因为中国孔教"根本伦理道路,适与欧化背道而驰,势难并行不悖。"[②]孔教宰治中国两千余年,诸

[①] Witold Rodzinksi, *A History of China*, Volume 1, 1979, p. 437.
[②] 陈独秀:《独秀答佩剑青年》,见《新青年》,第3卷,第1号。

子学说未能摇其根本,道教不免遭其统摄,若"无西洋独立平等之人权说以相较,必无人能议孔教之非"。① 在这里,如果仅以"西化"与孔教"背道而驰",便据以"议孔教之非",是难以成立的,因为也可反其道而行之,以孔教议西化之非。那么,"五四人"为什么要用西化来"议孔教之非"呢?原因之一是他们认为"孔教不能适应现代生活"。"现代生活"是有所指向的,它隐含着对西方"现代"文明的企慕和依恋。以现代西方的唯一的参照之物,"现代性"便是一个坐标、一个标准,用此来尺量西化与孔教,其今古新旧,自然是一目了然的。时代性若被凝固为一种价值判断或价值尺度,今古新旧之分也就成了是非优劣之别了。而以时代为价值尺度这恰恰是进化论的路数。近代的中国,从师学西法到批判旧有的传统,从康有为、梁启超到严复、孙中山无一不是以进化论作为底色,五四新文化运动并没有挣脱这一缰套,仍使用"进化"的眼镜观测着传统(中国)与现代(西方)的价值。

　　进化之于生物界,便是优胜劣败,物竞天择,适者生存,由此也形成了生物由简单到复杂、由低级到高级的进化历史。然而,生物界并不存在价值问题,所谓"简单""复杂""低级""高级",只是就机体构造而言,所谓"进、退""优、劣",只是就机体的演化和机体对环境的关系而言,这里只有时间上的序列,没有价值上的褒贬。若把进化的机理植入人与社会,情况则不同了。因为作为人的社会和社会的人与一般的生物界或生物界的生物有着质的分别。虽然说每一种高级物质运动形态必然都包含有较低形态的法则在内,社会文明也必然有时间序列上的分别。但由于价值因人与社会而生,时间与价值在社会中便形成了复杂的关系,很难用生物界的时间性概念简单地判定人类社会文明是越古越好,还是越现代越好。人类社会的文明形态本身就是千姿百态、扑朔迷离

---

① 陈独秀:《宪法与孔教》,见《新青年》,第 2 卷,第 3 号。

的。况且,文化人类学早已提供了人类社会文明的"进化"与生物界进化相反的例证:"文明人"往往比"野蛮人"更野蛮,而"野蛮人"往往比"文明人"更文明。这说明,"时间在社会这一物质形态中,跟在其生物形态中不同,已经不是主要尺度了,当然更不是唯一尺度。"①

"五四人"不但使用了时间概念,而且时间性本身已被升华为一种形而上的价值尺度。周作人说:"对于中外这个问题,我们只须抱定时代这一理念,不必再找出什么别的界限。"②陈独秀则认为,中国的文明尚处在宗教时代和玄想时代,西方的文明已进入科学实证时代;时代不同,优劣自明。③ "时代性"就这样被推上极端,"时代"蕴含着生命。在时代的坐标上,"青年"便是一种现在与未来的交接点,只有他们才能摆脱代代相袭的传统的拖累并对既存的秩序抱有仇恨,因而只有"青年"才适合去当"进步性"变革即进化的动力与先锋,他们象征着那种已被假定了的可以激活中华民族整体力量的"生物能"。"青年如初春,如朝日,如百卉之萌动,如利刃之新发于硎"。④ 这种蕴含在"现代性"中的

---

① 庞朴:《继承五四,超越五四》,见《历史研究》,1989 年第 2 期。
② 周作人:《人的文学》,见《新青年》,第 5 卷,第 6 号。
③ 参见《陈独秀复汤尔和》,见《新青年》,第 4 卷,第 5 号。若把"五四人"对进化论抱的这种信念与严复对进化论所持的看法相对照,便可发现,两者实质上没有多大的区别。严复说:"天下之群,众矣,夷考进化之阶段,莫不始于图腾,继以宗法,而成于国家。……此其为序之言,若天之四时,若人身之童。""还观吾中国之历史,本诸可信之载籍,由唐、虞以讫于周,中间二千余年,皆封建之时代,而所谓宗法,亦于此时最完备。其圣人,宗法社会之圣人也;其制度典籍,宗法社会之制度典籍也。物穷则必变。""变"虽已发生,但中国民众的风俗、习惯和思维方式依然停留在宗法社会阶段。所以严复说:"在彼(西方)则始迟而终骤,在此(中国)始骤而终迟。"(严复:《社会通诠·译者序》,商务印书馆 1981 年版,第 9—10 页)除进化论外,在许多方面,如对传统的批判,对西方科学与民主的企慕和欢迎等,"五四人"与严复都极为相似。而且在很多方面,"五四人"并没有超越严复。相反地,在极度悲观中的老年严复对"五四"小青年并不抱希望,乳臭未干的狂少年怎能救中国? 这种在两代人之间存在的学理、中学、西学修养的差异一直交织在严复复杂矛盾的心里底层。作为一个西学的"智者",他对"五四"青年表现出的傲慢是可以理解的。而研究严复与"五四"之间的思想关联则是一个有意义的课题。
④ 陈独秀:《敬告青年》,见《青年杂志》,第 1 卷,第 1 号。

生命能被视为青春本身,它既是时代的符号,又超越了过去的岁月,被赋予了一种人格化的心理属性,这种属性使个人具有真正的自我意识,并因此具有自我更新的力量为中国进化的事业服务。"青年"是独立、自信的符号,所以它要求"现代"的人必须从窒息进化活力的"家庭"中解放出来,建立起具有"现代性"特征的西方模式的家庭制度,这种家庭制度建立在自由选择婚姻伴侣,所有成年人经济独立的基础之上。更为重要的是,这种美德又可在功能上与生产活动联系起来:"现代生活,以经济为命脉,而个人独立主义,乃为经济与生产之大则,……放现代伦理学上之个人人格独立,与经济学上之个人财产独立,互相证明,其说遂至不可摇动;而社会风纪,物质文明,因此大进。"①

循此思路,"青年"在历史进程中自然是具有形上意义的一种象征,它代表着创造的"时刻",是历史真实生命的存在:"大实在的瀑流,永远由无始的实在向无终的实在奔流。吾人的'我',吾人的生命,也永远合所有生活上的潮流,随着大实在的奔流,以为扩大,以为继续,以为进转,以为发展。故实在即动力,生命即流转。"②这是以创造的时刻作为形而上历史进程的基础,以不同性质的力量分裂为对立的两极为现象界的特征,青年、春天,诞生和创造的存在完全依赖于它们的对立面:死亡、冬天、衰老和毁灭。"但是在现象界背后,宇宙作为整体只能被理解为时间本身的状态。这里,时间的现象特征——区别、相对性及其变化——必然与其超自然的状态——绝对、均一性和恒定——形成鲜明对照。"③所以,"青年""春天""今"属于超自然的实在,这种时刻的能量将震荡一切。"不仅以今日青春之我,追杀今日白首之我,并宜以今日

---

① 陈独秀:《孔子之道与现代生活》,见《新青年》,第2卷,第4号。
② 李大钊:《今》,见《新青年》,第4卷,第4号。
③ 费正清主编:《剑桥中华民国史》(第一部),第425页。

青春之我，预杀来日白首之我。"①

以进化论的眼光观察中西文化问题是"五四"新文化运动的起点。在"五四人"眼里，"时代性"就是一种象征，进化的标志，一种判定文化优劣的最高价值尺度。合乎时代性即意味着"新"或进步，西方文化就是一个绝好的模本。相反，中国文化传统最大的弊害也在于时代性的缺失，以至于在其中西文化竞争中，总是吃亏挨打。"五四人"既然用时代性这一法则断定了中国文化的落后，那么要改变它，除了取法西方文化，"以西补中"之外，也只有依恃"青年"这一具有时代意义的价值符号了。"五四人"正是从进化的一元观发现了"青年"在改变传统创造未来方面的巨大价值，进而形成一种"青年（春）崇拜"心理。

其实，在东西文化之间虽有新旧之分、高低之别，然而这种分别也只具有相对意义。说到底，文化是人的创造物，是特定人群在特定生存条件下进行生存的表现，是这些人群的人类本质的对象化。换个角度说，无论中国文化还是西方文化，都有它自己发生和存在的历史时间和社会空间。超时间、超空间、超人群的文化是不存在的，也是不可思议的。由于不存在超时间的文化，所以规定了文化有时代性；由于不存在超空间文化，所以规定了文化有民族性。"不言而喻，由时代性展现的文化的时代内容，是变动不居的，在社会历史的转折关头，甚至可以发生前后对立的变化，使同一文化类型分为截然不同的阶段；不同文化类型之间，也可比较出时代上的同异。由民族性展现的文化的民族内容，则相对稳定且多姿多彩，它使文化得以形成自己特有的思维方式、抒情方式、行为方式和价值取向，以及文化诸因素的结构方式，即形成自己特有的类型。"②从文化时代性来讲，尽管它展现的时代内容变动

---

① 李大钊：《青春》，见《新青年》，第 2 卷，第 1 号。
② 庞朴：《继承五四，超越五四》，见《历史研究》，1989 年第 2 期。

不居,但其中也寓有不变的永恒成分,文化因此而得以积累,使新胜于旧,今胜于古;从文化的民族性来讲,尽管它特色各异,但其中也寓有普遍的人类成分,文化因此而得以传播,在历史上,一种文化为其他民族所吸纳、接受这是常有的事情。

以进化论作为底色的文化一元论虽然发现了文化的时代性,但它却漠视了文化的民族性。这种风靡于19世纪下半叶和20世纪初的文化一元说,对于把西方文化当作人类文化最高成就并因此而沾沾自喜、忘乎所以的西方学者来讲是非常自然的;但对于自己的祖国挨打受欺的中国知识分子来讲,纳膺文化一元说,却如吞下一只苦果。李文森说,中国知识分子在理智上向着未来,感情上仍留恋着过去。"实际上这是近代以来的中国知识分子被迫放弃华夏中心说去相信西方中心说,理解到文化有时代性却又处处感觉到文化有民族性的表现。在华夏中心说支配着中国知识分子头脑的时候,文化的时代性(虽然以进化论的形式出现)和民族性是统一的;相信了西方中心说即文化一元说以后,时代性(理智所追求的价值)与民族性(感情所系念的传统)发生了明显的分裂。这种理智与感情的矛盾,不能靠理智战胜感情这一通常的方式去解决,只能靠文化理论的片面性来消除。"[①]

庞朴先生认为,"传统"可分解为"传统文化"和"文化传统"两层意思。前者是指过去发生而今流传下来的种种具体文化现象(这种具体现象或是物质的,如一件器物;或是精神—物质的,如一项制度;或是精神的,如一种思想。它们或许只有欣赏价值和认识价值,或许仍在规范着今人的思想和行动),它是作为一种外在于今人的东西或力量而存在着。文化传统则不然,"它是内在于今人生活和心理中的习俗和定势,是支配整个民族的集体无意识;它体现为千百万人的

---

① 庞朴:《继承五四,超越五四》,见《历史研究》,1989年第2期。

知情意的表现方式和价值取向,人们都往往不觉其存在;它生于过去,传承至现在,影响着未来,具有稳定的连续性;它是文化的民族母斑。"①

"五四人"在文化观上的缺陷不在于激烈的反传统,而在于他们以"时代性"为唯一尺度。他们简单地把"文化传统"看作是一个仓库,认为只要把仓库打扫干净,留出一些地方,便可以放进许多西方文化的新东西。正如庞朴先生所云:"五四人物在传统与现代化问题上的根本理论弱点,即在于他们误以西方人的行为方式为人的普遍行为,误以西方人的习性为人的普遍本性,用过去对待经书的态度去对待西方的学说,重新崇奉一套放之四海而皆准的真理。"②其实,中西虽存在着贫富之别,但绝无四海皆准的真理可言;中西有介入世界的不同视角,但绝不是瞎子与慧眼的区别;中西可以互补之处不少于需要移入之点,并非总是"自己事事不如人"。

三、民主的工具性质

既然中国的宪制不能靠传统的纲常伦理作为支撑点,那么为已被五四人淘洗过的文化传统注入新血液便被看作是解决中国问题的关键。当然,新血液不能在中国本土上产生,需要西方文化为中国的文化

---

① 参见庞朴《继承五四,超越五四》一文。庞先生对"传统"的这种分解是有明确的价值取舍的。如果把"传统文化"看作是"外在今人的东西和力量",那么这与以"好与坏""精华与糟粕"为尺度给"传统"定位没有什么分别。其实,"文化传统"与"传统文化"除了语义上稍有的差别之外,两者无法截然分开。当人们使用"传统文化"一词时,一般也是在强调"现代与传统"之间的区别与联系;当人们使用"文化传统"一词时,重心是突出"现实状态的必然性",并不包含价值上的判断。当然,"传统"本身也包括"具体文化现象""价值信仰"或"人格理想"这些不同的层次。

② 庞朴:《继承五四,超越五四》,见《历史研究》,1989年第2期。

传统输血。于是,"五四人"在西方文化的宝库中进行认真地检寻,找到了科学与民主两件宝贝。这两件东西既是"五四人"对传统破入的门径,也是他们认定的现代价值重建目标。他们将其捧在手上,挂在心头,以至于将其看作是救苦救难的"德(民主)赛(科学)二先生""德赛两菩萨"。"科学与民主"无疑是他们从西方请来疗治中国沉疴的神医高手,能妙手回春,是能救中国苦难的慈悲菩萨。有了它,中国的宪制便有了希望,整个国家和民族也将获得新生。"五四人"对科学与民主的崇拜并不亚于郑观应、王韬一代人对西方议院的崇尚;不亚于康有为、梁启超对民主立宪制的眷恋;不亚于严复对进化论的执着;不亚于孙中山对"民主共和"的信念。从这一意义上说,"五四人"对民主与科学的尊奉,是近世中国对西方宪制文化探寻的继续,是为中国宪制文化巩固路基并最终为中国国家富强求索路径的继续。所以,理论的长短之处同样于其一身。

1915年9月,陈独秀在《敬告青年》一文中说:"近代欧洲之所以优越他族者,科学之兴,其功不在人权说下,若舟车之有两轮焉。""国人而欲脱蒙昧时代,羞为浅化之民也,则急起直追,当以科学与人权并重。"①这里所说的"人权"与民主同义,由此也可以看出"五四人"对"人权"的理解和了悟。其实,"五四人"也和其前辈一样,对"民主""人权""宪制""自由""平等"等价值或概念的分辨并不清楚,他们往往只是接受了这些价值符号,而并未进行理性之探索。既然这里已把科学与民主的旗帜扯起,就必须首先将其作为一种统一的价值尺度来裁量中国的现实问题。现实的问题是:"士不知科学,故袭阴阳家符五行之说,惑世诬民;地气风水之谈,乞灵枯骨。农不知科学,故无择种去虫之术。士不知科学,故货弃于地,战斗生事之需,……仰给于异国。商不知科

---

① 陈独秀:《敬告青年》,见《青年杂志》,第1卷,第1号。

学,故惟识罔取近利,未来之胜算,无容心焉。医不知科学,既不解人身之构造,复不事药性之分析,菌毒传染,更无闻焉;惟知附会五行生克寒热阴阳之说,袭古方以投药耳。"①在"五四人"看来,科学与迷信,科学与无知是不能两立的,只有树起科学的价值,明白科学道理,中国才会走上富强的正路。而现在的问题是"有一班好说鬼话的人,最恨科学,因为科学能教道理明白,能教人思路清楚,不许鬼混,所以自然而然地成了讲鬼话的人的对头。""据我看来,要救治这几至国亡种灭的中国,那种'孔圣人、张天师传言由山东来'的方法,是全不对症的,只有这鬼话的对头的科学!——不是毛皮的真正科学!"②现实的中国不只是政治黑暗专制,且迷信丛生,鬼神之说盛行。而专制与迷信与同专制和礼教一样有着不可割舍的联系。专制的撑持得助于愚昧和无知;迷信与愚昧又是专制政治必然导致的结果。"现在世上是有两条道路:一条是向共和的科学的无神的光明道路;一条是向专制的迷信的神权的黑暗道路。我国民若是希望义和拳不再发生,讨厌像克林德碑这样可耻纪念物不再竖立,到底是向哪条道路而行才好呢?"③民主与专制、科学与愚昧价值两端一清二楚,中国何去何从也是不言自明的。

"五四人"关心的是科学的价值,而大不注意科学研究本身。陈独秀与《新青年》与其说是在阐发科学之精义,毋宁说是树起对科学的信仰。陈独秀曾给科学下了这样一个简单定义:"科学者何?吾人对事物之概念,综合客观之现象,诉之主观之理性而不矛盾之谓也。"④对科学的这一认识,并未超出严复的眼量。严复在译介西方著作的同时,对西方的科学精神和科学方法进行了重要的阐析。他认为,"内籀"与"外

---

① 陈独秀:《敬告青年》,见《青年杂志》,第1卷,第1号。
② 鲁迅:《随感录》之三十三,见《新青年》,第5卷,第4号。
③ 陈独秀:《克林德碑》,见《新青年》,第5卷,第5号。
④ 陈独秀:《敬告青年》,见《青年杂志》,第1卷,第1号。

籀"二者是"即物穷理之最要途术",这与陈独秀的定义差不多。陈独秀也认为科学的价值在于"明其理由,道其法则"。认为求真理,兴学术,"归纳论理之术,科学实证之法",都是不可少的。① 他们都推崇归纳法,将其看作是获取真知的最有用、最可靠的方法和途径。不同的是,"五四人"将科学已升华为一种形而上的价值实体,欲用之横扫一切旧物。他们不但强调要"用科学解释宇宙之谜","以科学说明真理",而且,以为举凡一事之兴,一物之细,无不诉之科学法则。李大钊说:"人生最高之理想,在于求达真理。"而求达真理之途,"一在查事之精,二在推论之证。二者交备,则逻辑之用以昭。而二者之中,尤以据乎事实为要。"②胡适则重视实验主义方法,强调对于任何事物都必须求诸科学的实验实证,反对空想和虚玄。在这里,一切事物都必须接受科学和理性的审判,科学不只是是非的标准,也是善恶之尺度。若已被科学判定不合理的,不适合现代社会生活需要的,即令它是"祖宗之所遗留,圣贤之所垂教,政府之所提倡,社会之所崇尚,皆一文不值也"。③

科学不仅可以疗治中国的外伤,而且还可以根治中国内在的"无常识"的思维,"无理由"的信仰,即把信仰也要纳入科学的范畴。④ 用科学去批判宗教,这是"五四人"把科学拔扬到极致的最重要表征。围绕着科学与宗教问题,陈独秀发表的文字很多,如《驳康有为致总统总理书》(1916)、《宪法与孔教》(1916)、《孔子之道与现代生活》(1916)、《再论孔教问题》(1917)、《复辟与尊孔》等文。在此过程中,他一再强调学

---

① 陈独秀:《随感录》之十九,见《新青年》,第5卷,第2号。
② 李大钊:《真理之权威》,见1917年4月17日《甲寅月刊》。
③ 陈独秀:《敬告青年》,见《青年杂志》,第1卷,第1号。
④ 陈独秀说:"宗教之功,胜殆劝善,未尝无益于人群;然其迷信神权蔽塞人智,是所短也。欧人笃信创造是世界万物之耶和华,不容有所短长,一若中国之隆重纲常名教也。""在昔蒙昧之世,当今浅化之民,有想象而无科学,宗教美文,皆想象时代之产物。凡此无常识之思维,无理由之信仰,欲根治之,厥惟科学。"(陈独秀:《敬告青年》,见《青年杂志》,第1卷,第1号)

习科学对于反孔教的重要性。在《再论孔教问题》一文中,竟提出了以科学代替宗教的主张:"人类将来真实之信能可证,必以科学为正轨,一切宗教皆在废弃之列……人类将来之进化,应随今日方始萌芽之科学,日渐发达,改正一切人为法则,使与自然法则有等同之效力,然后宇宙人生,真正契合。……科学之进步,前途尚远。吾人未可以今日之科学自画,谓为终难决疑。反之,宗教之能使人解脱者,余则以为必先自欺,始克自解,非真解也。真解决疑,厥惟科学。故余主张以科学代宗教,开拓吾人真实之信仰。"①他或许并不知道:科学的发展与倡明,既可把人送上月球,也可以发明出毁灭地球多少次的杀人核武器。如果科学本身没有信仰的支撑,它也会堕落成赤裸裸的先进杀人工具。一个无可争辩的事实是:科学改变了人类生活方式的同时,也使人类的道法在进化中堕落。本世纪30年代末40年代初,当许多人陷入了歇斯底里时,爱因斯坦却在为人类的和平而奔走呼号,这不只是出于一个科学家的良知,也潜有一份博大的基督情怀。或许正是因为有了科学与宗教的两轮,才驱动人类艰难地向前向善,科学可使人类生活得更好,宗教可教人知道如何活着。

"五四人"既然要把科学变为一种信仰,那他们就会置生死于不顾,为科学而献身或殉难,正如基督为上帝而献身一样。"追本溯源,本志同人本来无罪,只因拥护那德漠克拉西(Democracy)和赛因斯(Science)两位先生,才犯了这几条滔天的大罪,要拥护那德先生,便不得不反对孔教、礼法、贞节、旧伦理、旧政治;要拥护那赛先生,便不得不反对国粹和旧文学。……西洋人因为拥护德、赛两先生,闹了多少事,流了多少血,德、赛两先生才渐渐从黑暗中把他们救出,引到光明世界。我们现在认定只有这两位先生,可以救治中国政治上道德上学术思想上

---

① 陈独秀:《再论孔教问题》,见《新青年》,第2卷,第4号。

一切的黑暗。若因为拥护这两先生,一切政府的压迫,社会的攻击笑骂,就是断头流血,都不推辞。"①"五四人"已经做了"科学教"和"民主教"的教徒,并敢于为此而献身,这就是"五四"的精神,"五四"的骨气。

虽然"五四"从西方文化中截取的民主、科学在中国并非新鲜之物,戊戌时期的严复、梁启超在不同程度和层次上都倡扬过。然而,当"五四"用民主和科学来概定西方文明的精神时,这已经越出了仿效某个具体国家的具体建制的轨迹。"他们不再热恋于讨论民主政治与君主专制的孰是孰非,而是转而探索民主社会在欧美为何可能,而在中国又为什么屡屡失败。先是戊戌,紧接着是辛亥,这种悲剧的一再重演,根本原因究竟在哪里呢?于是他们的认识开始由制度层面楔入到文化心理层面,确信没有多数国民的民主觉悟,没有一种能赋予民主制度以真实生命力的广泛心理基础,是不可能真正建设和组织起'西洋式的社会''西洋式的国家'的。"②

陈独秀的下面这段话最能代表他们超越前人的眼界:"所谓立宪政体,所谓国民政治,果能实现与否,纯然以多数国民能否对于政治,自觉其居于主人的主动的地位为唯一根本之条件。自居于主人的主动的地位,则应自进而建设政府,自立法度而自服从之,自定权利而自尊重之。倘立宪政治之主动地位属于政府而不属于人民,不独宪法乃一纸空文,无永久厉行之保障,且宪法上之自由权利,人民将视为不足重轻之物,而不以生命拥护之;则立宪政治之精神已完全丧失矣。是以立宪政治而不出于多数国民之自觉,多数国民之自动,惟日仰望善良政府,贤人政治,其卑屈陋劣,与奴隶之希冀主恩,小民之希冀圣君贤相施行仁政,无以异也。……共和立宪而不出于多数国民

---

① 陈独秀:《本志罪案之答辩书》,见《新青年》,第6卷,第1号。
② 陈旭麓:《近代中国社会的新陈代谢》,第396页。

之自觉与自动,皆伪共和也,伪立宪也,政治之装饰品也,与欧美各国之共和立宪绝非一物。"①国民之科学与民主觉悟的有无、高低是中国宪制能否成功的关键。因此,也只有从伦理层面楔入科学与民主的价值,中国宪制才会有成功的希望。这便是"五四人"的"最后之觉悟"。

不宁惟是,"五四"将民主与科学勾联为一个新伦理的"共同体",并将"民主"从"群"的意义上剥析出来,具体落实到人权,这都是其过人之处。这说明,"五四人"与上一代知识分子有了不同,他们不仅仅希望用民主作为创建一个团结合群的民族国家的材料,而且呼唤着一个能给予个人全面自由发展的新型社会,创建一个以个体为独立价值的理想环境。这既是一种理想,也是一种奢望,但也说明了"五四人"不同于前人的情愫。在他们看来,新国家的建立,社会的改造,归根到底是把人的东西还给人,是个体创造与自由的弘扬。他们思考问题的方法,已不再从"群"的意义上探求"制度型"的民主,而是深入到政治法律文化的底层从国家与个体的关系上探寻人作为人应具有的尊严与价值。陈独秀说:"尊重个人独立自主人格,勿为他人之附属品。……集人成国,个人之人格高,斯国家之人格亦高;个人之权巩固,斯国家之权亦巩固。而吾国自古相传之道德政治,胥反乎是。"②在这里,"民主"落实到"人权",意味着:是个体决定国家和民族,个体比国家更重要,因为一个由享有充分人权的个体组成的国家必然强大和文明,而一个没有个体地位抹杀个性的国家必然贫弱落后。在他们眼里,这既是一种价值判断,也是一种事实陈述,中国便提供了例证。他们既是西方文化的真诚信奉者,也是中国传统的背叛者,从中国文化传统里所看到的东西与上一

---

① 陈独秀:《吾人最后之觉悟》,见《青年杂志》,第1卷,第6号。
② 陈独秀:《一九一六年》,见《青年杂志》,第1卷,第5号。

代知识分子全然不同,后者看到了民权,他们看到的是"吃人":"一曰损坏个人独立自尊之人格;一曰窒碍个人意思之自由;一曰剥夺个人法律上平等之权利;一曰养成依赖性,戕贼个人之生产力。"①鲁迅对中国传统的群体本位造成的灾难性后果更是深表忧患:"中国人向来有点自大。——只可惜没有'个人自大',都是'合群爱国的自大'。这便是文化竞争失败之后,不能再振拔改进的原因。"对那种个体人格丧失殆尽,拉着群体、国家作虎皮的人,鲁迅作了毫不留情的揭露和讽刺:"'合群的自大''爱国的自大',是党同伐异,是对少数的天才宣战;——至于对别国文明宣战,却尚在其次。他们自己毫无特别才能,可以夸示于人,所以把这国拿来做个影子;他们把这国里的习惯制度抬得很高,赞美的了不得;他们的国粹,既然这样有荣光,他们自然也有荣光也。倘若遇见攻击,他们也不必自去迎战,因为这种蹲在影子里张目摇舌的人,数目极多,只须用 mob 的长技,一阵乱噪,便可制胜。胜了,我是一群中的人,自然也胜了;若失败了,一群中有许多人,未必是我受亏;大凡聚众滋事时,多具这种心理,也就是他们的心理,他们的举动,看似猛烈,其实却很卑怯。至于所生结果,则复古,尊王,扶清灭洋等等,已领教的多了。所有多有这'合群的爱国的自大'的国民,真是可哀,真是不幸。"②在这里,人权不是别的,它首先意味着人应把人当作人平等对待,人应按自己的意愿活着;它意味着每一个有良知的人应从自己生存的群体里体验自己的境遇,体验对己的态度。人权毕竟与"合群"式的爱国主义、民族主义是两回事。

"五四人"首先解去了自己身上的枷锁。他们张扬的人权是一个在

---

① 陈独秀:《东西方民族根本思想之差异》,见《青年杂志》,第 1 卷,第 4 号。
② 鲁迅:《随感录》之三十八,见《新青年》,第 5 卷,第 5 号。

中国历史及文化传统中找不到的全新价值体系。在这里,人权意味着:"要独立自主之人格,要平等自由之人权",①即"法律上之平等人权,伦理上之独立人格,学术之破除迷信、思想自由",以及"经济之财产独立";②人权意味着:"个人之自由权利,载诸宪章,国法不得而剥夺之,所谓人权是也";③人权意味着:"内图个性之发展,外图贡献于其群";④人权意味着:"我有口舌,自陈好恶,我有心思,自崇自信,绝不容他人之越。"⑤人权就是人格独立、权利平等,思想自由,即对个体价值的张扬与信念。

可以这样说,"五四人"提出的人权概念是"中国三千年来文化上的一大变局"。它代表了那个时代最勇敢的言论。这意味着中国文化传统的神圣性在他们手中开始塌崩坏裂。他们既是传统的破坏者,也是新文化的开创者,他们既然背弃了传统,那就自然地成为一个无根性的漂流者,丧失精神家园,成为真正的孤独者。

林毓生教授在评价"五四"关于个体自由的人权概念时,从西方的自由主义历史中得出这样一个结论:在西方,个人价值的最终辩护不是基于理性的探讨,而是基于由宗教信仰世俗化所演化的伦理信念。个人的价值是由法律及政治秩序(法治与民主制度)所保障;这些都是历史演化的结果而非有意的特别设计。而自由的政治与立法制度的功能亦大大仰赖于思想与道德的秩序,这也是由历史演化而来的。他认为,个人主义的精神必须经常自觉地维护,否则将趋于式微。如果没有争取个人自由自觉运动,则自由制度经常会遭受每个社会中均有的反自由力量

---

① 《青年杂志》,第1卷,第1号、第5号。
② 《新青年》,第2卷,第4号。
③ 《青年杂志》,第1卷,第1号。
④ 《新青年》,第2卷,第1号。
⑤ 《青年杂志》,第1卷,第1号。

的破坏。但是,此种自觉运动必须建立既有的价值与道德架构上,而这个架构仅能从传统演化而来。一个自由的社会必须建基于传统。① 林教授对西方个人价值"由历史演化而来"的命题再三致意,并不是为了强调个人自由与西方历史的关系,而是旨在说明个人价值在中国的不可植入性,隐含着对"五四"倡扬个人价值的人权概念的不满和否定。他在对西方个人价值作了"由历史演化而来"的简单说明之后,对"五四"作了这样的否定性评价:"五四时代初期对于个人的关切与反传统思想运动有密切的关连。而且这种反传统思想是整体性的。但是,个人价值的观念必须是一个道德信念,而此一道德信念仅在它为社会道德秩序的一部分时方有其社会的意义。这种道德秩序也仅能由传统演化而来。五四时代的社会情况及思潮却不容许中国传统作任何创造的转化(creative transformation),而此项转化却为真正的自由理想在自由知识分子心中获得某些基础所必需的。既然"五四"反传统的知识分子有意完全拒斥儒家的传统,他们当然就不会去寻求创造地转化传统的可能性了。即使他们要将儒学与西方自由主义相整合,他们也会觉得并不可能,因为他们对儒学的了解深受传统思想模式的约制之故。"②林教授的这番宏论旨在说明"五四"对个人价值倡扬的无意义性。因为个人价值只能从"历史演化而来",在中国最多也只能从"传统的创造性转化"中来。强调一种文化的历史性或民族性这并不错,但把文化的民族性绝对化,这仍是林教授一再反对的"文化一元论"的路数。虽然个体价值根植于西方传统并带有民族性,但这并不意味着它不可以传播,为其他民族的文化所接受、吸纳。当一种文化与另一种文化相接触而开始相互影响和交融时,往往是自然发生的,并不是先人为地为

---

① 参见林毓生:《中国传统的创造性转化》,第192页。
② 同上书,第193页。

其进行一番传统的创造性转化,然后再迎接它入籍安家。其实,一种新文化因子的移入本身就是对传统的一种改造,并经过两者的交互作用以后,要么自然地融入传统成为新文化的一部分,要么为本土文化所拒弃。一个不能忽视的事实是:西方的个人价值之于中国,虽然过程漫长了一些,但它毕竟在一步步地取得现实性。谁能说,今天的台湾或是大陆,个人价值的重视程度还比不上西学传入中国以前的时代?对大多数的中国人来讲,倡扬个人价值,重视个人价值,实与"五四"新文化运动分不开的,就此否定"五四"的价值是不公正的。当然,个人价值作为"由西方历史演化而来"的东西,要为中国文化传统"整体性"接纳,必然面临着我们自己传统的转化,并有赖于将其植入"道德秩序"层面,且为政治法律秩序所保障。然而,任何传统的转化首先都包含着传统的扬弃。事实是,在中国不批判儒家的纲常伦理,不打倒吃人的礼教,而侈谈个人价值与传统的转化,只能是实际上对个人价值的拒绝。并不能因为"五四"许多人没有像现代的新儒家那样从儒学传统中"开"出西方的民主和自由来,就连"五四"要打倒的吃人礼教都要否定。难道"五四人"批判传统的纲常伦理,打倒吃人礼教也是错了的吗?

林教授的论著意在批评"五四"没有将传统创造性转化。其实,中国文化传统的转化是一个过程,而且这一过程是由许多纽结组成的有机链条。"五四人"对传统的扬弃便是解开了第一个纽结,是这一链条的必要一环,他们做了应该做的事情。当然,传统的现代转化工作"五四"没有完成,因此既继承"五四"又超越"五四"便是今天的责任。如果把文化传统的现代转化比作挖掘宝藏,那么可以这样说,是"五四"首先做了除去杂石乱草的清理工作,并开破了第一、二层盖土,而今人或后人要做的就是在"五四"动工的地方继续干下去。

"五四人"的科学与民主理论是有缺陷的,但错并不在于他们未对传统进行创造性转化,而在于对科学与民主本身的理解。与《新青年》

杂志同年诞生的还有一个不大引起人们注意的刊物——《科学》。虽然两者的宗旨相近,①但这里应注意的一点是:它们的精神是不同的。前者是人文知识分子的思想阵地,后者则是自然科学家科学探求的场所。《科学》在创刊之初,就宣称"求真致用两方面同时并重",真正的科学家要在科学实践中坚持"求真"的精神,以发现新知识为己任。30年代,中国科学界曾发动了一场科学化运动,主张"科学的社会化,社会的科学化"。后来又从科学化方面提出"以科学的方法整理我国固有的文物。以科学的知识充实我国现在的社会。以科学的精神创造我国未来的生命。"②其目的在于要把传统文化与科学精神进行整合以推动中国社会的进步。虽然这一宗旨与新文化运动差不多,但两者始终保持着对"科学"认知的距离。在科学论战中,作为科学家的任鸿隽虽站在科学派一边,但他只同意"科学的人生观",不同意有"人生观的科学",这与新文化运动的先锋们在"科学"的理解上有若大的不同。胡先骕也曾激烈地批评过胡适。因为胡适(包括陈独秀)把科学看作是文化运动的组成部分,认为中国科学家的成功,是"为文化上辟出一条新路"。而在科学家们看来,科学运动与新文化运动是中国两种平行前进的动力,不能把科学泛化为"新文化"的一个部分。③

---

① 《科学》杂志于1915年1月在上海问世,而陈独秀主办的《新青年》杂志则于1915年9月在上海创刊,办刊宗旨两者是大同小异的。陈独秀的《新青年》说:"近代欧洲之所以优越他族者,科学之兴,其功不在人权说下,若舟车之有两轮焉。"《科学》杂志发刊词的第一段文字也开宗明义地论道:"迩来杂志之作亦夥矣。愤时之士,进不得志于时,退则摇笔鼓舌,以言论为天下倡。抑或骚人墨客,抑郁无聊,亦能摅写怀抱,发舒性情,鸿文丕焕,号召声类。此固政客文人所有事,而于前民进德之效未尝不有获也。独是一物之生,有质而后有力。一事之成有本而后有末。……世界强国,其民权国力之发展,必与其学术思想之进步为平行线,而学术荒芜之国无幸焉。历史具在,其例固俛拾即是也。"(《科学》,第1卷,第1期)可见两者都是把科学与民主(民权)作为救国的工具。

② 《中国科学化运动协会第二期工作计划大纲》,见《科学的中国》,第5卷,第181页。

③ 参见樊洪业、李真:《科学家对五四新文化运动的贡献》,见《自然辩证法通讯》,1989年第3期。

由此而论,《科学》与《新青年》、科学家与胡适、陈独秀对科学理解的不同点在于:前者坚守"求真"的科学精神,不肯把非科学规范的思想纳入实证科学之中,而作为新文化运动先锋的陈独秀、胡适则是坚守"科学万能"的信仰,把唯物史观、实验主义也纳入科学规范中来。他们所使用的科学概念是不同的。科学家遵循共同的范式的科学共同体,目标是发展科学,并以科学影响社会。后者则把科学意识形态化,把科学方法推演为普适于自然、社会和人生的哲学,被称为科学主义或唯科学主义。科学主义运动的着眼点,不在于科学本身的发展,而只关心科学对文化和社会的改造。陈独秀、胡适原本想以科学反对迷信,其结果则是把科学拔扬为一种信仰,变成对科学的迷信。在五四新文化运动中出现了科学的非科学化倾向。

把民主落实到人权这是"五四人"的眼量,是他们发现了民主中所蕴含的个人价值。然而,民主与人权毕竟是两回事。简单说来,民主的着力点在于由普通民众主导国家权力(民主权),并因此而形成一套固定的程序与制度;人权则是着力于个体在国家与社会中应处的地位,具有的价值与尊严。两者的关系概括地说便是:人权构成民主制度的伦理基础,民主则是保障人权的屏障(safeguard)。"五四"没有分辨民主与人权在价值取向上的不同,以及由此在制度方面所形成的差异。从民主理论着眼,"五四"对民主的探析仍旧停留在价值预设的水平,还固守一种"民主乌托邦"的理论模式。"五四人"欢迎西方的民主(人权)来到中国,但并没有从实际意义上为其签发永久的居留证。在西方,民主作为民主权的表达,首先表现为一套行之有效且恒常化的制度,如议会制度、政党制度、投票制度、(公民的)权利制度、(政治家的)责任制度,等等。五四人并没有从制度层面对民主加以研析,当然也就找不到民主制度在中国的切入点。他们有时也使用"宪政"这一概念,但在探思中国宪政失败的原因时,仍将其归结为中国民众政治上的"不觉悟"。

"民众素质"是一个宽泛的问题,"觉悟不觉悟"也是相对的,要提高国民的政治素质只靠向民众灌述民主怎样怎样地好是无济于事的,还应从建立适合中国民众参与的制度处思考入手。一个简单的道理是:要教人学弹琴,必须首先有琴可弹;教人学游泳,必须让他下水,光靠在岸上比比画画是不行的。

"五四"在民主问题上一个最大的失误是忽略了法治问题。中国近世以来,从王韬、郑观应等第一代知识分子开始到"五四人",他们在纵论西方民主时都是津津乐道谈其形上价值,而很少触及西方民主生长所依恃的法律秩序。梁启超虽然曾使用过法治概念,但对其则作了错误的理解;严复翻译了孟德斯鸠的《论法的精神》,似乎他并没有把握法治的真义。在清末的预备立宪时,当康、梁师徒为君主立宪炒得沸沸扬扬之时,沈家本作为一个法律家则实实在在地做着法律的改革工作,试图为中国的法治打底子。每一个时代都需要处于学术中心的顶尖人物,但那些不争激流而甘居寂寞的边缘人物并非没有研究的价值。相反,往往是他们最终撑起了中国学术的脊梁。关于法治对民主的价值,由于篇幅所限,在此无法展开,感兴趣的读者可以参读王人博、程燎原所著的《法治论》一书。① 这里引用林毓生教授的一段话:"实现民主必须先有法治。但我们没有法治传统,却又要实行民主,所以成绩一直不理想。民主产生与运作,必须先有法治;而我们是为实行民主才要求实现法治。事实是,必须先有法治才能实行民主。但我们压根儿就没有法治的传统(只有人治与刑罚的传统),这是我们的根本问题所在。"② 林教授的观点,也正是我们的看法。

---

① 王人博、程燎原:《法治论》,山东人民出版社 1989 年版。
② 林毓生:《中国传统的创造性转化》,第 93—94 页。

四、新文化中的民族主义潜流

"五四"对科学与民主的接受与倡扬并非是从知性的认知层面开始的。事实上,他们也未曾对科学与民主做过扎实的实证研究。他们首先把它看作一种新的意识形态,一种新的价值符号。换句话说,科学与民主之于"五四",不是探求,而是信仰与置设,试图用科学与民主作为新伦理的架构,以取代中国传统的旧伦理、旧信仰。这种主观取向与对待中国文化传统的态度相互关连,相互影响,以至于他们最终没有给传统文化于新文化中一个确当的位置。事实是,"五四"之所以要打倒孔家店,反传统,主要不是因为他们在知识层面发现儒家学术出了问题,而是敏锐地体察到作为一种意识形态体系的儒学已失去了往日震慑人心的力量,无法在新时代的洪流中充当起整个民族的价值信仰权威。这或许就是他们把批判儒学改换为"反孔教"的原因。无论如何,"反孔教"是有明确价值指向的。"在西方中世纪,神学的意识形态体系与王权的政治秩序基本上是二元分立的,而在中国大一统结构之中,专制主义政治与儒家意识形态都高度联镇整合。在西方列强的压迫下,整个民族出现生存危机,王权统治秩序出现解体时,在意识形态领域也相应出现了权威危机,于是西学中的民主科学就作为一种新的价值和信仰符号被中国的启蒙学者们提了出来,用以取代日益式微的传统儒学。无论是进化论,还是实验主义方法,在西方纯粹是价值中立的学术流派,一为中国知识分子所引进、接受,就立即上升到意识形态高度,成为人生观、救国术。"[①]这样一来,"五四"新文化运动一开始并不十分关注知识更新,而关切的主要是意识形态的转换。虽然他们也倡导科学的

---

① 许纪霖:《现代文化史上的"五四怪圈"》,见《文汇报》,1989年3月21日。

方法,要人们破除迷信,用科学的方法认识世界,更新思维方式,但始终没有成为新文化的主潮,始终不具备西方学人那种"为求知而求知"的纯学境界。"他们在主观意识层上反传统,但知识与信仰合二为一的传统心态仍然左右着他们对新文化的理解。民主和科学,既是真的,又是善的,更是神圣的"。在意识形态占压倒一切的气氛下,扎实的学术工作自然很难有独立的地位。许纪霖先生把这种现象称为"五四怪圈"。其实,这并不"怪"。"五四"没能在知识层面下功夫主要不在于"知识与信仰合二为一的传统心态仍然左右着他们对新文化的理解",而主要在于客观的情势不允许"五四人"坐在书斋做"为求知而求知"的纯学术。中华民族生存的危亡迫在眉睫,一群爱国知识分子主要是出于对客观情势的一种焦灼式的反应。许先生也承认,"在中国,由于近代文化变革是诱发于整个民族的生存危机。所以蒙上浓厚的意识形态色彩乃势所难免,中国的启蒙直接是为应急,纠国民在心理上不能容纳民主共和制度之弊。"①

爱国主义、民族主义始终是近世以来的中国知识分子思想的主旋律,一切问题都必须受它规约。"五四"的科学民主信仰,以及对传统文化的极度失望都是与此相伴相生的。《新青年》的发刊词中说:"国人而欲脱蒙昧时代,羞为浅化之民也,则急起直追,当以科学与人权并重",这不仅是对科学与民主的呼唤,更多意味的是对民族生存与发展的一种焦虑,是民族主义的宣言。正因为如此,科学与民主新伦理、新信仰的置设更多地是由现实出发。这种对民族存亡的最高关切在"九·一八"事变后迅速变为一种强烈的民族忧患意识,并相应地出现了两个引人注目的变化:"一是思考的重心迅速集中到现实政治问题上,原本就印有显著意识形态标志的文化讨论演变为直接的政治讨论;二是对中

---

① 许纪霖:《现代文化史上的"五四怪圈"》。

西文化交锋的文化多元格局不再耐烦,普遍呼唤统一的民族精神,迅速重建价值信仰权威。"①许先生所指的是"五四"之后的两个全国性大讨论。一个是以胡适主办的《独立评论》为中心阵地的"民主与独裁大讨论"。这场讨论被许先生作为论证"五四""知识系统依旧未曾独立,未曾摆脱政治价值的功利纠缠"的一个注脚。因为论战双方争执的焦点在于:在困难深重和现实可能的环境下,中国政制应采取何种形式问题。无论是胡适等人坚持民主政治的初衷,还是丁文江、蒋廷黻等知识分子为了强化国家的凝聚力,迅速实现统一,主张放弃民主宪制,实行新式独裁,都没能够"摆脱政治价值的功利纠缠"。问题是:在困难当头之际,一个爱国知识分子是不可能"摆脱"掉现实给予他的那种压迫,他不可能把政治这个解决目前困境的根本问题撒在一边不管不问,做他的"纯学术"。这或许正是那个曾发誓"二十年不谈政治"的胡适最后不但大谈政治,而且还做了"过河卒子"的"不得已"的缘由。中国知识分子与西方知识分子的不同,主要不在于后者能够"为求知而求知",而在于中国社会从未给知识分子提供做"纯学术"的环境与条件。

另一场讨论是以上海十教授《中国本位的文化宣言》为肇端的中国本位文化大论战。许先生认为,这场讨论之所以产生,是因为"许多知识分子感到:大敌当前最急迫需要的是高扬爱国主义精神。但爱国热情并非凭空产生的,它需要统一的价值信仰作为文化背景,显然,这种文化只能是土生土长的,与民族有着天然的历史联系。因此,迅速融合中西文化的精华,重建全民族的共同信仰,成为许多知识分子的强烈心愿和努力方向。"②显然,这种以重建"价值信仰"为解决问题的方法是

---

① 许纪霖:《现代文化史上的"五四怪圈"》。
② 同上。

"五四"路数的延续。而实际上,这两个讨论所反映出来的问题,并不主要是因为"五四""知识与信仰合二为一的传统心态左右着他们对新文化的理解",而是来自"五四"对民族问题的最高关切,来自"五四人"那种强烈民族主义的心绪。正是因为"五四"新文化潜有强烈的民族主义意识,所以才会在1919年后随着民族危亡的加深越发凸现出来。对此,不管用"知识与信仰合二为一"的分析模式,还是用"启蒙与救亡两重变奏"的分析框架①来概定"五四"新文化运动都是不确当的。

正是因为"五四"运动潜有民族主义的强烈色彩,所以"五四人"最终把科学与民主的信仰作为救国的新工具。当他们告诉青年说:"内图个性之发展,外图贡献于其群"时,他们并没有发现这里面所隐含的巨大矛盾。实际上,个性的发展与国家民族的复兴是属不同的价值范畴,硬要把两者扯在一起,在理论上会遇到无法克服的矛盾。如果他们理解的民主意味着个性的被尊重,那么当"个性的发展"与"贡献于其群"发生矛盾时孰为重?假若以前者为重,原来的价值设定那就毫无意义也没有必要;假若以后者为重,那实际上是消除了民主价值的预设。在有的情形下,"五四人"对"贡献于其群"比对"个性发展"给予了更多的关注。陈独秀说:"国人而欲脱蒙昧时代,羞为浅化之民也,则急起直追,当以科学与人权并重。"这里,民主(人权)仍被看作是推进民族复兴与进步的工具,不是一个独立的价值实体,这

---

① 李泽厚:《启蒙与救亡的双重变奏》,见《李泽厚十年集》,第3卷(下),安徽文艺出版社1994年版,第11—52页。李泽厚先生的这个分析框架是有问题的。且不说把"五四"新文化运动简单地界定为"启蒙与救亡"运动是否确当。更重要的是,李先生忽略了这样一个问题:"五四"新文化运动不仅因民族亡危而发兴,而且这一运动自始至终都潜有民族主义这一主线,只不过1919年后这一主线更加凸现而已。"救亡压倒启蒙"的问题是不存在的。实际上,"五四人"由思想文化层面统一的科学民主信仰转变为政治立场的分路,都是由强烈的民族主义意识所致。作为"五四"新文化运动统一阵营的陈独秀、胡适、鲁迅、李大钊最终都找到了各自不同的政治归宿,也是民族主义发展的必然结果。

仍是严复"力本论"的路数。从这一意义上说,"五四人"对民主(人权)的价值体认与康、梁一代知识分子对民权、自由的价值体认没有什么两样,不同的是前者在关心民族兴亡的同时,看到了个体的价值,而后者则没有。张灏先生认为,康、梁一代知识分子与"五四人"虽然有重大区别,但两者也有某种共同的东西:他们有着相同的人格理想和社会理想,都在不同程度上坚持集体主义和民族主义。而且经过"五四"运动,梁启超的国民理想成为20世纪中国价值体系的一个重要和持久的组成部分。①

可以这样说,"五四"新文化对宪制新伦理的倡扬与寻求,是近世以来中国富强路径探寻的继续。"五四人"的思想与意识仍凝着矛盾的缠绕与苦痛。李文森将其概括为"理智上向着未来,感情上仍留恋过去"的矛盾。而国内有的学者把它称为"五四情结"。其形成过程要追溯到19世纪中叶。从那时开始,中国一直沉溺在内乱外患的动荡之中,尤其是外国列强瓜分中国的历次战争,对中华的生死存亡构成了最大的威胁。战争一方面含载着明确的利益目标,造成了尖锐深刻的民族矛盾;另一方面,战争又是文明传播的特殊方式,它对中华民族特别是知识分子造成了另一种矛盾状态,一方面要抵御外来的侵略、维护民族的利益,另一方面不得不承认侵略者背后的文明的价值。"五四人"正是痛苦地面对着这个两难矛盾。一方面是战争造成的民族主义情绪,痛感民族的衰落和国家的贫穷,执着地以复兴民族为己任;另一方面,又对新的文明做出价值认同,否定民族传统文化,这种努力经常地被国粹主义斥责为数典忘祖、辱没先人、背叛民族,作为民族主义者反对民族的传统文化,作为被西方侵略的人去寻西方的真理,"五四"的知识分子无可逃避地承受着这双重身份。他们一方面是新价值观的寻求者、传

---

① 张灏:《梁启超与中国思想的过渡》,第300页。

播者,激烈地反对着传统,一方面又是最负民族使命感的民族主义者向外寻求真理,这便是"五四情结"。作为一种潜势的心理力量,它同样也贯穿在当代知识分子的深层意识中,以至于使得中国的宪制建设始终带有强烈的民族色彩。①

---

① 参见黄万盛:《论"五四"反传统的性质与意义》,见《光明日报》,1989年4月14日。

第十一章 惟民主义的情结

"五四"是中国宪制文化演生的一个异常重要的时期。它勃发于一个大动荡、大变革的时代。在这样一个社会剧变的时代,中国人遭遇了前所未有的困境和冲突,有良知的知识分子不得不为摆脱民族危机寻求出路。如果说"五四"新文化运动是从"新伦理"的建构方面为中国宪制寻求路径,以最终解决国家的富强问题的话,那么,取代"科学和民主"而勃兴的共产主义运动则标志着中国宪制文化已突破早些时候的"西化"模式而另辟新路的开端。而无论新文化运动或中国共产主义运动,都是和一个人的名字联系在一起的。作为"五四"新文化运动的旗手和中国共产主义运动的创始人的陈独秀,其思想由"惟民主义"到"社会主义"的转变,集中体现了20世纪中国宪制文化递嬗的轨迹。

一、民族的最高关切:陈独秀的工具宪制观

从民族的存亡出发,思考中国的出路这是近世以来中国宪制文化生成演变的基线。正如上文曾反复论说的,宪制以及与此有关的民权、议会,这些西方价值在为中国知识分子接受时,始终是与救亡图存的民族主义关怀相契合的。郑观应和王韬那一代知识分子自不待言,最早倡导自由的严复,实际上是把自由导向于一种激活国民的"能力"以增进"民德",进而把自由看作是国家富强的一种"新工具"。全面提出建立共和宪制方案的孙中山,一开始就把民权主义同民族主义的反满革

命联系起来,以实现其拯救中华的宏愿。陈独秀所领导的新文化运动没能脱出"寻求富强"的路数。所谓的"文化问题"实际上也只能是这一历史主题的进一步延伸。与前不同的是,虚幻的共和政治实际上比以前的政治更糟、更坏。袁世凯复辟帝制已致民国流产,其后代之而起的北洋军阀的武夫统治已使《临时约法》实亡,责任内阁和议会早已成了一块空招牌。尊孔复古的逆流使原本混乱的思想界更加混乱,迷信横行、愚昧挡路。中国向何处去的问题不能不促使像陈独秀这样有良知的青年知识分子的进一步思索与咀嚼。只是救亡的空间没有给他留下更多的思考和选择的余地。在这样的国势政情面前,无论中国的富强救亡之路是什么,似乎都须以一种健全的政治为前提。而一种符合时代需要的健全的政治的立行必须出于国民的多数自觉,并以一种健全的文化作底子。国家的存废、民族的危亡无疑是一个最切紧的问题,它再一次牵动了像陈独秀这样的新一代知识分子的思想主神经,而一切文化、政治问题都必须纳入这个"场"中加以解决。陈独秀对宪制文化的探讨以及他所代表的那一代知识分子最后的政治转向,似乎也只有在这个"场"中才能得到更加合理的诠释。

实际上,正是对民族主义的最高关切,使得陈独秀越出了上一代知识分子的眼量,把目光从社会制度转向了更为深层的文化及"国民性"问题。"国民"在陈独秀的思想体系里是一个与"文化"有着同等重要价值的范畴。他有时使用"人民",有时也使用"民众"指谓他所极为关注的对象。无论是"人民""民众"或是"国民",陈独秀都是从"群"的意义上理解或体悟"民"在民主宪制中的地位与价值以及它与中国国家富强总目标的关系。这表明陈独秀这一代知识分子与康、梁、严、孙在价值取向上的承续关系以及在思路历程方面的相通相感。而切入问题的方法,陈独秀更像严复,在对目前中国困境和危机的认识上,陈也和严复一样认为,主要不是源于外敌和专制,而症结在于中国国民的德智力的衰败。中国处处挨打,处处不随人意的最大问题就是国民"抵抗力之薄弱"。抵抗力的薄弱则导源于中国"国民性"的劣败。作为中国社会中坚的士大夫那种"愤世自杀""厌世逃禅""嫉俗隐遁""酒博自沉"的消极秉性就是"国民性"劣败的最好注脚。

他指出,"吾国社会恶潮流势力之伟大,与夫个人抵抗此恶潮流势力之薄弱,相习成风,耻廉道丧,正义消亡,乃以铸成今日卑劣无耻退葸苟安诡易圆滑之国民性!呜呼,悲哉!亡国灭种之病根,端在斯矣!"[①]谁应对这种劣败的"国民性"负责呢?无疑中国的君主专制和"大一统"的政治格局与此脱不了干系。严复、梁启超以及孙中山都曾这样认识过。但陈独秀对此匆匆一瞥之后,便把目光切入到这一制度所依托的底盘。他认为,真正的黑手不是别的,正是我们自己曾津津乐道了几千年的文化传统。"君主专制"的一统格局只不过是这一祸首的帮凶而已。在陈独秀看来,正是儒家的"礼让"、道家的"无为"、佛家的"空无",窒息了强梁敢进之思,使国民的抵抗力从根断绝。当然的结论是:中国的富强有赖于"国民性"的改造和文化的重塑,没有"国民根本之进步","没有多数国民之自觉与自动",就无法摆脱黑暗的政治,国家社会就会进一步陷入深渊。由此,陈独秀发现了青年身上蕴藏的活力与价值。青年既是文化变革、"国民性"改造的切入口,又是容易激发活力改造自身的新型群体。他这样赞美青年:"青年如初春,如朝日,如百卉之萌动。如利刃之新发于硎。"青年如早晨八九点钟的太阳,它预示着今天和未来,而"老年"则如同中国文化的传统老态龙钟,是即将亡去的表征。陈独秀把"青年"赋予了希望的符号意义,它既是文化改造的主体也是自身最为容易改革的对象。他办《新青年》杂志也是以改造青年为己任:"盖改造青年之思想,辅导青年之修养,为本志之天职。批评时

[①] 《独秀文存》,第1卷,安徽人民出版社1987年版,第24页。

政,非要旨也。"①要改造青年的思想,首先是让青年确立起新的价值观念。他在带有发刊词性质的《敬告青年》一文中,向青年积极鼓吹和倡导"自主""进步""进取""世界""实利""科学"的现代西方价值观,弃绝中国文化传统中的"奴隶""保守""退隐""锁国""虚文""想象"的落后意识。在《今日之教育方针》一文中,他力倡西方意义上的"现实主义""惟民主义""职业主义",以反对中国传统社会空玄的人生观、专制主义政治和阻碍经济发展的泛道德主义。他还在《东西民族根本思想之差异》中,以"战争"与"安息"、"个人"与"家族"、"法治"与"感情"、"实利"与"虚文"这样的对比,揭橥中西文化价值的优劣,以诱导青年开放心灵,吸纳他以为的新观念、新事物。这就要求陈独秀既要担当起"青年导师"的重任,又要扮演思想启蒙者的角色,还要同时做好两项工作:既要首先改造青年,使他们真正成为民族复兴的主力军和急先锋,又要为"国民性"的改造、文化的重塑提供理论的参照和方案。双重的压力使他无法扮演好其中任何一个角色。其原因一方面是来自时间的紧迫,他无法不带偏见地对中西文化问题进行客观而审慎的认识与检省,因而也就使他不能提供一种科学的理论和一套合理的改造方案,只能单纯用他所崇尚的西方观念与价值去改造青年的思想,而这些被如此改造过的青年能否担当起民族复兴的重任是大可怀疑的。另一方面也来自他自我意识中的一种急功近利式的对"国家富强"的最高关切。实际上,在陈独秀所探讨的文化问题的背后始终潜藏着他对政治难舍的依恋。他之所以寄希望于像新鲜活泼之细胞一样的青年,目的在于最终使"社会遵新陈代谢之道降盛"。② 在《吾人最后之觉悟》中,他力倡"政治的觉悟"和"伦理的觉悟"都是为了"吾国欲图世界的生存"。他在关

---

① 《陈独秀文章选编》(上),三联书店1984年版,第82页。
② 陈独秀:《敬告青年》,见《青年杂志》,第1卷,第1号。

切民族复兴这一主题时,始终与政治问题的思考联系着。换言之,对政治的焦虑是他对民族存亡关切的另一种表现而已。在他看来,政治的好坏与国家的兴衰一样,都是与国民是否"自觉自动"有着直接瓜葛。他这样写道:"吾国年之政象,惟有党派运动,而无国民运动也。……吾国之维新也,复古也,共和也,帝政也,皆政府党与在野党之所主张抗斗,而国民若视对岸之火,熟视而无所容心;其结果也,不过党派之胜负,于国民根本之进步,必无与焉。"① "所谓立宪政体,所谓国民政治,果能实现与否,纯然以多数国民能否对于政治,自觉其属于主人的主动的地位为唯一根本之条件。自居于主人的主动的地位,则应自进而建设政府,自立法度而自服从之,自定权利而自尊重之。倘立宪政治之主动地位属于政府而不属于人民,不独宪法乃一纸空文,无永久厉行之保障,且宪法上之自由权利,人民将视为不足重轻之物,而不以生命拥护之;则立宪政治之精神已令全丧失矣。是以立宪政治而不出于多数国民之自觉,多数国民之自动,惟日仰望善良政府,贤人政治,其卑屈陋劣,与奴隶之希冀主恩,小民之希冀圣君贤相施行仁政,无以异也。……共和立宪而不出于多数国民之自觉与自动,皆伪共和也,伪立宪也,政治之装饰品也,与欧美各国之共和立宪绝非一物。"②

文化与国民、青年与文化、青年与国民、国民与宪制、宪制与国家富强这些不同层次的价值关系被陈独秀安排在一个井然有序的思想框架内。问题是,宪制是在哪一个层次上被陈独秀如此焦虑地关切着?他在1916年9月1日的《答汪叔潜》中则提供了一个较为清晰的思路,他说:"《青年杂志》以青年教育为主,每期国人以根本之觉悟,故欲于今日求而未得之政党政治,百尺竿头,更进一步。"③在这段话中,虽然没有

---

① 陈独秀:《一九一六年》,见《青年杂志》,第1卷,第5号。
② 陈独秀:《吾人最后之觉悟》,见《青年杂志》,第1卷,第6号。
③ 《独秀文存》,第3卷,第631页。

直接指谓民族复兴这个总目标,但联系上文,"百尺竿头,更进一步"这句话既隐含着对"人民的民主宪制"的向往,也包容着对国家富强、民族兴旺的最高价值追求。在陈独秀的思想框架里,"国家富强"是处于最顶端的一项,而宪制问题只有与此直接建立起必然的联系时,它才具有紧迫性和重要性。因为一种真正的民主宪制制度无疑是民族强盛的强有力的基础和保证。当然,这一具有强大功利价值的制度的立行仰赖于国民在政治的"根本之觉悟"、国民的"自觉与自动",即国民的积极参与和文化传统的改造,而能够担当起如此重任的最可靠的角色必然是易被改造和淘洗的青年一代,所以青年便是这一切的最基本力量和价值。宪制之于制度层而在陈独秀的思想体系中无疑是独立的一项,它始终为陈焦虑地关切着。但在"终极"意义上,宪制又是服务于国家富强、民族兴盛的这一目标的工具。它表明:陈独秀的宪制观在本体意义上仍是中国近世以来的"富强为体,宪制为用"的宪制文化范式的延伸和发展。正如有的学者在评价五四新文化运动时所说的:"启蒙的目标,文化的改造,传统的扬弃,仍是为了国家、民族,仍是为了改变中国的政局和社会的面貌。它仍然没有脱离中国士大夫'以天下为己任'的固有传统,也没有脱离中国近代反抗外侮,追求富强的救亡主线。"①对宪制的追求如同思想文化的启蒙一样都成了进一步推进民族主义的一种新工具。

为此,有必要再重述一下陈独秀提出的"科学与民主"这个启蒙的总纲领。陈独秀如此看重"科学与民主",不仅在于他发现了它是西方现代文明的两大基本要素,而更在于陈独秀认定了它是西方强大、富足的本源,就像梁启超认定"议院"和"民权"是西方强大的本源一样。所以,陈说:"近代欧洲之所以优越他族者,科学之兴,其功不在人权说下,

---

① 李泽厚:《启蒙与救亡的双重变奏》,见《李泽厚十年集》,第3卷(下),第16页。

若舟车之有两轮焉。""国人而欲脱蒙昧时代,羞为浅化之民也,则急起直追,当以科学与人权并重。"他在回击国粹派的攻评而总结《新青年》的启蒙工作时,再一次明确表达了自己对这一问题的看法,认为"德先生"(民主)和"赛先生"(科学)不仅是西方强大的本源,而且"只有这两位先生,可以救治中国政治上道德上学术上思想上一切的黑暗。"[①]既然政治上的、道德上的、学术上的、思想上的一切黑暗都将被科学与民主救治,当然中国赶上西方的日子也就为期不远了。在陈独秀看来,科学不仅是对迷信的否定,而且科学法则本身具有支配一切事物的功能。遵循科学理性,人类将祛除迷信,解放锢蔽的智灵,获得真理的力量,同时,科学还有超凡的征服自然和原生利用之功效。现代社会无疑是一个"科学的社会",机器巧夺天工,新发明日进不已,科学之于社会生产率的提高和人类生活方式的改变都具有无限的潜力。对科学的信仰,使陈独秀乐观地看到了一个普及科学、利用科学而强大起来的中国的理想蓝图。科学是一种酶,它对国家富强起着催化作用。

与科学相对应的是民主的价值。在陈独秀看来,民主宪制的最大功效就是能够使国家富强。这既是陈对西方文化的观察所得的结论,也是他作为一个中国知识分子对自己的民族没有失去信心的原因。他认为,强大的西方国家都是"民主宪制的国家"这是毋庸置疑的事实,也只有真正实现了人民民主的宪制国家才配称得上"真正的国家"。在这样的国家,人民是主人,国家以保护全体国民利益为宗旨。西方的强盛恰恰是导源于它的民主主义。中国只要真正用国民的民主宪制取代专制政治,中国社会就能图存于现代世界。而民主宪制实行的关键,在于"国民的自觉与自动"。"科学与民主"的启蒙、"青年的崇拜"、"国民性"

[①] 《独秀文存》,第1卷,第243页。

与文化传统的改造、宪制的立行都是国家富强这一链条上不能脱节相互扣紧的一环。只是在"宪制"这个层面上,"国民"或人民被陈独秀更加凸现而已。换句话说,"人民"之所以被陈独秀如此看重,并成为他宪制观的一个核心范畴,主要来自他对"国家富强"这一目标的最高关切。只有人民,才是最终创建一个富强国家的主体。从这个意义上说,陈独秀的宪制文化观既是中国文化传统中"群体意识"的反映,也是对孙中山"国民政治"这一宪制乌托邦的一种承续。陈虽然在宪制文化的思考中,探讨了个体的自由和价值,但它无法与强大的"人民"概念相抗衡,最终被民族主义的洪流所卷走。正是陈独秀的民族主义倾向,使他无法更深一层地去理解把握西方宪制文化中的个体自由权利与宪制的关系。实际上,陈独秀所宣扬的"科学与民主"并没有为处于转型期的中国社会提供新的文化价值,它们之所以得到倡扬乃是由于它们对于国家富强的功用为中国知识分子所理解。正是这种功用性的要求,使民主与科学变成了意识形态。科学从破除迷信、摆脱蒙昧的工具,变成了树立绝对权威的科学主义;民主从反对专制的思想武器,变成了惟民主义的新的宪制乌托邦。在分析陈独秀与中国宪制文化的关系时,提出这点是重要的。

二、民主:服从民族主义的个人主义

如果把陈独秀思想体系中的"民主"这个核心范畴转换为意思相近的"人权""宪制"这样的概念是不会有太大问题的。实际上,陈独秀自己经常把"民主和人权"这两个概念交互使用。这也说明陈独秀在对西方宪制文化把握上的偏误。在西方,"人权"与"民主"是两个不同的概念,前者意味着个人在社会及国家中应具有的尊严和价值,它构成了民主制度的道德基础。后者意味着国民参与和分享国家权力的一种体制和制度,有时也特指一种生活方式和作风。宪制则是民主与人权的综合表现形式,它以法治作为其运作的基础,是民主与人权的形式和法律表现,或者说宪制是民主与人权的秩序。①

陈独秀没有对这些概念进行分别,他主要是从意识形态的意义上,首先把"民主"看作是反对专制的一种最有用的武器。在他看来,西方国家之所以富强是因为它们实行宪制民主;中国之所以贫弱挨打是因为中国因循专制。民主与专制的优与劣,是因为两者带来的结果迥然不同,前者是富强,后者是贫弱。专制国家的劣性在于它的"狭隘自私",民主宪制国家的好处在于"利益的普遍性"。他这样写道:"吾华未尝有共谋福利之团体,若近世欧美人之所谓国家也。……中国伊古以来,号为建设国家者,凡数十次,皆未尝为吾人谋福利,且为戕害吾人福利之蟊贼;吾人数千年以来所积贮之财产,所造作之事物,悉为此数十次建设国家者破坏无余;凡事施政,皆以谋一姓之兴亡,非计及国民之忧乐,即有圣君贤相,发政施仁,亦为其福祚攸长之计,决非以国民之幸福与权利为准的也。"②相反,西方的民主宪制国家则是"为国人共谋安宁幸福之团体"。③ 在这样的国家,人民的权利受宪法的保护,因此"国民"便有真诚的"爱国心"。而在像中国这样的国家,由于"非以国民之幸福与权利为准的",所以,"实无立国之必要,更无爱国之可言。"④他极力鄙视那种舍弃了人民的利益与权利的国家所倡导的"爱国心"。如果国家与"人民"的普遍利益无关,只是君主私欲的一种满足,这样的国家灭亡也并不足惜:"国家者,保障人民之权利,谋益人民之幸福者也。不此之务,其国也存之无所荣,亡之无所惜。"⑤这样一来,"人民"便成

---

① 参见王人博:《论近代民权与人权的转换》,见《现代法学》,1996 年第 3 期。
② 《陈独秀文章选编》(上),第 68 页。
③ 同上。
④ 同上书,第 71 页。
⑤ 同上书,第 421 页。

为判定民主与专制的尺度。民主便是保障人民利益与权利,专制则是损民之利肥己之私。于是,人民的"民主国家"取代君主的"专制国家"既是文明进化之必然,也是富民强国之道。

有的学者对陈独秀的"人民"的民主宪制观作了这样的评价:"陈独秀一向把人民视为一种政治体制的主要关怀对象。他在其第一篇重要的政论中说,除非国家保证人民的基本权利,并关心人民的福祉,真正的爱国心就不会存在。除非这样的条件存在,否则国家的存在就没有正当的理由。"[①]因此,把握"人民"在陈独秀思想中的地位,是理解陈独秀与中国宪制文化的关系的关键之点。五四以后,陈独秀的思想发生了很大变化,但对"人民"的深切关怀却始终未变。相反,在一定意义上说,也正是对"人民"的极大关注才使他在转变为一个中国共产主义者后,又始终具有不能忘却民主价值这样一种矛盾而复杂的心结。

1919年6月,陈独秀在《每周评论》上撰写了《我们究竟应当不应当爱国?》一文,再一次重述了他对"人民"之于民主的价值判断:"我们爱的是国家为人民谋幸福的国家,不是人民为国家做牺牲的国家。"[②]为此,他还对国家作了一种"惟民主义"的解释:"近世国家主义,乃民主的国家,非民奴的国家。民主国家,真国家也,国民之为产也。以人民为主人,以执政为公仆者也。民奴国家,伪国家也,执政之私产也,以执政为主人,以国民为奴隶者也。真国家者,牺牲个人一部分之权利,以保全体国民之权利也。伪国家者,牺牲全体国民之权利,

---

[①] 郭成棠:《陈独秀与中国共产主义运动》,转见周阳山主编:《五四与中国》,中国台北时报文化出版公司1979年版,第274页。郭先生所说的陈独秀的第一篇重要的政论,指的就是上述已引用的陈独秀在1914年11月10日在《甲寅》上发表的《爱国心与自觉心》一文。在这篇文章中,陈独秀第一次系统地表达了他对"民主国家"的看法。这篇文章对把握陈独秀以后的思想历程十分重要。

[②] 《独秀文存》,第1卷,第432页。

以奉一人也。"①在这段话中，引人注目的是"牺牲个人一部分之权利，以保全体国民之权利"这句话，它集中体现了陈独秀对"个人"与"国民"两者间的价值取向。陈在别处也谈到"个人主义"以及个体价值和自由的重要性，但这种重要性从根本上说还在于它是对整个"国民"的德智力的意义，对"群体"意义上的"国民"概念的尊奉。不独是陈独秀，而是整个近世以来那些先进的中国知识分子对宪制的功用与价值的基本判断和认识。后期的严复曾把自由分为"小己自由"和"国群自由"，孙中山大力贬低个人自由而倡扬"国家的自由"都表明了这种价值取向。民主宪制首先意味着群体意义上的"人民"当家做主，这是中国人对宪制的最普遍最直接的理解，也是中国人对西方宪制能够普遍接受并加以传播的主要原因。对此，陈独秀还以中国人所理解的林肯的"民主主义"，即所谓的"民治、民有、民享"为武器去批判中国传统的民本主义："夫西洋之民主主义（Democracy）乃以人民为主体，林肯所谓'由民（by People）而非为民（for People）'者，是也。所谓民视民听，民贵君轻，所谓民为邦本，皆以君主之社稷——即君主祖遗之家产——为本位。此等仁民爱民为民之民本主义，皆自根本上取消国民之人格，而与以人民为主体，由民主义之民主政治，绝非一物。"②陈独秀把他这种"拜人民教"称为"惟民主义"和"由民主义"是非常贴切的。这再一次表明陈独秀对宪制关注的重心是"谁主权"，即由"君主权"还是"民主权"的问题，而不是宪制的民主程序与操作的问题。这种乌托邦式的"惟民主义"宪制观的粗鄙与浅俗主要是导源于陈独秀对国家富强问题的极度焦虑。民族主义的焦灼感抑制了他思想的进一步探索，使他对宪制问题只能体悟到"主权在民"这一层，其焦点也只能聚集于"少数人"还是"多数人"这

---

① 《独秀文存》，第1卷，第18页。
② 同上书，第220页。

一民主的常识上。至于民主宪制的程序与操作已越出了他的视野。

既然陈独秀把民主宪制问题主要理解为是"少数人"还是"多数人"的问题,那么代表民主主体的"人民"间的关系如何构成就成了他关注的另一焦点。在陈独秀看来,"人民"间的主要问题就是平等问题。他正是以"平等"的眼光去看待法国大革命和近代西方宪制文化的:"法兰西革命以前,欧洲之国家与社会,无不建设于君主与贵族特权之上,视人类之有独立自由人格者,唯少数之君主与贵族而已,其余大多数之人民,皆附属于特权之奴隶,无自由权利之可言也。自千七百八十九年,法兰西拉飞耶特(lafayette)之《人权宣言》刊布中外,欧罗巴之人心,若梦之觉,若醉之醒,晓然于人权之可贵,群起而抗其君主,仆其贵族,列国宪章,赖以成立。薛纽柏有言曰:'古之法律、贵族的法律也。区别人类以不平等之阶级,使各人固守其分位。然近时之社会,民主的社会也。人人于法律之前,一切平等。不平等者虽非全然消灭,所存者关于财产之私不平等而已。公平等固已成立矣。'……近世文明之发生也,欧罗巴旧社会之制度,破坏无余,所存者私有财产制耳。此制虽传之自古,自竞争人权之说兴,机械资本之用广,其言遂演而日深,政治之不平等,一变而为社会之不平等;君主贵族之压制,一变而为资本家之压制。此近世文明之缺点,毋庸讳言者也。欲去此不平等与压制,继政治革命而谋社会革命者,社会主义是也。"①在"平等"的追求上,陈独秀把法国大革命和"社会主义"革命看作是具有相同价值的东西,只是前者解决的是政治平等问题,后者则是社会平等问题。对"平等"的如此看重已为陈独秀皈依"社会主义"打下了伏笔。

陈独秀沿着"惟民主义"的思路对民主宪制的进一步思考,对平等的关注便越发强烈。在他看来,一种真正的民主宪制就是由人民平等

---

① 《独秀文存》,第 1 卷,第 11—12 页。

地行使权利。"平等"成了进一步认识民主宪制的一把钥匙。他在《实行民治的基础》这重要一文中,对来华访问的杜威所讲的民治主义从群体意义上作了"平等主义"的强调与发挥。杜威把他的"民治主义"概括为四个部分:第一,政治的民治主义;用宪法保障权限,用代议制表现民意之类;第二,民权的民治主义:注重人民的权利,如言论自由、出版自由、信仰自由、居住自由等;第三,社会的民治主义,即平等主义,如打破不平等的阶级,去了不平等的思想,求人格上的平等;第四,生计的民治主义,即打破不平等的生计,铲平贫富的阶级等。① 显然,杜威的民治主义的前两项是从国家权力与公民权利自由的关系中强调民主宪制的价值。其关注的重心显然不是群体意义上的"人民"这一主体,而是这一主体的个体价值,即权利自由问题。注意这种微妙的差别,对理解陈独秀的民主宪制观具有重要意义。在杜威的民治主义中只有后两项才与平等问题相关涉。而陈独秀在理解杜威民治主义时,所强调与发挥的是"人民"这一主体以及与之相关的平等价值。他对杜威的政治的民治主义作了这样的发挥:"我们政治的民治主义的解释:是由人民直接议定宪法,用宪法规定权限,用代表制照宪法的规定执行民意;换一句话说:就是打破治者与被治者的阶级,人民自身同时是治者又是被治者;老实说:就是消极的不要被动的官治,积极的实行自动的人民自治;必须到了这个地步,才算得真正民治。"②陈独秀这种"拜人民教"与孙中山的民权主义的权能理论、"五权宪法"有着相同的思路和追求,而和杜威所倡导的保障权限和自由、代议制的政治民治主义在价值取向上是极为不同的。

在把政治上的民治主义作了如此发挥之后,陈独秀进一步表达了

---

① 参见《独秀文存》,第1卷,第250页。
② 同上书,第251—252页。

他对国家富强这一终极目标的深深致意。只是在这里,他把"国家富强"换成了"社会生活向上"这一模糊而笼统的概念:"我们现在盼望的实行民主,自然也不限于政治一方面。而且我个人的意思:觉得'社会生活向上'是我们的目的,政治,道德,经济的进步,不过是达到这目的的各种工具;……我敢说最进步的政治,必是把社会问题放在重要地位,别的都是闲文。"而在政治和经济这两个工具中,"又是应该置重社会经济方面的;我认为关于社会经济的设施,应当占政治的大部分;而且社会经济的问题不解决,政治上的大问题没有一件能解决的,社会经济简直是政治的基础。"①这是陈独秀对经济民治主义所作的典型的平等主义解释。在他看来,由人民自己"实行自动的人民自治"才是真正的民主宪制;"自治"本身隐含着"地位平等"和"人民自身同时是治者又是被治者"的高远价值。这样一来,平等实际上就成了"人民"民主宪制的基础。显然,要达到人民的政治地位平等又必须以经济的平等为基础。因此,经济的平等就成了最后解决问题的关键。人民、自治、地位平等、经济平等构成了陈独秀完整的思想体系,而"人民"和"平等"则是这一体系的最重要的纽结。后来,陈独秀干脆把他的民主宪制观概括为"反对一切不平等的阶级特权"。②

陈独秀关怀的人民,主要是那些社会地位较低的人群,即处在达官贵人之下的劳苦大众。对他们的关怀与同情自然引出了陈独秀对平等价值的眷恋和追求。这和西方知识分子所关心的"市民"个体的自由和权利有着不同的文化范式。西方文化中的"平等"主要表达的是"机会均等",即权利上的平等;而陈独秀则主要从结果的均衡和社会实质上

---

① 《独秀文存》,第1卷,第251页。
② 他认为时代精神的价值就是民主,包括:政治的民主,即民治主义;经济的民主,即社会主义;社会的民主,即平等主义;道德的民主,即博爱主义;文学的民主,即白话文。而民主就是反对一切不平等的阶级特权。参见《陈独秀文章选编》(上),第493页。

的"均富"去体认平等价值的。他一方面激烈的反对中国文化传统,另一方面又从自己的文化传统中去寻求"支援意识"。他说,中国"自古以来,就有许多的'井耕',孔子的'均无贫'种种高远理想;'限田'的讨论,是我们历史上很热闹的问题;'自食其力',是无人不知道的格言;因此可以证明我们的国民性里面,确实含着许多社会经济的民治主义的成分。"正因为如此,陈独秀"相信政治的民治主义和社会经济的民治主义,将来都可以在中国大大的发展",所以他"不灰心短气""不抱悲观"。① 那些激烈反对自己文化传统的人,实际上往往其身上拾得的传统比他人还要多。陈独秀晚年客死四川江津而不折服,刻写了中国传统读书人的风骨和气节。有人曾这样说过,没有儒家的文化传统就不会有鲁迅,没有基督教文化就没有但丁和尼采。孔夫子的"均无贫"给予了陈独秀对平等价值思考与追求的无尽的灵感和支援。谁能说,中国知识分子向社会主义的政治转向丝毫没有中国"大同理想"那种高远追求呢?

可以这样说,在陈独秀探索民主宪制的过程中,他所追求的"平等"与他的"惟民主义"密切相关,它仍是中国传统价值体系中所固有的价值,而不是近世西方文化中的那个概念。更为重要的是,由于对惟民主义的平等的深切关注,陈独秀轻视或者根本没有理解"个体自由"之于真正宪制制度的地位与价值,因而他也就不可能为"个体自由"在中国寻找文化的家园和土地。进而言之,陈独秀的"惟民主义"虽然包含了他对社会下层群体悲惨状况的同情和关怀的内容,但"惟民主义"思想体系本身并不意味着他真正认识和欣赏人民,并以平等主义的态度对待人民。陈独秀作为高级知识分子的生活背景与他所联系的人民的背景是极不相同的。作为知识分子的他仍抱着一种救世心态去俯视比他

---

① 《独秀文存》,第1卷,第252页。

地位低得多、生活状况悲惨得多的普通民众。他远离中国政治的权力中心,与现存的权力等级结构毫无联系,他要担当起改造社会的重任,唯一可以依靠的权力来源就只能是普通的民众——人民。事实上,他对普通民众各方面的认识只是一种观念化的认识结果。

对人民的关怀与对民主宪制的追求是属不同价值范畴。前者主要关切的是权力与利益的分配问题,而分配方式既可能是"民主式"的,也可能是"家长式"的。从结果上看,生活在宪制之下的人民未必就必然比生活在"开明独裁"中的人民更好。宪制在原生意义上与人民的贫富、强弱无关,它所关切的主要是个体的地位与价值。它或许不可能消除社会群体与个体的紧张关系和冲突,但它通过程序的运行和操作能够尽可能的使个体处于一个不受干扰和侵犯的地位,并为个体提供一个最大限度的生存空间。陈独秀把对人民的关怀与宪制的追求加以混合,并从人民的意义去体认宪制的价值,这就在他的宪制理论中留下了一个消弭个体自由和价值的巨大隐患。

陈独秀和严复一样,对西方宪制文化中的个体地位和自由不乏有真知。他曾以"西洋民族以个人为本位,东洋民族以家族为本位"的命题来分解中西文化的差异,并准确地把握了"个人本位"的精义:"西洋民族,自古迄今,彻头彻尾,个人主义之民族也。……举一切伦理,道德,政治,法律,社会之所向往,国家之所祈求,拥护个人之自由权利与幸福而已。思想言论之自由,谋个性之发展也。法律之前,个人平等也。个人之自由权利,载诸宪章,国法不得而剥夺之,所谓人权是也。人权者,成人以往,自非奴隶,悉享此权,无有差别。此纯粹个人主义之大精神也。……国家利益,社会利益,名与个人主义相冲突,实以巩固个人利益为本因也。"[①]然而,个体自由只是为陈独秀所理解,并没有为

---

① 《独秀文存》,第 1 卷,第 28 页。

他所信仰。他对西方宪制文化中的个体价值匆匆投下一瞥之后,放不下的仍是使他揪心裂肺的国家富强这个目标。他从赞扬西方的个体自由出发,最终回到了民族关怀的目的地。他在《新青年》上之所以宣传西方的个人自由,乃是为了使中国的"个人"从传统的家族制度中挣脱出来,成为"新青年";他之所以鼓励教导青年"内图个性之发展,外图贡献于其群",进而为民族复兴服务,是因为他坚信:"个人之人格高,斯国家之人格亦高;个人之权巩固,斯国家之权亦巩固。"

即是说,陈独秀仍然是从民族复兴的意义上欢迎西方宪制文化中的个人自由的。不仅如此,陈还从人生层面上探讨了生命的意义。从中我们可进一步发现他的终极关怀与其宪制层面上的"人民关切"之间的深层联系。他于1916年写了《人生真义》一文,这是他早年系统阐述人生观的代表作。他在文中开宗明义地提出了"人生在世,究竟为的甚么?究竟应该怎样?"这样两个问题。其结论是:"个人生存的时候,当努力造成幸福,享受幸福;并且留在社会上,后来的个人也能够享受。递相授受,以至无穷。"[①]如果单从结论看,这无疑是西方个人主义人生观的复述。但在论述人生意义时,他用了"个人"与"社会"这双重价值尺度。"社会"是人生意义探寻与体悟不可绕越的视点。陈又是如何体认的呢?他认为,"社会是个人集成的,除去个人,便没有社会;所以个人的意志和快乐,是应该尊重的。""社会的文明幸福,是个人造成的,也是个人应该享受的。""执行意志,满足欲望(自食色以至道德的名誉,都是欲望),是个人生存的根本理由,始终不变的(此处可以说'天不变,道变不变')。""一切宗教,法律,道德,政治,不过是维护社会不得已的方法,非个人所以乐生的原意,可以随着时势变更的。"[②]在这

---

① 《独秀文存》,第1卷,第127页。
② 同上书,第126页。

里,"个人本位"无疑是他思考人生意义的逻辑起点。但在另一方面,他又认为,"人生在世,个人是生灭无常的,社会是真实存在的。""个人之在社会,好像细胞之在人身;生灭无常,新陈代谢,本是理所当然。""社会是个人的总寿命,社会解散,个人死后便没有连续的记忆和知觉;所以社会的组织和秩序,是应该尊重的。"①这里,"社会至上"又成了他论说的中心。

个人是社会存在的目的,社会则是人生的舞台。一个失去自我的社会本身就是对人生意义的阻隔,而任何一个摆脱了社会束缚的人生必然与孤独和虚妄为伴。陈独秀对生命意义的二重探寻和体悟,凝聚了他在中西人文传统的综合中进行寻求生命整体意义的努力。然而问题在于,他的人生意义阐释并没有化解"个人"与"社会"之间本有的矛盾和冲突。相反,他一方面认为社会是个人的集合,社会为个人而存在,并为个人而更革;另一方面又认为,"个人生灭无常""社会是真实存在"。这说明,"个人"与"社会"的紧张关系一直潜在于陈的人生观中,同时也标志着陈独秀对中西文化价值选择的困惑和迷茫。对陈独秀这样一个怀有济俗救世理想的知识分子来讲,"个人"这个"小我"与社会、国家、民族这些"大我"相比,毕竟太渺小,对民族的最高关怀使他最终从社会意义去化解人生的意义冲突。"大我"凸现、扩张,而"小我"则被放逐、灭杀。1920年时的陈独秀是这样来化解"个人"与"社会"紧张关系的:"我们个体的生命,乃是无空间无时间区别的全体生命大流中底的一滴;自性和非自性,我相与非我相,在这永续转变不断的大流中,本来是合成一片,永远同时存在,只有转变,未尝生死,永不断灭。与其说人生空是幻,不如说分别人我是空是幻;与其说一切皆空,不如说一切皆有;与其说'无我',不如说'自我扩大'。物质的自我扩大是子孙,民

---

① 《独秀文存》,第1卷,第126页。

族,人类;精神的自我扩大是历史。"①在他看来,人生是一个人我同一的生命整体,个体的生命并不是真生命,"真生命是个人在社会上留下的永远生命。"②人生的意义在于融个体"小我"于一体的"大我"之中,个人只有通过"自我扩大"认同"大我"而融入社会整体,才能获得其存在的真实性和永恒性。至此,"个人"与"社会"的紧张关系已全然得以化解,个人在社会的"大我"中不但找到了栖息的家园,而且也发现了自己生命最真实的存在。就像他从欢迎西方的个人自由出发,最后到达民族主义的目的地一样,生命的意义在西方的人本主义上绕了一圈,又回到了中国重"群"的文化传统。

陈独秀在人生意义层面上的"大我主义"与其在政治层面上的惟民主义一脉相承。人生须以社会为依托,宪制须以"人民"为旨归。这说明,虽然陈独秀从西方文化传统中发现了个人主义,并为其鼓掌叫好,但个人主义作为一种思想体系并没有在他内心深处扎下根。美国学者史华兹教授曾就林毓生教授对这一问题的分析作过这样的评论:"林毓生在他的论文中,甚具说服力的主张,五四时代的'个人主义'至少在一段时间内,不仅是一种功利主义式的个人主义,而且是一种心灵的渴求——一种从束缚个人的社会关系中解放的深切要求——但在最后并未产生,他所认为的,一种视个人为一终极目的之信念的坚实基础。"③这可从两方面得以解释:一方面,个人主义作为西方文化的核心要素与中国文化传统隔膜悬离,在中国无法找到资源性文化的支持。陈独秀可以激烈反叛自己的文化传统,但无法改变自己身上的传统印记。所以,当他鼓吹惟民主义的宪制观和"大我主义"的人生观时,也就从未意识到这实质上在驱逐个人自由和价值。另一方面,民族生存与复兴这

---

① 《独秀文存》,第1卷,第272页。
② 同上书,第434页。
③ 参见周阳山主编:《五四与中国》,第274页。

一历史性主题一直困扰着中国知识分子的思想选择,使他们无法抗拒这一主题从而在文化上真正接受西方的个人主义价值。对民族主义的深切关怀,陈独秀自觉或不自觉地从"人民"中去寻求价值的支持。于是,原本就未扎根的个人主义在五四以后逐渐式微,而以惟民主义的意识和平等价值为支持的宪制文化却得到了广泛的传播。这样,惟民主义的宪制观不仅影响了陈独秀以后的人生经历和思想历程,而且也影响了以后中国的宪制选择。

三、从否定走向肯定：
资产阶级宪制民主的重新体认

俄国十月革命的一声炮响,给中国送来了马克思主义。在这一新意识形态面前,陈独秀从西方盗来的"科学与民主"之火,渐已失去了光泽。于是陈独秀审时度势抛弃了他早年对"科学"与"民主"的怀想和期望,变成了一个马克思主义者,并成为马克思主义组织——中国共产党的重要创始人,从而完成了他思想上的一次大转变。

当然,陈的这一思想转变有着深刻的历史背景。众所周知,陈独秀领导的新文化运动本是在中国内忧外患的岁月中进行的。历史并没有给新文化的启蒙充裕的时间和广阔的空间。巴黎和会使中国又一次陷入被列强豆剖瓜分的民族危亡之中。与此同时,第一次世界大战结束后西方思想界的文化批判思潮的兴起,也标示着西方文化的深刻危机。五四学生运动所爆发的民族主义激情和对西方文化的新认识,不能不对陈独秀的思想走向发生深刻的影响。早在1919年12月,陈独秀就宣布:"我们相信世界上的军国主义和金力主义,已经造成了无穷罪恶,现在是应该抛弃的了。我们相信世界各国政治上道德上经济上因袭的旧观念中,有许多阻碍进化而且不合情理的部分。我们要求社会进化,不得不打破'天经地义''自古如斯'的成见;决计一面抛弃此等旧观念,一面综合前代贤哲当代贤哲和我们自己所想的,创造政治上道德上经济上的新观念,树立新时代的精神,适应新社会的环境。"[①]这预示着陈独秀即将告别他曾迷恋的西方资本主义的民主,而重新选择宪制模式和民族复兴的出路。

另外,进化论也是陈独秀转而接受马克思主义的媒体。在他看来,社会主义取代资本主义的历史趋势,是合乎逻辑的社会进化法则。他说,"社会主义要起来代替共和政治,也和当年共和政治起来代替封建制度一样,按诸新陈代谢底公例,都是不可逃的命运。"[②]然而,陈独秀接受了马克思主义还有更为深刻的原因,这个原因从根本上说来,同他接受西方的"科学与民主"的理由是一样的。它根源于陈独秀的民族主义深切关怀。在这一价值层次上,惟民主义的宪制观与接受社会主义并不冲突。两者首先都被看作是解决国家富强问题的方法和(工具)理性。如果说一个富强而文明的国家意味着:"人民自己当家做主",意味着财富的增长,以及地位和财富分配的平等,那么惟民主义的宪制既是手段也是目的,而社会主义则既能实现"人民自己当家做主"的理想,又是促进财富增长和实现平等价值的一种新的思想体系和制度。这就是为什么早在1915年陈独秀就把"人权说"和"社会主义"作为思想启蒙的武器同时介绍到中国的主要根由之一。

在陈独秀的思想框架里,"平等"是其惟民主义和社会主义的主要价值支撑。他在接受了社会主义以后,也主要是从"平等"的价值方面去看待资本主义的弊害和社会主义的优越性。他认为,"资本集中"与"财产私有"是资本主义固有的矛盾,这一矛盾是导致资本主义生产之

---

① 《独秀文存》,第 1 卷,第 244 页。
② 同上书,第 373 页。

无政府状态和分配之贫富不均的根本原因。而解决这一矛盾的唯一出路,是废除私有制而实行社会主义。在他看来,社会主义的两大基本要素——"资本集中"和"财产公有",既可取资本主义生产社会化之利,又可弃其私有制造成的生产过剩和分配不均之害。因而社会主义是一种完善而理想的新型社会制度。①

正如前所述,陈独秀的平等观主要以中国传统的平等价值为基础,同时也掺杂了当时中国知识界普遍存在的民粹主义因素。② 不同的是,陈独秀的民粹意识没有像李大钊等人的那样崇尚农村和农民,而主要体现在对社会下层人群的同情和崇尚。他曾用贫民苦诉的笔触表达了对劳苦大众深切的同情和关怀:"'肚子饿极了,我们两天没得吃了。想向对门借点米熬粥喝,怎奈他们的口粮还没有领下来,也在那里愁眉叹气。''好冷呀!老天为什么又要下雪?这风雪从窗户吹进来还不打紧,只是从屋顶漏湿了一家人这条破被,怎么好!''我的可怜的丈夫,他拉车累的吐血死了,如今我的儿子又在这大风雪中拉车,可怜我那十二岁的孩子,拉一步喘一口气!'……"③他认为,西方国家虽也存在贫富悬隔的问题,但原因是与中国不相同的:"在欧美各国,他们贫富悬隔的原因,乃是有钱的人开设工厂,雇佣许多穷人替他做工,做出来的钱财,

---

① 参见《陈独秀文章选编》(中),第 85 页。

② 近代中国知识分子的民粹主义意识,主要来源于俄国的民粹主义,表现为对社会的最下层农民的道德和农村生活的企慕。这一意识对李大钊、章太炎、鲁迅、梁漱溟等产生过很深的影响,对毛泽东的影响则更大。毛泽东曾说过,农村是一个广阔天地,知识青年在那里是可以大有作为的。而在几十年前,作为马克思主义者的李大钊就曾号召中国知识青年要学习俄国知识青年到农村去"做出开发农村的事"。他说:"在都市里漂泊的青年朋友们啊! 你们要晓得都市上有许多罪恶。乡村里有许多幸福,都市的生活,黑暗一方面的多,乡村的生活,光明一方面的多;都市上的生活,几乎是鬼的生活,乡村中的生活,全是人的活动;都市的空气污浊,乡村的空气清洁。你们为何不赶紧收拾行装,清还旅债,还归你们的乡土?"(参见《李大钊选集》,人民出版社 1978 年版,第 146—149 页)

③ 《独秀文存》,第 1 卷,第 409 页。

大部分进了他的腰包,把一小部分发给工人,叫做工价。工厂越大越多,那少数开工厂的资本家越富,那无数做工的穷人仍旧是穷。""中国却不是这样。那有钱的人,他的钱还不是费了些心血开设工厂赚来的,乃是做文武官卖国借款拿回扣搜刮抢劫来的。通国的钱财,都归到这班文武官和他们子孙手里。弄得中等人家,仅能够穿衣吃饭,穷苦的人连衣食都没有,若是有工厂去做牛马似的苦工糊口,还算是福气。"①也就是说,劳苦大众在中国比在欧美的情形更糟。如果说西方国家的"贫富悬隔"主要在于有钱人对穷人的剥削,那么中国劳苦大众的不幸主要来自于统治者的卖国和掠夺。正是对劳苦大众的深切同情,陈独秀开始学会用阶级分析的方法去研究"贫富悬隔"问题,并认识到了无产阶级革命的重要性。这是他思想发生重大转折的一个信号。②

可以这样说,正是陈独秀思想中的民粹主义色彩为他信奉无产阶级专政奠定了思想基础。到了1920年,陈独秀已用这种眼光来看劳苦大众了:"世界上是些什么人最有用最贵重呢?……我认为只有做工的人最有用最贵重。"因为"这世界上若是没有种田的,裁缝,木匠,瓦匠,水工,铁匠,漆匠,机器匠,驾船工人,掌车工人,水手,搬运工人等,我们便没有饭吃,没有衣穿,没有房屋住,没有车坐,没有船坐。可见社会上各项人,只有做工的人是台柱子,因为有他们的力量才把社会撑住;若是没有做工的人,我们便没有衣食住和交通,我们便不能生存。"所以他呼吁"做工的人"首先实现第一步觉悟,即要求改良待遇,其次实现第二步觉悟,即要求管理权。他说道:"中国古人说:'劳心者治人,劳力者治于人'。现在我们要将这句话倒转过来说:劳力者治人,劳心者治于人。

---

① 《独秀文存》,第1卷,第410页。
② 陈独秀说:"穷苦的工人时常和开工厂的资本家为难,渐渐造成那无产阶级对有产阶级的社会革命,这就是现在各国顶紧急重大的问题。"(《独秀文存》,第1卷,第410页)

各国劳动者第二步觉悟要求,并没有别的期望,不过是要求做工的劳力者管理政治、事事、产业,居于治人的地位;要求那不做工的劳心者居于治于人的地位。"①

这时的陈独秀虽然已用"劳动者""做工的人""劳动阶级"取代了在他看来已经过时的"人民""国民"这些概念,但这两者间有着无法割断的思想联系。概念的转换并不意味着彻底丢掉过去。"惟民主义"意味着"人民"与"君主"的对立,人民地位的平等,人民的民主即人民当家做主;"社会主义"意味着"劳动阶级"与"有产阶级"的对立,财产及地位的平等,劳动者当家做主,即无产阶级专政。就像实现惟民主义需要"共和革命"一样,实现无产阶级专政,也需要社会革命,打倒有产阶级。在陈独秀看来,实现惟民主义的宪制,需要国民性的改造和"国民的自觉与自动",而社会主义首先需要"做工的人"有"觉悟"。"人民"和"劳动阶级"都共同体现了陈独秀对平等价值的追求,对下层人群的同情与关怀。

自此以后,陈独秀向社会主义的道路上大踏步的迈进。1920年9月,他发表了《谈政治》一文,系统地阐明了他对无产阶级专政的认识,他说:"我们要明白世界各国里面最不平、最痛苦的事不是别的,就是少数游惰的消费的资产阶级,利用国家、政治、法律等机关,把多数勤苦的生产的劳动阶级压在资本势力底下,当牛做马,连机器还不如,要扫除这种不平、这种痛苦,只有被压迫的生产的劳动阶级自己造成新的强力。自己站在国家地位,利用政治、法律等机关,把那压迫的资产阶级完全征服,然后才可望将财产私有,工银劳动等制度废去,将过去不平等的经济状况除去。若是不主张用强力,不主张阶级战争,天天不要国家,政治,法律,天天空想自由组织的社会出现;那

---

① 《独秀文存》,第 1 卷,第 300—301 页。

班资产阶级仍旧天天站在国家地位,天天利用政治,法律;如此梦想自由,便再一万年,那被压迫的劳动阶级也没有翻身的机会。"[1]由此也可以看出,陈独秀接受马克思主义,如同他早年接受西方的民主宪制一样,都是基于对国家富强这一最高目标的追求,对平等价值的关怀。也就是说,陈独秀仍把马克思主义学说看作是达到国家富强目标、实现平等的一种手段。这也可以从他把进化论与马克思主义建立联系中得到证明。

陈独秀虽然改变了他的信仰,但他并没有改变对"民主宪制"的追求。他坚信,"劳动阶级的民主"才是最完美的民主,"劳动阶级"追求的平等才是真正的平等。只有建立"劳动阶级的民主政治"(无产阶级专政)中国才会真正走上富强之路。不同的只是,他把"人民的民主政治"转换成"无产阶级专政","人民的平等"改变为"打倒有产阶级"。他并以此为武器去批判资产阶级和各种非无产阶级思想,他说:"他们反对马格斯底阶级战争说很激烈,他们反对劳动专政,拿德漠克拉西(民主)来反对劳动阶级的特权。他们忘记了马格斯说过:劳动者和资产阶级战斗的时候,迫于情势,自己不能不组成一个阶级,而且不能不用革命的手段去占领权力阶级的地位,用权力去破坏旧的生产方法……他们只有眼睛看见劳动底特权不合乎德漠克拉西,他们都没眼睛看见戴着德漠克拉西假面的资产阶级特权是怎样。他们天天跪在资产阶级特权脚下歌功颂德,一听说劳动阶级专政,就马上抬出德漠克拉西来抵制,德漠克拉西倒成资产阶级的护身符了。我敢说,若不经过劳动阶级占领权力阶级的地位底时代,德漠克拉西必然永远是资产阶级的专有物,也就是资产阶级永远把持政权抵制劳动阶级的武器。……我承认用革命手段建设劳动阶级(即生产阶级)的国家,创造那禁止对外一切掠夺

---

[1] 《独秀文存》,第 1 卷,第 365 页。

的政治法律,为现代社会的第一需要。"①他相信,只有社会主义才能使大多数人获得自由和幸福。无产阶级专政则是民主宪制的最高形式,是多数享有民主的人对极少人专政的一种制度。无产阶级专政本身已解决了绝大多数人的民主问题。②

这说明,陈独秀在接受了马克思主义之后,仍对民主宪制怀有深厚的关切。正是这种根深蒂固的惟民主义心结,使他于晚年再一次经历了思想的重大转折。不过这一转变是从共产主义向民主主义的回归。这种回归无论是倒退,还是深醒,对他本身来说都是痛苦的。事实上,作为革命家的陈独秀,他从未对民主宪制问题进行过系统研究;他接受了卢梭式的人民主权和政治平等学说,但从未思考民主宪制制度的基本问题——"人民"统治者的限制以及个体自由与价值之于民主宪制的重要性;他认识到西方"重法"的传统,却从未思考法治与民主的关系;他看到了中西社会的差异,却根本没有考虑如何在中国真正实现民主宪制问题。然而,陈独秀作为一个真正的知识分子,他始终没有放弃其信奉的理想。他不是把民主宪制放在其文章里,而是将其置于心灵的殿堂。正因为如此,当他看到党内集权和个人专断作风滋长并有蔓延之势时,他试图把他所信奉的民主制度应用于党的组织。他说,"德漠克拉西,是各阶级力求得多数意见之一致以发展其整个的阶级力所必须之工具;他是无产阶级民主集权制之一元素,没有他,在党内党外都只是集权而非民主,即是变成了民主集权制之反面官僚集权制。在官僚集权制之下,蒙蔽,庇护,腐败,营私舞弊,粉饰太平,萎靡不振,都是

---

① 《独秀文存》,第 1 卷,第 370—371 页。
② 他说:"现在有许多人拿'德漠克拉西'和'自由'等口头禅来反对无产的劳动阶级专政,我要问问他们的是:(一)经济制度改革以前,大多数人的无产阶级劳动者困苦不自由,是不是合乎'德漠克拉西'?(二)经济制度革命以后,凡劳动的人都得到自由,有什么不合乎'德漠克拉西'?……到了没有了不劳动的财产家,社会上都是无产的劳动者,还有什么专政不专政?"(《陈独秀书信集》,新华出版社 1987 年版,第 291 页)

相因而致的必然现象。"①

当他目睹自己所信奉的"大众民主"在苏联已被搞得面貌全非时,一个知识分子的良知促使他开始进行独立的思考和反省。陈独秀从自己"深思熟虑了六七年"的思索明告世人:"苏联二十年的经验,尤其是后十年的苦经验应该使我们反省。我们若不从制度上寻求缺点,得到教训,只是闭起眼睛反对史大林,将永远没有觉悟。一个史大林倒了,会有无数史大林在俄国及别国产生出来。在十月后的苏俄,明明是独裁制度产生了史大林,而不是有了史大林才产生了独裁制。""史大林的一切罪恶,哪一样不是凭着苏联自十月以来秘密的政治警察大权,党外无党,党内无派,不容许思想、出版、罢工、选举之自由,这一大串反民主的独裁制是怎样而发生的呢?若不恢复这些民主制,继史大林而起的,谁也不免是一个'专制魔王',所以把苏联的一切坏事,都归罪于史大林,而不推源于苏联独裁制之不良,仿佛只要去掉史大林,苏联样样都是好的,这种迷信个人轻视制度的偏见,公平的政治家是不该有的。"②对苏联的反省,使他改变了他曾坚信的只要建立了无产阶级专政就能解决绝大多数人的民主问题这一认识,促使他对他曾批判和诅咒的资产阶级民主重新进行认识,他说:"保持了资产阶级民主,然后才有道路走向大众的民主。""形式的局限的民主,于大众的民主斗争是有利的,法西斯主义和格柏乌政治,是大众民主运动的制动机。"③他所提出的从资产阶级民主到大众民主这一观点在当时共产主义阵营里,是绝对的异端。而对他自己来讲,也是对其所信仰的无产阶级专政学说的一种反叛。不但如此,陈独秀还把英美的民主宪制与俄、德、意的政治相比较,对民主宪制形成了一种新的认识。他认为,英美的民主宪制的特

---

① 《陈独秀书信集》,第449页。
② 同上书,第504页。
③ 同上书,第492页。

点就在于："(一)议会选举由各党(政府反对派也在内)垄断其选举区，而各党仍须发布竞选的纲领及演说，以迎合选民要求，因选民毕竟最后还有投票权。开会时有相当的讨论争辩。(二)政府的反对党派甚至共产党公开存在。(三)思想、言论、出版相当自由。(四)罢工本身非犯罪行为。"与此相对立的苏俄和德意法西斯国家的特点是："(一)苏维埃国会选举均由政府制定。开会时只有举手，没有争辩。(二)秘密政治警察可以任意捕人杀人。(三)一国一党不容许别党存在。(四)思想言论、出版绝对不自由。(五)绝对不许罢工，罢工即是犯罪。"①这里尤为值得注意的是，他把布尔什维克与纳粹主义等量齐观，甚至视"苏俄的政治是德意志的老师"。他纵观古今历史，重新检讨了自己的民主宪制思想，形成了一些不同于过去的新观点。关于民主的性质，他说，"民主是自古代希腊罗马以至今天、明天、后天，每个时代被压迫的大众反抗少数特权阶层的旗帜，并非仅仅是某一特殊时代历史现象。"关于资产阶级民主和无产阶级民主的关系，他认为，"资产阶级的民主和无产阶级的民主，其内容大致相同，只是实施的范围有广狭而已"②；"非大众政权固然不能实现大众民主，如果不实现大众民主，则所谓大众政权或无级独裁(无产阶级专政)必然流为史大林式的少数人的格柏乌政制"；"以大众民主代替资产阶级的民主是进步的；以德俄代替英美的民主，是退步的。"科学、民主制度和社会主义是近代人类社会的三大发现，而苏联的十月革命则轻率地把资产阶级统治的"脏水"和民主制度这个"婴儿"一块倒掉了。③ 在这里，陈独秀已摆脱了民主乌托邦，不再追求

---

① 《陈独秀书信集》，第506—507页。
② 他在1940年11月所写的《我的根本意见》一文中说："'无产阶级民主'不是一个空洞名词，其具体内容也和资产阶级民主同样要求一切公民都有集会、结社、言论、出版、罢工之自由。特别重要的是反对派之自由。"(《陈独秀书信集》，第506—507页)
③ 参见《陈独秀书信集》，第497—498页。

那种"尽善尽美"的民主,而看到了"形式民主"对"大众民主"的意义和价值。他提出的"保持了资产阶级民主,然后才有道路走向大众的民主"的观点,不只是对历史经验的总结,也是对民主实践的一种反省。他把民主诠释为"每一个时代被压迫民众反抗少数特权阶层的旗帜",表明了他对民主的重新认识与体悟。这里他已把民主关怀的对象从"无产者""劳动阶级"转向"每一个时代被压迫的大众",把他所憎恶的"有产阶级"改写为"少数特权阶层",反映了他的惟民主义民主观的微妙变化,这既是他向民主主义复回的体现,也是他走向一种新的惟民主义的表征。

陈独秀的探索与他思想的两次大转折,从某种意义上说明了中国近世以来宪制文化在趋向上的懵懂和困顿。其原因一方面是来自于"国家富强"的民族主义关怀与民主宪制的价值关切的相互缠绕与纠葛;另一方面来自于以个人为核心的西方宪制文化(包括马克思主义的民主观)与中国文化、社会的难容性和冲突。惟民主义没有成为最终解决问题的方法,而实际上只是一种民主宪制上的意识形态。正是这一意识形态对以后的中国宪制制度与文化产生了持久的影响。

第十二章　苦味烈的药方

"理性总是要退却的；它总是很少得到重视的。就像北极之光，它照亮了广袤的地域，但它自己却只能存在短暂的一瞬。理性是最后的努力，进步几乎难以抵达的顶峰，因而它又是强大的，但它抵抗不住拳头。"[1]赫尔岑的这段发人深思的文字并不是写给中国自由主义的，但它又恰是对胡适自由主义命运的真实写照。胡适在近世中国宪制文化中的地位是独特的。他自始至终都信仰理性的力量："在暴力的时代主张丢弃暴力，在欺诈的时代执著于对善良意志的信仰，在一个混乱的世界中固执地赞颂着理性高于一切。"[2]胡适的思想之于他那个时代也许是一出悲剧、一种"错位"。他为中国民族复兴所开出的自由主义药方是带有强烈苦味的。尽管如此，胡适对宪制的执着和信仰仍代表着中国宪制文化中的一种理想形态。他的宪制理念与探寻与其说是救世济人，毋宁说是对理想的中国社会的筹划与憧憬。因而胡适对中国宪制文化的影响并不能用短短几十年的光景来衡量，应用几个世纪的岁月去计算。

---

[1] 亚历山大·赫尔岑：《往事与思考》，转引自〔美〕格里德：《胡适与中国的文艺复兴》，江苏人民出版社1995年版，第5页。

[2] 格里德：《胡适与中国的文艺复兴》，第270页。

一、胡适的"造因工程"

胡适对宪制文化问题的认识和思考如同其他中国思想家一样,主要伴生于对中国生存危机的忧虑和对民族复兴大业的关切。在胡适的思想深处始终潜存着这样一种并不容易调适的矛盾心结:在文化层面,胡适作为一个民族主义者,他始终不渝地相信自由主义是拯救无论作为一个国家还是作为一种文明的中国的药方,[①]而宪制问题就是这个药方的重要部分;在政治层面,胡适作为一个坚定的宪制主义的信徒,他坚持西方特别是英美宪制文化中的理性、民主、法治、渐进、秩序这些价值在中国也具有普遍意义,因而他对宪制问题投入的不仅仅是理智,而且也包括了他的感情和整个人生。唯其如此,胡适对宪制问题的体悟和探寻比其他人都深刻,提供的宪制价值和容量比其他人更多更完整。然而,民族主义与宪制主义在中国,特别在那个混乱时代的中国往往是不相容的。民族主义旨在把中国变成一个独立国家或者保住"文化中国"的面子,以便在世界舞台上与西方列强抗衡竞争,恢复"文化大国"的尊严。对此,宪制主义(自由主义)似乎是帮不上什么忙的。而宪制主义旨在改变中国人的生存方式:用理性消除愚劣和狂热;用改良取代暴力和革命;用民主打倒事实上的专制;用秩序打破混乱;用法治结束人治;用个人的尊严重塑社会价值……对此,民族主义很难认同和接受。事实上,胡适的思想经常游刃于这两者之间:为了中国复兴这一目标,他不得不对其宪制认识不断做出修正;为了贯彻宪制主义的价

[①] 正如格里德所说,尽管胡适"对民族主义的情感有着深刻的不信任感,但他本人与他为其思想偏见和政治战略感到悲哀的那些人一样是个民族主义者,只是表现方式不同罢了"。(格里德:《胡适与中国的文艺复兴》,第310页)

值,他不得不时常表现出一种"世界主义"。正是这种对民族复兴目标与人类社会生存方式的双重关切,使胡适在关乎中国时代性问题上,如革命问题、意识形态问题("主义"问题),表现出了那种"隔靴搔痒""捅不到痛处"的浅薄,而在宪制文化问题上表现出了那种"片面的深刻"。

早在去美留学之初,胡适就表现出一种以其所学报效国家的志向,他在其留学日记中写道:"我初来此邦,所志在耕种。文章真小技,救国不中用。带来千卷书,一一尽分送。种菜与种树,往往来人梦。忽忽复几时,忽大笑吾痴。救国千万事,何一不当为?而吾性所适,仅有一二宜。逆天而拂性,所得终希微。从此致所业,讲学复议政。故国方新造,纷争久未定;学以济时难,要学时相应。文章盛世事,岂今所当问?"[1]救国之心虽然是表露无遗,但仍带有几分"出路难寻"的惶惑。几年后,胡适似乎从其师杜威那里找到了救治中国之病的方法。[2] 他在日记中写道:

今日吾国之急需,不在新奇之学说,高深之哲理,而所在以求学论事观物经国之术。以吾所见言之,有三术焉,皆起死之神丹也:

一曰归纳的理论,

二曰历史的眼光,

三曰进化的观念。[3]

---

[1] 《胡适留学日记》,安徽教育出版社 2006 年版,第 1145 页。
[2] 胡适在其留学日记中曾记录说,在 1915 年夏他已"发愤尽读杜威先生的著作",自此以后,杜威的哲学便成为他的"生活和思想的一个向导",成了他的"哲学基础"。(参见《胡适留学日记自序》,第 5 页)
[3] 《胡适留学日记》,第 167 页。

胡适在美国的这种"发现",同严复早年在英国的"发现"差不多,二人都看重西方的逻辑方法,都推崇进化论。"进化"是一个循序渐进的过程,在进化的下一阶段还不具备成熟条件的情况下,用革命的暴力手段催助它到来的做法,在严复和胡适看来,这只能是揠苗助长。胡适这样写道:

> 对于各种革命我都不谴责,因为我相信,它们是进化过程中的各个必要的阶段。但我不赞成不成熟的革命,因为它们通常都是耗费性的因而也是毫无结果的……正是由于这个理由,我才不对当前在中国进行的革命抱更多的希望,尽管我非常同情那些革命者。
>
> 就我个人而言,我更喜欢一步步做起。我已认识到,没有通向政治体面与政治效率的捷径。中国的革命者们也想得到这两样东西,但他们是想通过一条捷径——通过革命,来得到它们。我个人的观点是:"无论发生什么事,让我们去教育我们的人民。让我们为我们的后代打下一个他们可以依赖的基础。"
>
> 这是一个必要的非常缓慢的过程,人类应当有耐心!但是,在我看来,这个缓慢的过程又是唯一的过程:它对革命和进化都是必要的。①

胡适既然反对那种"不成熟的革命",他就必须为中国的进化提供新的物质手段和新的理论解释,因为中国在西方列强面前决不能裹脚不前。胡适把他开出的药方称作"造因"工程:

> 我认识到,没有通向政治体面和政治效率的捷径。……没有

---

① 《胡适留学日记》,第842—843页(原文是英文)。

某些必要的前提条件也不能保证有好的政府。那些主张中国为了国内与国力的强盛而需要帝制的人,与那些认为共和式政府会创造出奇迹的人一样愚蠢。没有我说的"必要的前提条件",无论是帝制还是共和都不能拯救中国。我们的工作就是提供这些必要的前提条件——去"创造新的原因"(造因)。

我准备比我的君主制论的朋友们走得更远。我甚至不许外国人的征服改变我"创造新原因"的决心。更不要说眼下这点小变化了。①

那么,胡适的"造因"工程是什么呢?他的路数和严复的相差无几,稍许不同的是,严复把启蒙式的教育称作"开民智""鼓民力""新民德",而胡适则把教育看作是"造因":

适以为今日造因之道,首在树人;树人之道,端赖教育。故适近来别无奢望,但求归国后能以一张苦口,一支秃笔,从事于社会教育,以为百年树人之计,如是而已。

明知树人乃最迂远之图。然近来洞见国事与天下事均非捷径所能为功。②

他把这种"造因"的工程称作"此七年病求三年之艾"。③

---

① 《胡适留学日记》,第 821 页(原文为英文)。
② 同上书,第 832—833 页。
③ 胡适写道:"根本之计奈何? 兴吾教育,开吾地藏,进吾文明,治吾内政,此对内之道也。……难者曰,此乃于远之谈,不切实用也。则将应之曰:此七年病求三年之艾也。若以三年之期为迂远,则惟有坐视其死耳。吾诚以三年之艾为独一无二起死圣药也,则今日其求之时矣,不可缓矣。"(《胡适留学日记》,第 492—493 页)

胡适就这样怀抱着从他的美国老师那里窃学得的治疗中国之病的药方,回到了他那不甚可爱的祖国。更确切地说,在胡适的这个"造因"的药方中,医病的方法是从美国人那里学到的,而药料则是祖传的。从此之后,胡适抱着孟子的"七年之病求三年之艾"的秘方开始了为他的国家和人民"行医"的生涯。

他发动"文学革命",提倡易卜生主义,"整理国故",张扬实验主义都是为了他那个"求三年之艾"的"造因"工程,或者说都是这个工程的必要环节。他与陈独秀等一起领导和发动了五四新文化运动,试图借文化上的革新来振刷国民的精神面貌,"要想在思想文艺上替中国政治建筑一个革新的基础"。他把这场文化运动称为中国的"文艺复兴"。他说:"我们这个文化运动既然被称为'文艺复兴',它就应该撇开政治,有意识地为新中国打下一个非政治的(文化)基础。我们应致力于(研究和解决)我们所认为最基本的有关中国知识、文化和教育方面的问题。我并且特地指出我们要'二十年不谈政治,二十年不干政治'。"[1]"二十年不谈政治,二十年不干政治"这是胡适所抱的初衷。他不谈政治,不干政治并非是因为他对政治的漠不关心,除了其性格因素之外,更主要的是来自他对政治的体察和理解。在他看来,在军阀统治下,谈政治等于与虎谋皮,参与政治意味着要从事武夫们正在干的那些肮脏的勾当,从政治上解决问题意味着要通过与流氓恶棍打交道而寻求妥协,这是他决计不愿意的。在他看来,真正的改革绝不是用这类手段能够实现的。他所理解的改革不是这种意义上的政治问题,而是一个远为广泛的社会与思想的综合体。他认为,民主制度并不仅是一个具体的政治制度体系,而且是一种有益于维持某一特定社会状况的心态。即是说,一个民主社会的创造在本质上是一项思想的成果而不是一项

---

[1] 唐德刚译注:《胡适口述自传》,第九章"五四运动——一场不幸的政治干扰",广西师范大学出版社2005年版。

政治的成就。他说:"在名义上的共和下,八年痛苦的失败渐渐地使年轻的中国认识到,民主是不能仅仅通过政治的变革来给予保证的……民主……不多不少正是所有民主化的和正在民主化的力量总体,这包括社会的、经济的、道德的,以及思想诸方面的力量。构成中国这些新运动的指导原则之一的也正是这种认识。"[①]愿不愿意与军阀们打交道是一回事,中国的改革应如何进行是另外一回事。而实际上,改革无论从何处入手都无法绕越军阀这个问题。胡适深刻地表达了他对宪制制度的认识,并强调了民主的思想价值,但"深刻"转向了"片面",它便有偏谬之嫌了。民主固然不能仅仅通过政治的变革来给予保证,但不革除军阀这个社会赘瘤,中国也不可能有真正的民主。说到底,思想的成就、经济的和道德的力量最终还须通过这一途径来解决民主问题。

事实上,正是军阀政治成了阻碍胡适"造因"工程得以落实的主要原因之一,而且由军阀统治造成的社会状况也不容许"百年树人"这种慢腾腾进化的"迂远之图"。相反,为胡适所厌恶的政治在中国社会中却一直居于绝对的支配地位。它压倒一切,掩盖一切,冲淡一切,文化教育问题则始终难以摆脱它的纠缠,获得其应有的自主地位。五四运动以后,扰扰攘攘的时局和不断升温的激进情绪已容不下胡适那张本不平静的书桌。他作为中国知识界的一个风云际会式的人物,已无法回避新的时局给他提出的一个个异乎寻常的政治问题。他不得不暂时放下手头"在思想文艺上替中国政治建筑一个革新的基础"的活路,有违初衷地言谈政治了。1920年8月,胡适领衔和蒋梦麟、陶孟和、王徵、张慰慈、李大钊联名发表《争自由的宣言》,其中说:"我们本不愿意谈实际的政治,但是实际的政治却没有一时一刻不来妨害我们。自辛亥革命直到现在,已经有九个年头。这九年在假共和政治之下,经验了

[①] 参见格里德:《胡适与中国的文艺复兴》,第194页。

种种不自由的痛苦。……政治逼迫我们到这样无路可走的时候,我们不得不起一种彻底觉悟:认定政治如果不由人民发动,断不会有真共和的实现。但是,如果想使政治由人民发动,不得不先有养成国人自由思想,自由评判的真精神的空气。"①这既是一个"争自由的宣言",也是胡适谈政治的宣言。不谈则已,一谈则一发不可收拾。1922年5月《努力周报》创刊,胡适实际上成为这份杂志的政治评论员。该报第二期发表了由胡适起草的《我们的政治主张》的宣言。②

《我们的政治主张》是胡适和他的朋友们对当时中国军阀政治所提出的解决方案,因而被看作是胡适自由主义观点的第一次系统概括。它所提出的种种设想和目标,以后很多年都是自由主义政治态度的重要特征。宣言写道:

(一)政治改革的目标:我们认为,现在不谈政治则已,若谈政治,应该有一个切实的,明了的,人人都能了解的目标。我们以为国内的优秀分子,无论他们理想中的政治组织是什么(全民政治主义也罢,基尔特社会主义也罢,无政府主义也罢),现在都应该平心降格地公认"好政府"一个目标,作为现在改革中国政治的最低限度的要求。我们应该同心协力的拿这共同目标来向中国的恶势力作战。

(二)"好政府"的至少涵义:我们所谓"好政府",在消极的方面是要有正当的机关可以监督防止一切营私舞弊的不法官吏;在积极方面是两点:

(1)充分运用政治的机关为社会全体谋充分的福利。

---

① 《晨报》,1920年8月1日。
② 这篇宣言由蔡元培、王宠惠、罗文干、汤尔和、李大钊、丁文江和胡适等16人共同署名。依照当时引文署名的习惯,最后的署名人也就是宣言的起草人,而且后来胡适也把这篇宣言收在他的《胡适文存》第2集里,所以这篇宣言是出自胡适的手笔。

(2)充分容纳个人的自由,爱护个性的发展。

(三)政治改革的三个基本原则:我们对于今后政治的改革,有三个基本要求:

(1)我们要求一个"宪政的政府",因为这是使政治上轨道的第一步。

(2)我们要求一个"公开的政府",包括财政的公开与公开考试式的用人等等,因为我们深信,"公开"(publicity)是打破一切黑幕的唯一武器。

(3)我们要求一种"有计划的政治",因为我们深信中国的大病在于无计划地漂泊,因为我们深信计划是效率的源头,因为我们深信一个平庸的计划胜于无计划地瞎摸索。

(四)政治改革的唯一下手功夫:我们深信中国所以败坏到这步田地,虽然有种种原因,但"好人自命清高"确是一个重要原因。"好人笼着手,恶人背着走"。因此,我们深信,今日政治改革的第一步在于好人要有奋斗的精神。凡是社会上的优秀分子,应该为自己计,为社会国家计,出来和恶势力奋斗。①

在胡适那里,"好人"是有明确对象又不便于直说的一个概念。"好人"首先是一些像胡适等人那样有知识有才干的"优秀分子",而主要不是指的品行问题。在他看来,只有由这样一些"好人"组成的政府才是"好政府",或者说也只有由这样的"好人政府"才能达到他所要求的"政治主张"。在这里,暂且把在军阀统治下"好人政府"能否存活这一点撇在一边不谈,重要的是这种主张本身是存有矛盾的。他一方面渴望一个能"充分容纳个人的自由,爱护个性发展"的政府出现;一方面又希望

---

① 《胡适文存》,第2集,第3卷,黄山书社1996年版,第27—29页。

这样的政府由一些"优秀分子"组成,实行"有计划的政治"。换句话说,他所认为的好政府绝不是一个无所作为的政府,而是一个既能尊重和保障个人价值,又能根据对它要实现的社会目标的充分认识而制定其政策并以最有力的效率来贯彻这些政策的政府。或者用胡适自己的话说,20世纪的重要政治问题"不是如何限制政府的权限的问题,乃是如何运用这个重要工具来谋最大多数的福利的问题了。"①这样一个政府无疑是一个强力政府。这说明胡适"对待政治的态度,与他对待更重大社会改革问题的态度,在本质上都是强调智力活动的。他给作为变革力量的思想赋予了超乎寻常的重要性,他把一副沉重的责任负担放在了有知识的少数人的肩上——他们的职责必须是表达出改革时所依靠的那种'战斗的和决定性的舆论'。"②这同时也反映出胡适面对中国社会现状既要求宪制民主,又要求一个强力政府这样一种双重期待。这是作为中国自由主义者的胡适在总体目标上追求民族复兴与在价值层面上的宪制主义信仰之间的一种矛盾。

然而,胡适从未把宪制民主单纯看作是推进民族复兴的工具,而是作为一种真正的价值信仰。而且,他始终认为,宪制民主只有通过制度的教育过程才能够实现。在他看来,民主制度本身就是教育民众的最好方法,只要中国的民众能够组织起来积极参与这种制度并在这种制度中学习、锻炼,中国就会像西方那样形成一种既能推进国家、社会的进步又能容纳个人自由的宪制民主。③ 也许正如胡适认为的那样,民

---

① 《胡适文存》,第2集,第2卷,第303页。
② 格里德:《胡适与中国的文艺复兴》,第213页。
③ 他说:"从民治国家的经验上看来,我们不能不承认民治的制度是训练良好公民的重要工具。……民治制度所以有被他国采用的可能,全靠制度有教育的功用。其实这个道理很不稀奇。惯用菜油灯盏的中国人,居然会用电灯了,向来不会组织大规模的商业的中国人,居然会组织大银行和大公司了。政治的生活虽然没有电灯电话那样简单,其实也只是组织的生活的一种。这种组织的生活是学得会的。……凡经过长期民治制度的训练的国家,公民的知识和道德总比别的国家要高得多。……公民知识的普及是公民道德养成的重要条件。"(《胡适文存》,第2集,第3卷,第19—23页)

主制度确实是训练民众的重要工具和方法,但是如果不存在适当的可适应于变革之需的制度,那么它又怎样才能被创造出来呢?胡适把这种制度的创建寄托于"好人政府"身上。问题是,在那些几乎与恶棍流氓比肩的武夫身边建立起一个"好人政府"的可能性有多大,胡适本人也是没有多大把握的。① 事实上,胡适除了"冷静地估量那现实政治上的变迁"之外,他所运用的用来表达自己意愿的公众舆论这一武器也是极端软弱无力的。他若还要为中国政治施加点别的什么影响的话,实际上他毫无本钱。"好人政府"的政治主张在军阀面前注定是要失败的。当王宠惠等人组成的"好人政府"在不到三个月就短命夭折的时候,胡适则表达了他深深的失望。②

失望并不是悲观。虽然胡适感觉到"此时谈政治已到了'向壁'的地步",但他并未放弃自己的努力。相反,这使他更坚定了先前所抱的那个"造因"方案实施的决心。他说:"我们今后的事业,在于扩充《努力周报》,使他直接《新青年》三年前未竟的使命,再下二十年不绝的努力,在思想文艺上给中国政治建筑一个可靠的基础。"③重新回到"造因"工程并不等于胡适失去了对政治问题观察评论的热情。事实上,从《努力周报》到《新月》,到《独立评论》,再到《独立时论》,最后到《自由中国》,胡适从未离开宪制民主这个大主题。他对宪制民主的体认与他所抱的"造因"改革方案之间是串联的。在他看来,"好人政府"的失败恰恰证明了思想文化教育的重要。胡适始终认为,在中国这样一个各方面都

---

① 1922年6月,胡适说道:"我们应该把平常对政治的大奢望暂时收起,只存一个'得尺进尺,得寸进寸'的希望,然后可以冷静地估量那现实政治上的变迁。"《胡适文存》,第2集,第3卷,第146页。

② 胡适写道:"树叶都带着秋容了/但大多数都还在秋风里撑持着/只有山前路上的许多梅树/却早已憔悴的很难看了/我们不敢笑他们早凋/让他们早早休息好了/明年仍赶在百花之先开放罢/"《胡适文存》,第2集,第3卷,第143、144页。

③ 《胡适文存》,第2集,第3卷,第141页。

落后于西方的国家,要实现社会变革,首先必须"把政治弄上正轨",即确立宪制民主,而这又须从思想文化的教育和改革方面下手,在"思想"不成熟的条件下,革命只能导致国家的更加混乱,胡适总是把宪制民主首先看作是一种思想的成就,因而它也只有在确认了现实秩序的合法性的基础上,通过社会舆论所推动的持续不断的改革才能得到。其中,社会中的那些"好人"——既有现代民主意识又有管理才干的"雅士"是推动这场变革的主导力量。1922年,他为《努力周报》制定编辑方针时,就强调了他的这一观点:"我们因为不信根本改造的话,只信那一点一滴的改造,所以我们不谈主义,只谈问题;不存在大希望,也不致于大失望。我们观察今日的时代,恶因种得如此之多,好人如此之少,教育如此之糟,决没有使人可以充分满意的大改革。"①胡适对革命的"根本改造"的悲观与他对"救出个人"的思想教育的渐进改良的乐观形成了鲜明的对照。当1925年爆发了全国性的反帝爱国主义的学生运动时,他告诫人们说:"民族的拯救并不是某种可以在短期内实现的事:帝国主义不是赤手空拳所能推翻的,'英日强盗'也不是靠千百万呼声所能喊死的。"那应怎样办呢?胡适给了一个令人惊异的方法:"在这个高声赞美着爱国主义的时期,我们愿十分严肃地指出,易卜生所说的'真正的自我主义'是唯一引导我们走向(真正的)爱国主义的道路。一个国家的拯救须始于自我的拯救!在一个扰攘纷乱的时期里跟着人家乱跑乱喊,不能算是尽了爱国的责任,此外还有更难更可贵的任务:在纷乱的喊声里,能立定脚跟,打定主意,救出你自己,努力把你这块材料铸造成个有用的东西。"②同样是提倡"易卜生主义",但在这里确有不同的意味。当胡适最初于1918年号召人们要有"易卜生主义"精神时,这是一

---

① 《胡适文存》,第2集,第3卷,第145—146页。
② 《胡适文存》,第3集,第8卷,第1149、1150—1153页。

种革命的号召,即让人们具有一种个体与群体斗争的精神,并用这种精神去反抗传统社会的专制统治。而在 1925 年那种反抗帝国主义的尖锐斗争中,说需要"真正的自我主义",并以理性上的个人主义名义明确反对学生运动,这无异于号召人们退却而不是战斗。①

胡适对宪制民主的体认既有真知也有偏误。当他把宪制民主与个人价值建立起联系时,这便为个体自由找到了位置,表达出宪制的精义;但当他试图通过思想文化的改革在中国实现这种制度,并将其视作解决中国问题的主要方法时,这又反映了他对中国现实的隔膜和无知。中国已被各种因素催逼着、吞噬着,失去了那份耐性,它需要的不是中药式的慢疗,而是西医式的手术。尽管对手术的结果谁也无法预料,但手术本身已成了目的。中国需要的是孙中山这样的革命家、实行家,而不是胡适这样的思想者。当年严复曾倡说教育救国,而孙中山却发出了"俟河之清,人寿几何"的叹谓。中国等不得啊! 胡适了悟了宪制的真义,却无法应用于中国。

二、洞见宪制的内核

1927 年,在蒋介石的枪口下,中国形式上完成了统一。胡适所希望的通过渐进改革以避免高昂代价所求得的宪制中国最终也没有出现。相反,蒋介石凭借着拳头,挂着中山先生"训政学说"的招牌在南京建立起国民党的一党专政。与此同时,胡适也就把他的宪制理念从北洋军阀的刺刀下解救出来带到了这个刚刚获得新生的政权。然而,胡适的那种宪制思想从一开始就与这个政权不相容。从他踏上美国的那一天起,似乎命中就已注定了他离不开这个政权不能不寄生于这个政

---

① 参见格里德:《胡适与中国的文艺复兴》,第 234 页。

权,但骨子里他又永远不会满意于这样一个政权。他凭着在五四新文化运动中"暴得的大名",仗着那个留美博士的头衔,多少也与他那可爱可敬的秉性和学识有关,他取得了可以评论那个政府的特权,应该说这种特权不是一般的读书人能够享有的,这是为许多人眼馋的本钱。

胡适与国民党之间的分歧和他早些时候与李大钊、陈独秀等共产党人的冲突一样,都是基于一个根由。他不但对国民党把中国问题归罪于帝国主义影响的观点极为反感,①而且对国民党所提出的"革命的"解决办法也是反对的。1928年,胡适批评国民党乱喊革命口号的做法,并把它讥称为中国的现代"名教"。② 他认为,革命是一种"强迫的进化",一种无法加以控制的变革,中国需要的不是革命,而是通过教育、立宪政治过程逐渐达到的目标。他说:"我们今日需要的,不是那用暴力专制而制造革命的革命,也不是那用暴力推翻暴力的革命,也不是那悬空捏造革命对象因而来鼓吹革命的革命。在这一点,我们宁可不

---

① 胡适认为把中国的落后归罪于帝国主义的看法是肤浅的,并以日本为例证对之进行驳难。他问道:"为什么不平等的条约不能阻碍日本的自由发展?""为什么我们跪下来后就不能再站起来?"(《胡适文存》,第3集,第1卷,第47页)早在1922年他就为自己的观点进行过辩护,他写道:"我们要知道:外国投资者的希望中国和平,实在不下于中国人民的希望和平与统一。……国际投资所以发生问题,正因为投资所在之国不和平,无治安,不能保障投资者的利益与安全。……老实说,现在中国已没有很大的国际侵略的危险了。……所以我们现在尽可以不必去做哪怕国际侵略的噩梦。最要紧的是同心协力把自己的国家弄上政治的轨道上去。……我们的朋友陈独秀先生们在上海出版的《向导》周报,标出两大目标:一是民主主义的革命,一是反抗国际帝国主义的侵略。对于第一项,我们自然是赞成的。对于第二项,我们觉得这也应该包括在第一项之内。因为我们觉得民主主义的革命成功之后,政治上了轨道,国际帝国主义的侵略已有一大部分可以自然解除了。"(《努力周报》,1922年10月1日,第22期。参见《胡适文存》,第2集,第3卷)美国的学者对之评论道:"这是人们可望在一位中国作家的笔下看到的最友好的关于外国人对中国感兴趣的动机所做的解释了。尽管胡适的目的并不在于为帝国主义者辩护,而在于警告他的读者不要犯他认为的民族主义意识形态中所固有的种种危险,但把他说成帝国主义的辩护士是不难理解的。"(格里德:《胡适与中国的文艺复兴》,第232页)

② 参见《胡适文存》,第3集,第1卷,第98页。

避'反革命'之名,而不能主张这种革命。因为这种革命都只能浪费精力,煽动盲动残恶的劣根性,扰乱社会国家的安宁,种下相残害相屠杀的根苗,而对于我们的真正敌人,反让他们逍遥自在,气焰更凶,而对于我们应该建立的国家,反越走越远。"在他看来,中国真正的敌人是贫穷、疾病、愚昧、贪污、扰乱这五个坏家伙。要打倒它们,只能依靠理性的自觉,不断积累点点滴滴改革,除此之外,别无他路可走。① 在这里,虽然看起来胡适所表达的是他留学生时代的同一个信念,但在这已变化了的形势中重新提出这个信念,它便成了胡适与这个新政府紧张关系开始的一个信号。其实,"革命"还有另一层意义,这或许是胡适没能看破的:不管这个政府真正要做些什么,革命口号对之都是有用的东西。它可真正被用作变革的"助产婆",也可用作为自己辩护的理由。

在胡适写这篇文章之前,蒋介石作为这个政府的领袖早已开始强调"以党治国"的重要性,并断言"中国所以贫弱,所以受不平等条约的束缚,就是中国人太自由",提出"以后各社会团体一定要养成党化、军队化的习惯","谋中国人思想统一"。他提出了"一个主义""一个政党"的口号,说"我们中国要在二十世纪的世界谋生存,没有第二个合适的主义";"要确定三民主义为中国唯一的思想,再不许有第二个思想,来扰乱中国。"②而这一切都基于这样一个堂而皇之的理由——"总理遗训":"革命尚未成功,同志仍须努力。"响应领袖的号召,尔后国民党中常会通过了《训政纲领》,宣布训政期间,由国民党全国代表大会及中央执委会代表国民大会领导国民,行使政权;并授予蒋介石以军、政大权。次年3月,国民党"三大"决议以"总理主要遗教"为"训政时期中华民国

---

① 胡适:《我们走那条路》,见《新月》,第2卷,第10号,1930年12月。参见《胡适文存》,第4集,第4卷。

② 蒋介石:《三民主义为唯一思想》。

最高之根本法",规定"中国国民党独负全责,领导国民,扶植中华民国之政权、治权",于必要时"得就于人民集会、结社、言论、出版等自由,在法律范围内加以限制。"①国民党的这种做法,使胡适把先前对它的批评转变为一种控诉:"新文化运动的一件大事业就是思想的解放。我们当时批评孔孟,弹劾程朱,反对礼教,否认上帝,为的是要打倒一尊的门户,解放中国的思想,提倡怀疑的态度和批评的精神而已。但共产党和国民党协作的结果,造成了一个绝对专制的局面,思想言论完全失去了自由。上帝可以否认,而孙中山不许批评。礼拜可以不做,但总理遗嘱不可不读,纪念周不可不做。"②

胡适愤怒了!

他要在这个专断的政权之下,为自己争得表达真实看法的权利,为自己的宪制信念争得一个能够安身立命的空间。同时,也为他那个有教养的知识阶层争得"人权"。当然,要使"人权"更具吸引力,他也必须首先将它宣布为人民的人权。应强调的是,争取人权并不仅仅是胡适的一种策略,而是深深根植于他对宪制民主的真诚信仰。如果说,先前胡适把争取立宪政治的过程看作是中国社会变革的重要手段的话,那么现在为立宪政治而斗争就是他的最高目标。1929年4月,南京国民党政府发布了一道《保障人权命令》,称:"世界各国人权均受法律之保障。当此训政开始,法治基础亟宜确立。凡在中华民国法权管辖之内,无论个人或团体均不得以非法行为侵害他人身体、自由和财产。违者即依法严行惩办不贷。"胡适对之颇感不满,认为"命令"虽把人权解释为"身体、自由和财产"三项权利,但并未作明确具体规定,内容极为空

---

① 参见《中国国民党第三次全国代表大会会议案》,见《革命文献》,第76辑,第75、77、80页。

② 胡适:《新文化运动与国民党》,见《新月》,第2卷,第6、7号合刊,1929年9月。

泛。更重要的是,"命令"只禁止"个人和团体"侵犯人权,而隐去了"政府机关"这个对人权更为危险的东西。他说:"今日我们最感觉痛苦的是种种政府机关或假借政府与党部的机关侵害人民的身体、自由及财产。"个人和团体侵犯人权并不难遏制,而且也不容易伤宪制的根本,但国民党和它的政府机关不能守法这对人权来讲则是致命的。胡适正是从这个政权的最致命处揭露了《保障人权命令》的虚伪性。胡适并未就此罢休,他继续剖析这个"命令"的不实:所谓"依法严行惩办不贷",胡适写道:"我们就不知道今日有何种法律可以保障人民的人权。"所以,他认为,"在今日如果真要保障人权,如果真要确立法治基础,第一件应该制定一个中华民国的宪法。至少,至少,也应该制定所谓训政时期的约法。"他呼吁"快快制定约法以确立法治基础!快快制定约法以保障人权!"①在这里,胡适从法治的意义上理解宪法,从宪法的意义上理解人权,并把人权、宪法、法治三者连接为一个有机的整体,虽然他没有进一步探究人权所依存的法治、宪法这些价值本身能够生长的条件,但他对宪制的看法已经超越了先前那些大人物的见解。梁启超使用了法治的概念,但他并没有发现法治的真义;孙中山虽有"全民政治"的理论,但他并没有从个体身上发现"全民政治"中的"人权",当然也就把法治放逐于"全民政治"理论之外了。胡适对宪制的信仰与对人权的看重固然说是他与中国现实的一种悬离,但同时也表达了他对人类的人道而文明的生存方式的深刻理解。

正是基于这样一种理解,胡适对国民党政府那种没有宪法和约法的训政提出了责难。他指出:"人民需要的训练是宪法之下的公民生活。政府与党部诸公需要的训练是宪法之下的法制生活。'先知先觉'的政府诸公必须自己先用宪法来训练自己,制裁自己,然后可以希望训

---

① 胡适:《人权与约法》,见《新月》,第2卷,第2号,1929年4月。

练国民党走上共和的大路。不然,则口口声声说'训政',而自己所行所为皆不足为训,小民虽愚,岂易欺哉?""我们不信无宪法可以训政,无宪法的训政只是专制。我们深信只有实行宪法的政府才配训政。"①胡适如此看重宪法,当然是希望用宪法这个根本性文件为人权提供最高意义上的法律保证。这也是他的宪制理念的一个重要支撑点。然而,胡适或许知道,一个有道德的政府可以制定出一部保障人权的宪法,而一个没有道德的政府所制定出的宪法本身可能就是为了限制和实质剥夺人权。他应该知道,他所寄身的这个政权并不比北洋军阀政权更有德行。1923年,当面对着他所期望的"好人政府"被军阀的战刀劈成碎片时,胡适曾报怨说,"宪法是根本法律:民治国家的法律决不是那般自己不守法律的无耻政客所制定的。我们可以预言:吴景濂张伯烈的国会即使定出一个宪法来,将来决不会有宪法的效能,将来不过添一张废纸!"②又怎样才能保证这个政府制定出来的宪法"将来"就一定不会是"添一张废纸"呢? 既然胡适把这个政府与北洋政府在道德上已经作了区分,因而对它所实施的"训政"提出的批评也就是善意的,胡适希望它能够制定出一个保障人权并自身也能够遵守的宪法性文件,但这种希望实际也包含了对这个政权的理论构创者——孙中山——的一些观点的不满。

　　胡适认为孙中山于1924年后便放弃了约法的思想,只讲军政训政,由革命党和政府来训练人民,这是不相信人民有在约法和宪法之下参与政治的能力。他把矛头指向了孙中山的"知难行易"学说,对这个一生都推崇"怀疑的思想方法"的胡适来讲,把枪口对准"知难行易"是可以理解的。"知难行易"学说主要反映了孙中山的一种领导观念形

---

① 胡适:《我们什么时候才可有宪法》,见《新月》,第2卷,第4号,1929年6月。
② 《胡适文存》,第2集,第3卷,第249页。

态。他用"行易"反衬"知难",借以提倡大多数人对于先知先觉的领袖人物的信仰与服从。对这一点,胡适是坚决不能接受的。他认为,这一学说的"根本错误",在于"把'知''行'分的太分明"。在他看来,大部分的知识是不能与"行"分离的,尤其是关于立宪政治的知识。用他的话说,"行一点,更知一点"。"行的成绩便是知,知的作用便是帮助行,指导行,改善行。"他总结说:

> 治国是一件最复杂最繁难又重要的技术,知与行都很重要,纸上的空谈算不得知,卤莽糊涂也算不得行。虽有良法美意,而行之不得其法,也会祸民误国。……这是何等繁难的事!
>
> 今日最大的危险是当国的人不明白他们干的事是一件绝大繁难的事。以一班没有现代学术训练的人,统治一个没有现代物质基础的大国家,天下的事有比这个更繁难的吗?要把这件大事办好,没有别的法子,只有充分请教专家,充分运用科学。然而"行易"之说可以作一般无学无术的军人政客的护身符?此说不修正,专家政治决不会实现。①

胡适明确地提出了"专家政治"的概念。这个概念是1922年《我们的政治主张》思想的发展和深化。从"好人政治"到"专家政治",反映了胡适对一个有效率的政府的期望。在他看来,一个有效率且能对民负责任的政府是中国变革和民族复兴所必需的。这也是他反对"行易"说必然合乎逻辑的结论。但倡扬"专家政治",并不意味着胡适是一个独裁主义的支持者。他始终把"专家政治"放在他的宪制民主这个大构架

---

① 胡适:《知难,行也不易——孙中山先生的"知难行易说"述评》,见《新月》,第2卷,第4期,1929年6月。

中加以考察的。实际上,"专家"还是胡适早些时候所表达的"好人"那个概念:它是由那些具有理性又掌握了现代管理技术的人士所组成:他们是能够把自己的政治行为控制在法治的水平上,尊重个体价值并对人民负责的那些人。在这里,胡适并不是从政府的权力范围的大小而是从政府行使权力的方式去理解宪制民主的。一个独裁的政府并非是因为其权力的范围太大,而是行使其权力的方式不符合民主程序。反之,一个由专家组成的政府虽然其权力范围很大,但因其行政程序符合民主规范便具有了不同性质。无论胡适在"专家政治"与"独裁政治"之间作怎样的区分,但"专家政治"的概念与他的宪制信仰还是有矛盾的,尽管这种矛盾因他为推翻孙中山"知难"的命题,对人民固有智慧给予极大信仰而有所缓解,[1]但并未完全消除。这样,"在胡适的思想中,便形成了这样一种局面,一方面,他赞同以大众为基础的政治制度体系,另一方面,他拥护受过高等训练并具有向前看精神的政治领导人的统治。"[2]胡适思想中的这一矛盾直到后来经过那个更为艰难的时代的磋磨才得以消解。

"九·一八"事变,意味着和平将要逝去,整个中国都笼罩在日本侵略这个不祥的阴影中。20世纪30年代是一个怀疑和愤怒的时代,也是一段最为艰难的岁月。在这样一个时代,中国最需要的是什么?不同的人对此持有不同的看法。国民党内一些人认为在这危难时刻中国需要的是像墨索里尼那样的一个法西斯政权;而一些以政治"独立"自诩的知识分子也把拯救中国的希望寄托在类似这样一个政府的身上。

---

[1] 胡适反对孙中山"知难"命题,是因为孙中山为了强调对先知先觉式的领袖的服从和信仰,过低地估计了人民的智慧。虽然胡适对人民也缺乏充分的信任,认为中国人民的知识水平很低,但他始终乐观地坚信:只要建立了民主制度,人民通过这种制度的训练是能够学会自己负责任地利用这些制度的。这也是胡适在1929年反对国民党政府"训政"时所持的一个主要理由。(参见胡适:《我们什么时候才有宪法》)

[2] 格里德:《胡适与中国的文艺复兴》,第257页。

于是,有一些人便开始出来对宪制民主表示公开反对了。①

可以预料,胡适在这一时期更加孤独地为宪制民主而战斗,当然他战斗的武器只是那支他认为的"秃笔"。国难当头之时,他仍告诫他的听众和读者要防止的是独裁主义的危险,并要人们具有"求三年之艾"的毅力,相信宪制民主对中国的价值,做好走"漫漫长路"的打算。他向他的听众和读者强调宪制和议会政治只是政治制度的一种方式,它并非为一个特定的阶级而创设和专有。宪制并不反对"民主"的东西,也并非和"社会主义的政治制度"不能相容,问题在于"社会主义的政治制度"是否只有无产阶级专政一种方式。他不相信"宪制能救中国",但他深信宪制是引导中国政治上轨道的一个较好办法。他始终乐观地认为,宪制并不是一件太难的事,它要做到的只是"政治必须依据法律,和政府对人民负责任"②这两个基本原则而已。

在那个口号声和枪炮声相混杂的时代,胡适那微弱而带有一点凄婉的声音是很容易被救国的怒吼声所淹没的。他惟恐人们因所处的这种环境而抛弃他为之指引的"漫漫长路",而去另辟一些捷径,所以他使出了他所能使出的一切力量。事实上,另辟新径的人不但有国民党人,而且"还有那些他们自己这个小圈子中出现的民主事业的逃兵——那些在形势的逼迫下默许了非常时期需要以非常力量武装之政府的观点的人",③蒋廷黻便是其中一个。蒋认为,中国还不是产生革命的时代。由于革命条件的不成熟,所以自辛亥革命以来内乱不断,中国一直没能走

---

① 有人以民国初年国会经验为例,认为"在初行民治的国家,议会的权力越大,它的腐化也越容易","质问、查办、弹劾诸权,都变成了敲竹杠的利器,官吏任命的同意权,简直是纳贿的好机会";有人则认为,"民主政治便是资产阶级的政治,便是保护有产阶级而压迫贫苦民众的政治。……建国首要在民生,舍民生而谈民主,便是舍本逐末。"(转引自胡适:《宪政问题》,见《独立评论》,第1号,1932年5月22日)

② 胡适:《宪政问题》,见《独立评论》,第1号。

③ 格里德:《胡适与中国的文艺复兴》,第281页。

上正轨。在他看来,现阶段的中国"仍旧是个朝代的国家,不是个民族国家"。因而目前中国要做的就是:应像英国的都铎王朝、法国的波旁王朝、俄国的罗曼诺夫王朝那样厉行专制,把中国这样一个"朝代国家"造成一个统一的民族国家。他认为,"各国的政治史都分为两个阶段,第一是建国,第二步才是用国家来谋幸福。"无论怎样,中国只有先建立起一个足够强大的可以实现国家统一的政治权力,才能为"第二步"做好准备。"我们现在的问题是国家存在与不存在的问题,不是哪种国家的问题。因为中国国民缺乏基本政治素养,更不具备民主共和的资格,所以,创建一个民主的并能为全体人民谋幸福的宪政体制那是较远后的事情。"①

为了反击蒋廷黻的"强人专制"观点,胡适不得不修改他一贯坚持的"好人政府""专家政治"的看法,就如前些年为了批评孙中山的"知难行易"学说而对人民的固有智慧给了极大的信任一样,现在他提出了一种"无为政治"的理论。他说,"现时中国所需要的政治哲学绝不是19世纪以来积极有为的政治哲学。此时中国所需要的是一种提倡无为的政治哲学。古代哲人提倡无为,并非教人一事不做,其意只教人不要盲目的胡作胡为——要睁开眼睛来看看时势,看看客观的物质条件是不是可以有为。"②关于"时势",胡适是基于这样一种判断:中国与西方在文明成就方面存在巨大差异,而这种差异事实上是不可逾越的。即是说,19世纪的西方可以行"有为政治",而20世纪的中国则没有实行这种政治的条件。③ 胡适把专制分为领袖独裁、一党专政和一个阶级的专政三种

---

① 蒋廷黻:《建国与专制》,见《独立评论》,第80号,1933年12月10日。
② 胡适:《从农村救治到无为的政治》,见《独立评论》,第49号,1933年5月7日。
③ 胡适认为,中西差别不仅是结果上的贫穷与富有的差别,而且也是丰富的有文化的人力资源与完全缺乏这类有才能的人力资源的差别,是稳定的政治制度与无政府的差别。用他的话说,与西方相比,"我们只是些穷孩子","我们如何能梦想模仿富家子弟的慷慨壮行?我们不过是襁褓中的婴儿。我们如何能完成一个强健富有的年青人的伟业呢?"(参见胡适:《从农村救治到无为的政治》)

形式。他反对任何形式的专制,但反对的理由都不是根源于先前的那种民主信仰,而是根据中国现在还没有资格实行专制的一种看法。他认为,现代社会的经济运作、政治生活极为复杂,而要对所有这些方面都进行有效管理的高度集权专制是"人世最复杂繁难的事业"。今日的中国不存在能做到如此专制的人、专制的党和专制的阶级,即不存在"使全国能站在某个领袖或某党某阶级领导下,造成一个新式专制的局面"。①

关于"客观的物质条件",胡适是基于他对农村悲惨生活的观察,认为这种"客观的物质条件"也不允许新式专制。他说,"现时内地农村最感痛苦的是抽捐税太多,养兵太多,养官太多。纳税养官,而官不能做一点有益于人民的事;纳税养兵,而兵不能尽一点保护人民之责。……在这种苦痛之下,人民不逃亡,不反抗,不做共产党,不做土匪,那才是该死的贼种哩!"②胡适所分析的"客观物质条件"也包含着他对这个政权的失望。他不能同意蒋廷黻的"强人专制"的看法,或许也潜有这样一种恐惧:当维持这个政权的军人、政客都在为自己的腰包作打算时,鼓吹"强人专制"无疑会把中国进一步拖向深渊。③ 在 30 年代,他又告诫人们:"我可以断断地预言,中国今日若真走上了独裁的政治,所得的决不会是新式的独裁,而一定是残民以逞的旧式专制。"④因此,他写道:"必须先要政治领袖们彻底觉悟建设是专门学术的事,不是他们随便发一个电报命令十来个省份限几个月完成的。他们必须明白他们自

---

① 参见胡适:《再论建国与专制》,见《独立评论》,第 82 号,1933 年 12 月 24 日。

② 胡适:《从农村救治到无为的政治》。

③ 他在 1929 年就对国民党政府压制思想自由表达了一种悲凉的预言:"殊不知统一的思想只是思想的僵化,不是谋思想的变化……现在国民党所以大失人心,一半固然是因为政治上的设施不能满足人民的期望,一半却是因为思想的僵化不能吸引前进的思想界的同情。前进的思想界的同情完全失掉之日,便是国民党油干灯草尽之时。"(胡适:《新文化运动与国民党》)

④ 胡适:《答丁在君先生论民主与独裁》,见《独立评论》,第 133 号,1934 年 12 月 30 日。

己是不配谈建设的,他们也应该更清楚地认识到,他们现在所从事的建设并不是真正的和永久的建设,而仅是那种使政治刽子手们中饱私囊的营私舞弊。他们明白了自己不配建设,然后能安分无为,做一点与民休息的仁政;等到民国稍苏国力稍复的时候,等到专门人调查研究有结果的时候,方才可以有为。"①在此,胡适并不是丢弃了他对"好人政府"的怀想,而是出于一种现实的判断:在"好人政府"无法求得的情形下,与其人为地建立一个由"政治刽子手"组成的"强大"政府,倒不如要一种让民休养生息的"无为政治"。他是把"无为政治"看作是向"好人政府"那种政治过渡的一个必经阶段,在这个阶段与之相应的就应该实行宪制。对"无为政治"的提倡,引出了胡适对宪制民主的一种新看法。

他写道:"观察近几十年的世界政治,感觉到民主宪政只是一种幼稚的政治制度,最适宜于训练一个缺乏政治经验的民族,"因为"民主政治的好处在于不需要出类拔萃的人才,在于给多数平庸的人有一个参与政治的机会,可以训练他们爱护自己的权利。"所以,他得出的结论是:"民主政治是常识政治,而开明专制是特别英杰的政治。特别英杰不可必得,而常识比较容易训练。在我们这样缺乏人才的国家,最好的政治训练是一种逐渐推广政权的民主宪政。"②为了说明这个论点,他把英美国家的民主作为例证,借以反驳"民主不适合中国国情"的说法。③ 在

---

① 胡适:《建国与无为》,见《独立评论》,第94号,1934年4月1日。
② 胡适:《再论建国与专制》,见《独立评论》,第82号,1933年12月24日。
③ 他说:"英美都是民主政治的发祥地,而专家的政治("智慧团"的政治)都直到最近才发生,这正可证明民主政治是幼稚的,而需要最高的专门技术的现代独裁乃真是最高等研究科政治。"(胡适:《中国无独裁的必要与可能》,见《独立评论》,第130号)"英美国家知道绝大多数的阿斗是不配干预政治,也不爱干预的,所以充分容许他们去看棒球,看赛马,看Cricket,看电影,只要他们'逢时逢节'是不难学得的。……独裁政治的要点在于长期专政,在于不让那绝大多数阿斗来宣诺,投票。然而在二十世纪里都是不容易办到的,因为阿斗会鼓噪造反的。所以现代的专制魔王想出一个好法子来,叫一小部分的阿斗挂一个专政的招牌,他们却在那招牌之下来独裁。"(胡适:《答丁在君先生论民主与独裁》)

胡适看来,虽然在民主政治制度下的人民与在独裁政治下的人民一样都是"阿斗",但人民与政治运作的关系是截然不同的:"民主国家的阿斗不天天干政,然而逢时逢节他们干政的时候,可以画诺,也可以画'No'。独裁政治之下的阿斗,天天自以为专政,然而他们只能画诺。所以民主国家的阿斗易学,而独裁国家的阿斗难为。民主国家有失政时,还有挽救的法子,法子也很简单,只消把'诺'字改造'No'字就行了。独裁国家的阿斗无权可以说一个'No'字。"①

　　胡适所作的这种区分是有意义的,但他把民主宪制看作是一种幼稚的政治,最适宜训练一个缺乏政治经验的民族的观点是容易受到诘难的。事实上,国民具有一定的文化水准与政治素养是实行民主政治的一个重要条件。与胡适所"观察的历史经验"恰好相反,"一个知识太低,经验又太幼稚"的民族往往是制造专制独裁的大工厂,在一个愚昧无知的国家是决不可能有真正的宪制民主的。他看到了美国的"阿斗"们对橄榄球的狂热,而忽略了他们的"文化水平"和对政治事物的热情。实际上,美国的"阿斗"和中国的"阿斗"并不是一群人。历史的发展为胡适"民主政治是幼稚政治"的理论作了最无情的驳证。

　　在前些年,胡适还把民主政治看作是中国人须为之奋斗的终极目标,他自己也抱着"七年之病求三年之艾"的信念,从文化教育着手想为中国的宪制打下厚实的基础,而现在却主张说民主政治是不成熟社会的"自然"政治形式。这种有意看低宪制民主的苦心是不难理解的:宪制民主只有在民主制度中才能实现,只有通过民主制度的教育,才能使人民得到政治的训练,培养民主意识,掌握民主的规程。民主制度本身就是民主的学校:"最有效的政治训练,是逐渐开放政权,使人民亲身参加政治里得到一点政治训练。说句老话:学游泳的人必须先下水,学弹琴的

---

① 胡适:《答丁在君先生论民主与独裁》。

人必须有琴可弹。宪政是宪政最好的训练。"①胡适不惜用贬损民主的方法去求得民主。这从另一个方面说明了他对宪制的至诚与信仰。

"无为政治""常识政治"在很大程度上只是胡适的一厢情愿,无论他把民主政治说得怎样奇妙,要实行最后还须征得那个政权的同意。因而,胡适就无法回避对这个政权的态度问题,无法回避在那些大把捞权、捞钱的军人、政客之间如何实行"无为政治"的问题。对此,胡又一次避开了选择革命的可能性,仍希望在"一点一滴"的改良路上讨生活。他明确表示,要求宪制并不是一种革命的主张。他的观点足以让执政的国民党人放心:"民主宪政不是什么高不可及的理想目标,只不过是一种过程","宪政随时随处都可以开始,开始时不妨从小规模做起……从幼稚园做起,逐渐升学上去。"②所以当中国民权保障同盟从事人权运动,要求无条件的释放一切政治犯时,身为中国民权保障同盟北京分部领导人的胡适就公开反对这样做,他说,"这不是保障民权,这是对一个政府要求革命的自由权。一个政府要存在,自然不能不制裁一切推翻政府或反抗政府的行为。向政府要求革命的自由权,岂不是与虎谋皮?谋虎皮的人,应该准备被虎咬,这是作政治运动的人自身应负的责任。"即是说,民权的保障是法律问题而非政治问题,包括对政治案件的嫌疑人逮捕必须要有确凿的证据,应受到"正当的法律保障";有罪的政治犯也应尽可能给予"最人道的待遇"。"只有站在法律的立场上来谋民权的保障,才可以把政治引上法律的路,只有法治是永久而普遍的民权保障。"③从一般意义上说,胡适对民权与法治、宪制关系的看法是深刻的。但这种"深刻"是片面的,因为民权的法律保障只有在法治已形成的前提下才是有意义的,法律并不等于法治。对于一个不法的政府

---

① 胡适:《从一党到无党的政治》,见《独立评论》,第171号,1935年10月6日。
② 胡适:《再谈谈宪政》,见《独立评论》,第236号,1937年5月30日。
③ 胡适:《民权的保障》,见《独立评论》,第38号,1933年2月19日。

要求民权的法律保障,这无疑是在消解民权和宪制的政治意义。"这是一个危险的位置:在公开反对现存秩序和无条件向现存秩序投降之间,正是胡适所走的狭窄的路。他要求有一部宪法的主张可以理解为对国民党的挑战,要求它以服从法律制度作它的统治权利的根据。而且,胡适对于现存政权的原则始终是十分尊重的,因而,尽管国民党无视他的合法性标准,他也不得不为国民党的统治权利辩护。"①胡适一只手举着"要求民主"的旗帜,一只手又向"向一个政府要求革命的自由权"的做法挥舞着大棒。这就是胡适为自己所选择的一条"狭窄的路",也是他在专制与革命之间所处的两难窘境的反映。他既对国民党的统治秩序不满,要求改变这种秩序,又不希望彻底否定这种秩序的"合法"基础,而惧怕和反对无产阶级革命,这就决定了他对宪制的理解只能限定在法律的层面上,而淡化其政治意义,因此也注定了他的宪制观无法摆脱理想与现实的困境和矛盾。

　　胡适的宪制理论代表了中国自由主义的一种基本品格。它与西方的自由主义有着很大的不同,它首先关心的并不是人类的处境和未来,而是中国怎样才能成为像样的世界的一部分。胡适相信宪制对人的价值是因为他首先相信它对国家和民族有价值。所以,当宪制中的"人的拯救"(人权问题)与"国家的拯救"(国家的存亡与复兴问题)发生矛盾时,胡适是很容易做出选择的:"'人权'固然应该保障,但不可捐着'人权'的招牌来做危害国家的行动。'取消党治'固然好听,但不可在这个危急的时期借这种口号来发动内战……无论什么金字招牌,都不能消除内战的大罪恶。"②对国家危难的关注压倒了对人在极权政治下的遭遇的关切。胡适在宪制问题上的矛盾在很大程度上都是由此所致。与

---

① 格里德:《胡适与中国的文艺复兴》,第299页。
② 胡适:《福建的大变局》,见《独立评论》,第79号,1933年12月3日。

其说胡适是在为人的存在求生路,毋宁说是在为"中国解放"和民族复兴寻求药方。即便在那些最困难的岁月,胡适也没有放弃这一信念:只有宪制才能把中国的政治弄上正轨;只有政治上了正轨中国才有"解放"的可能;而宪制也只能在现存的秩序中一点一滴地改革而达到。即便在 30 年代国难当头之际,胡适仍然持具这份耐心,固守这份勇气。格里德写道:"胡适的勇气是一种更难分辨出的勇气,而且,如果用那吞没了他的国家的巨大悲剧来衡量的话,也许也是一种太容易分辨以至可不予考虑的勇气。他知道中国向现代社会的转变是困难的,痛苦的,而且不是没有危险的,但他仍能毫不畏惧地正视让教条主义的观点弄得令人失望的前景。现代世界的光明前途以及它对中国所抱有的那种仁慈的希望驱逐了笼罩在他心上的怀疑的阴影。"①

三、中国式的个人主义

个人、社会(国家)是缠绕于胡适思想中的重要概念。在胡适的自由主义思想体系里,宪制如同一根支撑其"进步事业"的梁木,一头系着个人,一头系着社会(国家)。因而不探求其个人主义理论就无法把握其宪制信念的精髓。

在胡适的宪制理论中始终存在这样一个假定:中国的现实社会是一个病态的社会,它扼杀了人的个性,消磨了民族精神。其病因主要是个人被传统文化夺去了自我,"自我丧失"则是这个社会的总病根。有了这样的诊断,便有这样的标本兼治的药方:"救出自己(我)"是这个社会恢复生机的开始,有了"健全的个人",才会有真正的宪制,政治才会走上正轨,才会有社会的进步,才会有国家的解放、民族复兴的希望和

---

① 格里德:《胡适与中国的文艺复兴》,第 313 页。

可能。当然,这一切必须从"点点滴滴"的改良下手。在这个药方里,首先要认清这个社会的病状,然后才能认清"自我":"人生的大病根在于不肯睁眼来看世间的真实现状。明明是男盗女娼的社会,我们偏偏说是圣贤礼仪之邦;……明明是不可救药的大病,我们偏说一点病都没有! 却不知道:若要病好须先认有病;若要政治好,须先认现今的政治实在不好;若要改良社会,须先知道,现今的社会实在是男盗女娼的社会! ……因为我们对于社会的罪恶都脱不了干系,故不得不说老实话。"①认识社会,认识自己,这是胡适思考问题的出发点,也是他的"造因工程"开始动工的地方。当然,首先从这自欺欺人的社会里认清自己的是那些有理性的人,即胡适所说的那些"好人"。只有文人学士从这个社会中找回了自我,才能带动或教育其他人一块拯救。从社会中"救出自己"这是达到改造社会目标的关键一步。这就是胡适所倡导的易卜生主义:"我所最期望于你的是一种真益纯粹的为我主义。要使你有时觉得天下只有关于我的事最要紧,其余的都算不得什么。……你想有益于社会,最好的法子莫如把自己这块材料铸造成器。……有的时候我真觉得全世界都像海上撞沉了船,最要紧的还是救出自己。"②胡适的"造因工程"与严复的"种草、养羊、取羊毛"式的工程极为相似,正如严复把个人自由看作这一工程的关键项一样,胡适所发现的是个人本身的价值。在严复看来,个人的自由是国家富强的活性因素;在胡适看来,从病态社会中拯救出来的个人则是改造社会、振兴民族的有生力量。他们都把个人主义看作是拯救中国的希望,都把"希望"这副重担强压在了个体身上。不同的是,严复面对着强大的破坏力量最终放弃了对"个人自由"的希望,而胡适则把个人主义坚

---

① 《胡适文存》,第1集,第4卷,第884—885页。
② 同上书,第902页。

持到了他生命的最后。胡适之所以倡导易卜生主义，并不是因为他把个体人格的发展看作是可以由自身判定的目的，也不是因为他发现了个体比社会具有更重要的价值。而是因为他断定个人是造就新社会，建设新国家的最有力的工具："……社会是个人组成的，……多救出一个人是多备下一个再造新社会的分子。所以孟轲说'穷则独善其身'，这便是易卜生所说'救出自己'的意思。这种'为我主义'其实是最有价值的利人主义。"更精确地说，这种"为我主义"并不是最有价值的"利人主义"，而是最有价值的"利社会""利国家"的主义。所以他接着写道："自治的社会，共和的国家，只是要个人有自由选择之权，还要个人对于自己所行所为都负责任。若不如此，决不能造出自己独立的人格。社会国家没有自由独立的人格，如同酒里少了酒曲，面包里少了酵，人身上少了脑筋，那种社会国家决没有改良进步的希望。"①

个人主义舶来中国，由于没有文化传统的合法签证，注定是要背上骂名的。有些人往往把个人主义作为为自己的自私自利辩护的理由，因此它则常常受到责难。为此，胡适不得不对真假个人主义的问题进行分辨。他认为，在中国存有三种个人主义现象。一种是真的个人主义，或称个性主义(individuality)，其特性是思想独立，对自己思想信仰的结果负完全的责任，不怕权威，不怕监禁杀身，只追求真理，不计较个人的利害得失。一种是假个人主义，亦称为我主义，其性质是自私自利，只看重自己的利益，而无视他人的权利，不承担社会的责任。还有另一种是独善的个人主义，它不满意于社会，却又无可奈何，只想跳出社会寻一种超出现实的理想生活。假个人主义容易被识破，无须多费口舌。而独善的个人主义与胡适所倡导的改造社会目标相背离，因此而受到胡适的责难："这个观念的根本错误在于……把个人看作

---

① 《胡适文存》，第1集，第4卷，第902—903、906页。

一个可以提到社会外去改造的东西。要知道个人是社会上种种势力的结果。……社会上的'良好分子'并不是生成的,也不是个人修炼成的,——都是因为造成他们的种种势力里面,良好的势力比不良的势力多些。……古代的社会哲学和政治哲学只为要妄想凭空改造个人,故主张正心、诚意、独善其身的办法。这种办法其实是没有办法,因为没有下手的地方。……近代的人生哲学……渐渐打破了这种迷梦,渐渐觉悟:改造社会的下手方法在于改良那些造成社会的种种势力——制度、习惯、思想、教育等等。那些势力改良了,人也改良了。所以我觉得'改造社会更吾改造个人做起'还是脱不了旧思想的影响。"[1]
对"社会改造"的看重,使胡适认识到个人与社会的密不可分。只有先把影响个体人格的制度、习惯等"种种势力"改造了,个体人格的改造才成为可能。这样,胡适就把个体的重塑和制度的改革联系起来。而宪制既是个体人格改造必然带来的结果,也是个体价值能够容身的栖所。个人主义与宪制不仅是融通的,而且个人主义就是宪制的伦理基础。

在胡适看来,真正的个人主义首先意味着个人必须对自己的思想承担责任,必须独立思考,只有这样,一个能把政治弄上正轨的宪制制度才可实现。所以"个人"必须是积极进取的;是"入世"的而不是"出世"的;是奉献的而不是索取的;是向社会承担责任的,而不是享乐的。这样,一个具有独立人格的"小我"(个体)必须为"大我"(社会)所包容,成为理想社会的一块有用的材料,因为社会比个人更重要。他写道:

> 我这个"小我"不是独立的,是和无量数小我有直接间接的交互关系的;是和社会的全体和世界的全体都有互为影响的关系的;是和社会世界的过去和未来都已有因果关系的。种种从前的因,

---

[1] 《胡适文存》,第1集,第4卷,第1052—1053页。

种种现在无数"小我"和无数他种势力所造成的因,都成了我这个"小我",加上了种种从前的因,又加上了种种现在的因,传递下去,又要造成无数将来的"小我"。这种种过去的"小我",一代传一代,一点加一滴;一线相传,连绵不断;一水奔流,滔滔不绝,——这便是一个"大我"。"小我"是会消灭的,"大我"是永远不死,永远不朽的,"小我"虽然不死,但是每一个"小我"的一切作为,一切功德罪恶,一切语言行事,无论大小,无论是非,无论善恶,——都永远留存在那个"大我"之中。那个"大我"便是古往今来一切"小我"的纪功碑,彰善词,罪状判别书,孝子慈孙百世不能改的恶谥法。这个"大我"是永远不朽的,故一切"小我"的事业,人格,一举一动,一言一笑,一个念头,一切功劳,一桩罪过,也都永远不朽,这便是社会的不朽。①

胡适将这种"社会不朽论"称为"他的宗教",并且将其"教旨"概括为:"我这个现在的'小我'对于那永远不朽的'大我'的无穷过去,须负重大的责任;对于那永远不朽的'大我'的无穷未来,也须负重大的责任。我须要时时想着,我应该如何努力利用现在的'小我'方才可以不辜负了那'大我'的无穷过去,方才可以不遗害那'大我'的无穷未来。"②胡适的"社会不朽论"与他对个体独立人格的理解是一致的,只是在"社会不朽"的"宗教"里,他更加强调个人的责任而已。在胡适看来,一个理性健全的个体首先应意识到他行为的道德、社会、历史的后果,然后才能去选择对社会有益的行为方式。社会虽然不朽,但它总是在进化,即便是一个欲浊横流的社会也必须发展进步,只是那些已从中

---

① 葛懋春等编:《胡适哲学思想资料选》(上),华东师大出版社 1981 年版,第 176—177 页。

② 《胡适文存》,第 1 集,第 4 卷,第 987—988 页。

"救出自己"的个体要付出更大的努力。在这里,科学的价值是必不可少的:它"叫人知道个人——'小我'是要死灭的,而人类——'大我'——是不死的,不朽的;叫人知道'为全种万世而生活'就是宗教,就是最高的宗教;而那些替个人谋死后的'天堂''净土'的宗教,乃是自私自利的宗教"。① 因此,科学会教人如何去认识自己的人生,如何去运用理性为改造社会服务。

理性意味着,"个人应尊重自己良心上的判断,不可苟且附和社会"。因为"社会的改造不是一天早上大家睡醒时世界忽然改良了,须自个人'不苟同'做起;须是先有一人或少数人的'不同',然后可望大多数的渐渐'不同'。"②这是胡适"七年之病求三年之艾"改造方案的再一次表述。"求三年之艾"虽然漫长而艰难,但它仍值得我们去奋斗,只要有耐心,有勇气,从我做起,一切就大有希望。胡适把"不苟同"的理性方法称作"评判的态度",即重新估定一切价值的怀疑态度。③ 胡适也把这种方法称作来自于杜威的"实验主义方法"。

在胡适看来,具有理性方法这是个体从污浊的社会中"救出自己"的标志。理性是一种具有催化作用的"能",可充分释放出思想的力量。在它面前,一切天经地义之物,一切价值标准包括自己的行为准则都必须接受挑战,神奇可化为臭腐,玄妙可化为平常,神圣可化为凡庸;理性是一道抵抗恶的防线,能把强加于它的任何教条拒之千里之外。然而,

---

① 《胡适哲学思想资料选》(上),第297页。
② 《胡适的日记》,上册,中华书局1985年版,第29页。
③ 胡适说:"评判的态度,简单说来,只是凡事要重新分别一个好与不好。仔细说来,评判的态度含有几种特别的要求:(1)对于习俗相传下来的制度风俗,要问:'这种制度现在还有存在的价值吗?'(2)对于古代遗传下来的圣贤教训,要问:'这句话在今日还是不错吗?'(3)对于社会上糊涂公认的行为与信仰,都要问'大家公认的,就不会错了吗?人家这样做,我也该这样做吗?难道没有别样做法比这更好,更有理,更有益的吗?'"(胡适:《新思潮的意义》,见《新青年》,第7卷,第1号)

与西方的理性主义不同的是,胡适只接受了理性的价值,而没有给它一个独立的地位。个人具有理性的方法只是胡适"造因工程"中所完成的第一道工序,个人从社会中救出,然后必须回归社会,必须带着自己的独立人格和强健的理智承担起改造社会的责任。对于中国这样一个国家来讲,也只有接受了这种理性的"评判态度",才能具有振兴的希望。① 在终极意义上,胡适把个人主义和理性主义看作是改造社会、振兴民族与国家的一种新工具。从五四新文化运动以来,胡适所做的许多工作都是为了这一神圣的事业。他推动"文学革命",提倡白话文,更多地也是出于"普及理性",造就"新个体"的需要。② 他"整理国故"在很大程度上是将其看作"造因工程"的必要工作。③

---

① 胡适在1922年就曾写道:"我们观察我们这个时代的要求,不能不承认人类今日的最大责任与最高需要是把科学方法应用到人生问题上去。"(《胡适文存》,第2集,第2卷,第309页)

② 他认为,文学并非是达官贵人的私产,而应成为普及新思想的有用工具。而且,从进化的观点看,只有白话文才能推动新思想的普及。因为文学的改革与普及新思想有着密切联系,严复则提供了反面的例证。严复用古雅艰涩的古文表达他的新思想,但其思想除了在占少数人的文人学士中间有过影响外,并没有在大多数国民中产生作用。(参见胡适:《文学改良刍议》,见《胡适文存》,第1集,第1卷)

③ 早在1917年胡适就看到了"传统的创造性转化"与吸收新思想对振兴国家的重要性。他写道:"我们中国人如何能在这个骤看起来同我们的固有文化大不相同的新世界里感到泰然自若? 一个具有光荣历史以及自己创造了灿烂文化的民族,在一个新的文化中决不会感到自在的。如果那新文化被看作是从外国输入的,并且因民族生存的外在需要而被强加于它的,那么这种不自在是完全自然的,也是合理的。如果对新文化的接受不是有组织的吸收的形式,而是采取突然替换的形式,因而引起旧文化的消亡,这确实是全人类的一个重大损失。因此,真正的问题可以这样说:我们应怎样才能以最有效的方式吸收现代文化,使它能同我们的固有文化相一致、协调和继续发展?……这个问题的解决,……唯有依靠新中国知识界领导人物的远见和历史连续性的意识,依靠他们的机智和技巧,能够成功地把现代文化的精华与中国自己的文化精华联结起来。"(胡适:《先秦名学史》,导言,第6—7页)胡适在1919年更加清晰地表达了"整理国故"的意义。他认为,新思想对待旧文化的态度就是反对"盲从"于古代标准,它的主要任务就是引进科学的方法,这种方法单独提供了对过去毫无偏见的理解,而这种无偏见的认识也正是中国未来之生存所依靠的。(参见《胡适文存》,第1集,第4卷,第1032—1034页)

胡适曾说过,他的思想方法是来自杜威的实验主义。但是,胡适作为一个中国知识分子,出于对自己民族和国家的关切,在很多方面又"误读"了他的美国老师的思想。杜威写道:"在人们中存在着一种由把宇宙与我们个人的意愿等同起来的宗教性堕落而助长起来的观点,""也存在着一种要承担起宗教把我们从那里解脱出来的宇宙重任的观点。在单独个体的各种摇曳不定的无逻辑行为中,存在着一种总体意识,它承认这些行为并给它们以尊严。在它面前,我们摆脱开道德从而生活在普遍原则之中。"① 杜威这段话,并没有说明"总体意识"是个人成就的最终评价标准,而只是个人的一种最终的精神慰藉之源。胡适则把杜威的"总体意识"理解为那个"大我",它是永恒的存在,是个人最终的归宿。杜威又写道:"人道主义的宗教如果排除了我们与自然的联系,它就是苍白无力的,而当它把人类弄成了一崇拜对象时,它便是傲慢专横。"② 相反,胡适却断言说,"为了种的存在和延续的生活就是最高的宗教。"③

美国学者格里德根据中西历史与文化的不同对胡适与杜威作了非常有说服力的论辩。他写道:

> 胡适对实验主义方法的信仰是建立在他对普遍性的信仰这个基础上的。他坚持认为,实验主义方法的有效应用,用不着什么预先的假定条件,也没有什么要满足的社会或文化前提。但杜威却从特定的假定条件来考虑这个问题,这些假定是根据西方的,特别是美国的社会经验推导出来的,而西方或美国社会经

---

① 约翰·杜威:《人的本质与行为》,转引自格里德:《胡适与中国的文艺复兴》,第128页。
② 杜威:《普遍的信仰》,转引自格里德:《胡适与中国的文艺复兴》,第128页。
③ 参见格里德:《胡适与中国的文艺复兴》,第128页。

验又几乎在每一个重要方面都与中国的社会经验不同。最重要的是,比起美国社会来,中国社会,甚至20世纪的中国社会都是一个在更大程度上"被过去的惯例固定下来的信仰和赞美所支配"的社会。

因而,与杜威不同,胡适还要与他的社会历史交战。他与杜威最大的共同之处就是对未来的希望与期待;但他们对过去与未来互相联系的观点在本质上必然是完全不同的。中国人对"使旧的观念与新的事实结为婚姻"这种企图几乎毫无兴趣。相反,他们的目的是要用新的事实去推翻旧的观念,因而任何对"经验"的向往都必然是一种对严格遭到否定的过去的怀恋。甚至胡适对"重新估定一切价值"的呼吁,也不是要与过去"建立一种积极的联系",而只是一种为新开端的辩护。①

胡适与杜威的不同,正如严复与赫胥黎、斯宾塞的不同一样,他们从西方世界中找到了治疗中国之病的圣人,却没能做到对症下药。西方的圣人们原本就不是为中国开出的药方,而是不甚情愿地向中国转让了他们的专刊。晚年的严复发现了西方圣人对中国之病的不中用,便痛苦地放弃了他的努力,回到了自己的文化传统,因为自己的圣人终究是对的。而胡适则冥顽到底,直到本世纪40年代的最后那几年,人民解放军的解放炮声已强烈震撼着蒋介石凭借武力所建立起的那个政权时,胡适仍固守着他那个信念:"只有自由可以解放我们民族的精神,只有民主政治可以团结全民族的力量来解决全民族的困难,只有自由民主可以培养成一个有人味的文明社会。"②这就注定了他以喜剧开头

---

① 格里德:《胡适与中国的文艺复兴》,第133页。
② 胡适:《我们必须选择我们的方向》,(中国台湾)自由中国社1949年版,第17页。

以悲剧结尾的命运。①

　　胡适在宪制问题上的矛盾在很大程度上与他的个人主义矛盾有关。一方面，他张扬理性，解放个人，努力地寻找个人的价值和尊严；另一方面，他又在那种解放的个人身上强加了难以承受的重大责任。在中间层次上，这样的个人要在政治上"努力"，要负责把政治弄上正轨，实现宪制民主；在最高层次上，他要对民族复兴和社会改造负责。胡适没有分别个人的自主独立与民族复兴这两种不同价值，而是简单地将其化约等同起来，因而他就不可能进一步探求当宪制民主的价值与民族复兴的价值两极发生冲突时如何平衡和协调的问题。事实上，宪制民主可以与个人尊严和思想独立的价值准则相一致，但它毕竟与民族与文化的复兴是两码事。我们可以赞同宪制民主是"有人味的文明社会"的组成部分，但它未必就能把中国政治弄上正轨。

四、自由主义与宪制价值

　　胡适的"七年之病求三年之艾"的药方是一个带有苦烈味的自由主义方案。这个方案的失败从最凸显的方面说，主要是胡适对中国作的

---

　　① 郭沫若同志不无嘲讽地说道："博士先生，老实不客气地向你说句话；其实你老先生也就是那病源中的一个微菌。你是中国的封建势力和外国的资本主义的私生子。……要举证吗？好的，譬如拥戴你的一群徒子徒孙，那便是你一边的封建势力；替你捧场的英美政府，那便是我们所说的帝国主义者。"（郭沫若：《革命春秋》，上海人民出版社1956年版，第155—156页）50年代的台湾地区也给了他类似的不甚礼貌的待遇："胡适……靠着摧毁了民族的思想打开了我们的边境并让共匪把中国的大片领土拱手交给俄国大鼻子作个卫星国……虽然没有什么别的武器，但他用他的笔和几句外国话就能在三四十年这段很短的时间内……就把事情弄到这步田地，以致我炎黄子孙将会很快从地球上消失，连点痕迹也留不下。"（朱抗寒：《请复空前的胡适博士和我怎样佩服他的理由》，见徐子明等：《胡适与国运》，第11—12页）不知这位化名的作者所说的我们的"民族的思想"是什么；似乎胡适也没有那样大的能耐，仅用一支笔和"几句外国话"就能做到那样大的事情，否则"共匪"就应该感谢这位书生才是。

错误理解。胡适认定中国已患病日久,若用药过猛,非但不能使病人康复,而且会致病人猝死。他的诊断与严复等人并没有什么不同,但下的药却并非一样。胡适坚信"理性"是治疗中国最有效的东西,虽然疗效很慢,但它可收标本兼治之功。理性如一剂中药,只要按剂量服用,不需要动手术便可使病人慢慢康复。而中国革命者的诊断与胡适绝然不同,他们发现了中国病体已长有两个恶性疖瘤:一个是封建主义,一个是帝国主义。他们断定对这样的病体无论什么疗法都无济于事,必须实行革命的外科手术。胡适失败了!而且败得那样惨。历史似乎证明了胡适只是一个庸医!

早在1931年,胡适就料定了他自由主义事业的结局:"几枝无用笔,半打有心人。毕竟天难补,滔滔四十春。"这首小诗是胡适送给他的朋友周作人的,但它也反映出中国自由主义者们那种"无可奈何花落去"的无奈心态。50年代中期,在给亡友丁文江(在君)写传记时,胡适追忆过去,有一段颇令人回味的话。

> 大火烧起来了,国难已临头了。我们平时梦想的"学术救国"、"科学建国"、"文艺复兴"等等工作,眼看见都要毁灭了。在君在几年前曾感慨地对我说:"从前许劭说曹操可以做'治世之能臣,乱世之奸雄'。我们这班人恐怕只是'治世之能臣,乱世之饭桶'罢!"我们这些"乱世的饭桶"在这洪洪热焰里能够干些什么呢?[①]

这段话从胡适口中说出,的确带有几分苦涩。胡适和他的自由主义的朋友们错误地理解了他们所热爱的国家,也错误地理解了他们所期望的人民。在人民大众面前,胡适要教会他们用理性的方法思考问

---

① 胡适:《丁文江的传记》,(中国台湾)远流出版事业股份有限公司1986年版。

题,而人民首先需要的是饭碗;胡适要教会他们像个绅士——这好比是教他们"怎样穿西装,打领带",而人民首先需要的是有衣穿。而胡适的方案是无法直接提供饭碗和衣料的。看着历史的结局,胡适确有难以言表的尴尬。历史最终证明了自由主义并不是拯救——仅仅是拯救——中国的路!

然而,胡适所提出的问题——一个未来的国家,一个未来"有人味的文明社会"所需要的理性价值、个人自由与尊严、宪制民主——似乎并没有就此完结,它关涉着对中国自由主义本身的理解。

自由主义在中国有着坏名声,人们往往将它与纪律松弛,肆意放纵,斗志涣散并提。事实并非如此。胡适自称是一个自由主义者,人们也普遍把胡适看作是中国自由主义的代表人物。他曾给自由主义下了一个简单的定义:"自由主义最浅显的意思是强调的尊重自由。"①他进一步解释说,"自由主义就是人类历史上那个提倡自由,崇拜自由,争取自由,充实并推广自由的大运动。"②简单地讲,自由主义所理解的自由,主要是一种不受外力拘束压迫的权利,即在某一方面的生活不受外力限制束缚的权利。③ 但自由并不是不受任何限制的随心所欲,它是以个人的自由意志和责任意识为其存在的根本前提。④ 因而,自由主义的第一个价值元素就是自由。在胡适看来,自由最重要的价值就是政治自由,因为没有政治自由作基本保障,其他自由都是空话。所以胡适说,"东方自由主义运动始终没有抓住政治自由的特殊重要性,所以

---

① 胡适:《自由主义》,见《世界时报》(北平,1948年9月5日)。
② 胡适:《自由主义是什么》,见《独立时论》,第1集,1948年8月。
③ 胡适:《自由主义》。他解释说,"'自由'在中国古文里的意思是'由于自己',就是'不由于外力'。在欧洲文字里,'自由'含有'解放'之意,是从外力裁判之下解放出来。中国禅宗和尚爱说'治病解缚',自由在历史上的意义是'解缚'。解除了束缚,方才可以自由自在。"(胡适:《我们必须选择我们的方向》)
④ 参见胡适:《易卜生主义》,见《胡适文存》,第1集,第4卷。

始终没有走上建设民主政治的路子。西方的自由主义的绝大贡献正是在这一点。"①在他看来,西方的自由主义是从政治上解放了个体,这是他们宪制民主的基石。而中国古代虽然有像墨翟、杨朱、桓谭、王充、范缜、傅亦、韩愈、李贽、颜元、李恭这样的追求思想自由之士,但他们并不是从外在的束缚中求解放,而是回向内心世界找安慰。这就决定了中国古代的"自由主义运动"与宪制民主无缘。②

自由与宪制民主密切相关,政治自由就是宪制民主的产物。在他看来,宪制民主必然是自由主义追求的另一种重要价值。胡适对宪制民主的理解超越了制度层面的意义,而把它看作是一种个人主义的生活式。宪制民主必须是承认、尊重和保障个人的自由和价值为其存在的理由。③ 因而,宪制民主首先必须尊重和保障个人的思想自由。在20世纪20年代末,胡适正是基于这样一种认识,对国民党极权政治压制思想自由进行了无情的批判。由于宪制民主与个人自由有着天然不可分割的干系,自由主义就必须"为民主的生活方式和民主制度辩护"。自由主义确信:"只有民主的政治才能保障人民的基本自由,所以自由主义的政治意义是强调拥护民主。"④

宪制民主在中国的自由主义体系中的地位是举足轻重的,它直接

---

① 胡适:《自由主义》。
② 胡适认为,中国古人对自由有错误的理解,他们"太看重'自由''自然'的'自'字,所以往往看轻外面的拘束力量,也许是故意看不起外面的压迫,故意回向自己内心去求安慰,求自由。"(胡适:《自由主义》)
③ 参见唐德刚译注:《胡适口述自传》,第九章。格里德对胡适的宪制民主观点作过这样的评价:"他还倾向于把民主制度看作是一种心态,看作是科学的容忍和批评精神向政治和社会生活领域的延伸,而不是一种特殊的制度性体制,然而他也并未减低民主制度作为一种防止政治弊病,保证维持充分的政治、社会与思想自由标准之手段的重要性。"(格里德:《胡适与中国的文艺复兴》,第355页)
④ 参见胡适:《民主与极权的冲突》,见《自由中国》创刊号(中国台湾,1949年11月);胡适:《自由主义》。

关涉到个人自由与权利的落实。如果个人自由意味着坚持己见、固守自己行为方式的权利,那么我的自由与他人的自由之间又如何协调平衡呢?胡适认为,宪制民主就是宽容异己,只有大家都能彼此容忍,像尊重自己的权利一样尊重他人的权利,每个人才能实现自己的自由。所以,胡适把"宽容"看作是自由主义的另一个价值原则。他说,"容忍是一切自由的根本;没有容忍,就没有自由。"①但从人类历史看,宽容是最不容易做到的,所以才导致专制和专横。他写道:

> 在宗教自由史上,在思想自由史上,在政治自由史上,我们都可以看见容忍的态度是最难得,最稀有的态度。人类的习惯总是喜欢同而恶异,总不喜欢和自己不同的信仰、思想、行为。这就是不容忍的根源。不容忍只是不能容忍和我自己不同的新思想和新信仰。一个宗教团体总相信自己的宗教信仰是对的,是不会错的,所以它总相信那些和自己不同的宗教信仰必定是错的,必定是异端、邪教。一个政治团体总相信自己的政治主张是对的,是不会错的,所以它总相信那些和自己不同的政治见解必定是错的,必定是敌人。
>
> 一切对异端的迫害,一切对"异己"的摧残,一切宗教自由的禁止,一切思想言论的压迫,都由于这一点深信自己是不会错的心理。因为深信自己是不会错的,所以不能容忍和自己不同的思想信仰了。②

正是有了这种"不能容忍"的历史,所以才推动人类一步一步地去

---

① 胡适:《容忍与自由》,见《自由中国》(中国台湾),第 27 期。
② 胡适:《容忍与自由》。

争取宽容。西方自由主义演进的历史就是争取宽容的历史,他们努力的结果便得到了民主制度,宽容在这一制度下存活了。"自由主义在这两百年的演进史上,还有一个特殊的、空前的政治意义,就是容忍反对党,保障少数人的自由权利。"反对党的合法存在,尊重少数人的意见,尊重并保护在大多数统治下的少数人的权利,这是西方宪制民主的真谛,也是"近代自由主义里最可爱慕而又最基本的一个方面。"①在胡适看来,政治的宽容是争取其他方面宽容的基础。只有有了政治上的宽容,宪制民主才得以建立,个人自由才会有真正的容身之地。自由、宪制民主、宽容本身就是一个复合体,构成了一个"有人味的文明社会"的基本骨骼。

除此而外,胡适认为自由主义也包含了"温和进步"的观念。自由主义不相信"暴力革命"是解决问题的方法,坚信"合法化"的和平改革是通向"社会进步"唯一的路:"因为在民主政治已上了轨道的国家里,自由与容忍铺下了和平改革的道路,自由主义者也就不觉得有暴力革命的必要了。……近代一百六七十年的历史,很清楚的指示我们,凡主张彻底改革的人,在政治上没有一个不走上绝对专制的路,这是很自然的,只有绝对的专制政权可以铲除一切反对党,消灭一切阻力,也只有绝对的专制政治可以不择手段,不惜代价,用最残酷的方法做到他们认为根本改革的目的。他们不承认他们的见解会有错误,他们也不承认反对的人会有值得考虑的理由,所以他们绝不能容忍异己,也绝对不能容许自由的思想与言论。所以我很坦白地说,自由主义为了尊重自由与容忍,当然反对暴力革命,与暴力革命必然引起的暴力专制统治。"②对西方的自由主义来说,它以已形成的民主政治为其赖以生存的基础,

---

① 胡适:《自由主义》。
② 同上。

反对"暴力革命",主张和平改革,本质上是一种保守主义;而对中国的自由主义来讲,它是在没民主政治的前提下希求通过"温和进步"实现宪制民主,本质上则是一种"机会主义",是一种软弱的表现。西方自由主义是从民主政治的经验出发,而中国的自由主义则只能是先验的假定。当胡适表达他"和平改革"信念时,他也是以"民主政治已走上了正轨"作为其推论的前提。宪制民主需要"温和进步"作为其存续的条件,用暴力摧毁一种真正的宪制体制未必能建立起另一种真正的宪制——也许胡适的这一看法是对的,然而,宪制民主需要"温和的进步"与通过"温和的进步"取得宪制民主是两回事。

"温和的进步"既是中国的自由主义者所固守的信念,也是他们为解决中国问题而设计出的一种方案。作这样的区分是必要的。作为一种信念,反映了中国自由主义的一种信仰,"一种相信以民众为基础的政治制度,相信法律的统治,相信政治过程中的合法性主要是由起作用的方式而非由赋予它们的目标使然的信仰;……一种对于自由智慧的富有创造性和仁慈力量的信仰。"[①]中国的自由主义者是这样一些人,"由于所受的教育,他们具有向其统治者进奉忠告的特权和义务,由于道德上的踌躇,他们又不愿意为一个不断腐败下去的政权服务,所以,他们始终是些'认真''仁慈''忧患''负责'的、真正儒家意义上的'好人'。他们只说如果他们认为是正确的话,甚至在面临巨大危险时也义无反顾。他们留意公众的疾苦,为人民说话而不是教训他们";[②]作为一种方案,中国的自由主义者们过高地估计了理性的力量,而低估了非理性的作用。他们在一个充满暴力的时代,希望丢弃暴力,在一个混乱的时代乞求秩序,在一个愚昧、迷信盛行的时代要求人们用自己的脑子

---

① 格里德:《胡适与中国的文艺复兴》,第 376 页。
② 同上书,第 377 页。

思考……残酷的历史车轮并没有理会中国自由主义者的那种理性,把他们所怀想的个人尊严、自由、民主、宽容、"温和的进步"这些不甚值钱的东西扔在一边,向着革命的目标疾驶而去。

以胡适为代表的中国自由主义,是在五四新文化运动的精神感召下应征为中国的前途和命运——包括作为"政治共同体"的国家和作为文化的国家——而出场战斗的。五四无疑是中国自由主义最辉煌的时期。当胡适和他的朋友们举着"易卜生主义"的旗帜,带着"娜拉出走之后"的关切勇猛向前的时候,中国自由主义并不是毫无取胜的机会,然而,当他欲想在军阀的刺刀下,在极权统治下求生存的时候,胜利也就随之而远去。来自自由主义故乡的格里德博士对中国自由主义的失败作了如下的评价:"自由主义在中国的失败并不是因为自由主义者本身没有抓住为他们提供了的机会,而是因为他们不能创造他们所需要的机会。自由主义之所以失败,是因为中国那时正处在混乱之中,而自由主义所需要的是秩序。自由主义的失败是因为,自由主义又不能提供任何可以产生这类价值准则的手段。它的失败是因为中国人的生活是由武力来塑造的,而自由主义的要求是,人应靠理性来生活。简言之,自由主义之所以会在中国失败,乃因为中国人的生活是淹没在暴力和革命之中的,而自由主义不能为暴力与革命的重大问题提供什么答案。"[①]

我们也可以把中国自由主义的失败归结为当时中国的历史条件,而且许多人也已这样做过了。然而,中国自由主义本身的内在局限与其失败也有着干系。事实上,中国的自由主义与西方的自由主义不可同日而语。从最关紧要的地方说,中国的自由主义者都是从关切中国国家的存亡和民族复兴的深处出发思考问题的,他们在终极价值上,都

---

① 格里德:《胡适与中国的文艺复兴》,第 377—378 页。

是把自由主义作为一种工具来看待的。胡适不乏对一个宽容的、有创造性的、思想自主的个体的关切与信仰,然而,在最高处,他仍把个体看作是推进民族复兴的责任承担者。他们首先是一些民族主义者——虽然与那些激进的民族主义者在风格和主张上有很大的不同,然后才是一些自由主义者。因而,他们的自由主义在本质上是一种"工具的自由主义"。

在宪制问题上,胡适坚信宪制的价值,如尊重和保障个人尊严、自由、容纳异己、法治等,然而又把政府看作是实现这些价值的工具,而对于怎样把工具性的政府与宪制的基本价值协调起来,胡适始终没能提出一个满意的答案;胡适坚信宪制的政府应该是为人民大众的共同利益服务的,然而他没有清楚地认识到一个社会除了共同的利益之外,还存在各种不同的利益和个人利益,而对利益的多样性是宪制不可或缺的条件这一点,胡适更是缺乏认识;与此相联系,胡适信仰宪制,但骨子里又厌恶与利益多样性密切相关的政治党派,固守"君子群而不党"的圣训,独信开明舆论的力量,这与他本人对政治抱有极大的热情而自己又不深涉政治的处世哲学是一致的。

胡适坚信人都是有理性的,这是他的乐观主义哲学的基础,所以他始终坚信人们一旦具有了知识,就会取得共同的认识,产生一种共同的观念,就会使整个民族团结起来,向着他所憧憬的"有人味的文明社会"一块使劲,而且,他始终相信,人们一旦有了知识,就会一个心眼地接受他的和平改革方案;他也相信,通过理性的熏陶,军人可以放下刺刀,政客可以改变恶行,都能具有善良的愿望,真诚的目的,宽容仁慈之心,中国人和英国人、美国人一样都有"上帝赋予"的分享宪制民主成果的权利。然而,同样一句"人是有理性"的话,出自洛克之口,那是英国多年民主实践过程的总结,出自杰弗逊之口,那是美国人从英国人那里接过来并加以改造培植的民主经验的表达;而出自中国自由主义者之口,那只能是较为尴尬的一种信念。这种信念在很大程度上是胡适在美国受那几年教育的结果,这种教育很容易使胡适把美国的经验误作自己的信念的。事实上,胡适对美国的经验确有深入的了解和把握,然而,也正是这一点决定了胡适的自由主义无法与中国的实际——时代背景和人文传统——相契合。他对宪制民主及其价值确有深刻的理解,对宪制民主所需要条件也有真实的把握,然而,他对中国社会所出现的各种问题却不能做出恰当的反应;他孤独于平民大众的生活之外,他留意于他们的苦难,却始终表现出一种"理性化"的冷漠。

胡适走了,而且走得那样匆匆,他除了与其打了大半生交道的蒋介石送给他的"新文化中旧道德之楷模,旧伦理中新思想之师表"这副带有奉承之意的挽联之外,留给他的大多是一连串的骂名。人已去,魂已灭。残酷的历史车轮粉碎了他的躯体,却把他对民主、自由、理性、法治、宽容的信仰和见解以及对之的乐观信念留在了他的身后。这种信仰,这些见解,这种乐观的信念对于一个未来的"有人味的文明社会"似乎并不是全无价值的。

"胡适经历的是严峻的时代,是痛苦轻易地、过早地耗尽了人们肉体与精神活力的时代,是吞噬了同情和想象力的本质而给人们留下一堆抽象信仰空壳的贪婪岁月。最后,他甚至再也不能从对人类固有尊严的乐观主义信仰中和长久支撑他的理性中得到什么温暖了。然而,甚至在最后,那种追求真正的力量也未完全离他而去。在他去世的一年多前,在给一位老朋友的信中,他沮丧地说:'我的生日〔六十九岁〕快到了。当我回顾过去四五十年的工作时,我觉得好像有某种不可抵抗的力量把什么东西都完全地破坏了,完全地毁灭了。'"① 这种"不可抵抗的力量"到底是什么呢?

---

① 格里德:《胡适与中国的文艺复兴》,第380页。

第十三章　宪制之累

庞朴先生说,自鸦片战争以来的一百多年里,中国有过好几次走向现代化的尝试和奋争,但都没有取得成功。因为这些尝试和奋争都是在民族危急关头,为了自救图存,被环境逼出来的,所以事先都缺乏思想文化准备。譬如:洋务运动就是发生在维新思潮产生之前;辛亥革命又是发生在新文化运动之前,都是社会经济政治变革先于思想文化的变革。① 假若近代中国的进化规程能够倒转过来呢? 当然,历史不能假定,它本身就是这样展现出来的。

一、文化的实用主义
——一部英国思想史可以不提赫胥黎的《进化论和伦理学》,
而一部中国近代思想史不能不提
严复的《天演论》

古老的中国在强大的西方面前是不能不变的,虽然这种变是不情愿的、被动的。不变意味着再次的受辱,不变意味着死亡。正如严复所说:"万国蒸蒸大势相逼,变亦变,不变亦变。变者,变之权操诸己;不变面变者,变之权让诸人。"无论中国的士子文人怎样热爱自己的文化传

---

① 参见庞朴:《蓟门散思》,上海文艺出版社1996年版,第231页。

统,这个传统无论怎样百般的美好,但在武力面前,大刀长矛与坚船利炮相比,彼此间的高低强弱就连一般的百姓也会分辨清楚的。事实上,正是西方枪炮的威逼,在使古老的中国丧失了安全感,使自己传统的生活方式受到威胁的情形下,明智的中国人睁开了眼睛带着有些忌妒的眼神打量着在心里底层仍有些看不起的西方这个"蛮夷小邦"。如果不是西方的先进的武器装备给中国的生存方式带来威胁,"西方"的枪炮也许是不会为中国人所看重的。① 就是在一"打",一"守"的过程中,中国开始了迈向近代学习西方的历程。守住文化大国的地位,补之以西学之长,这是学习西方的一个最基本的出发点。有了对西学的这种实用的心态才有了魏源那个"师夷长技以制夷"的原则和策略,尔后便有了"中学为体,西学为用"的文化范式,有了"洋务运动"。无论是"师夷长技",还是"西用",还是"洋务运动",它们之所以被明智的中国人所接受,一个最根本的前提是在那些开明人士看来是不会与经世致用的文化传统相冲突的,而且坚信西方的"长技""西学""洋务"都是守卫中国文化传统不可或缺的东西。王韬、郑观应等人曾看到了中国传统的弊端,但他们又非常清醒地在"西学"中分辨哪些对救济中国传统之弊有用,哪些于守护传统有害。郑观应看到"电线、火车、耕织、开矿诸机器"对传统"皆有益无损",而把"电气灯、自来水、照相玻璃、大小镜片、铅铜铁锡煤斤、马口铁、洋木器、洋钟表、日规、寒暑表"看作是"一切玩好奇淫之具"。② "洋务运动"所创设的中国近代军队、工厂、学堂,以及近代

---

① 乾隆年间英使马戛尔尼来华,曾想以欧洲新式武器来打动中国官员,以便进一步取得皇帝好感,不料有一位开通的官员对此却漠然回答道:"看亦可,不看亦可,这武器操法,谅来没有什么稀罕。"(参见马戛尔尼:《乾隆英使觐见记》,中卷,第 27 页)不是中国人自以为武器超过西方才大大咧咧,而是在他们看来,武器即便十分精巧,也没有什么可稀罕的。

② 参见《郑观应集》,上册,上海人民出版社 1982 年版,第 587 页。

学堂中课程的设置和翻译西学的顺序从应用技术到基础理论的本末倒置，都带有鲜明的实用主义印记。

中国人是在不十分了解西方的情形下开始学习西方的，是在西方的枪口交逼下走向近代的。而那些代表中国士大夫阶层的人士对中国文化传统的偏爱和熟稔与他们对西学的热情与了解是不能以道里计的。一个有着五千年文明连续发展而不中断的伟大的文化传统，它的子孙对其偏爱是可想而知的。这种偏爱既可成为爱国主义的情感来源，也可能积成抱残守缺不思更张的文化自大狂的心理定势。中国近代史上的顽固派就属于文化"偏执论"的典型代表。事实上，中国近代所迈出的第一步恰恰又是在由于偏爱而固守传统的情形下向西方学习的，复加对西学的"整体性认识"模糊，这就决定了在中与西、传统与现代等问题的分辨取舍上带有强烈的实用主义色彩。

甲午一役的战败，宣告了用枪炮守护中国古老文明策略的破产。败于"蕞尔小国"的耻辱感带来了一个民族的觉醒，但并未改变学习西方的方法。虽然这一时期学习西方的内容与前期有很大不同，但其出发点则是一样的。"北洋水师"在海面上的沉没，使康有为、梁启超等人看到了西方的坚船利炮对守护作用的不济，相信西方宝库里有更具价值的东西。他们便发现了西方的"议院""民权"。于是，中国宪制文化的航程得以开启。然而，戊戌维新从一开始就是带有功利性的。在康梁看来，目前中国的险情不是中国文化传统应守不应守，而是中华民族的生死存亡问题。用康有为的话说，只有保国才能保种保教，"皮之不存，毛将焉附"？对国家生存问题的关切，使康、梁看到了议院、民权对于保国保种保教的工具性价值。这样，在西方属于文化的宪制理念、制度、规范，被康梁等人化约为一个单纯的变法改制主张。这其中，严复是较为不同的一个，他自始至终对政制的剧烈变革不抱多大兴趣，然而这并不是说严复不注重"议院""民权"之于中国的价值，而是他看到中国如果没有一定的"民智"作为前提条件,"议院""民权"等致西方富强的东西在中国是不会实现的。

戊戌维新的失败,不但没有促使人们对议院、民权的文化反省,反面进一步将其凝聚成一个单一的政治问题,"借政治根本解决问题"的思想方法渐已凸显出来。康、梁等人相信只有君宪制是救国之方,并从英国和日本的政治中受到激发;以孙中山为代表的革命党人则坚信只有共和制才是中国的希望,并从美国和法国的实践中受到鼓舞。两者的立宪与革命的论争并不是一场平等的文化对话,而是由环境所迫去急切地寻找根本上解决中国问题的政治工具。历史成全了那些值得成全的人,但共和革命所追求的那些价值的稍纵即逝,便显露出这场革命的文化底气不足。随着中国最后一个封建王朝的塌崩,传统文化也随之失去了依托。西方宪制文化被中国功利性的接受,却并没有给中国带来宪制的持久信念和新的秩序。专制制度在政治上被推翻了,而宪制的价值却变形走样。事实上,皇帝被赶跑了,取而代之的并非是西方式的总统或总理;西方的自由成了中国式的恣肆放纵;西方的民主成了以武力的强弱来决定政治力量大小的"公平"规则;西方式的宪法变成了玩弄权术的一袭外衣。与之相对应的传统文化由于失去了原有的生存环境,其合理性和整体性也随之发生了动摇,已无法为社会提供一个明晰的价值尺度,因而出现了文化上无所适从的紊乱:"丢掉贵义贱利的同时失去了信用和廉耻,丢掉知足的同时失去了俭朴,带来了奢靡和不择手段,表面看'世风日下,人心浇薄'是传统沦丧所致,实际上是一个合乎近代生活方式的,合理摄取了传统精华的新道德规范尚未建立,因此当时中国面临的是两件任务——摆脱旧传统的束缚和建设新文化,只是这个问题一开始并未得到充分认识。"[①]

---

① 叶晓青:《中国传统文化在近代》,见《历史研究》,1985年第1期。

西方的武力给一个具有悠久传统的文化大国所加的凌侵首先是一种文化上的伤害。这个具有五千年传统并泽被了他乡的文明是很容易养成一种自我中心主义的。习惯于君临万邦,以高人一等的眼光打量别人的文化传统一旦真正受到威胁,失掉的不仅是"文化大国"的面子,而且也为整个民族心理刻下文化屈辱的深痕。这种文化上的屈辱感是对西方宪制文化采用实用主义态度的病源。它使人们无法做到冷静地估量自己和评判别人。对于西方文化,要么根本看不起而拒弃,要么只接受对己有急"用"的东西,而有用无用的标准则是功利性的。事实上,西方宪制作为一种文化在近代从未被真正系统地研究过。因为中国只需要对救己之病非常有用的部分,那种"无用"的东西是不值得深究的。戊戌维新截取了西方的政制,而又要保留中国的纲常伦理,西方的个人主义、自由主义伦理之于中国则被看作是些无用的东西;"五四"新文化的知识分子把西方的民主和科学看成了中国的救星,而基督教则被宣布为"落后、迷信"而弃之不顾。在近代中国,曾有过"联邦制""地方自治"的主张,有过君主立宪与共和革命的激烈论辩,却没有出现过一本像样的研究西方宪制的书。西方宪制文化作为一个整体被近代中国的实用主义肢解了,一部分给了"戊戌";一部分给了"五四"。正是根深蒂固的自我中心主义的文化心理和对西方宪制文化的实用主义态度使近代中国无法做到冷静地看待自己的文化传统,理智地面对西方,更不可能去寻求中西文化融合的新文化途径。随着中国社会混乱程度的加深,先前被认为对中国很有用的西方宪制文化往往落荒而逃,然后要么对其绝望,放弃努力回到自己的传统,要么奔向更为"有用"的东西。严复这个曾把西方的"自由"看作能致国家富强的有用武器的西学智者,最后宣布了"自由"罪恶,发出了"回观孔孟之道,真量同天地,泽被寰区"的悲叹;康有为发现了西方民主的无用,便从"议会"能够使"君民一体一心"的信念中退却下来,回到圣人那里找慰藉;而"五四人"则急速地向西方的"科学与民主"走去。

在近代中国,功利性的取舍态度导致了对西方文化认识的无整体性,从而影响了中国宪制的发育成长。有些人对西方宪制文化的观察主要来自法国,如陈独秀;而一些人则主要依据的是英国,如严复;有一些则主要来自日本,如康有为和梁启超;而一些人则主要来自美国,如胡适。多方的了解和观察并非是坏事情,然而如果不能将这些不同的文化进行认真的比较分析而达到整合,便无法形成整体性把握。同是要求宪制,康有为则极力攻击法国大革命,而孙中山和陈独秀则热切地歌颂法国大革命;同是学习西方,康、梁则主张应学习与中国国风民情相近的,如日本,而孙中山则力主"取法乎上",如美国。这些不同的判断和主张,一方面说明了对西方缺乏基本的判定标准;一方面也反映了对宪制文化真义的隔膜。事实上,他们对西方的认识又往往通过某些思想家的思想和著作而进行的,虽然这些思想家的思想和著作能够说明西方文化的某些问题,但并不能代表西方宪制文化的全部,况且不同国家的文化也是千差万别,而同一个国家的不同思想家的文化认识悬殊则更大。严复崇尚斯宾塞、穆勒等人的思想,他便误把这些人的著作看作是英国乃至西方宪制文化的全部。他相信斯宾塞和穆勒的自由主义对中国有用途,却不去研究约翰·洛克。严复从最敏感处出发,从这些思想家的著作中精选出的恰恰是中国最急用的"适者生存,优胜劣汰"的进化原则。这种功利性取向,一方面能够救中国急之所急,同时也留下了难以消除的文化后遗症。正是这种"实用理性",使严复不仅误读了穆勒和斯宾塞,而且也误读了英国文化,因而也就无法把西方宪制文化摆在一个确当的位置。这就是为什么一部英国思想史可以不提赫胥黎的《进化论与伦理学》,而一部中国近代思想史却不能不提严复的《天演论》的原因。陈独秀则不同,他主要是从卢梭那里了解到法国宪制文化的。他可以把卢梭的民主主义宣布为真理,却不大注意孟德斯鸠关于法治的精义,更不关心托克维尔对法国大革命的反思。胡适更多的是从杜威那里了解接受美国文化的,但他所接受的只是杜威实验主义的方法而不是实验主义所代表的美国文化,实际上胡适也是根据中国的实用标尺对其进行裁量的。①

近世中国所面临着主要问题是救亡图存和民族复兴,从西方宪制文化中截取于己有用的东西这是必需的,也无可厚非,但这必须是以整体上把着了西方宪制文化为前提。事实上,从一开始,中国的开明人士就是抱着一种实用的态度去看待西方宪制问题,总有一种"拆西墙补东墙"的感觉。由生存环境所迫而产生的急功近利的实用心态使近代中国的知识分子在对待西方宪制问题上没能形成"为求知而求知"的科学态度。他们都相信宪制与中国国家独立、富强有着密不可分的联系,但没有一个人从这方面入手进行实证研究;他们看到了西方的民主和它的物质文明成就,但没有人真正去探究过两者间的必然联系。从某种意义上讲,先进的知识分子都崇尚西方的民主与科学,陈独秀就把这两者看成是西方先进文明的两个车轮,却没有人真正思考过这两者间的逻辑和历史联系。科学本身就是科学,但到了中国知识分子手里,它便成了一种信仰,一种救国救民于水火的"赛菩萨"。相信科学的陈独秀可以把唯物主义宣布为科学,相信理性的胡适可以把实验主义宣布为"理性"。这本身就违反了科学的原则。

可以说,急功近利心态所造成的在宪制基本问题上的实用特性是近代中国宪政文化的基本品格之一。

---

① 参见格里德:《胡适与中国的文艺复兴》,第 124—135 页。

二、在宪制与富强之间

先进的中国人首先是从西方的民主与它的物质文明成就的双重体察中认识宪制问题的。近代中国首先是把宪制民主从西方文化中剥离出来作为一个政治问题而接受宪制价值的。不管西方的民主从何而来,先进的中国人士相信西方的富强与其宪制之间有着必然联系。在西方,宪制是因,富强是果。宪制民主之所以能舶来中国,依恃的就是这个因果关系的假定。因此,中国近代宪制文化的一个实质性问题所关涉的就是宪制与国家富强、民族复兴的关系。

论及宪制无法撇开民主,正如上面所言,民主这一概念最早源于希腊语,主要指的是一种政治形式,而且这种政治形式也只是当时存在于希腊城邦若干政治形式的并不是品质最高的一种政治体制。亚里士多德虽然不反对民主政治,但他所向往的是一种穷人与富人能达到彼此平衡的"中庸政治",也就是今天所说的"穷苦阶级与富人阶级的联合执政"。而亚里士多德的老师柏拉图却是终身都反对民主政治,这决不能单用因雅典人杀死了他的老师苏格拉底来解释,因为这种政治形式缺失了近代意义上的法治,很容易演变为一种暴民统治,事实上也的确如此。苏格拉底是经过公民投票并以 281 票对 220 票被判处死刑,也就是说,雅典人是通过真正的民主程序杀死了苏格拉底的。雅典民主政治可以容纳千百个政客和野心家,而不能容忍一个智者,这本身就是这种民主政治的最大弊害。

西方经过了中世纪,虽然古希腊的城邦民主政治衰落了,但根据伯尔曼的说法,中世纪却开始孕育出西方的法治传统。他写道,在中世纪,"国王服从法律被认为是理所当然的。'国家应根据法律建立'——第一部斯堪的纳维亚的法律著作就曾以这样的话开头。同时,广泛传播的对法律的统治的信念在理论上,但绝不总是在实践上支持依法而治。这种信念就是指,国王本身受法律约束,如果国王的命令是错误的,国王的臣民在某些情况下有权拒绝服从他的命令,……"①进入近代以后,西方不仅从古希腊传统中衍生出议会民主,而且也从古罗马的法律传统和基督教教会法传统中衍生出法治。议会民主与法治在近代的合流与融会构成了西方的宪制传统。无论怎样为西方的宪制下定义,它绝不只是"有宪法的政治"之意,也不是宪法与政治的简单相加。它是一种文化的成果,一种从传统衍生出的生活方式。宪制比其民主政治形式有着广泛得多、复杂得多的内容,它蕴含着人民主权、服从法律、尊重个人价值和尊严、平等、自由、容忍等许多文化的元素。"有宪法的政治"不过是宪制最表面的一层,本身并无实性。宪制作为表层的政治形式与国家的体制相关切,也是一种最合乎理性的现代政治形式。但它的最基本内容则是社会性的,它说明作为一个个人他应该处于什么位置,或者如亚里士多德所说人作为"政治动物"在社会中如何生活。不能否认,宪制是一个理想中的公平社会所必需的条件。然而,无论从何种意义上去理解宪制,宪制在西方都是其社会文化衍生的一个自然结果,或者用西方人自己的话说是一种"没有预期的结果(Unintended Consequence)。"也就是说宪制在西方本来是与富强问题不相涉的,它们是分属不同价值范畴的两个东西。按照马克斯·韦伯的说法,西方是由基督教的新教伦理培养出了资本主义精神,并取得了其他非西方文明不能比拟的物质财富和力量。即便非要在西方的宪制与它的物质文明成就之间做逻辑上的分析,恐怕西

---

① 〔美〕伯尔曼:《法律与革命——西方法律传统的形成》,第 640 页。也可参见该书第五章"作为教会宪法的社团法"部分。

方人自己也很难说清楚哪个是因,哪个是果。就现代人的看法而言,宪制主要是解决人在政治之下如何生活的问题,因为人是不可能离开政治而生活的,一个社会总归要划分出治人者与被治者。宪制所要解决的是治人者如何治理以及被治者在什么情况下处境更好一些的问题。它关涉到治人者与被治者的关系如何构成,治人者的统治权力从何而来,如何行使,治人者的内部权力如何划分和运用,个人在社会生活的各个方面处于什么地位,如何行动,人与人之间的关系如何处理等问题。其核心便是人权。无论人权的内容实际上包含了什么,对个人而言,他的尊严、生命、自由、按自己的意愿去生活是最为重要的。显然,人权也只有在真正的宪制之下才能获得确实的保障。因此,从根本上说来,宪制与国家的强弱、国民的贫富没有直接联系,在价值上是不能替换和通约的。从现代的经验看,一个富强的国家未必实行宪制,一个宪制的国家也未必就是富强的国家。虽然宪制的立行与一个国家的物质文明相关切,物质财富充足的国家比一个物质匮乏的国家更容易实行宪制这一说法也许是成立的,但这与上面的论题没有多大关涉。

本杰明·史华兹教授在他的《寻求富强:严复与西方》名著中,以及为该书撰写序言的路易斯·哈茨先生都令人信服地论证了严复在西方的自由与中国的富强之间所建立起来的那种联系,但就严复所建立起来的这种新的逻辑关系二人都并未给予明确的评价。他们认为严复的论说为西方人重新认识自己的文化开了一个窗口,但这个窗口开得正确与否则不知所云。事实上,也正是因为严复建立起了这种联系,所以他才根据国家富强的要求而"自由"地对自由的价值进行取舍。我们不能把严复晚年所提出的"国群自由""小己自由"这样的概念简单地看成是他青年激进晚年保守的一个象征,而是他的"自由——富强"理论带来的必然结果。其实,宪制与富强在价值上是有冲突的。如果宪制意味着保护个性的发展,那么国家富强首先要求的则是个人对国家的贡献,或者用胡适的话说就是个人应为国家、民族所承担的责任。当然,个性的发展并不意味着个人的恣意妄纵,然而两者在价值取舍上毕竟是不同的,有时甚至是激烈冲突的。一个国家为了富强而牺牲了个人的自由,这本身就不符合宪制的价值规范。在近代许多先进知识分子如严复、梁启超、孙中山、陈独秀等人的思想中,都存在着宪制价值与富强价值无法调和的冲突。在很大程度上,也可以说是"宪制——富强"这个范式带来的理论困境。"富强为体,宪制为用",这是中国从近代以来影响最大、最深、最远的一个宪制文化范式。

从戊戌以来,中国宪制文化的最高成就在于"五四"。"五四"在中国宪制文化史上的主要贡献在于它为中国人确立了民主和科学这两大价值。今天中国知识分子对于民主理想的坚持便是"五四"留下的一份宝贵遗产。"五四人"不仅仅希望通过张扬民主以创建一个团结合群的民族国家,而且热切呼唤一个能够给予个人全面自由发展天地的新型社会的到来。"五四人"对个人价值的崇尚,对自由的热望,对传统伦理的批判以及对新伦理的期待,都表征着中国宪制文化发展的一个辉煌时期的到来。然而,"五四人"自觉或不自觉地又把宪制当作救国的新工具,并将其灌于民族主义的洪流之中,宪制在文化上的转型也就成了一曲未完成的新歌。

应该说,对宪制理解最深的是胡适。虽然他仍把宪制看作是推进中华民族复兴的最有价值的工具理性。然而,胡适的深刻并不在于他对宪制终身信仰,而在于他对宪制自身价值有着清醒的认识。他始终认为,宪制之所以对推进民族复兴有用,是因为它是一种最好的政治体制。只有这样一种政治体制才能把中国政治弄上正轨,也只有这样一种体制才是训练公众走向理智过有理性的生活的最好方法。除此而外,在推进中华民族复兴方面胡适在宪制身上没有期望更多的东西。① 在更深的层次上,胡适始终认为宪制有着其他任何东西不可替代的价值。它不仅能够把中国的政治弄上正轨,而且对人的社会生活有着更重要的意义。它意味着社会应该纳入法律的统治之下;意味着尊重并保障个性、个人价值和尊严;意味着容纳并保障自由,容忍异己,尊重少数人的权利。也唯有宪制才能保障人作为人的基本权利或人权。宪制本身就构成了一个"有人味的文明社会"的必要条件。胡适不仅从个体意义上对宪制作了理论阐发,而且把宪制的信仰坚守到生命的最后。在胡适内心的最深处也许潜藏着这样一种无法排遣的苦痛:宪制之于人的价值与对国家和民族的意义到底哪个更重要?胡适的宪制思考既是处于乱世的胡适的悲剧,也是对身处治世的人们的一种贡献。胡适作为近代宪制文化史上的一种符号价值,它所代表的更多的不是近世中国的一种救国方案,而是一个未来的中国社会的希望。

三、宪制文化与政治激进主义

近代对于西方和中国而言,是两部不同的历史。西方以其近代的武力装备强逼中国溢出中世纪的轨迹踏上了近代化的路程,但以武力自恃的西方无意实际上也没能力为中国提供问题的答案。同是"近代化",它之于西方那可谓"凯歌高奏",是跨越传统的胜利进军;它之于中

---

① 50年代末,台湾地区的《自由中国》杂志社就曾出版过一部《今日的问题》的论集,其中提出了十几个迫切要解决的问题,而以反对党的问题为全书的终结。胡适对此提出了不同看法,他说:"该小册子有几十万字,把'反对党'问题作为最后一篇文章,中间有一大段大意是说有了反对党,前面所谈十几个问题,都可迎刃而解。我以为也没有这样简单的事。就是今天有了一个反对党,不见得马上就能解决前面十几个问题。"(胡适:《从争取言论自由到反对党》,见《自由中国》,第18卷,第11期,中国台湾,1958年6月7日)

国那是"吞咽苦果",是带着镣铐的声响不得不走出中世纪。从此以后,中国人要同时面对两个彼此不同的世界,一个是不仅在军事装备而且在政治体制和其他物质文明成就方面都远远胜出中国的西方,一个是有着完全不同于西方、自身具有强大压力的传统中国。因此,近代中国的宪制文化从落地生根之日起就无法回避两个问题:怎样学习西方,怎样对待自己的文化传统?由于近世中国面临的根本问题是由西方的武力侵逼所引发的生存危机,如何对待自己的文化传统已不单单是"今"与"昔"的分别,而是"现代"与"传统"的问题。"现代"对于中国人来讲是一个心里隐隐作痛的概念,是中国"不幸的现在"与"辉煌的过去"的一种残酷的比照。中国人再也无法以自身作为参照去冷静地观察自己的过去,必须以强大的西方这个新坐标来检省自己曾有过的辉煌。因而,现代与传统这个在西方用来衡量自己文化成就的范畴,在近代中国便成了分别西方与中国的概念。与此相应,如何学习西方与如何对待自己的文化传统也就成了可以互换的东西。

事实上,自鸦片战争以后,中国文化传统已渐渐失去了生存的土壤,传统的政治伦理秩序不断地失去稳定。在这种情势下,那种欲图取法西方的武器装备以守护中国传统的做法已变得不可能,因为中国遭遇西方已不单是军事上的较量,而是两种文明的对抗。与此相反,那种试图按照西方的样子要求全改、全变的呼声却日益高涨。在对国家和民族生死存亡的焦虑感催逼之下,中国的变革越来越趋向激进,从政治上根本解决问题成了近代中国变革的聚焦点。在这个聚焦点上,传统文化无法避免地被卷入政治的旋涡,一直为政治的变革所利用、所左右,政治成了评判取舍文化的最高标准。其结果,中国虽实用性地接受了西方的宪制体制,却无法使之与中国文化传统融会贯通。宪制也就失去了成长所需要的最基本的文化环境,被涂抹成单一的政治色彩。康有为为推进政治改革,写了《孔子改制考》和《新学伪经考》两部惊世骇俗的著作。他从中不仅发现了有利于政治改革的有力证据,而且还把孔子打扮成立宪改制的祖师。以孙中山为代表的革命派并不满足于在形式上保留皇帝的那种政治改革,而要立行共和革命。为了推进革命事业,他们一方面对传统的专制主义表示强烈不满,一方面又从文化传统中找到了对"革命""共和""平等""民权"等有用的价值,而且孙中山本人就把共和革命看作是恢复固有的国粹。辛亥革命成功了,政府的形式改变了,但中国社会性质还是老样子。民国初年便有了袁世凯恢复帝制的活动。为此,袁世凯一班人又从传统中找到了对其"复辟事业"有价值的东西,正式确立了孔教的政治地位。面对着民国如此腐败黑暗的政治,"五四"一代青年知识分子进行了痛苦的反省,发现了传统文化与现实政治的内在关系,认为中国文化传统不仅要对黑暗的政治现实负责,而且也扼杀了中国成为一个强国的全部生机。他们坚信只有用"民主科学"的西方文化取代旧传统,中国的政治才有清明的日子,中华民族才会有复兴的希望。在他们看来,中国文化传统不仅产生不了民主与科学,而且正是民主和科学的最大碍物,必须清除。"五四人"的文化激进在很大程度上由政治上的激进而激发。当他们极力倡导人权、民主、科学、个人主义、自由这些西方宪制文化的价值元素时,中国的政治却表现得更糟。于是他们中的多数人从文化上的激进走上了政治的激进,相信真正的政治革命是取得宪制的不二法门。于是,那些思想文化上的旗手最终成了革命家。由于近代中国最凸显的一极是政治,便造成了宪制在文化上的极不成熟。

约翰·杜威曾把宪制民主看作是一种生活方式,胡适则认为它首先是一种思想的成果,两者的意思差不多。这样的解释对于西方而言也许是确当的,但它绝不适用于近代中国。宪制在中国首先被看作是一个政治问题,一种被看作是推进民族主义事业的工具,一种随着不断的政治革命而来的一连串的价值预设。因而要对中国近代宪制问题在文化上做恰当的评判是非常困难的。余英时先生在《钱穆与中国文化》一书中,对中国近代思想史上的激进与保守问题作的论辩是发人深思的。他说,在近代中国,"进步变成最高价值,任何人敢对'进步'稍表迟疑都是反动、退后、落伍、保守的。在这种情况下,保守的观念和进步的观念就不能保持平衡。在西方,例如英国有保守党,它并不以'保守'为可耻。……中国人如果对旧东西有些留恋,说话时就总带几分抱歉的意思;虽然他心里并不是真的抱歉,因他总觉得保守、落伍是说不出口的。只有前进、创新、革命这才是真正价值的所在。所以中国思想史上的保守跟激进,实在不成比例,更无法互相制衡。这是因为中国没有一个现状可以给保守者说话的余地。你要保持什么?因为这个'变'还没有定下来,没有东西可以保存。"①我们已习惯于从政治上以"进步""创新""革命"为标准去评判历史,而不大注意对一种思潮、一种思想,特别是对那些保守的思潮和思想进行文化史上的分解研究。从这个意义上讲,近代中国的宪制主要不是受制于保守主义,而是被保守主义无法与"进步""创新""革命"的激进主义相互制衡所困。

当今天的许多人不管情愿与否,不得不接过近代留下的传统继续在宪制问题上作探索的时候,我们便可发现:今天所思考的、探求的、自认为有新观点、有新发现的东西,实际上早已为历史上的那些人咀嚼过了。面对着这种直扑人面的历史,我们还能说些什么呢?

康有为、梁启超、严复、孙中山、陈独秀、胡适等这些曾在中国宪制文化史上留下了深深足迹的人物,无论其思想风格有何不同,政治见解有多大差异,他们都是在中国最不幸的那些岁月里,进行认真思考而不

---

① 《中国近代思想史上的激进与保守》,见《钱穆与中国文化》,上海远东出版社 1996 年版,第 198 页。

装腔作势的人。他们在黑暗中提灯夜照,为自己危难的祖国寻找光明。他们面对着痛苦岁月的折磨,报之以会心,因为他们坚信既已洞悉了历史的道路,也了悟了人生的意义。他们把寻求真理看作是一种神职,把探索出路当成出家,在寒冷而痛苦的时刻为理想守夜,用自己的一腔爱国挚情,用自己那种冷峻的理性撑起了中华民族一个又一个希望。他们在最不幸的岁月,探索着人的尊严、人的价值,并为此付出了艰辛的努力,虽然历史无情地浇灭了理性的火焰,但其理想却化成了永恒、成为未来中国社会不可少的一份遗产。

求仁得仁,逐利得利,历史虽然无情,却很公平。

后 记

  这是一本旧书,现在再版说明它还有一点价值;至于价值在哪儿,也许只有出版家和读者知晓。作为作者,我想在此把旧的东西翻出来,不是为了记取昨日之思而是为了今日之为。感念商务印书馆的错爱,以及白中林、马冬梅二君付出的努力,还有年轻的朋友迦叶博士的操持。

王 人 博

2018 年 7 月于寓所